CONCOURS D'ENTRÉE AUX GRANDES ÉCOLES SCIENTIFIQUES
2023-2024

# Faire croire

Laclos, *Les Liaisons dangereuses*

Musset, *Lorenzaccio*

Arendt, *Vérité et politique* et *Du mensonge en politique*

**Nicolas Fréry**
*Ancien élève de l'ENS, agrégé de lettres modernes et docteur en littérature française*

**Sylvain Ledda**
*Professeur de littérature française*

**Raïssa Maillard**
*Agrégée de philosophie*

**Jean-Damien Mazaré**
*Professeur en classes préparatoires scientifiques et littéraires*
*Agrégé de lettres classiques*

**Morgane Muscat**
*Agrégée de lettres modernes et docteure en littérature française*

**Henri Portal**
*Agrégé de lettres modernes et doctorant en littérature française*

**Fanny Valeyre**
*Agrégée et docteure en philosophie*

**Corinne von Kymmel**
*Professeure en classes préparatoires scientifiques*
*Agrégée de lettres modernes et docteure en littérature et langue française*

GF Flammarion

Les éditions auxquelles nous renvoyons dans ce volume sont les suivantes :

— Pierre CHODERLOS DE LACLOS, *Les Liaisons dangereuses*, présentation de René Pomeau et dossier de Nathalie Kremer, GF-Flammarion, 2023.

— Alfred DE MUSSET, *Lorenzaccio*, présentation et dossier de Florence Naugrette avec le concours de Sylvain Ledda et d'Esther Pinon, GF-Flammarion, 2023.

— Hannah ARENDT, *La Crise de la culture*, édition de Patrick Lévy, Gallimard, « Folio essais », 1989.

— Hannah ARENDT, *Du mensonge à la violence*, traduction de Guy Durand, Le Livre de Poche, « Biblio essais », 2020.

© Flammarion, Paris, 2023
ISBN : 978-2-0804-2600-0

# SOMMAIRE

Les clés pour travailler efficacement tout au long de l'année .................. 5

## INTRODUCTION AU THÈME
## FAIRE CROIRE

Préambule .................................................................................................. 11
I. Faire croire : éloignement du réel et travestissement de la vérité ........ 15
II. Faire croire : un pouvoir de révélation et de transformation du monde ? .................................................................................................. 27
III. Celui à qui l'on fait croire : actif plutôt que passif ? ............................. 36
Conclusion ................................................................................................. 46

## PREMIÈRE PARTIE
## LACLOS

I. Présentation des *Liaisons dangereuses* ................................................ 53
II. « Faire croire » dans *Les Liaisons dangereuses* ................................... 67
Conclusion ................................................................................................. 93
L'œuvre en un coup d'œil ......................................................................... 95

## DEUXIÈME PARTIE
## MUSSET

Introduction ............................................................................................... 101
I. Présentation de *Lorenzaccio* ................................................................ 102
II. « Faire croire » dans *Lorenzaccio* ........................................................ 114
Conclusion ................................................................................................. 138
L'œuvre en un coup d'œil ......................................................................... 140

## TROISIÈME PARTIE
## ARENDT

I. Présentation de *Vérité et politique* et *Du mensonge en politique* ...... 145
II. « Faire croire » dans *Vérité et politique* et *Du mensonge en politique* ... 158
Conclusion ................................................................................................. 186
L'œuvre en un coup d'œil ......................................................................... 189

## QUATRIÈME PARTIE
## FAIRE CROIRE DANS LES ŒUVRES AU PROGRAMME

Introduction .................................................................................... 195
I. Faire croire : fonctionnement et modalités ............................. 196
II. Pourquoi faire croire ? Questions d'éthique .......................... 213
III. Faire croire : un art sur le chemin de la vérité ..................... 233
« Faire croire » en un coup d'œil ................................................. 249

## CINQUIÈME PARTIE
## MÉTHODOLOGIE

Les clés pour bien s'exprimer à l'écrit ......................................... 254
I. Généralités concernant les épreuves écrites ........................... 255
II. Le résumé à l'écrit des concours Centrale-Supélec et CCINP ......... 255
III. La dissertation ........................................................................ 259
IV. Préparer les épreuves de l'oral ............................................... 266
Les clés pour bien s'exprimer à l'oral .......................................... 267

## SIXIÈME PARTIE
## CORRIGÉS DE DISSERTATIONS ET DE RÉSUMÉS

I. Dissertation rédigée
    **Sujet 1** ............................................................................ 273
II. Plans de dissertations
    **Sujet 2** ............................................................................ 283
    **Sujet 3** ............................................................................ 289
    **Sujet 4** ............................................................................ 294
    **Sujet 5** ............................................................................ 299
III. Résumés corrigés
    Zygmunt Bauman, *S'acheter une vie* ............................... 305
    Clément Rosset, *Le Principe de cruauté* ........................ 309

## SEPTIÈME PARTIE
## RÉPERTOIRE DE CITATIONS     313

# Les clés pour travailler efficacement tout au long de l'année

## Avant le 1er septembre

**1. Découvrir les œuvres en les feuilletant** : pour le programme « faire croire », il est sans doute utile de commencer par Arendt, puis Laclos, et enfin Musset – la première pose des éléments théoriques importants et des réflexions proches de notre siècle ; le deuxième, très romanesque, observe les jeux sociaux ; et le troisième, travaillant sur les doubles et les masques, examine la dimension politique de la nécessité de « faire croire ».

**2. Découvrir le manuel** : lire l'introduction au programme et les sujets de résumé puis les sujets de dissertation. Le thème « faire croire » sera ainsi mieux compris dans sa richesse et sa complexité. Utiliser les sommaires du manuel (titres et intertitres de l'introduction, de la lecture transversale et des citations) pour faire des fiches listant les thèmes et problèmes principaux du programme.

**3. Lire attentivement les œuvres :**
– en repérant leur structure (cette fois, commencer par le roman de Laclos, et poursuivre avec la pièce de Musset, avant de se plonger dans les propos d'Arendt) ;
– en soulignant les citations dans les ouvrages, en les recopiant et en les classant (possibilité d'utiliser les citations du manuel comme base de travail à amplifier) ;
– en confrontant les étapes de l'intrigue et de la pensée développées dans les œuvres aux fiches théoriques préparées à l'aide du manuel.

## Et pour préparer les oraux ?
– **Pour les Sup** : classer les fiches faites en première en cours de français (œuvres/objets d'étude/parcours) et les fiches faites en terminale en philosophie (problèmes/thèmes/philosophes/textes).
– **Pour les Spé** : relire les fiches et les textes étudiés en Sup, dans la perspective d'une culture générale dépassant le programme « faire croire ».

## PENDANT L'ANNÉE SCOLAIRE

**1. Relire régulièrement les introductions proposées en classe et dans le manuel, les présentations des œuvres, les dossiers des éditions du programme et les textes complémentaires donnés par les enseignants, ainsi que les textes faisant l'objet de résumés.** Ainsi, vous ne perdrez jamais de vue les thèmes essentiels du programme.

**2. Lire et relire les œuvres de manière ciblée** : suivre le choix proposé par l'enseignant – la lecture peut être transversale (thème par thème) ou successive (une œuvre après l'autre).

**3. Participer activement au cours** (relire les passages étudiés plus précisément en classe, enrichir les fiches de l'été à l'aide du cours), **utiliser le manuel** (étude des œuvres, étude transversale) pour compléter le cours.

**4. Apprendre régulièrement les citations**, toujours par ensemble de trois au moins (une pour chaque auteur), pour préparer les écrits et la lecture comparative attendue en dissertation. Penser à les apprendre *avec* leur contexte, mais aussi en sachant les positionner dans l'œuvre (Musset/Laclos/Arendt).

**5. Prêter beaucoup d'attention aux préparations de l'écrit** : faire et refaire les résumés, les sujets de dissertation, utiliser les corrigés pour compléter les fiches.

### Et pour préparer les oraux ?
– **Réviser les fiches faites pendant l'été ; compléter ces fiches** éventuellement par des fiches trouvées dans des manuels scolaires au CDI de l'établissement (histoire, SES…).
– **Prendre du recul face aux cours de langue vivante** : la culture et l'actualité anglophones ou hispanophones notamment sont utiles, mais en arrière-plan, et ne sauraient constituer le seul vivier d'exemples attendus. Il faut en effet vous intéresser aussi à la culture et à l'actualité européennes, voire mondiales.
– **Se documenter sur l'actualité** (articles en prise sur l'immédiat, mais surtout articles de fond) **et sur l'histoire des sciences** (histoire des scientifiques, histoire des découvertes, (r)évolutions des concepts et de la pensée…).
– **Continuer de se cultiver** : même sans aller au cinéma, lire les critiques des films, connaître les événements culturels et littéraires de l'année…

## LE TEMPS DES RÉVISIONS

– **Lire les œuvres une dernière fois**, en ciblant les passages à très bien connaître : en quoi sont-ils significatifs du programme ? en quoi sont-ils uniques et enrichissants face au programme ?
– **Réviser les citations** en se demandant si on sait toujours les contextualiser et les placer dans les œuvres (attention : il ne s'agit pas d'apprendre de nouvelles citations, mais de s'approprier celles qu'on a apprises).
– **Relire le manuel, les présentations et les dossiers des éditions, relire le cours** : a-t-on bien saisi l'enjeu des œuvres face au programme ?
– **Reprendre tous les sujets** (cours et manuel) et refaire rapidement le raisonnement attendu – points de difficulté et de réussite dans les résumés, problème/plan/conclusion dans les dissertations.

### Et pour préparer les oraux ?
– **Continuer de s'informer** au quotidien sur l'actualité et sur la culture.
– **Revoir quelques fiches de culture générale** (français, philosophie…).
– **Réviser les conseils donnés durant l'année lors des colles.**

Un dernier conseil : ne restez pas seul(e) face à vos apprentissages et à vos révisions. Tout se fait en équipe : répartition des fiches et des tâches, relecture de fiches, réflexions sur l'actualité et la culture… On ne réussit que par l'intermédiaire du réseau, du partage, de la complémentarité.

# INTRODUCTION AU THÈME

## Faire croire

*par Raïssa Maillard*

**Préambule** .................................................................. 11

**I. Faire croire : éloignement du réel et travestissement de la vérité** .................................................................. 15
**A. Comment faire croire ?** .................................................. 15
   1. Faire croire, c'est être capable de tromper ........................ 15
*Encadré : La controverse du mensonge* ........................................ 16
   2. Faire croire, c'est avoir la capacité de mentir .................... 17
   3. Faire croire, un art de la parole .................................. 18
   4. Qui peut faire croire ? ............................................ 19
**B. Pourquoi faire croire ?** ................................................. 20
   1. Faire croire pour séduire .......................................... 20
   2. Faire croire pour satisfaire ses intérêts ......................... 22
   3. Faire croire, une soif de pouvoir .................................. 23
**C. La condamnation morale, épistémologique et politique du « faire croire »** ............................................................ 24
   1. Faire croire, une faute morale ? ................................... 24
   2. Faire croire, une négation de la liberté ? ......................... 26

**II. Faire croire : un pouvoir de révélation et de transformation du monde ?** .............................................................. 27
**A. Faire croire, un chemin détourné vers la vérité ?** ....................... 27
   1. Les usages pédagogiques du « faire croire » ........................ 27
   2. Faire croire pour révéler l'être à lui-même ........................ 28
   3. Le « mentir-vrai » ................................................. 29
   4. Une conception de la vérité ........................................ 30
**B. Faire croire : dispositif créateur de réalités ?** ........................ 32
   1. Faire naître des sentiments et des émotions ........................ 32
   2. Croire pour créer du lien et agir sur le monde ..................... 33
*Encadré : La croyance, fondement du politique ?* ............................. 34

**III. Celui à qui l'on fait croire : actif plutôt que passif ?** ............. 36
**A. Croire : une tendance anthropologique** ................................... 36
   1. Un besoin pour l'action ............................................ 36
   2. La croyance, un facteur de cohésion sociale ........................ 37
**B. La faiblesse de notre constitution** ...................................... 39
   1. Les désirs et les peurs ............................................ 39
*Encadré : La publicité* ...................................................... 40
   2. La force de l'illusion ............................................. 41
**C. Des croyances sans sujet** ................................................ 43
   1. Le trompeur pris dans la mécanique du mensonge ..................... 43
   2. Quand la croyance prend possession de ceux qui la véhiculent ....... 44
   3. Un processus sans sujet ............................................ 45

**Conclusion** ................................................................ 46

# Préambule

« Cet homme [Robespierre] ira loin car il croit tout ce qu'il dit. »

*Mémoires*, Mirabeau

Ce propos du comte de Mirabeau (1749-1791) au sujet du révolutionnaire Robespierre (1758-1794) circule également sous une autre version : « Cet homme-là est dangereux, il croit tout ce qu'il dit ! ». Quelle que soit sa formulation (« il ira loin »/« il est dangereux ») cette citation nous invite à nous questionner sur les enjeux impliqués par la croyance comme dispositif complexe engageant des acteurs qui font croire et des sujets qui croient. Robespierre, en tant qu'avocat et grand orateur, homme politique et acteur de la Révolution, a joué un rôle majeur en emportant plusieurs fois l'adhésion de la foule ou de ses pairs venus l'écouter [1], et il aurait eu d'autant plus de force de persuasion qu'il était lui-même convaincu par ses idées (« il croit tout ce qu'il dit ! »). Le fait de croire en des idées ou des idéaux se manifeste ainsi dans une forme de puissance effective (ses effets sur le réel sont majeurs), d'où ses dangers potentiels ; est aussi soulignée la question de la bonne distance que devrait garder celui qui fait croire avec le contenu de la croyance, *a contrario* de ceux qui croient, dont l'adhésion totale est le signe d'une manipulation réussie.

L'analyse de l'expression « faire croire » suppose que l'on passe d'abord par une définition de la croyance. Le verbe « croire » désigne l'adhésion de l'esprit à une opinion, une idée ou une proposition de langage qui ne reposeraient pas sur un savoir complètement ou fermement établi. C'est pourquoi on oppose traditionnellement croire et savoir. Je sais une chose lorsque je suis capable d'exhiber le fondement de ce savoir : j'en possède des preuves, je peux refaire la démonstration, je m'appuie sur des faits objectifs. À l'inverse, je me contente de croire une chose lorsque je ne suis pas en mesure d'en vérifier la vérité ou la véracité, que je ne peux en fournir de preuves tangibles, ou encore que je m'aventure dans un domaine qui ne relève pas de la démonstration rationnelle. Croire, c'est donner son assentiment à une proposition tenue pour vraie sans avoir la certitude ou le savoir objectifs de sa vérité : croire, c'est donc « tenir pour vrai », expression quelque peu paradoxale, puisque le « vrai » y est invérifiable, et n'a donc pas réellement de consistance solide. La croyance tiendrait le milieu entre le doute (ou le faux) et la certitude (ou la vérité).

---

1. Jean-Baptiste Louvet de Couvray, conventionnel girondin, témoigne dans ses *Mémoires* (1795) de la ferveur que suscitaient les discours de Robespierre : « Ce n'étaient plus des applaudissements, c'étaient des trépignements convulsifs, c'était un enthousiasme religieux, c'était une sainte fureur. »

Cette idée peut être affinée en dégageant différents types de croyances en fonction de deux critères : le degré de « confiance subjective [1] » (je crois plus ou moins fortement) et le degré de « garantie objective [2] » (la probabilité que cette croyance soit vraie) :

1) Lorsque la garantie est très faible, voire nulle, tandis que l'adhésion est très forte, nous voilà devant un fameux cortège : opinions fausses, croyances superstitieuses ou sectaires, illusions, enchantements, « croyances dans des phénomènes surnaturels ou magiques, comme des guérisons miraculeuses, des pouvoirs extralucides ou de sorcellerie, ou encore au sujet d'êtres ou d'événements merveilleux ou mythiques tels que les fées, farfadets, fantômes ou rencontre du troisième type [3] ». On peut alors se demander qui fait croire ce genre de choses « incroyables » à qui. Si l'on pense aux croyances magiques, elles sont spontanées, comme l'exprime le philosophe allemand Ernst Cassirer (1874-1945) à propos de la pensée magique [4], et ne relèvent pas tant d'agents qui font croire que de dispositions naturelles de l'être humain à croire.

2) Quand les croyances sont possiblement vraies, mais qu'elles sont en attente de vérification, on parle d'hypothèses ou de conjectures. C'est souvent le cas pour les données qui ont un degré de contingence et d'imprévisibilité : « je crois qu'il fera beau demain », « je crois que les juges vont être cléments », « je crois que ce mouvement social prendra de l'ampleur », etc. Ces conjectures sont parfois conçues comme une étape nécessaire à l'édification du savoir scientifique, avant de devenir l'intégralité du savoir selon la perspective de certains philosophes : les vérités scientifiques sont toujours quelque part en attente de vérification, susceptibles d'être remises en cause (selon l'interprétation des épistémologues Karl Popper ou Joseph Kuhn) ou fonctionnent selon la même modalité que la croyance (comme le montre le philosophe sceptique David Hume).

3) Quand les croyances ont un fort degré d'adhésion de la part des sujets, mais que le fondement objectif n'est pas garanti, nous avons affaire aux convictions individuelles ou aux grandes croyances collectives, aux doctrines politiques, aux valeurs morales, aux dogmes. Il faudra nous interroger sur l'origine de ces convictions ou croyances.

4) Enfin, la croyance renvoie à la confiance en quelqu'un, ou à la foi religieuse, domaine que l'on ne saurait faire entrer dans le démontrable, et qui est situé par sa nature même au-delà de toute garantie possible. Qu'est-ce qui suscite la confiance en une personne ? Qu'est-ce qui fait croire en

---

1. Nous suivons les distinctions conceptuelles très convaincantes du philosophe contemporain Pascal Engel, « Les croyances », in *Notions de philosophie*, II, dir. D. Kambouchner, Gallimard, « Folio essais », 1995, p. 10.
2. *Ibid.*
3. *Ibid.*, p. 10-11.
4. Ernst Cassirer, *La Philosophie des formes symboliques, 2. La Pensée mythique*, Le Sens commun, 1972.

Dieu ? Cela relève-t-il de techniques de manipulation, d'une adhésion mystérieuse, d'un besoin, d'une peur ou d'un désir chez le croyant ?

L'expression « faire croire » désigne une action ou une volonté, celles de faire adhérer une personne ou un groupe de personnes à un propos, une idée, une idéologie, une illusion, etc. Il y aurait donc des techniques, des procédés, une attitude, un pacte de confiance, des paroles, des stratagèmes, qui seraient autant de moyens pour arriver à cet objectif : susciter l'adhésion par l'esprit d'une personne à une croyance. *A priori*, il y aurait une polarisation entre un agent qui fait croire et un patient qui croit : or nous serons amenés à remettre en question cette dichotomie. Celui qui fait croire, qui manipule l'autre, ne peut-il pas se retrouver prisonnier de son mensonge, ou encore pris lui-même dans la croyance qu'il véhicule ? Celui qui croit, de son côté, n'est-il qu'une victime passive et aveugle, ou faut-il comprendre qu'il participe parfois activement, par ses défauts, ses désirs conscients ou inconscients, ou même par sa volonté propre, à donner son assentiment ?

De même qu'il y a des degrés d'adhésion des croyants et des degrés de probabilité de correspondance entre la croyance et le réel, de même il y aurait des degrés dans l'acte de faire croire : on pourrait ainsi faire plus ou moins croire, depuis l'illusionniste qui joue à nous « faire croire » à ses tours de magie par ses « trucs et astuces », jusqu'au gourou d'une secte qui cherche la perte de tout discernement dans la ferveur de ses adeptes.

La teneur de la croyance dépend donc du contexte et de « qui fait croire à qui », comment et pourquoi. Nous serons amenés à rencontrer différentes figures de ceux qui font croire : le manipulateur ou l'intrigant, l'imposteur ou le truand (Tartuffe), le séducteur invétéré (Dom Juan), le leader ou le chef charismatique, l'orateur ou le sophiste, le menteur ou le mythomane, le commerçant, l'illusionniste ou le magicien, l'artiste ou le romancier. Si celui qui fait croire est en position de domination, la peinture des figures du croyant est plutôt péjorative du fait de sa passivité et de son manque de connaissance : le crédule ou le naïf (Candide), le bigot ou le superstitieux (Sganarelle), la proie (pour le séducteur), le client ou le public (pour le commerçant), le peuple ou la foule.

On devra aussi questionner les finalités et objectifs recherchés par l'acte de faire croire, cela en classant dès à présent ceux qui font croire en deux grandes catégories : ceux qui le font avec une intention louable, pour obtenir un bienfait, ou en tout cas sans que cela ne nuise à celui qui va croire ; et ceux qui, par égoïsme ou narcissisme, font croire pour accomplir un dessein néfaste, faire passer leur intérêt avant celui des autres ou combler leurs propres désirs de pouvoir ou de richesse. Dans la première catégorie nous retrouvons : l'enseignant qui fait adhérer son élève à un certain nombre de croyances pour son bien ; la personnalité politique qui persuade la foule et l'entraîne vers la décision qu'il pense être la bonne ; l'avocat qui défend la cause de son client ; le médecin qui adresse des bonnes raisons de croire à une prochaine guérison ; l'artiste qui crée l'illusion visuelle pour susciter un plaisir esthétique chez le récepteur de l'œuvre d'art. Mais n'y a-t-il pas toujours un risque de paternalisme ? Celui qui fait croire n'a-t-il pas la prétention de mieux connaître le bien de celui qu'il persuade que lui-même ?

Dans la seconde catégorie, nous retrouvons toutes les figures de la manipulation : le gourou qui a fait adhérer ses fidèles à une secte, le commerçant qui tire profit de sa publicité, le démagogue qui flatte la foule pour mieux la dompter, le leader ou chef politique qui obtient obéissance de son peuple, le menteur invétéré ou maladif qui nourrit sa névrose, et enfin le séducteur qui ment et trompe pour abuser de sa victime.

Mentionnons enfin une dernière catégorie, à part car elle ne relève pas exactement d'un « faire croire » mais d'un pacte, selon lequel celui qui croit garde une distance et accepte les règles du jeu : le joueur de poker qui bluffe son adversaire – mais c'est de bonne guerre –, l'illusionniste ou le magicien qui offre un spectacle pour le plus grand plaisir des spectateurs, ou enfin l'artiste qui fait croire à la fiction qu'il crée – par exemple grâce à un « pacte romanesque » avec le lecteur. Pour qu'il y ait véritablement un acte de « faire croire », il faut que celui qui adhère ne soit pas conscient de la supercherie, sinon cela relève d'un « faire semblant entendu » : l'un fait semblant de « faire croire » et l'autre fait semblant de croire.

Dans une première partie, nous verrons tout ce que suppose l'acte de faire croire quelque chose à quelqu'un en partant d'un dispositif polarisé entre trompeur et trompé : la mise en place et l'usage de moyens (I, A) par un trompeur actif qui a des raisons et des mobiles (I, B) de faire croire quelque chose à un trompé, victime de la manipulation ; ce qui semble relever d'un acte condamnable (I, C). Cependant, dans un deuxième moment, nous verrons que l'acte de faire croire n'est pas toujours négatif, mais qu'il peut, à certaines conditions, se faire révélation de la vérité (II, A) et transformation du monde (II, B). Enfin, le schéma trompeur/trompé est souvent réducteur et simplificateur : en réalité, les croyances relèvent d'un besoin anthropologique (III, A), celui qui croit a une part active dans ce schéma (III, B), et celui qui fait croire est pris lui-même dans un système de croyances qui s'autonomisent et deviennent « un processus sans sujet » (III, C).

# I. Faire croire : éloignement du réel et travestissement de la vérité

L'objet de la croyance n'ayant aucune existence objective mais relevant de la pure et simple adhésion subjective, faire croire quelque chose à quelqu'un semble être avant tout une action qui relève de la dissimulation, de la duperie, c'est-à-dire d'une manœuvre pour camoufler et détourner du réel en suggérant des représentations sans fondement. Aussi, faire croire quelque chose à quelqu'un apparaît-il d'abord comme un acte qui dégrade notre rapport à la vérité en effaçant la frontière qui sépare être et paraître, illusion et réalité.

## A. Comment faire croire ?

### 1. Faire croire, c'est être capable de tromper

Les animaux adoptent des comportements qui semblent pouvoir être associés à la tromperie. Certaines espèces paraissent en effet maîtriser l'art de feindre lorsqu'ils chassent leurs proies, de simuler la mort pour éloigner leurs prédateurs, de changer de couleur pour se fondre dans le décor, voire de produire des simulacres lors de parades amoureuses... En décrivant les choses ainsi, on voit que l'expression « faire croire » suppose que la proie soit capable de saisir les intentions du prédateur et qu'elle sache comment faire pour agir sur ses représentations en vue de le duper. En réalité, rien n'est moins sûr : on peut estimer que la proie agit instinctivement. Il ne suffit donc pas de simuler pour faire croire quelque chose à quelqu'un : l'expression suppose une intention (*faire* croire, c'est *agir en vue de* susciter une croyance) ; cela exige d'être capable de penser à ce que pense autrui, de se représenter ce qu'il se représente afin d'influer sur sa perception de la réalité.

De ce point de vue, il n'y a probablement aucune différence entre le caméléon qui change de couleur à son insu et le félin qui envoie un signal trompeur à sa proie. En effet, l'animal qui leurre le fait sans doute par instinct, presque sans le savoir : cela s'explique parce qu'il colle à lui-même, il est dans l'immédiateté. La nature est pleine de leurres, mais cela ne suppose aucune croyance. Au contraire, réaliser intentionnellement mensonges et duperies requiert la capacité de se distancer du réel pour en créer une représentation distincte et trompeuse, être capable d'y croire et d'y faire croire.

On peut alors considérer que le fait de s'adresser à quelqu'un pour lui faire croire ce qui n'est pas et ainsi l'éloigner du réel, marque une déficience.

## La controverse du mensonge

Quelqu'un qui ment fait croire quelque chose à quelqu'un *intentionnellement* : sa faute n'est pas qu'il ne dise pas la vérité mais qu'il ne soit pas sincère. En effet, on peut véhiculer une erreur sans mentir si on la croit vraie. C'est donc *l'intention de tromper* qui à la fois constitue le mensonge et justifie la condamnation morale qu'il inspire.

Pourtant certaines grandes figures de menteur ne sont-elles pas valorisées, à l'instar d'Ulysse, le héros de l'*Odyssée* d'Homère ? Ainsi, la capacité à produire un mensonge réussi peut être prise comme un signe de maîtrise : c'est le cas lorsqu'Ulysse, homme « aux mille ruses », dupe le cyclope en lui faisant croire qu'il s'appelle « personne » de sorte qu'il ne puisse jamais le retrouver (*Odyssée*, chant IX). Au contraire du mensonge maladroit et raté de l'enfant, la maîtrise des mots trompeurs et une manipulation efficace permettent de dominer autrui et de démontrer son pouvoir.

Aussi admirable que puisse être un mensonge réussi, il semble difficile de le justifier moralement, mentir serait même la faute morale par excellence. Si l'on suit les démonstrations de Kant (1724-1804), certaines actions doivent être proscrites parce qu'elles ne peuvent être considérées comme des lois universelles de la conduite humaine. Si tout le monde était autorisé à mentir, cela serait incompatible avec le concept même de parole qui suppose la sincérité du locuteur. Pour Kant, le mensonge doit être absolument interdit, car le principe de sincérité est la seule forme que puisse prendre le devoir qui soit conforme avec la possibilité même de se parler.

Lors d'une controverse célèbre, Benjamin Constant (1767-1830) répond à Kant en insistant sur le caractère abstrait de sa pensée. L'interdiction absolue de mentir pourrait rendre la société impossible, mais surtout conduirait à se comporter de manière immorale :

> Le principe moral que dire la vérité est un devoir, s'il était pris d'une manière absolue et isolée, rendrait toute société impossible. Nous en avons la preuve dans les conséquences très directes qu'a tirées de ce principe un philosophe allemand, qui va jusqu'à prétendre qu'envers des assassins qui vous demanderaient si votre ami qu'ils poursuivent n'est pas réfugié dans votre maison, le mensonge serait un crime [1].

Pour Constant, on ne doit pas la sincérité à tout le monde. Le raisonnement est le suivant : dire la vérité est un devoir ; or l'idée de devoir est inséparable de celle de droit. Dire la vérité n'est donc un devoir qu'envers ceux qui ont le droit à la vérité. Or nul homme qui nuit à autrui n'a le droit à la vérité. Par là-même, Constant conserve le principe moral de *dire la vérité*, mais ajoute une clause à son application : *dire la vérité seulement à ceux qui ont droit à la vérité*. Aussi l'assassin, s'excluant de la sphère même du droit en voulant tuer quelqu'un, n'a-t-il pas le droit à la vérité.

---

1. Benjamin Constant, *Des réactions politiques* [1796], chap. VIII : « Des Principes », dans *Le Droit de mentir*, Fayard, « Mille et une nuits », 2003, p. 31-32.

C'est ce qu'exprime l'écrivain irlandais Jonathan Swift (1667-1745) dans un passage des *Voyages de Gulliver* :

> [...] le rôle d'une langue est de nous permettre de nous comprendre et d'obtenir des informations sur des faits ; or si quiconque dit la chose qui n'est pas, ces buts ne sont pas atteints ; car comment dire qu'on se comprend au sens strict du mot ? Et loin d'obtenir une information, ce qu'on entend est pire que de l'ignorance ; on est induit à voir noir ce qui était blanc ; court ce qui est long [1].

Pourtant, mentir et tromper ne sont-ils pas précisément une caractéristique essentielle de l'humanité ? En effet, l'un comme l'autre mettent en jeu la capacité à s'arracher au réel immédiat pour s'y rapporter à partir du langage qui n'en est qu'une représentation et qui peut donc en fournir une image fausse.

## 2. Faire croire, c'est avoir la capacité de mentir

Qu'est-ce que le mensonge et en quoi est-il lié à la nature même du langage ? Ici, il importe d'établir une distinction entre *faire croire* et *feindre*. Faire croire n'est pas seulement feindre, car celui qui feint ne sait pas faire passer pour vrai ce qui est faux. Celui qui feint commence un mouvement mais ne l'achève pas : s'il mène son action à son terme, il n'est plus dans la feinte, il agit réellement. Par exemple, si je feins de cuisiner un plat, il faut que j'envoie des signes apparents de celle qui cuisine (je mets un tablier, je fais tinter les casseroles), mais il ne faut pas que j'aille au bout de mon action (cuisiner le plat), sinon, ce ne serait plus une feinte. Au contraire, celui qui fait croire va jusqu'au bout du mensonge.

Comment procède-t-il ? Ne pouvant changer le réel, il doit le simuler (et le dissimuler) le plus souvent par la parole, c'est-à-dire en utilisant des signes par lesquels il produit une représentation du réel qui fait prendre pour vrai ce qui ne l'est pas. Partant, seul peut mentir – et non pas seulement feindre – l'être qui sait mobiliser des signes. Les signes sont des représentations : ils se rapportent à une réalité distincte d'eux. En ce sens, le mot « fleur » est bien « l'absente de tout bouquet » comme l'écrivait le poète symboliste Stéphane Mallarmé (1842-1898). En utilisant les signes linguistiques, il est possible d'affirmer quelque chose qui n'est pas, et de faire croire ainsi qu'est arrivé ce qui n'a jamais eu lieu. Utiliser des signes linguistiques de cette manière n'est pas une feinte, mais un mensonge. Par ma parole, je peux simuler un réel factice, qui dissimule le réel véritable. Telle est la puissance du *signifiant*

---

1. Jonathan Swift, *Les Voyages de Gulliver* [1727], trad. G. Villeneuve, GF-Flammarion, 2014, quatrième partie, chap. IV, p. 319.

(le mot qui signifie) : il peut faire croire à l'existence d'un *signifié* (ce qu'il signifie) qui n'a jamais existé.

Il n'y a donc pas de possibilité de faire croire – c'est-à-dire de faire passer une version du réel pour vraie alors qu'elle ne l'est pas – sans langage, sans maîtrise des signifiants. C'est ce que défend le psychiatre Jacques Lacan (1901-1981), avec le style cryptique qui lui est propre, dans une conférence de 1960 intitulée : « Subversion du sujet et dialectique du désir dans l'inconscient freudien » :

> Un animal ne feint pas de feindre. Il ne fait pas de traces dont la tromperie consisterait à se faire prendre pour fausses, étant les vraies, c'est-à-dire celles qui donneraient la bonne piste. Pas plus qu'il n'efface ses traces, ce qui serait déjà pour lui se faire sujet du signifiant [1].

Le philosophe allemand Friedrich Nietzsche (1844-1900) en a fait un trait essentiel de tout usage de l'intellect et du langage : faire croire serait bien au cœur de tout usage des représentations et du langage. Ainsi écrit-il dans *Vérité et mensonge au sens extra-moral* que l'intellect est « le maître du travestissement », et que « le menteur fait usage des désignations valables, les mots, pour faire que l'irréel apparaisse réel » [2]. Même si on peut faire croire quelque chose par une action, par un objet, l'action ou l'objet valent alors comme des signes mis là pour faire croire que quelque chose est vrai alors que ce n'est pas le cas. C'est pourquoi seul l'être humain est capable de mentir, tout comme il est le seul être de fictions. C'est ce que montre Lacan, qui différencie la *feinte* de l'animal de la *tromperie* propre à l'homme : au cœur du mensonge se joue la médiation et l'écart introduits entre la représentation et le réel, par le signifiant et l'Autre.

## 3. Faire croire, un art de la parole

Pour faire croire quelque chose à quelqu'un, rien de plus puissant que les mots ; aussi ceux qui sont passés maîtres dans l'art du « faire croire » sont-ils tout désignés : orateurs, avocats, politiciens, acteurs, en somme tous ceux qui possèdent une maîtrise de l'art oratoire ou *éloquence*, et ont percé le pouvoir de séduction de la parole et surtout ses *effets* sur son auditoire. Cet art oratoire, qu'on appelle plus précisément depuis l'Antiquité grecque la *rhétorique*, ne se préoccupe pas du contenu de ce que l'on veut faire croire, mais simplement des moyens les plus *efficaces* en vue de *produire des effets*

---

1. Jacques Lacan, « Subversion du sujet et dialectique du désir dans l'inconscient freudien », in *Écrits*, Seuil, 1966, p. 807.
2. Friedrich Nietzsche, *Vérité et mensonge au sens extra-moral* [1873], in *Le Livre du philosophe*, trad. A. Kremer-Marietti, GF-Flammarion, 1991, p. 119-120.

sur un public ou une personne par le langage, l'objectif final étant d'obtenir un *certain état des représentations* de l'auditoire, c'est-à-dire une croyance.

Nombreux sont les grands orateurs antiques à avoir laissé leur trace dans l'histoire, pouvant aller parfois jusqu'à changer le cours des événements par leurs discours. Certains ont consigné leur technique dans des traités de rhétorique très influents dans les champs littéraire, politique et judiciaire. Ainsi en est-il des orateurs attiques des V$^e$-IV$^e$ siècles av. J.-C. comme Démosthène, Isocrate, Lysias ou Lycurgue. La rhétorique est définie au départ comme l'art de la persuasion (art du discours qui s'adresse aux émotions), en opposition ou en complément de la capacité de convaincre (produire une démonstration qui s'adresse à la raison). Les premiers à prétendre détenir ce savoir et ces techniques de la parole, jusqu'à en faire un métier lucratif, sont les sophistes de la Grèce antique. Or l'image que nous avons des sophistes est plutôt dépréciative : c'est celle que nous a transmise Platon (428-348 av. J.-C.) dans ses dialogues à travers la grande dichotomie qu'il établit entre sophistique et opinion d'une part, philosophie et vérité d'autre part. L'enjeu est de taille pour Platon : contre la sophistique qui prétend pouvoir parler de tout sans jamais rien savoir, il entend faire émerger un autre type de discours, dialectique et philosophique, orienté vers la recherche de la vérité.

Pour le sophiste, il s'agit seulement de faire croire, peu importe le contenu de la croyance. Aussi sa parole est-elle toujours assertorique et affirmative. Au contraire, Platon veut se dégager de cette modalité d'adhésion qu'est la croyance, pour construire, à travers le questionnement et la dialectique, un savoir vrai. Le sophiste reconnaît volontiers qu'il ne connaît pas l'être des choses – par exemple la vertu, dans le dialogue intitulé *Ménon* – et qu'il n'est pas capable de les enseigner ; en revanche, il sait enseigner ce qu'il y a de plus précieux selon lui, l'art oratoire, qui permet de faire croire que l'on possède tous les savoirs. Ainsi vue à travers le prisme de la critique platonicienne, la sophistique revêt plusieurs aspects ambigus : a) comme elle ne repose sur aucun savoir véritable, elle est productrice de fausses croyances ; b) elle s'adresse à la partie la moins noble de l'âme, elle flatte les instincts les plus vils de son auditoire ; c) elle procède d'une usurpation, puisque le sophiste prétend être autre qu'il n'est, et peut changer de discours au gré des circonstances.

## 4. Qui peut faire croire ?

Même si l'on admet que tout le monde peut faire croire quelque chose à quelqu'un, à l'image de l'enfant qui dupe ses parents, il existe des positions dans lesquelles il est plus facile d'imposer une croyance fausse et durable à autrui : ce sont les positions sociales d'autorité. La parole de certaines personnes porte davantage que celle des autres, indépendamment de ce qu'elles disent, du simple fait de leur statut. Le sociologue Pierre Bourdieu (1930-2002), dans *Ce que parler veut dire* (1982) a montré comment une *autorité* est conférée à une parole, parce qu'elle est prononcée par une personne *autorisée* de par son statut social.

Aussi faire croire n'est-il jamais indépendant d'un contexte au sein duquel quelqu'un s'adresse à un autre. On aura tendance à croire plus facilement la parole du scientifique, de l'économiste ou de l'artiste renommé. Même si beaucoup de personnes autorisées à parler du fait de leur compétence n'abusent pas de la confiance qu'on accorde à leur parole, à la manière du bon éducateur ou du bon médecin, d'autres peuvent employer l'autorité que leur confère leur statut pour exercer un pouvoir abusif sur autrui.

C'est le cas de l'éducateur intéressé, figure dont Molière (1622-1673) donne un exemple frappant dans *Le Bourgeois gentilhomme* : le maître de philosophie fait croire à M. Jourdain qu'il est brillant pour mieux obtenir ses largesses. Aussi lui fait-il croire qu'il a du génie parce qu'il fait de la prose sans le savoir : « Il y a plus de quarante ans que je dis de la prose sans que j'en susse rien, et je vous suis le plus obligé du monde de m'avoir appris cela[1]. » Pensons également au médecin charlatan qui dupe ses patients grâce à des discours faussement doctes, dont Molière présente une satire dans *Le Médecin malgré lui*. Dans ces deux exemples, l'auteur montre comment certains abusent de l'autorité qui leur est socialement conférée. Le procédé est le même lorsqu'on fait référence à une figure d'autorité pour imposer un point de vue fallacieux, à la manière des scolastiques médiévaux qui appuyaient systématiquement leur discours sur l'autorité d'Aristote en ponctuant leurs raisonnements de la formule « *Aristoteles dixit* » (« Aristote a dit »). Comme le montre le philosophe Michel Foucault (1926-1984) dans son ouvrage *L'Archéologie du savoir* (1969), les formes du savoir ne sont pas indépendantes de celles du pouvoir et les figures de sachant ont souvent celles de puissants.

## B. Pourquoi faire croire ?

### 1. Faire croire pour séduire

Au cœur des motivations principales de la volonté de faire croire se trouve le désir de plaire inscrit dans les relations humaines. Celui qui fait croire, autrement dit le trompeur, ne l'est alors pas nécessairement consciemment – ce qui nous amène à nuancer la notion d'intention dégagée plus haut.

---

1. Molière, *Le Bourgeois gentilhomme* [1670], éd. J. de Guardia, GF-Flammarion, acte II, scène 5, 2014, p. 64.

Pensons à la figure de l'hypocrite qui cherche à complaire pour se faire une place dans la société.

On peut même considérer, à l'instar de Jean-Jacques Rousseau (1712-1778), que la sociabilité est coextensive du fait que l'être humain est susceptible d'intérioriser le regard de l'autre et de vouloir se conformer à ses exigences et désirs. Rousseau décrit ainsi la naissance des premières sociétés comme un mécanisme simultané de renforcement des liens sociaux et du désir de plaire à l'autre, puis peu à peu d'être celui qui jouit de la meilleure réputation :

> À mesure que les idées et les sentiments se succèdent, que l'esprit et le cœur s'exercent, le genre humain continue à s'apprivoiser [...]. Chacun commença à regarder les autres et à vouloir être regardé soi-même, et l'estime publique eut un prix. Celui qui chantait ou dansait le mieux, le plus beau, le plus fort, le plus adroit, ou le plus éloquent devint le plus considéré [1].

Il est alors aisé d'imaginer le glissement qui a pu se produire : voulant plaire à tout prix, se comparant sans cesse aux autres, l'être social devient capable de se déguiser pour paraître meilleur qu'il n'est en réalité. Peu importe l'être ou les qualités propres du sujet, il s'agit de soigner son paraître, et de travailler l'image sociale que l'on renvoie en s'occupant des signes et non plus de ses perfections véritables. C'est ainsi que, dans *Julie ou la Nouvelle Héloïse* du même Rousseau, le héros, Saint-Preux, évoque la vie des salons parisiens où les discours valent plus que les actes et l'attention aux apparences prime sur l'expression sincère des sentiments du cœur :

> Bien que les œuvres des hommes ne ressemblent guère à leurs discours, je vois qu'on ne les peint que par leurs discours sans égard à leurs œuvres ; je vois aussi que dans une grande ville la société paraît plus douce, plus facile, plus sûre même que parmi les gens moins étudiés ; mais les hommes y sont-ils en effet plus humains, plus modérés, plus justes ? Je n'en sais rien. Ce ne sont encore là que des apparences, et sous ces dehors si ouverts et si agréables les cœurs sont peut-être plus cachés, plus enfoncés en dedans que les nôtres [2].

Exemple frappant du rôle de la société dans la mise en valeur du paraître, la cour des rois de France sous l'Ancien Régime était le reflet d'un culte de l'apparence reposant sur une codification très précise. On en trouve le portrait acerbe sous la plume de Mme de La Fayette (1634-1693) dans *La Princesse de Clèves*. Mme de Chartres, la mère de l'héroïne, prend soin de

---

1. Jean-Jacques Rousseau, *Discours sur l'origine et les fondements de l'inégalité parmi les hommes* [1755], éd. B. Bachofen et B. Bernardi, GF-Flammarion, 2012, p. 116.
2. Jean-Jacques Rousseau, *Julie ou la Nouvelle Héloïse* [1761], éd. É. Leborgne et F. Lotterie, GF-Flammarion, 2018, seconde partie, lettre XVII à Julie, p. 307-308.

prévenir sa fille avant de l'introduire à la cour d'Henri II, où règne hypocrisie et faux-semblants : la cour est un endroit dangereux, où les hommes jouent un double jeu et où les femmes doivent lutter pour préserver leur vertu. La cour, mais plus généralement tout milieu mondain et peut-être toute société, repose ainsi sur l'art de faire croire que l'on est quelqu'un. Le moi social tend à effacer, voire à absorber, le moi personnel.

## 2. Faire croire pour satisfaire ses intérêts

On peut certes faire croire pour plaire et séduire, mais ce peut être pour des raisons tout à fait malveillantes : le gourou, l'hypocrite, l'arnaqueur se rejoignent en ce qu'ils visent, par leur mensonge et la manipulation, à satisfaire leurs intérêts personnels au détriment de leur victime. Le trompeur devient alors manipulateur, conscient qu'il est de subvertir les apparences, de biaiser le réel dans un but instrumental. Il n'est qu'à songer au *Roman de Renart*, satire sociale écrite au Moyen Âge, qui raconte les fourberies d'un renard fripon, « maître des ruses » et beau parleur, dont on dira qu'il représente le petit peuple, prêt à tous les tours pour survivre, tandis que le loup Ysengrin, ballot et toujours dupé, serait le symbole de la bourgeoisie. Arnaquer et mystifier pour survivre, pour s'enrichir, ou pour jouir : le truand est tout entier dissimulation. Ses actes comme ses paroles visent à masquer sa pensée et ses intentions. Cette duperie peut prendre la forme d'une usurpation d'identité ou d'une imposture dans la fonction occupée – l'ambitieux doit souvent taire une partie de son histoire personnelle et s'invente une identité pour gravir les échelons ou se prévaut d'un titre ou de compétences mensongères.

Tartuffe est sans doute l'archétype de l'imposteur. Molière le dépeint comme un faux dévot et un directeur de conscience frauduleux : il tente de faire croire à toute une famille qu'il est porteur sincère de la parole de Dieu et un modèle de vertu, alors qu'il est impie, fourbe et ne cherche qu'à dépouiller son hôte, Orgon, de sa fortune. Il est remarquable que Tartuffe n'apparaisse pas au premier acte de la pièce ; le lecteur ne fait sa connaissance qu'à travers les tableaux contradictoires peints par les autres personnages (la servante Dorine le présente comme un hypocrite et un amateur de bonne chair, alors qu'il n'est que vertu et piété aux yeux d'Orgon). Cette célèbre pièce de Molière fut interdite même après ses remaniements, car, si elle est une dénonciation de l'hypocrisie sociale, comme *Le Misanthrope* ou *L'Avare*, elle cible encore plus expressément la dévotion poussée à l'extrême, et les directeurs de conscience qui fleurissent à l'époque de Louis XIV, symptômes d'une dérive de la croyance religieuse. Elle est donc intéressante à plus d'un titre : l'imposteur est aussi celui qui a compris l'imposture de la religion quand elle devient superstition, et qui sait l'utiliser à ses fins personnelles.

## 3. Faire croire, une soif de pouvoir

La dernière figure du trompeur est celle qui présente une portée politique allant de l'intrigue au complot. Dans ce cas, il s'agit bien de dissimuler, de faire croire que l'on ne fait rien alors que l'on manœuvre sous cape. Les personnages de comploteurs sont des personnages de menteurs qui savent donner le change. Les conjurés sont toujours ceux qui, tapis dans l'ombre, cachent leurs véritables intentions, comme Brutus, proche de César qui a fomenté, sans le dire, l'assassinat de l'empereur romain en 44 av. J.-C.

Même sans viser à renverser ou prendre le pouvoir, mentir, dissimuler ou faire croire permet de le conserver. Celui qui parvient à faire croire toute une foule, en sus ou au-delà d'un intérêt personnel, détient un pouvoir des plus puissants, puisque la croyance est un levier essentiel de l'action collective. Le gourou semble pouvoir tout exiger de ses fidèles, un grand chef de guerre peut faire tenir son armée au-delà de toute espérance, un habile orateur peut galvaniser son public jusqu'à en retourner l'opinion, enfin un homme d'État a tout intérêt à s'assurer que son pouvoir est adossé à un certain nombre de croyances du peuple à son sujet.

Certains penseurs et philosophes politiques font de la croyance ou de l'acte de faire croire le cœur de la politique. Il en est ainsi du philosophe florentin Nicolas Machiavel (1469-1527), qui décrit dans *Le Prince* la manière dont l'homme d'État ne doit pas hésiter, si nécessaire, à recourir à la ruse et à la duplicité pour consolider son pouvoir et garder la confiance de ses sujets. Même si les qualités de ses actions sont réelles, le Prince doit se faire simulateur et dissimulateur, pour deux raisons : l'une participe d'une anthropologie pessimiste – il vaut mieux se délier d'une promesse avant que l'autre ne trahisse en premier, or il le fera certainement car les hommes sont méchants –, l'autre repose sur la conception de la sphère politique comme d'un théâtre, où le public ne doit pas voir ce qui se passe en coulisse : « Chacun voit ce que tu parais, peu perçoivent ce que tu es [1]. » Pour être stable et durable, l'autorité politique doit reposer certes sur la force armée, mais aussi sur une image conforme aux attentes du peuple : il doit être à la fois lion et renard, animaux restés des symboles de la politique – on les retrouve notamment sur le blason de l'Institut d'études politiques de Paris, Sciences Po. Mais il doit en même temps dissimuler qu'il est renard : il doit paraître sincère quand il se prétend « clément, fidèle, humain, religieux, sincère » – alors qu'en réalité il devra parfois avoir les qualités opposées : l'illusion doit être parfaite, l'image ne doit pas être perçue comme telle mais bien comme la réalité. La politique est bien l'art du « faire croire », sans en

---

[1]. Nicolas Machiavel, *Le Prince* [1532], trad. Y. Lévy, GF-Flammarion, 1980, chap. XVIII, p. 143.

avoir l'air puisqu'elle répond à l'exigence d'obtenir obéissance et action du plus grand nombre, sans passer par la pure coercition.

Pour faire croire, il ne faut pas croire soi-même. Le philosophe et écrivain Denis Diderot (1713-1784) a appliqué cette idée au théâtre dans *Le Paradoxe sur le comédien* : pour bien jouer, le comédien ne doit pas ressentir les émotions, mais s'en distancer. C'est ainsi que l'on peut comparer certains hommes ou femmes politiques à des acteurs, qui n'adhèreraient pas toujours à ce qu'ils disent mais auraient un rapport instrumental à leur discours : ils feraient croire à leurs concitoyens tout ce qui leur assure la permanence de leur pouvoir. C'est dans cette perspective que des « communicants » interviennent pour produire des « éléments de langage » de nature à susciter l'adhésion des électeurs : la vie politique se rapproche alors de la communication publicitaire. De la même manière qu'une publicité doit favoriser l'acte d'achat, un discours politique doit influer sur le vote.

## C. La condamnation morale, épistémologique et politique du « faire croire »

### 1. Faire croire, une faute morale ?

L'illusion et plus encore les faiseurs d'illusions ont longtemps été placés sous l'anathème de la critique platonicienne. Celle-ci a donné lieu à l'un des textes les plus célèbres de la philosophie, l'allégorie de la Caverne présentée au livre VII de *La République*[1]. Socrate nous propose une expérience de pensée : imaginons une caverne dans laquelle des hommes enchaînés depuis leur enfance sont contraints de fixer leur regard sur des ombres produites par d'autres hommes, invisibles car situés derrière eux et passant le long d'un mur à la lumière d'un grand feu brillant dans le lointain. L'illusion est donc présentée, dans cette allégorie, comme produite et entretenue par l'intervention humaine, par des individus dont le rôle est, précisément, de faire croire, de produire l'adhésion de la population à de fausses représentations. Les hommes immobilisés prennent les ombres chinoises, seule réalité qu'ils perçoivent, pour le monde lui-même alors qu'il s'agit de reflets, d'images d'objets extérieurs à la caverne, que des marionnettistes agitent. Qui sont ces derniers ? Platon dit que ce sont des « faiseurs de prestige », ce qui peut désigner les sophistes, mais aussi tous ceux qui s'emploient à faire croire aux hommes de fausses croyances en présentant des simulacres d'une manière à induire des opinions fausses : par exemple les artistes, les hommes politiques, les religieux.

---

1. Platon, *La République*, trad. G. Leroux, GF-Flammarion, 2016, 514a-519e, p. 358-366.

Il y a là une triple condamnation des manipulateurs : (a) en faisant passer le faux pour le vrai, ils brouillent la distinction entre illusion et réalité ; (b) ils compromettent, ce faisant, l'accès au savoir ; (c) ils maintiennent dans l'état d'enfance ceux qu'ils trompent, en ne leur permettant pas de trouver par eux-mêmes le chemin vers la connaissance. Notons que Platon ne critique pas les arts en tant que tels, il dénonce précisément la confusion qu'ils peuvent entretenir entre la chose et sa représentation : Homère ne fait-il pas croire, dans l'*Iliade*, que les dieux sont des êtres colériques en les représentant comme tels ? Le peintre grec d'Héraclée, Zeuxis (464-398 av. J.-C.), ne fait-il pas croire lors d'un concours d'artistes que les raisins qu'il peint en trompe-l'œil sont de véritables fruits au point que des oiseaux viennent les picorer ? Mais n'est-il pas lui-même victime d'une illusion lorsqu'il demande que soit tiré le rideau afin de voir le tableau de son concurrent Parrhasios, qui a peint précisément un rideau qui le trompe et l'oblige à reconnaître sa défaite [1] ? Quand le « faire croire » opère, on ne comprend plus le statut d'un mythe ; on y adhère sans distance, et le peuple est alors comme un enfant à qui l'on raconte des histoires à dormir debout.

Mais les « faiseurs de prestiges » les plus critiquables sont encore les sophistes, qui trompent à dessein, et s'emploient par leurs artifices à détruire toute possibilité de discours vrai, mettant à mal la nature même du langage. En effet, comme le montre Aristote (384-322 av. J.-C) dans le tome IV de la *Logique*, intitulé « La réfutation des sophistes », celui qui travestit les raisonnements sans se soucier de la cohérence logique et de la vérité du contenu de ce qu'il démontre, met en péril la fonction même du langage. À celui qui ne respecte pas le principe de contradiction, on ne peut rien opposer, il pourra toujours soutenir tout et son contraire ; et avec celui qui n'est pas sincère, on ne peut plus échanger, car l'assise de toute relation humaine, la confiance, est ruinée.

C'est Emmanuel Kant (1724-1804) qui formula, au XVIII$^e$ siècle, l'une des condamnations les plus magistrales du mensonge (voir l'encadré p. 16). Pour Kant, mentir représente une faute morale par excellence puisque cela consiste à s'excepter de l'humanité : je ne pourrais pas mentir dans un monde où tout le monde mentirait. Mon mensonge, en effet, n'est cru que parce que les autres ne mentent pas. Pour faire croire, il faut supposer un accord commun des hommes entre eux (et l'origine étymologique nous l'indique bien, « credo » signifiant à la fois « croire » et « accorder sa confiance »), cela n'est possible que si l'on part du contraire du mensonge, la bonne foi des interlocuteurs.

---

1. L'anecdote est racontée par Pline l'Ancien dans son *Histoire naturelle* (I$^{er}$ siècle), livre XXXV, XXXVI.

## 2. Faire croire, une négation de la liberté ?

Il est un trait dominant dans tout acte de manipulation, de mensonge visant à faire croire quelque chose à quelqu'un : il y a toujours une sorte de violence exercée à l'insu de la victime, accompagnée d'une négation de sa liberté. Celui qui fait croire agit, celui qui est l'objet de la manipulation est agi, tel une marionnette dans la main d'un manipulateur habile. Dans *Les Liaisons dangereuses* de Laclos (1741-1803), le vicomte de Valmont et la marquise de Merteuil se délectent de la jouissance un peu perverse de « tirer les ficelles » des actions de leurs victimes : même si leur plaisir est décuplé quand ils rencontrent des obstacles (plus il y a résistance, plus le défi est grand à relever), leur jeu subtil consiste bien à « faire agir » et « faire ressentir » sous l'impulsion de leur stratagèmes, en faisant croire à la victime qu'elle reste le sujet de ses actions alors qu'elle « est agie » sans le savoir.

Il en est de même de l'orateur qui emporte la foule : il y a comme une *tyrannie* du discours oratoire qui impose une adhésion par la force des mots, et rend ainsi l'auditoire captif. Remarquable est à ce sujet l'analogie faite par le sophiste Gorgias dans son « Éloge d'Hélène » : l'enlèvement et le viol d'Hélène sont l'effet des mots qui l'ont charmée avant les actes : « [...] qu'est-ce qui empêche qu'Hélène aussi soit tombée sous le charme d'un hymne, à cet âge où elle quittait la jeunesse ? ce serait comme si elle avait été enlevée et violentée. [...] Car le discours persuasif a contraint l'âme qu'il a persuadée [1]. »

C'est l'auteur de la persuasion, agissant tel un marionnettiste sur une marionnette passive, qui est coupable et non le crédule. Le plaisir du manipulateur repose en partie sur le plaisir de voir sa victime se croire libre alors que sa liberté a été niée. C'est ainsi que fonctionnent les sectes : une fois endoctrinés, les membres estiment avoir choisi librement leur croyance et s'entêtent à y rester. Le film *Les Éblouis* (2019) de la réalisatrice française Sarah Suco raconte, à l'inverse, le combat d'une jeune fille pour sortir de l'emprise sectaire que subissent ses coreligionnaires de la communauté de la Colombe dans laquelle elle a grandi. Il n'est qu'à observer la réaction de celui qui a été dupé lorsqu'il s'en rend compte : il ressent la violence du sentiment de trahison et d'injustice, et plonge dans des tourments émotionnels et des passions tristes (colère, désir de vengeance, perte du sens de sa valeur et de la confiance en l'autre, etc.). L'expression employée par la victime au passé (« on m'a fait croire que... ») revêt une connotation négative, précisément parce qu'il y a eu, à un moment au moins, négation de la liberté du croyant.

---

1. Gorgias, « Éloge d'Hélène », in *Les Écoles présocratiques*, trad. J.-L. Poirier, Gallimard, « Folio essais », 1991, p. 710-714.

## II. Faire croire : un pouvoir de révélation et de transformation du monde ?

Il serait extrêmement réducteur de ramener le fait de faire croire quelque chose à quelqu'un uniquement à une façon de biaiser son rapport au monde. Si, au contraire, nous reconnaissons que bien des aspects de notre rapport au monde dépendent des croyances, alors le fait de faire croire se révèle un moyen d'ouvrir quelqu'un au réel, de lui offrir une clé de lecture du monde. Faire croire apparaît alors moins comme une dissimulation que comme un dévoilement, et même comme un dispositif producteur de réalité.

### A. Faire croire, un chemin détourné vers la vérité ?

#### 1. Les usages pédagogiques du « faire croire »

René Descartes (1596-1650) ouvre ses *Méditations métaphysiques* (1641) par un constat : notre premier rapport au monde a pour modalité la croyance. Les premières représentations d'un enfant, très largement réduites à des sensations qu'il est encore incapable d'analyser, sont des idées reçues dont il sera difficile de l'extirper. Bien d'autres préjugés lui viennent encore des ouï-dire, ou de la répétition irréfléchie de ce que lui ont transmis maîtres et parents, à quoi il adhère durablement. Aussi la puissance de la croyance réside-t-elle également dans l'adhésion, voire l'adhérence aux idées transmises qui nous sont essentielles pour l'action et la vie pratique. En effet le doute cartésien, méthode proposée par Descartes qui consiste à mettre en doute de façon systématique nos connaissances, ne vaut que comme dispositif nécessaire pour établir une science certaine. Or lorsque la vie quotidienne est concernée, nous n'avons ni les moyens ni le temps d'obtenir de telles certitudes. Partant, il faut se contenter de conjectures incertaines. Il convient alors de croire pour vivre : la croyance nous rattrape tout naturellement dans la sphère du quotidien.

On comprend dès lors qu'il y a des vertus nombreuses au « faire croire », dont la première est peut-être pédagogique. On éduque l'enfant en s'appuyant sur ses préjugés, ses goûts et ses croyances en vue de provoquer son adhésion à un certain nombre de choses qu'il n'a pas encore les moyens de comprendre ni de vérifier. Ainsi, dans son traité d'éducation intitulé l'*Émile* (1762), Rousseau formule à plusieurs reprises une injonction à l'éducateur qui résonne étrangement : qu'il n'hésite pas à faire croire à Émile telle ou telle chose *pour son bien* ! Le dispositif pédagogique lui-même est un artifice : un bon pédagogue met tout en place pour que l'élève croie découvrir et apprendre seul, librement, alors que sa volonté est asservie à celle de son maître :

> Prenez une route opposée avec votre élève ; qu'il croie toujours être le maître, et que ce soit toujours vous qui le soyez. Il n'y a point d'assujettissement si parfait que celui qui garde l'apparence de la liberté ; on captive ainsi la volonté même. Le pauvre enfant qui ne sait rien, qui ne peut rien, qui ne connaît rien, n'est-il pas à votre merci ? Ne disposez-vous pas, par rapport à lui, de tout ce qui l'environne ? N'êtes-vous pas le maître de l'affecter comme il vous plaît ? Ses travaux, ses jeux, ses plaisirs, ses peines, tout n'est-il pas dans vos mains sans qu'il le sache ? Sans doute il ne doit faire que ce qu'il veut ; mais il ne doit vouloir que ce que vous voulez qu'il fasse ; il ne doit pas faire un pas que vous ne l'ayez prévu ; il ne doit pas ouvrir la bouche que vous ne sachiez ce qu'il va dire [1].

L'éducateur doit paradoxalement produire certaines illusions utiles pour amener son élève au savoir : il doit s'appuyer sur sa conviction qu'il est libre et son goût pour la nouveauté pour créer des stratagèmes pédagogiques où, en réalité, l'enfant n'est pas vraiment libre et sa découverte n'est pas originale. On peut évidemment récuser l'illusion pédagogique en explicitant tout aux enfants, en retirant au processus d'apprentissage la magie de la découverte et l'impression d'autonomie dans l'accès au savoir, mais, alors selon Rousseau, l'enseignement perd en plaisir et en efficacité.

## 2. Faire croire pour révéler l'être à lui-même

On peut étendre cette vertu du « faire croire » aux adultes : faire croire n'est pas nécessairement tromper en éloignant de la vérité, ce peut être une modalité du dévoilement de celle-ci. Dans de nombreuses pièces de théâtre, le dramaturge nous donne à voir des subterfuges porteurs d'enseignement tant pour les personnages que pour le spectateur. La mise en scène qui détourne le réel apparaît alors révélatrice de celui-ci pour les personnages comme les spectateurs. Il en est ainsi dans *L'Île des esclaves* de Marivaux (1688-1763), où l'échange des rôles sociaux entre esclaves et maîtres témoigne de la crise d'une classe sociale et permet une prise de conscience politique de la part des maîtres de leurs privilèges indus. En un sens détourné, dans *Les Liaisons dangereuses*, Valmont et Merteuil éduquent également Cécile de Volanges à l'art du libertinage par une série de machinations, et lui apprennent à démystifier les fausses valeurs de la bienséance et de la morale religieuse.

---

1. Jean-Jacques Rousseau, *Émile ou De l'éducation* [1762], éd. A. Charrak, GF-Flammarion, 2009, livre deuxième, p. 168-169.

Au-delà de l'usage pédagogique des croyances, l'illusion peut paradoxalement servir à révéler la vérité intime du sujet. C'est particulièrement le cas des sentiments difficilement avouables, comme l'amour, ou tout ce qui ressort de l'inconscient. Ainsi les pièces de théâtre de Marivaux sont parcourues de ces stratagèmes fomentés par des valets espiègles ou des amoureux secrets pour révéler la vérité d'un sentiment. Dans *Les Fausses Confidences* (1737), toute l'intrigue repose sur les machinations d'un domestique, Dubois, et de son maître, Dorante, afin que ce dernier puisse épouser une jeune veuve, Araminte, dont il est épris. Le complot des deux intrigants est digne des manipulations des héros des *Liaisons dangereuses*, à cette différence près qu'il a pour effet de révéler la vérité du sentiment amoureux d'Araminte pour Dorante. Tout se passe comme si subterfuges et mensonges étaient le seul moyen pour qu'Araminte puisse enfin lire dans son propre cœur. Elle finit par reconnaître que l'imposture lui a ouvert les yeux et s'engage à épouser celui qu'elle qualifie à la fin de la pièce de « plus honnête homme du monde ».

Dans un autre domaine comme le roman policier, il est fréquent de voir comment l'enquêteur invente des fictions, « prêche le faux pour connaître le vrai » ou construit des pièges mensongers pour faire éclater la vérité. Dans les romans d'Arthur Conan Doyle (1859-1930), par exemple, Sherlock Holmes est sans cesse en train de produire hypothèses, fictions et stratagèmes – se faisant ainsi le double du romancier – pour que le coupable révèle son identité.

## 3. Le « mentir-vrai »

L'art, quel qu'il soit, repose sur un procédé que l'on peut qualifier d'illusion : il s'agit de faire adhérer le lecteur ou le spectateur, le temps de la lecture, de la représentation théâtrale ou de la contemplation de l'œuvre, à l'histoire ou à l'image qu'on lui soumet.

C'est ce qu'Aristote explicite dans son traité sur la *Poétique* : l'art est *mimesis*, c'est-à-dire *imitation* du réel ; en ce sens il vise à présenter comme réel ce qui n'en est qu'une image. Cependant, cette image épurée, présentée sous les règles et les codifications de l'art, nous donne un accès privilégié au monde et permet à la fois d'exprimer les passions, dans leur pureté, et de les contrôler. En outre, la *mimesis* apparaît comme un mode d'exploration et de connaissance du réel : nous apprenons en imitant et, en observant certaines règles, nous produisons une forme de connaissance y compris des événements qui nous seraient trop pénibles à supporter en réalité : « nous prenons plaisir à contempler les images figuratives réalisées avec la plus grande exactitude de choses qui, pour elles-mêmes, sont pénibles à voir, comme l'apparence extérieure d'animaux particulièrement hideux ou de cadavres [1] ». Ainsi

---

1. Aristote, *Poétique*, trad. P. Destrée, GF-Flammarion, 2021, p. 98.

la représentation fausse — mais vraisemblable — offerte par l'œuvre d'art, loin de nous éloigner du réel, nous en rapproche.

Les théories du rapport de l'art au réel et à la vérité sont nombreuses ; nous retiendrons deux idées et références principales. La première est que l'art n'a pas pour but de recopier fidèlement le réel, mais d'en rendre compte via des processus de travestissement. C'est ce que montre Maupassant (1850-1893) dans la célèbre préface de son roman *Pierre et Jean*, dans laquelle il présente ainsi le travail de l'écrivain réaliste :

> Faire vrai consiste donc à donner l'illusion complète du vrai, suivant la logique ordinaire des faits, et non à les transcrire servilement dans le pêle-mêle de leur succession.
>
> J'en conclus que les Réalistes de talent devraient s'appeler plutôt des Illusionnistes [1].

La deuxième est que l'art peut nous offrir, par ce procédé illusionniste, un condensé de réel, une saisie du réel plus « vraie » que n'importe quelle situation vécue. C'est ce que Louis Aragon (1897-1982) appelle le « mentir-vrai » : l'art, la poésie, le roman, nous *re-présentent* le réel au sens étymologique de *présenter mieux, donner plus de présence au réel* que le réel lui-même. Dans la nouvelle intitulée « Le mentir-vrai », Aragon se remémore l'année de ses onze ans en essayant de la rendre présente ; pour cela, il use de tous les subterfuges de la langue pour réinventer le réel vécu : en un sens, on pourrait dire qu'il ment, mais pour nous rapprocher du réel, pour en traduire la vérité. Voici pourquoi il écrit : « Les réalistes de l'avenir devront de plus en plus mentir pour dire vrai [2]. »

Pour les mêmes raisons, François-René de Chateaubriand (1768-1848) peut décrire mieux que personne des endroits où il ne s'est jamais rendu. Ou encore Balzac (1799-1850), dans son cycle romanesque *La Comédie humaine*, peut nous donner une vision plus juste et complète de l'histoire sous la Restauration que n'importe quel document historique. Même quand Paul Éluard (1895-1952) semble prendre plaisir à déjouer les attentes du lecteur lorsqu'il écrit le célèbre vers « la terre est bleue comme une orange [3] », c'est pour nous dire que le langage poétique n'est pas mensonge, mais dévoilement. Il faut lire le vers qui suit : « Jamais une erreur les mots ne mentent pas [4] ».

## 4. Une conception de la vérité

« Quel enfantillage, d'ailleurs, de croire à la réalité puisque nous portons chacun la nôtre dans notre pensée et dans nos organes. [...] Chacun de nous

---

1. Guy de Maupassant, *Pierre et Jean* [1888], éd. A. Fonyi, GF-Flammarion, 2008, p. 48.
2. Louis Aragon, « Le mentir-vrai », in *Le Mentir-vrai*, Gallimard, 1980, p. 24.
3. Paul Éluard, *L'Amour la poésie* [1929], Gallimard, « Poésie », 1966, p. 153.
4. *Ibid.*

se fait donc simplement une illusion du monde », s'exclame Maupassant – à la suite du passage cité ci-dessus qui compare le romancier réaliste à un illusionniste. Ceux qui donnent une fonction plus centrale, voire indépassable, à la croyance défendent un positionnement original qui invite à déplacer les lignes entre savoir et opinion, vérité et croyance. En effet, peut-être faut-il aller jusqu'à considérer que, si faire croire n'est pas provoquer un éloignement de la réalité pour mieux la retrouver, c'est bien parce qu'il n'y a pas de vérité en dehors de ce que nous tenons pour vrai. En ce sens, il n'y aurait pas ou peu de différence entre faire croire et faire savoir, puisque faire croire serait la seule façon possible de partager une interprétation du monde qui viendrait compléter ou heurter les autres interprétations possibles. Dans cette conception, les sophistes ne sont pas de grands manipulateurs cyniques ; ils défendent simplement une pensée du monde et du langage différente de celle de Platon, une pensée dite subjectiviste et/ou relativiste. Le sophiste Protagoras est un représentant de cette position : il n'y a pas de vérité en dehors de celle que le sujet construit, l'homme étant, selon sa célèbre formule, « la mesure de toute chose [1] ».

Cela s'explique parce que la réponse de Protagoras à la question « qu'est-ce que la science ? » est que tout savoir est fondé sur la sensation : la chose est telle qu'elle m'apparaît. Chacun détient alors sa vérité. Mais comment, dans ce cas, communiquer et enseigner, ou encore gouverner une cité ? Comment articuler relativisme et éducation, subjectivisme et théorie politique ? La réponse des sophistes n'aboutit pas au scepticisme ou à l'enfermement de chacun en soi. Reste en effet la possibilité de persuader l'autre par l'art de la parole ; sur le plan politique, on peut alors défendre la démocratie comme le meilleur régime car elle tient compte de cette pluralité des perspectives. Il faut donc travailler, par le langage, sur les subjectivités : c'est bien là tout le sens du « faire croire ».

Le brouillage de l'opposition entre être et apparence, réalité et erreur, vérité et croyance est poussé à son paroxysme chez les penseurs qui, à l'instar de Nietzsche, affirment qu'« il n'y a pas de faits mais seulement des interprétations [2] ». Cela conduit non pas à une négation du réel comme tel, mais à l'affirmation qu'il existe de nombreuses perspectives possibles portant sur le réel. Ce perspectivisme nietzschéen fait ainsi écho à une célèbre pensée de Pascal (1623-1662) : « les choses sont vraies ou fausses selon la face par où on les regarde [3] ».

---

1. Platon, *Théétète*, in *Œuvres complètes*, t. III, trad. É. Chambry, Garnier, 1950, 151e-152a, p. 336.
2. Friedrich Nietzsche, *Fragments posthumes*, 1887, 7.
3. Blaise Pascal, *Pensées*, éd. D. Descotes et M. Escola, GF-Flammarion, 2015, n° 99 [Brunschvicg], p. 85.

Cette approche a été formalisée au XVIIIᵉ siècle par le philosophe écossais David Hume (1711-1776). Dans son *Traité sur la nature humaine* (1739-1740), Hume définit la croyance comme « une idée vive unie ou associée à une impression présente » (III, 7). Or la façon dont les idées sont associées dans l'esprit du sujet est hautement dépendante des expériences passées qui furent les siennes. D'ailleurs, le fait qu'une idée surgisse à l'occasion d'une expérience n'implique pas qu'il y ait un lien réel entre l'une et l'autre, il suffit que le lien soit fait en moi entre une idée et une impression, que *je croie* que cette idée est liée à cette impression, pour que je considère qu'il y a un lien objectif entre l'une et l'autre. Le savoir n'est, en ce sens, jamais qu'une croyance renforcée par le fait que je ne trouve en moi aucune idée qui me permette d'en douter.

## B. Faire croire : dispositif créateur de réalités ?

### 1. Faire naître des sentiments et des émotions

L'acte de faire croire n'est pas en vérité ce qui nous éloigne des phénomènes et de leur compréhension, mais ce qui les fait advenir. Si nous reprenons l'analyse des *Fausses Confidences* de Marivaux (voir *supra*, p. 29), nous pouvons interroger l'interprétation que nous en avions donné : et si Araminte s'était vraiment fait duper de part en part, et si le stratagème, au lieu de révéler un sentiment vrai et préexistant, avait plutôt créé une illusion amoureuse ? À la fin de la pièce, lors de la scène de l'aveu, Dorante s'exclame : « il n'y a rien de vrai que ma passion », tout le reste n'étant qu'artifices et « industrie d'un domestique »[1]. Cependant, on peut s'interroger sur le statut de cet aveu final : comment croire à la sincérité du discours de Dorante, alors que dans la pièce le langage est toujours falsifié et détourné ? Chez Marivaux, comme chez Laclos, la fiction est active, elle vient « gripper » la réalité. Les personnages jouent avec les mots comme ils joueraient avec le feu ; ce faisant, ils modifient irréversiblement les conditions du réel.

Or si le jeu a une incidence sur le réel, et si c'est particulièrement le cas dans le jeu de la séduction, c'est sans doute parce que le sentiment naît et s'alimente d'une croyance – croyance qui s'origine dans la parade du séducteur ou de la séductrice, dans le coup de foudre, dans la rencontre où opère le charme. Les mots de Gustave Flaubert (1821-1880) dans *L'Éducation sentimentale* traduisent ainsi la dimension subjective d'éblouissement qui dévoile et aveugle à la fois celui qui *tombe* amoureux : « Ce fut comme une

---

1. Marivaux, *Les Fausses Confidences* [1737], éd. C. Naugrette et D. Crelier, GF-Flammarion, 2020, III, 12, p. 129-130.

apparition. Elle était assise, au milieu du banc, toute seule ; ou du moins il ne distingua personne, dans l'éblouissement que lui envoyèrent ses yeux [1]. » On tomberait amoureux comme on serait pris par *enchantement* dans un réseau de « croyances ».

En ce sens, le sentiment amoureux procèderait d'une illusion construite à partir d'un processus de « cristallisation », selon l'expression forgée par Stendhal (1783-1842). Faisant une analogie avec un phénomène chimique, Stendhal détaille les étapes et le fonctionnement du sentiment amoureux : l'amour fait que l'amant dote l'aimé de perfections qu'il n'a pas, et son imagination alimente ainsi son sentiment en projetant, au gré des rencontres, mille qualités, qui s'agglomèrent tels des cristaux reflétant un mirage. Le sentiment naît du rêve, sa puissance est d'autant plus grande que l'est l'imagination.

C'est pourquoi le mirage peut s'évanouir d'un coup, provoquant la « désillusion amoureuse ». Dans « Un amour de Swann » de Marcel Proust (1871-1922), le narrateur raconte comment Charles Swann s'est entiché d'une « cocotte » en lui attribuant des qualités imaginaires : « Dire que j'ai gâché des années de ma vie, que j'ai voulu mourir, que j'ai eu mon plus grand amour, pour une femme qui ne me plaisait pas, qui n'était pas mon genre [2] ! » L'illusion amoureuse nous fait croire que l'autre est unique et merveilleux, mais elle a ceci de particulier qu'elle ne s'estompe que difficilement : l'essence de l'illusion est bien de perdurer malgré sa mise à nu.

## 2. Croire pour créer du lien et agir sur le monde

L'imagination, dans sa capacité à nous faire adhérer à des représentations, peut aussi faire naître et attiser des sentiments altruistes, nous permettant d'agir moralement. Ainsi, chez Rousseau, la pitié naît de notre capacité à nous mettre à la place d'autrui par l'imagination. En effet, nous ne pouvons pas réellement sortir de nous-mêmes pour nous « mettre à la place d'autrui », nous sommes obligés de nous *imaginer* ce que nous ressentirions si nous vivions ce que vit autrui ; nous nous déplaçons en lui, fictivement, par l'imagination. L'imagination nous « fait croire » que nous sommes capables de voir par les yeux d'autrui et nous permet ainsi de modifier nos conduites en prenant en compte leur conséquences sur ceux qui nous entourent.

Le sentiment religieux lui-même, fondé sur une croyance à laquelle l'éducation nous a conduit, permet d'universaliser nos sentiments moraux en

---
1. Gustave Flaubert, *L'Éducation sentimentale* [1869], éd. S. Dord-Crouslé, GF-Flammarion, 2013, p. 47.
2. Marcel Proust, *Du côté de chez Swann* [1913], 2ᵉ partie, « Un amour de Swann », éd. J. Milly, GF-Flammarion, 2019, p. 525.

## LA CROYANCE, FONDEMENT DU POLITIQUE ?

L'exercice de l'autorité politique ne se réduit pas à une simple coercition par la force brute ; pour asseoir son fondement, elle suppose une part d'adhésion des sujets, qu'il a donc nécessairement fallu « faire croire ». Il suffit de suivre La Boétie (1530-1563) dans son *Discours de la servitude volontaire* pour comprendre que le pouvoir n'existe que parce que ceux qui y sont soumis y consentent, tant il est évident que dès que le peuple cesse de croire dans le pouvoir des dirigeants, et arrête de leur obéir, celui-ci s'effondre. Qu'il s'agisse de maintenir un certain pouvoir pour favoriser des intérêts particuliers au détriment de la majorité ou de mobiliser les citoyens autour d'une cause commune, dans les deux cas, cela repose sur un rapport entre pouvoir, croyance et vérité.

La possibilité de l'ordre social dépend lui-même de la capacité des dirigeants à faire adhérer le peuple à des sortes de *fictions théoriques* induites par le pacte social. La première croyance fondatrice serait ainsi, pour Hobbes, d'admettre que la volonté du représentant politique vaille comme étant celle de ceux qu'il représente. On peut également penser à l'idée de *peuple* : un peuple n'existerait pas sans des croyances collectives et un imaginaire partagé, comme le montre Cornelius Castoriadis (1922-1997) quand il analyse *L'Institution imaginaire de la société* (1975) au fondement des démocraties contemporaines.

Pourtant, dans les sociétés apparemment désabusées qui sont les nôtres, n'est-il pas difficile de continuer à *faire société* et de solliciter l'adhésion de tous à des valeurs ou institutions en perte de confiance ? C'est ce que remarquait Michel de Certeau : « La capacité de croire semble partout en récession dans le champ politique. Elle soutenait le fonctionnement de l'autorité. Depuis Hobbes, la philosophie politique, surtout dans sa tradition anglaise, a considéré cette articulation comme fondamentale. Par ce lien, la politique explicitait son rapport de différence et de continuité avec la religion. Mais la volonté de "faire croire" dont vit l'institution, fournissait dans les deux cas, un répondant à une quête d'amour et/ou d'identité [1]. » Ainsi, on peut s'interroger sur le « désenchantement du monde » au sens où l'entend Max Weber : provient-il de la pression de la rationalité scientifique ou de la prolifération des croyances, qui mettent en crise la possibilité de se retrouver autour d'un socle commun ?

Plus fondamentalement, dans un contexte démocratique, la nécessité de faire croire peut être vue comme une violation du principe de transparence et de sincérité nécessaire au débat public ; elle entraverait, par ailleurs, la possibilité d'une participation équitable de tous du fait de la dissymétrie d'accès à l'information entre ceux qui savent manipuler ou connaissent les manipulations et ceux qui sont manipulés sans le savoir [2]. Si certains estiment que la démocratie est rendue possible par le caractère indépassable de l'opinion, on peut aussi se demander si la réussite de l'idéal démocratique ne suppose pas la possibilité d'accéder à la vérité et de se mettre d'accord à son sujet en faisant un *usage public de la raison*, comme le pense Jürgen Habermas (né en 1929) lorsqu'il propose une *éthique de la discussion* selon le titre de son ouvrage paru en 1992.

---

1. Michel de Certeau, *L'Invention du quotidien*, t. I, *Arts de faire*, Gallimard, « Folio essais », 1990, p. 260.
2. Voir à ce sujet ce qu'on appelle la « fabrique du consentement », selon l'expression d'Edward S. Herman et Noam Chomsky dans *Manufacturing Consent. The Political Economy of the Mass Media*, essai qui analyse les rapports entre industrie médiatique et manipulation en politique aux États-Unis.

nous représentant l'image d'un Dieu bon et tout-puissant. Au livre IV de l'*Émile*, Rousseau donne au Vicaire savoyard le rôle d'élever et de sublimer les sentiments moraux d'Émile en le conduisant à croire en un Dieu parfait. Faire croire c'est donc agir, produire des effets puissants dans le sujet. Au sens étymologique, la religion est ce qui relie (*religere* en latin), et de fait, les croyances religieuses sont ce qui relie les membres d'une communauté. Faire croire, c'est alors contribuer à relier les individus à travers un imaginaire commun.

La croyance en des idéaux est aussi ce qui nous fait aller vers l'autre et qui nous unit à lui dans des combats politiques. Dans cette perspective, faire croire à l'autre et y croire soi-même est le meilleur moteur de l'action. Ce sont les croyances induites dès notre enfance qui animent notre monde, qui le font être ce qu'il est et lui donnent sa chair. La croyance nous permet de nous orienter vers et dans l'action, et d'avoir une efficacité sur le monde. Le pacifisme, par exemple, c'est-à-dire la croyance dans la possibilité d'un monde en paix, peut servir d'« idéal régulateur » au sens où l'entend Kant, c'est-à-dire servir de règle à l'action de l'individu. Même si celui qui se dit réaliste ou pragmatique a beau jeu de reprocher l'idéalisme du pacifiste, l'idéal qui est le sien agit puissamment sur sa conduite et ses engagements politiques pour améliorer le monde. Ainsi, sur le plan collectif, créer des représentations et y faire adhérer le plus grand nombre contribue largement à produire les réalités sociales et politiques des différentes époques.

L'histoire de l'humanité pourrait en ce sens être analysée d'abord comme celle de l'enchantement du monde par les croyances, par opposition au monde « désenchanté », expression que le sociologue Max Weber (1864-1920) invente pour désigner le processus de rationalisation par l'essor de la science et la technique. Redonner du sens, « réenchanter » le monde (selon l'expression du philosophe Bernard Stiegler, 1952-2020) serait alors accepter qu'il faut croire et faire croire en certains idéaux, pour les réaliser. Songeons au rôle des utopies et des fictions en politique, ou plus simplement à l'influence des théories politiques sur les révolutions et événements. Paul Ricœur (1913-2005) démontre, dans son article « L'idéologie et l'utopie » que, contrairement à l'idéologie qui vise à maintenir le réel tel qu'il est, « l'unité du phénomène utopique ne résulte pas de son contenu mais de sa fonction, qui est toujours de proposer une société alternative [1] », tout en mettant en question la réalité. Après la Révolution, les utopistes deviendront des réformateurs, prétendront représenter des sociétés futures, à l'instar des phalanstères, lieux de vie communautaire imaginés au XIXe siècle par le philosophe Charles Fourier (1772-1837) : l'utopie a alors glissé d'une fonction de critique sociale à une fonction de transformation effective de la société à l'image de ce qui a été inventé.

---

[1]. Paul Ricœur, « L'idéologie et l'utopie : deux expressions de l'imaginaire social », in *Du texte à l'action*, Seuil, 1986, p. 389.

## III. Celui à qui l'on fait croire : actif plutôt que passif ?

Dans les deux premières parties, nous avons fait comme si celui qui fait croire était le seul producteur de la croyance, en l'imaginant actif, comme s'il travaillait sur une matière passive, celle du crédule. Or en réalité celui qui croit n'est pas un réceptacle passif de la croyance : il participe activement au phénomène de son adhésion. Si le croyant se met à croire, c'est qu'il le veut bien, tandis que celui qui fait croire est souvent pris à son propre piège.

### A. Croire : une tendance anthropologique

#### 1. Un besoin pour l'action

L'opposition entre le manipulateur et le manipulé, entre celui qui fait croire et celui qui croit, est réductrice parce qu'elle fait l'économie du fait que l'humanité a toujours eu besoin de la croyance : il y a production de croyance parce qu'il y a besoin de croyance. La croyance est un phénomène essentiel de toute vie humaine, dans sa dimension pratique et collective. « Nous avons une dette envers la croyance sans laquelle il n'y aurait pas d'entreprise [1] », analyse Régis Debray (né en 1940), qui propose ainsi de rendre à la croyance ses lettres de noblesse.

Celui qui croit en bénéficie, comme celui qui fait croire. Si le processus d'adhésion fonctionne, c'est bien que tout le monde y trouve quelque chose, ou du moins l'espère. Étymologiquement, *credere*, le verbe « croire » en latin, vient de la racine *cred-* qui signifie « donner une offrande » ou « faire crédit » : tout indique alors que le croyant cherche un gain, a placé ses espoirs dans l'objet de sa croyance, et est en attente d'une rétribution en différé.

Ce que le croyant trouve est avant tout une énergie vitale. Celui qui accepte de croire le fait volontairement parce que cela lui donne de la force pour agir, comme celui qui croit en ses rêves et finit par les réaliser. Je fais « comme si » j'étais sûre que tous mes projets allaient aboutir et, par là, je provoque ma chance, le réel se conformant à mes désirs. C'est le principe des techniques d'autosuggestion et de la fameuse « méthode » à laquelle le psychologue français Émile Coué a donné son nom. L'imagination étant

---

[1]. Régis Debray, podcast *Allons aux faits*, France Culture, « Que faut-il entendre par croyance ? », 11 juillet 2016, disponible en ligne.

plus forte encore que la volonté, elle peut induire des prophéties autoréalisatrices : en répétant des pensées positives, en se présentant une chose comme possible, on fait en sorte qu'elle le devienne *effectivement*. Ainsi en va-t-il des pensées positives ou des espoirs de guérison : le malade qui est persuadé qu'il va guérir, parce qu'il a confiance en son traitement, augmente ses chances de guérison. Lorsqu'on agit sur la base d'une croyance, par exemple lorsqu'on agit moralement, on fait *comme si* la réalisation du bien était possible, et alors on se donne les moyens de le réaliser.

Si l'on généralise cette idée, on peut en faire une grille de lecture de tous les domaines de la vie humaine. C'est ce que propose le philosophe allemand Hans Vaihinger (1852-1933). Dans son ouvrage *Philosophie du comme si* (1911), il invente le terme de *fictionnalisme* : il désigne par là l'idée que nous nous rapportons au monde à partir de fictions, mais nous faisons comme si ces fictions avaient le statut de réalités, ce qui nous permet de transformer le réel. Pour Vaihinger, tout champ d'action repose sur des modèles fictionnels : certains principes juridiques sont fondés sur des fictions, qui créent un type de société ; la religion repose sur des fictions qui sont des moteurs puissants de l'énergie morale ; même la science repose sur des fictions grâce auxquelles elle invente des modèles d'explication du monde :

> Selon Vaihinger, l'atome est une fiction. Raisonner *comme si* la matière était composée de corps indivisibles, c'est traiter fictionnellement la matière « comme » un composé d'atomes. Ce « faire comme si » se justifie par l'avantage théorique que l'on peut en tirer [1].

Vaihinger se plaît même à classer ces modèles fictionnels en fonction de leurs effets pragmatiques. Nulle manipulation donc dans la croyance : si on se dispose à croire, c'est parce qu'on recherche une série d'effets bénéfiques dans le réel.

## 2. La croyance, un facteur de cohésion sociale

Celui qui accepte de donner son assentiment à une croyance le fait aussi par besoin social et par désir de s'inscrire dans une communauté. On ne croit jamais seul, les croyances ont la force du collectif, et le collectif repose moins souvent sur des contenus rationnels que sur des émotions. On peut même imaginer que le croyant fasse semblant de croire au départ, c'est en fait peu important : il accepte de faire comme s'il croyait pour échapper à la solitude, pour s'insérer socialement et avoir une famille, une confrérie, un

---

[1]. Christophe Bouriau, *Le Comme si. Kant, Vaihinger et le fictionnalisme*, Éditions du Cerf, 2013, p. 184.

métier. Cela nous amène à souligner deux aspects importants de la croyance comme effet structurant du groupe.

En premier lieu, tout peuple et toute société sont soudés par des croyances communes. Sans croyance, il existerait encore des êtres humains, mais plus de corps social. Aucun hasard donc dans le fait que des philosophes comme Hobbes (1588-1679) et Pascal, qui cherchent à comprendre les fondements de la stabilité de l'État, élaborent une pensée du pouvoir reposant sur la croyance en des signes. Ainsi Hobbes écrit-il dans *De la nature humaine* :

> Les richesses sont honorables comme étant des signes du pouvoir qu'il a fallu pour les acquérir. Les présents, les dépenses, la magnificence des bâtiments et des habits, etc., sont honorables autant qu'ils sont des signes de la richesse. La noblesse est honorable par réflexion comme étant un signe du pouvoir qu'ont eu les ancêtres. L'autorité est honorable parce qu'elle est un signe de force, de sagesse, de faveur ou des richesses par lesquelles on y est parvenu [1].

Tout pouvoir doit soigner son image, la force armée ne suffisant pas à susciter une adhésion collective aussi puissante que la croyance peut le faire.

En second lieu, il faut tenir compte des dangers de la croyance comme phénomène de groupe : la croyance collective finit par prendre une ampleur considérable lorsqu'elle se répand largement dans une société, et a tendance à faire passer le groupe avant l'individu. L'adhésion à une croyance m'intègre certes à un « nous », mais par là même elle peut mettre en danger mon individualité. Ce phénomène est particulièrement présent dans toute société de type communautariste : dans les sociétés de castes comme en Inde, toute l'existence des individus est circonscrite en fonction des croyances collectives et de leur place dans la hiérarchie communautaire. D'ailleurs il est notable que lorsque l'on veut combattre une croyance, il suffise de séparer les membres de la communauté pour que la croyance perde en force. Ainsi le croyant n'est plus jamais seul, mais il n'est plus jamais vraiment libre. L'autre danger est celui de la facilité avec laquelle une foule est manipulable, l'effet de croyance se répandant et se renforçant aisément : Gustave Le Bon (1841-1931) alertait déjà dans *La Psychologie des foules* (1895) sur la capacité destructrice d'une foule mal orientée – ironie du sort, cet ouvrage servirait d'outil théorique aux grands dictateurs du XXe siècle.

---

1. Thomas Hobbes, *De la nature humaine* [1772], trad. baron d'Olbach, Actes Sud, « Babel », 1997, chap. VIII.

## B. La faiblesse de notre constitution

### 1. Les désirs et les peurs

Si le crédule cède si facilement à la duperie, c'est bien parce qu'il n'est pas entièrement passif ; c'est parce que la croyance qu'on lui propose joue un rôle dans son économie psychique, comme un moyen de calmer ses craintes ou de flatter ses espoirs. C'est pourquoi il est si facile de tromper quelqu'un quand on connaît ses points faibles.

Ainsi, le crédule peut être tenté d'adhérer à une croyance qui l'arrange et être donc faussement passif. Un très bon exemple de ce mécanisme d'une croyance facilement adoptée parce qu'elle arrange la personne dupée, est celui du collectionneur qui se laisse duper quand on lui présente de façon habile une rareté recherchée. C'est ce que montre Balzac dans *Les Employés* (1838), où le malveillant Bixiou trompe son chef, Godard, et sa manie collectionneuse :

> La plus jolie plaisanterie faite par Bixiou dans les bureaux est celle inventée pour Godard, auquel il offrit un papillon rapporté de la Chine que le sous-chef garde dans sa collection et montre encore aujourd'hui, sans avoir reconnu qu'il est en papier peint [1].

La croyance agit sur les points de fragilité des gens, leur besoin de soutien, d'être rassurés ou flattés. Ainsi on ne fait jamais mieux croire quelque chose à quelqu'un que lorsque la croyance vient combler un manque ou flatter un amour-propre mis à mal. Le séducteur cherche souvent à renforcer son narcissisme, puis se retrouve à n'aimer qu'une image de lui-même, comme le figure la légende de Narcisse racontée par Ovide (43 av. J.-C. – v. 17 ap. J.-C.) dans les *Métamorphoses* : « Crédule enfant, à quoi bon ces vains efforts pour saisir une fugitive apparence ? L'objet de ton désir n'existe pas ! Celui de ton amour, détourne-toi, et tu le feras disparaître [2]. »

Séduction et narcissisme vont ainsi souvent ensemble : le séducteur a besoin du regard de l'autre pour se faire croire à lui-même qu'il a des qualités, tandis que le séduit se prête volontiers au jeu car il y trouve aussi une image valorisante de lui-même, flatté qu'il est que l'on s'emploie à le séduire.

La peur ou le désir peuvent aussi favoriser la crédulité de telle sorte que le « faire croire » ne relève pas d'une manipulation subie mais bien d'un calmant souhaité. C'est ce que montre Lucrèce (Ier siècle av. J.-C.), disciple

---
1. Honoré de Balzac, *Les Employés ou la Femme supérieure*, 1838.
2. Ovide, *Les Métamorphoses*, trad. J. Chamonard, GF-Flammarion, 1966, livre III, p. 101.

## LA PUBLICITÉ

Si la publicité est souvent considérée comme une manipulation destinée à vendre un produit à une clientèle crédule, ce n'est pas tout à fait exact : la publicité doit être fondée sur des garanties – toute publicité mensongère est interdite ; en un sens, le principe même de la publicité est de ne pas tromper. Pourtant, la façon dont la publicité fait croire à ceux à qui elle s'adresse que le produit est le meilleur repose souvent sur un *déplacement* ou des *associations de significations* : pour mieux susciter le désir, la publicité ne se contente pas de vanter les mérites d'un objet, mais elle travaille sur l'imaginaire qui l'entoure. Ainsi, ce qui me fait choisir un objet de désir, c'est l'investissement de cet objet comme *mythe*. C'est ce que montre Roland Barthes (1915-1980) dans *Mythologies* quand il explique que le logo Panzani associe des pâtes à une connotation qui les rend désirable à la clientèle visée, l'« italianité » : « Le signe Panzani ne livre pas seulement le nom de la firme, mais aussi, par son assonance, un signifié supplémentaire qui est, si l'on veut, l'*italianité* [1]. » Jean Baudrillard (1929-2007) insiste lui aussi sur le caractère sémiologique de la société et des objets de consommation dans *Le Système des objets*. Quand une publicité met une montagne à côté d'un verre d'eau ou des images de campagne sépia à côté d'un jambon, les produits ne sont pas promus comme tels mais comme éléments d'un système de significations que la publicité vient renforcer. Le marketing fonctionne comme une langue : tout y est signifiant, tout s'y décrypte et l'univers des signifiés qui y jaillissent sert à produire et favoriser le désir.

La capacité de la publicité à fabriquer et à mobiliser une clientèle permet de contester l'idée selon laquelle les consommateurs seraient libres et responsables de leurs achats. Aussi peut-on dire que la société de consommation est une situation de concurrence imparfaite où ce sont les entreprises qui influencent les consommateurs [2]. Il faut suivre les analyses édifiantes du publicitaire Edward Bernays (1891-1995) dans *Propaganda. Comment manipuler l'opinion en démocratie*, où l'auteur offre au lecteur de façon assez cynique un manuel exposant les principes de la manipulation de masse : « La manipulation consciente, intelligente, des opinions et des habitudes organisées des masses joue un rôle important dans une société démocratique. Ceux qui manipulent ce mécanisme social imperceptible forment un gouvernement invisible qui dirige véritablement le pays [3]. » Il n'est qu'à voir la manière dont l'opinion américaine a été modifiée concernant le cas de la cigarette : les femmes n'en consommaient pas avant les années 1920 jusqu'à ce que les médias, le cinéma et les publicités les présentent comme un accessoire enviable, symbole de liberté et de séduction. On peut aussi analyser la façon dont la publicité a pu servir d'instrument politique, comme dans le cas des affiches de campagne électorale à la manière de celle de François Mitterrand en 1981, conçue par le publicitaire Jacques Séguéla : avec le slogan « La force tranquille », le futur président socialiste se présentait sur fond d'un paysage bucolique inspirant la sérénité.

---

1. Roland Barthes, « Rhétorique de l'image », dans *Communication*, n° 4, 1964, p. 41-42.
2. C'est ce que l'économiste John Kenneth Galbraith appelle la « filière inversée », pour désigner le fait que ce sont les entreprises qui créent des besoins.
3. Edward Bernays, *Propaganda* [1928], trad. O. Bonis, La Découverte, 2007, p. 31.

d'Épicure, à propos des fausses croyances que les hommes entretiennent au sujet des dieux. C'est la crainte qui favorise la croyance religieuse : on fait des offrandes aux dieux pour s'attirer leur bienveillance ou calmer leur colère et, de cette manière, conjurer la peur de l'avenir. Mais la croyance peut aussi être favorisée par la joie qu'elle induit chez le croyant. Il est ainsi aisé de faire croire à quelqu'un qu'il existe un Dieu tout-puissant qui ne veut que le bien de ses créatures, cela induit une joie profonde. De la même manière, s'abandonner dans un être supérieur conduit à un relâchement joyeux de l'égo. C'est ce qu'écrit le philosophe américain William James (1842-1910) dans *L'Expérience religieuse. Essai de psychologie descriptive* qui insiste sur la subtilité et la richesse de l'expérience religieuse :

> C'est la crainte, dit Lucrèce, qui la première a créé les dieux ; et nous trouvons, à toutes les époques de l'histoire, des confirmations éclatantes de cet antique aphorisme. Mais non moins frappant dans l'histoire religieuse est le rôle joué par la joie [1].

On pourrait alors dire que la tonalité affective de la superstition est la peur, tandis que celle de la religion serait l'espoir et la joie.

## 2. La force de l'illusion

On imagine souvent celui qui est sujet aux illusions comme la victime passive d'idées auxquelles on le fait croire. Mais c'est faire beau jeu de l'agentivité de celui qui accepte la croyance qu'on lui propose. Bien des croyances flattent en nous certaines tendances qui nous insufflent l'envie d'y adhérer et qui nous y attachent. C'est pourquoi l'on parle souvent de la force d'une illusion. En effet, on a beau montrer à quelqu'un que ce à quoi il croit est faux, sa conviction demeurera indéracinable, à la manière d'une illusion d'optique qui continue de nous tromper bien que nous sachions qu'elle est erronée.

Un des éléments qui expliquent que nous adhérons activement à une croyance est qu'elle nous donne une impression de rationalité, alors même qu'elle n'est pas rationnelle. Elle satisfait ainsi notre goût pour la rationalisation en ce qu'elle nous fournit des explications simples à des phénomènes complexes, ou qu'elle repose sur des façons très familières de rendre compte de phénomènes obéissant, en vérité, à des mécanismes plus subtils. Ainsi en va-t-il de ceux qui voient des complots partout : voilà un court-circuit peu

---

1. William James, *L'Expérience religieuse. Essai de psychologie descriptive* [1906], trad. F. Abauzit, La Bibliothèque de l'homme, 1999, chap. III.

coûteux sur le plan cognitif. Au lieu de prendre le temps d'analyser et d'interpréter, en suivant une méthode rigoureuse, des phénomènes sociaux, politiques, historiques, éminemment complexes car dépendant d'une multiplicité de facteurs, on leur attribue une seule cause simple et claire, la volonté cachée de quelques puissants. À cela s'ajoute le fait qu'admettre la finitude de notre savoir, l'impossibilité d'expliquer certaines choses, nous satisfait bien moins que le plaisir intellectuel que nous avons à imaginer détenir la clé cachée d'un événement. Aussi le complotiste ne fait-il croire quelque chose à ceux qui l'écoutent qu'avec la complicité active de ces derniers.

Cela fait écho à la thèse développée par Baruch Spinoza (1632-1677) dans l'appendice du livre I de l'*Éthique*. Il y met en cause la superstition en même temps qu'il en montre les ressorts humains. Est superstitieux celui qui ne s'intéresse pas à la cause véritable des phénomènes naturels ; celui qui relève des mécanismes physiques, n'admet pas le hasard, mais cherche en tout la manifestation d'une volonté : si le pot de fleur est tombé sur la tête du passant, ce n'est pas parce que, par hasard, le vent a soufflé alors que le promeneur passait par là de façon fortuite, mais c'est *pour* le punir.

Pierre Bayle (1647-1706), dans ses *Pensées diverses sur la comète*, critique ceux qui voient dans le passage des comètes un signe de la volonté de Dieu qui chercherait à communiquer aux hommes son intention de les châtier. On pourrait ainsi reprocher au clergé de faire croire cela aux fidèles pour renforcer leur foi. Or la position de Bayle est bien que les crédules sont complices, qu'ils ont un goût pour l'idolâtrie et un désir de chercher le visage de Dieu partout. Cela s'explique par le fait que le chemin du véritable savoir est beaucoup plus âpre que les illusions auxquelles nous sommes spontanément portés quand nous acceptons l'explication facile que nous donne celui qui veut nous faire croire. C'est pourquoi l'on a tort de s'étonner qu'il soit si facile de faire croire quelque chose à quelqu'un ; en réalité, celui qui se laisse prendre est parfaitement actif et complice du processus :

> Mais ces motifs d'étonnement ne durent guère pour ceux qui ont étudié le cœur de l'homme et qui ont découvert dans sa conduite une coutume générale de juger de tout sur les premières impressions des sens et des passions, sans attendre un examen plus exact, mais aussi un peu trop pénible. Les gens d'étude qui devraient être la lumière des autres suivent beaucoup plutôt ce torrent-là qu'ils ne le détournent dans le chemin des véritables savants [1].

Par la suite, l'illusion s'alimente d'elle-même et s'amplifie de son propre mouvement. Ceux qui y sont soumis ne cherchent pas tant « à savoir si leur persuasion est véritable qu'à trouver qu'elle est véritable [2] ».

---

1. Pierre Bayle, *Pensées diverses sur la comète* [1682], éd. H. et J. Bost, GF-Flammarion, 2007, p. 101.
2. *Ibid.*

La vérité est bien faible face à une croyance séduisante et porteuse de sens, qui dépeint une nature soumise non à des lois immuables mais à l'action d'une volonté libre. Kant en fait une démonstration magistrale dans *Qu'est-ce que les Lumières ?* : si la majorité des hommes préfèrent se placer sous la tutelle d'autres qui pensent à leur place, ce n'est pas tant en raison de la manipulation des tuteurs que par « [p]aresse et lâcheté [1] ». Contre cette tendance, Kant appelle « Lumières » la libération de la superstition et la sortie des tutelles par l'usage de l'entendement : « Ose penser par toi-même ! », telle est la devise de la raison contre la croyance.

## C. Des croyances sans sujet

### 1. Le trompeur pris dans la mécanique du mensonge

Celui qui fait croire n'est pas toujours maître absolu du jeu. Poser un mensonge, en effet, c'est accepter de le tenir et d'obéir à la mécanique qu'il induit. En effet, un mensonge implique souvent de produire toute une série d'autres mensonges pour confirmer le premier. C'est pourquoi le trompeur peut rapidement être prisonnier de la logique propre à son mensonge.

Quand bien même le déguisement par lequel quelqu'un fait croire qu'il est un autre serait un moyen de parvenir à ses fins, le simulacre impose sa discipline à celui qui s'y dissimule. C'est le cas du personnage d'Edmond Dantès dans *Le Comte de Monte-Cristo* d'Alexandre Dumas (19802-1870). Celui-ci se fait passer pour l'abbé Busoni et pour le comte de Monte-Cristo afin d'assouvir son désir de vengeance. Au fil de l'intrigue, il doit accepter de n'être plus lui-même en se laissant conduire par le rôle qu'il a lui-même initialement souhaité.

Les choix de vie d'une personne, l'image qu'elle renvoie aux autres et la manière dont elle construit son identité sont autant d'éléments appuyés sur des signes qu'elle projette et auxquels les autres doivent pouvoir adhérer. Une identité peut être forgée de toutes pièces, comme c'est le cas pour de nombreuses stars dont la légende repose souvent sur une construction fictive – par exemple Amanda Lear, dont le nom a été sans doute inventé par le peintre Salvador Dalí, est une chanteuse de cabaret qui a fini par être prisonnière de sa légende. La fiction de soi peut ainsi permettre de se réinventer une vie et d'expérimenter sa liberté. Ainsi en va-t-il du héros hugolien des *Misérables* (1862), Jean Valjean, qui change d'identité pour se réinsérer après

---

1. Emmanuel Kant, *Qu'est-ce que les Lumières ?* [1784], in *Vers la paix perpétuelle, Que signifie s'orienter dans la pensée ?, Qu'est-ce que les Lumières ? et autres textes*, trad. J.-F. Poirier et F. Proust, GF-Flammarion, 2006, p. 43.

des années passées au bagne : sous le nom de M. Madeleine, il sera le protecteur de Cosette ; sans lui dire tout de ses agissements (il sauve son amoureux, Marius, sans le lui avouer), il fera semblant de n'être pas aussi bon qu'il ne l'est en réalité.

Loin d'être simplement une discipline qui s'impose à celui qui veut parvenir à ses fins, le mensonge peut enfermer le dissimulateur dans l'image d'un autre, à la façon du héros éponyme de la pièce de Victor Hugo, *Ruy Blas* (1838). Ruy Blas, simple valet dont Don Salluste fait l'instrument d'une vengeance personnelle, se fait passer pour un chevalier, Don César, afin d'approcher la reine ; lorsqu'il en tombe amoureux, il n'est pas en mesure de lui révéler sa véritable identité. C'est *comme un autre* qu'il est en relation avec la souveraine espagnole. *Cyrano de Bergerac* d'Edmond Rostand (1868-1918) propose un schéma similaire. Cyrano, poète talentueux, prête sa voix et sa plume à Christian pour séduire Roxane : caché sous un balcon, c'est en se faisant passer pour un autre qu'il séduit la jeune femme. Cyrano, lui aussi amoureux de Roxane, est prisonnier de l'identité sous laquelle il s'est d'abord dissimulé. Roxane, de son côté, tombe amoureuse de Cyrano sans savoir qui il est. Ce n'est que bien plus tard, et quelques instants avant la mort du héros, que Roxane comprendra que « pendant quatorze ans il a joué ce rôle [1] ». Ces situations sont révélatrices du fait que le trompé ne ressort jamais indemne de son mensonge mais peut s'y retrouver piégé, à tel point que sa fausse identité finit par lui « coller à la peau » – ainsi que l'avoue Lorenzo dans le drame de Musset (acte III, scène 3).

## 2. Quand la croyance prend possession de ceux qui la véhiculent

Sur un plan politique, les idéologues ne sont pas seulement des manipulateurs : leur pouvoir dépend, en réalité, de l'emprise de leurs mensonges sur la population. C'est ce qu'a montré George Orwell (1903-1950) dans son récit *La Ferme des animaux* (1945), représentation allégorique du régime soviétique : les cochons, symbolisant les Soviétiques, ont poussé les autres animaux de la ferme à se débarrasser du fermier par une révolution, au nom d'un idéal de liberté et d'égalité. Par la suite, les cochons, ayant pris le pouvoir, cherchent à le consolider en utilisant les peurs des autres animaux et en modifiant l'histoire à leur avantage. Ils sont donc pris dans un engrenage où, pour maintenir la position sociale qui est la leur, ils doivent alimenter l'idéologie à laquelle ils imposent d'adhérer pour s'assurer la soumission du peuple.

Il n'est qu'à songer également aux mensonges d'État où pour maintenir la stabilité et la sécurité des institutions, il devient nécessaire de masquer le

---

1. Edmond Rostand, *Cyrano de Bergerac* [1897], éd. W. de Spens, GF-Flammarion, 2013, V, 5, p. 293.

réel et de dissimuler certaines informations. Le concept de « raison d'État » élaboré par Machiavel ou Giovanni Botero (1544-1617) véhicule l'idée selon laquelle le gouvernant n'est pas libre de mentir ou non, il ne fait pas croire volontairement, mais il le fait parce qu'il n'a pas le choix ; il agit conformément à la fonction qui est la sienne d'assurer prioritairement la consolidation de l'État.

En ce sens, celui qui fait croire agit non par sensibilité mais en conformité à ce que lui indique son intérêt ou à ce que lui impose son devoir. En jouant pour contrôler pleinement le simulacre qu'il cherche à constituer pour manipuler la population, l'homme politique s'assure de l'efficacité de sa manœuvre, mais il finit par être pris lui-même dans l'idéologie qu'il déploie.

### 3. Un processus sans sujet

On a pu croire qu'il y avait deux sujets de la croyance, celui qui fait croire et celui qui croit, tous deux actifs ; mais cette représentation, pour convaincante qu'elle soit, demeure néanmoins naïve et réductrice. En effet, bien des personnes considérées comme des idéologues n'ont pas un rapport purement instrumental à leurs discours. Elles ne font pas croire parce qu'elles sont elles-mêmes animées par les idées qu'elles véhiculent. Ainsi, ceux qui créent des idées nouvelles et veulent en convaincre les autres ne sont pas nécessairement des manipulateurs, mais sont comme les croyants, victimes d'un système de croyances qui s'autonomise.

Il s'agit là de processus sociaux étudiés par le sociologue Gabriel Tarde (1843-1904) dans son livre *Les Lois de l'imitation*. Des idées nouvelles sont créées puis imitées par d'autres :

> La croyance et le désir : voilà donc la substance et la force, voilà aussi les deux quantités psychologiques que l'analyse retrouve au fond de toutes les qualités sensationnelles avec lesquelles elles se combinent ; et lorsque l'invention, puis l'imitation, s'en emparent pour les organiser et les employer, ce sont là, pareillement, les vraies quantités sociales [1].

L'idéologue, lui-même, croit généralement dans les idées qu'il défend ; ensuite, ce n'est pas tant cette croyance que le désir qu'il a de voir les idées auxquelles il croit se réaliser qui se communique aux autres. Ces derniers répètent alors ces idées, qui essaiment de proche en proche à toute la société en suivant les lois de l'imitation. Par « croyance », Tarde désigne le crédit qu'un individu porte à un ensemble de représentations, à une personne qui les véhicule, à un système de valeurs particulier. C'est la croyance qui permet

---

1. Gabriel Tarde, *Les Lois de l'imitation* [1890], Kimé, 1993, chap. V.

l'imitation ; et c'est le désir qui permet l'invention, puisque par désir on désige le réinvestissement des différentes croyances qui se confrontent, en un mouvement perpétuel – la croyance nourrissant le désir, qui lui-même la nourrit.

Dans l'imitation, comme par contamination, les idées sont produites et circulent de façon presque impersonnelle. Il n'y a pas de manipulateurs et de manipulés mais seulement une circulation de croyances. Cela vaut pour comprendre l'émergence d'une « hégémonie culturelle » (selon les termes du philosophe italien Antonio Gramsci, 1891-1937), d'un ensemble d'idées qui deviennent un prêt-à-penser majoritaire. Cela se fait sans que nul ne manipule la société, comme on pourrait le croire, mais par pur et simple mimétisme. C'est aussi ce que Tocqueville (1805-1859) appelait dans *De la démocratie en Amérique* la « dictature de la majorité » : c'est la pensée moyenne et médiocre qui s'impose à tous et finit par s'installer dans tous les esprits, sans qu'il soit autorisé d'y déroger.

Ce mimétisme est aussi à l'œuvre dans des phénomènes comme la rumeur. Même si les rumeurs sont parfois lancées par des personnes qui y ont un intérêt, elles s'autonomisent rapidement et se répliquent hors de tout contrôle. Croire que tout phénomène de croyance collective puisse s'interpréter dans la forme d'une dichotomie entre des manipulateurs machiavéliques et des manipulés, victimes naïves, est donc simplificateur.

## Conclusion

Lors de notre parcours, nous avons vu que l'acte de faire croire revêt des formes variées et hétérogènes, allant des tromperies quotidiennes, parfois maladroites, où le menteur déguise les faits, aux vastes tentatives, très élaborées, pour duper l'opinion publique, en passant par des dispositifs révélateurs de vérité et créateurs de réalité. Nous avons essentiellement analysé le « faire croire » comme l'action d'un sujet sur un autre, et nous avons négligé à dessein d'autres usages de l'expression « faire croire » qui se rapportent à des situations impersonnelles où une fausse représentation ou un préjugé sont induits par un état de fait – comme quand on dit d'une ombre aperçue dans la nuit qu'elle nous a *fait croire* à une présence humaine. Ces situations ont cependant un point commun avec ce qui relève véritablement du « faire croire » : elles reposent sur notre constitution humaine, vulnérable aux phénomènes illusoires et propice à produire des représentations biaisées, à cause de nos peurs, de nos désirs, de nos faiblesses de volonté.

Nous avons donc privilégié la signification première de faire croire, comme acte *intentionnel* qui vise à nous détourner du réel ou de la vérité, à induire en autrui des pensées fausses, souvent de façon instrumentale, comme moyen pour atteindre une fin intéressée, ou encore comme stratagème pour dévoiler une vérité. En allant plus loin, nous avons vu que faire croire peut participer à produire un monde commun, sans volonté de tromper, mais avec l'intention de partager avec autrui des valeurs morales et des idéaux politiques. Pour cela, il convient bien de faire croire à l'autre, de le conduire à adhérer à des convictions profondes, mais alors souvent celui qui fait croire se trouve pris dans ces croyances. En effet, celui qui fait croire est rarement un démiurge machiavélique qui exercerait sur un sujet passif une manipulation pendable : il arrive qu'il soit lui-même pris dans son piège ou dans un réseau de croyances, tandis que celui qui croit est bien souvent acteur de sa croyance et complice de sa diffusion.

Soulignons enfin qu'il faudrait se défier de toute idéalisation du fait de faire croire. La transformation des opinions par la publicité, par la production d'informations diffusées massivement, et par la propagation très rapide de contenus parfois trompeurs a pris une ampleur inédite à l'ère contemporaine, par l'intermédiaire des médias de masse, des réseaux sociaux et de la blogosphère. Aussi serions-nous, selon certains, entrés dans l'ère de la *postvérité*, qui mettrait en péril notre capacité à discerner le vrai du faux, la réalité de l'illusion. Il est alors d'autant plus urgent d'éduquer tout citoyen à *l'esprit critique*, d'analyser les *techniques et stratégies* utilisées par ceux qui cherchent à influencer notre manière de penser et d'agir, et de promouvoir la démarche scientifique et le journalisme d'investigation, en somme tout ce qui peut aider à pallier la crédulité des individus et à exposer la vérité derrière les fausses croyances. Ce n'est que par l'éducation, par la diffusion d'une information de qualité, par des débats publics éclairés, enfin par la protection des libertés publiques que nous pouvons espérer garantir la valeur de croyances instruites et choisies contre des croyances fausses et subies. En fin de compte, « faire croire » nous rappelle que la manipulation est un outil de pouvoir et qu'il est de notre responsabilité de savoir faire la distinction entre la vérité et le mensonge. Ainsi la maxime kantienne des Lumières, « *sapere aude !* », « ose penser par toi-même ! », pour sortir de l'obscurantisme et de la paresse intellectuelle, est-elle plus que jamais de mise.

# PREMIÈRE PARTIE

## Laclos

*Les Liaisons dangereuses*

*par Morgane Muscat*

*Encadré : Vie de Laclos* .................................................................................. 52

## I. Présentation des *Liaisons dangereuses* ............................. 53
### A. Le contexte de l'œuvre : le crépuscule des Lumières et de l'Ancien Régime ............................................................................. 53
1. L'héritage des Lumières : un regard critique sur le monde ............. 53
2. Le temps de la nature et du naturel .................................................. 54
### B. L'unique œuvre de Laclos ? ............................................................. 55
### C. L'inscription des *Liaisons* dans le roman du XVIIIe siècle .......... 56
1. Un roman épistolaire ........................................................................ 56
2. Un roman libertin ............................................................................. 57

*Encadré : Le libertinage au féminin : faire croire à un viol pour dissimuler le désir féminin ?* ................................................................................................ 59

### D. Grands thèmes de l'œuvre ............................................................... 60
1. L'amour .............................................................................................. 60
2. Mme de Merteuil et l'interrogation sur le rôle social des femmes ... 62
3. Une aristocratie décadente ............................................................... 63

*Encadré : Résumé des Liaisons dangereuses* ........................................... 66

## II. « Faire croire » dans *Les Liaisons dangereuses* .................. 67
### A. L'illusion fictionnelle : faire croire au roman ? ................................ 67
1. Le roman comme jeu de dupes : seuils et clés .................................. 67

*Encadré : Faire croire : le rôle des seuils* ................................................. 70

2. Variations à la première personne : construire des personnages crédibles ............................................................................................. 71
3. Faire croire ou faire penser ? L'ambiguïté de la morale ................... 73

### B. Faire croire aux masques et aux mises en scène ............................ 75
1. Faire savoir ou faire croire : deux camps .......................................... 75
2. Du moi social au masque social ........................................................ 77

*Encadré : Le théâtre du monde* ................................................................ 80

3. Séduction et théâtralité .................................................................... 81

### C. Faire croire pour mieux faire faire : les manipulations des libertins ............................................................................................. 85
1. Faire croire, c'est contrôler l'autre .................................................... 85
2. Cécile de Volanges, ou l'éducation dévoyée ..................................... 87

*Encadré : Fictions de l'ingénu* ................................................................... 88

3. La présidente de Tourvel, ou la substitution des croyances ............ 90

## Conclusion ............................................................................... 93

## Orientations bibliographiques ............................................... 93

## L'œuvre en un coup d'œil ....................................................... 95

# VIE DE LACLOS

**1741** : **Naissance de Pierre-Ambroise Choderlos de Laclos le 18 octobre à Amiens**, dans une famille récemment anoblie, mal intégrée à la noblesse.

**1759** : **Entre à l'École d'artillerie de La Fère**, sur concours : l'artillerie nécessite des connaissances techniques et scientifiques.

**1767** : Publication d'un court poème « À Mademoiselle de S*** » dans l'*Almanach des Muses*.

**1769-1775** : En garnison à Grenoble, **Laclos publie régulièrement des poèmes, épîtres ou chansons dans des journaux et almanachs**.

**1775** : En garnison à Besançon.

**1777** : **Première et unique représentation d'*Ernestine***, opéra-comique dont le livret est de Laclos d'après un roman de Mme Riccoboni et la musique de Saint-Georges, hué par le public.

**1779** : Détaché auprès du marquis de Montalembert, dans le cadre d'un projet de construction d'un fort sur l'île d'Aix. **Travaille à l'écriture des *Liaisons dangereuses*, qu'il poursuivra pendant ses périodes de congé à Paris en 1780-1781.**

**1782** : **Publication des *Liaisons dangereuses***. La première édition paraît le 16 mars à 2 000 exemplaires, un contrat pour une deuxième édition est signé un mois plus tard. **Correspondance avec Mme Riccoboni au sujet du roman.**

**1783** : L'Académie des sciences, arts et belles-lettres de Châlons décerne un prix pour le meilleur discours « sur les moyens de perfectionner l'éducation des femmes ». Le début de réponse rédigé par Laclos ne sera jamais envoyé, mais **il écrit ensuite un essai, également inachevé, *Des femmes et de leur éducation***, puis un troisième essai sur le même thème une quinzaine d'années plus tard.

**1784** : Naissance de son fils, hors mariage, issu de la liaison entretenue depuis plus d'un an avec Marie-Soulange Duperré.

**1785** : Membre de l'Académie de La Rochelle.

**1786** : Mariage avec Marie-Soulange Duperré. Publication d'une *Lettre à Messieurs de l'Académie française sur l'Éloge de Vauban*.

**1788** : Quitte l'armée et entre au service du duc d'Orléans.

**1790-1791** : Fréquente assidûment le Club des Jacobins, dont il publie le *Journal des amis de la Constitution*. Partisan d'une régence du duc d'Orléans, il se met en retrait quand les Jacobins deviennent hostiles à la monarchie.

**1793** : Arrestation de Laclos en tant que soutien du duc d'Orléans. Libération. Il est envoyé faire l'expérience des boulets creux (ancêtres des obus) sur lesquels il a travaillé autour de 1780 et en 1786. Nouvelle arrestation. Exécution du duc d'Orléans.

**1794** : Laclos craint, à deux reprises, d'être exécuté mais finit par être libéré.

**1795** : Rédaction d'un mémoire intitulé *De la guerre et de la paix*, à destination du Comité de Salut public.

**1800** : Partisan de Bonaparte, Laclos se voit récompensé par sa réintégration dans l'armée sur ordre de celui qui est désormais Premier Consul. Affecté à l'armée du Rhin, puis à l'armée d'Italie.

**1803** : **Mort de Laclos le 5 septembre à Tarente (Italie)**, où il venait d'être affecté.

# I. Présentation des *Liaisons dangereuses*

## A. Le contexte de l'œuvre : le crépuscule des Lumières et de l'Ancien Régime

### 1. L'héritage des Lumières : un regard critique sur le monde

Les années 1750 à 1770 concentrent une grande partie des représentations que nous nous faisons du mouvement des Lumières en France. C'est à cette période qu'est publiée l'*Encyclopédie* (à partir de 1751), qui rassemble, autour d'une entreprise éditoriale d'une ampleur exceptionnelle, une communauté de savants éclairés. C'est également l'époque où s'opposent Voltaire et Rousseau, qui s'affirment alors comme deux figures essentielles de la pensée des Lumières. La publication de l'*Encyclopédie* s'achève en 1772, et Voltaire et Rousseau meurent, la même année, en 1778. La rédaction des *Liaisons dangereuses* et leur publication en 1782 ne s'inscrit donc pas au cœur de l'effervescence du mouvement des Lumières, mais plutôt au crépuscule de celui-ci, en aval des publications virulentes et des débats animés des décennies précédentes.

Si les Lumières ne brillent plus avec la même intensité en cette fin de siècle, *Les Liaisons dangereuses* restent indissociables de ce contexte, et ce d'autant plus que le mouvement des Lumières, en France et en Europe, depuis la fin du XVIIe siècle, se caractérise entre autres par le mélange de la philosophie et de la littérature, et plus précisément par l'usage de la fiction comme outil de pensée et de diffusion des idées. Que l'on pense à Montesquieu, qui signe à la fois *De l'esprit des lois* (1748) et les *Lettres persanes* (1721), à Voltaire, qui explore par ses nombreux écrits tant des formes argumentatives, comme les *Lettres philosophiques* (1734), que le théâtre et le conte philosophique avec *Candide* (1759) et *L'Ingénu* (1767), ou encore à Rousseau, dont la pensée s'exprime à la fois dans des genres argumentatifs (le discours – *Discours sur l'origine et les fondements de l'inégalité parmi les hommes* (1755) –, la lettre – *Lettre à d'Alembert sur les spectacles* (1758) –, ou encore le traité – *Du contrat social* (1762), et dans le roman qu'est *La Nouvelle Héloïse* (1761). Toute la production romanesque et théâtrale du XVIIIe siècle n'est pas pour autant « philosophique », mais la fiction s'affirme comme un lieu d'expression possible pour la philosophie des Lumières. Capable d'éveiller la raison et l'esprit critique, elle permet aussi de s'affranchir de l'élaboration conceptuelle.

Car c'est bien là le cœur des principes des Lumières : faire penser, encourager chacun à cette recherche d'une raison critique, indépendante, et tournée vers le savoir – c'est l'injonction d'Horace, que Kant, dans son texte « Qu'est-ce que les Lumières ? », proposera comme devise du mouvement : « *Sapere aude* », « Aie le courage de te servir de ton propre entendement ». La philosophie des Lumières s'érige ainsi contre les préjugés et les idées reçues ; elle hérite de Descartes, et fonde sa démarche sur la raison et sur le doute : il faut remettre en question chaque certitude, chaque croyance, chaque superstition et chaque dogme. Hume, dans son *Enquête sur l'entendement humain*, publiée en 1748, met ainsi en garde contre ce que les habitudes peuvent nous faire croire : nous pensons être certains que le soleil se lèvera demain, dit-il, parce que nous avons observé de manière répétée le soleil se lever le matin, mais cette croyance fondée sur la répétition ne constitue pas un savoir. Les penseurs des Lumières veulent tout soumettre à l'examen d'une raison éclairée : ce que l'habitude nous fait croire, ce que la nature nous fait croire, et même (contrairement à Descartes) ce que l'Église nous fait croire – Voltaire, par exemple, conteste ainsi les miracles dans le *Dictionnaire philosophique* et tourne en ridicule l'Inquisition dans *Candide*. Il ne s'agit pas de s'opposer nécessairement ni à la monarchie ni à la religion, mais de revendiquer sur tous les objets un regard critique, fondement d'une connaissance raisonnée et d'une pensée éclairée.

## 2. Le temps de la nature et du naturel

Dans cette période de la fin des Lumières et de l'Ancien Régime, la valorisation de la nature est fondamentale. La génération qui succède aux encyclopédistes a été marquée d'une part par Buffon – son *Histoire naturelle* (1749-1804) et son travail en tant qu'intendant du Jardin royal des plantes (l'actuel Jardin des Plantes de Paris), qui consacrent la nature comme objet d'étude des Lumières –, et de l'autre par Rousseau, perçu comme l'ennemi de la grande ville, le « promeneur solitaire » qui recherche le calme de la campagne. À l'époque, les lecteurs de *Julie ou la Nouvelle Héloïse*, immense succès de librairie, passent souvent outre la complexité de la pensée de Rousseau, et réduisent son héritage à une sensibilité exacerbée et à la recherche du bonheur hors des villes. L'idéal pastoral qu'ils lui associent est pourtant étranger à l'œuvre de Rousseau, et la postérité du roman témoigne en réalité d'un double rapport à la nature chez les auteurs de la fin du XVIIIe siècle. D'une part, un attrait réel pour la nature, à la fois comme espace de philosophie et objet de connaissance : comme Rousseau, Bernardin de Saint-Pierre, auteur de *Paul et Virginie* (1788), se promène à la campagne – à une époque où la promenade se fait en ville, de manière codifiée, dans des lieux et à des heures dédiés – et observe assidûment les plantes, notamment lors de ses voyages à Madagascar et à la Réunion. D'autre part, la mode d'une nature imitée et idéalisée, dont le symbole pourrait être le Petit Trianon de la reine

Marie-Antoinette, son jardin retravaillé « à l'anglaise » qui cherche à estomper l'intervention humaine (il est notamment plus sinueux que le très géométrique parc « à la française » du château de Versailles) et son hameau pittoresque qui veut faire croire à une campagne loin de la ville. Avec l'éloge de la nature vient celui du naturel ; les tenues changent, les tableaux d'Élisabeth Vigée Le Brun montrent des toilettes nouvelles, blanches et fluides, à la manière des négligés portés dans l'intimité. Que penser de ce naturel travaillé et de cette nature imitée, qui veulent faire croire à la simplicité, à la spontanéité, alors qu'ils sont le fait des artifices de la mode et des pratiques mondaines de l'aristocratie ?

Car l'éloge de la nature, dans les textes de Rousseau et de Bernardin de Saint-Pierre, entre autres, se fait souvent aussi critique de la vie aristocratique et mondaine de Paris et de la Cour. Les romans présentent des personnages qui, à l'image de leurs auteurs, s'installent à l'écart du tumulte de la ville et du « monde », de cette haute société oisive qui court les promenades et les théâtres – cette société précisément représentée dans *Les Liaisons dangereuses* ; Mme de Tourvel peut ainsi croire que Valmont, à la campagne chez Mme de Rosemonde, hors du « tourbillon du monde », peut mieux raisonner (lettre VIII, p. 95). Loin du spectacle de la nature et des émotions qu'elle susciterait, la vie mondaine apparaît comme le règne de l'artifice, du paraître, qui fait croire plus qu'elle ne fait sentir. La contrainte des normes sociales et la futilité des loisirs sont les deux faces d'une critique des artifices du monde, auxquels on oppose toujours l'éloge de la nature… ou celui du naturel. Dans cet esprit, les libertins prétendent bien souligner le caractère artificiel des règles qui régissent la société, s'en jouer et les subvertir par leur libertinage. En se donnant pour loi le désir, le libertinage ne peut-il pas en effet se prévaloir de suivre un penchant naturel, contre la règle sociale ? « On s'ennuie de tout, mon ange, c'est une loi de la nature », lit-on dans la célèbre lettre de rupture adressée par Valmont à la présidente de Tourvel (lettre CXLI, p. 445). Présentée, envoyée, recopiée, la missive fait de la nature un argument tout en étant elle-même un complet artifice, montrant l'ambiguïté du roman libertin de Laclos vis-à-vis de cette notion centrale pour l'époque.

## B. L'unique œuvre de Laclos ?

*Les Liaisons dangereuses* sont un succès de librairie immédiat, qui retient l'attention du Tout-Paris – jusqu'à la reine Marie-Antoinette, qui possède sa propre copie. L'époque a le goût des romans et du scandale, et le talent de Laclos, qui construit ce roman épistolaire polyphonique virtuose, est vite reconnu. Ce n'est pourtant pas l'œuvre d'un romancier aguerri ni d'un auteur célèbre. Laclos écrit de manière régulière, comme le montre la publication de poèmes et autres textes courts dans les journaux à partir de la fin des années 1760, mais rien ne laisse annoncer un projet de l'ampleur des *Liaisons dangereuses*. L'opéra-comique *Ernestine*, qu'il adapte d'un roman de Mme Riccoboni en 1777, est un échec immédiat ; la première est huée, et le texte n'est pas parvenu jusqu'à nous. Le discours, puis les deux essais qu'il écrit après les *Liaisons* sur le thème de l'éducation des femmes, resteront dans ses tiroirs, inachevés.

Laclos est donc l'homme d'un seul livre, mais pas l'homme d'une seule vie : on a lu *Les Liaisons dangereuses* à la lumière de sa carrière militaire, en observant combien les stratégies des libertins forment un art de la guerre ; à la lumière des réflexions sur l'éducation des femmes et de l'importance qu'il accorde à cette question sur laquelle il travaille à trois reprises ; à la lumière de sa vie conjugale, lui qui a épousé la femme qu'il semblait avoir déshonorée par une naissance hors mariage, et s'opposerait ainsi au libertinage qu'il décrit ; à la lumière, enfin, de son investissement dans la Révolution, pour souligner la charge du roman contre une société à réformer.

## C. L'inscription des *Liaisons* dans le roman du XVIII$^e$ siècle

### 1. Un roman épistolaire

Longtemps considéré comme un genre mineur, le roman gagne au XVIII$^e$ siècle ses lettres de noblesse ; il devient prisé des philosophes, des auteurs et des lecteurs, comme en témoignent la production considérable et les réimpressions fréquentes des ouvrages parus à l'époque. Sa légitimité nouvelle se fonde notamment sur des modèles empruntés à des genres appréciés à la fin du XVII$^e$ siècle : les mémoires et les correspondances. Le XVIII$^e$ voit ainsi triompher le roman-mémoires, dans lequel la réflexion sur le contexte historique et politique, centrale dans le genre des Mémoires, est accessoire : c'est l'écriture de soi que le roman conserve, et non l'écriture de l'histoire.

Cet attrait pour l'intime se retrouve dans les fictions épistolaires. Celles-ci ne mettent pas nécessairement de côté la réflexion politique et morale qui était au cœur de certaines correspondances publiées au XVII$^e$ siècle : les *Lettres historiques et galantes* de Mme Du Noyer (1707-1717) sont constituées pour une grande part d'une chronique de la société parisienne. Surtout, *L'Espion turc* de Marana (1684) et après lui les *Lettres persanes* de Montesquieu (1721) instaurent un modèle imité tout au long du XVIII$^e$ siècle de fiction par lettres mettant en scène le regard d'un voyageur étranger sur la société française. Même dans ces correspondances, cependant, la lettre est aussi le véhicule de la vie intérieure du personnage : dans les *Lettres persanes*, Usbek exprime ainsi la mélancolie et la nostalgie que suscite en lui l'exil. Surtout, un roman épistolaire plus personnel se développe en parallèle, à partir d'un autre modèle que *L'Espion turc* : les *Lettres portugaises* de Guilleragues (1669). Ces cinq lettres d'amour passionnées, écrites par une supposée religieuse portugaise à son amant, ont une influence certaine sur le XVIIIe siècle et sur l'émergence de romans épistolaires centrés sur les sentiments, souvent ceux de personnages féminins tourmentés par l'amour – comme les *Lettres de la marquise de M\*\*\* au comte de R\*\*\** de Crébillon fils (1732).

Le roman du XVIIIe siècle se pense cependant non seulement à l'échelle française, mais aussi à l'échelle européenne, en raison de l'intensité des échanges entre les élites intellectuelles des pays européens et de la circulation des écrits qu'elle entraîne. Les romans de Samuel Richardson (1689-1746) constituent, entre Crébillon et Rousseau, un jalon essentiel – Laclos ne manque d'ailleurs pas de le citer (lettres CVII, p. 353 et CX p. 360). Toute la France (et toute l'Europe) s'émeut des lettres de *Pamela ou la Vertu récompensée* (1740, 1742 pour la traduction française) et de *Clarisse Harlowe* (1748) – qui est, comme *Pamela*, formé des lettres morales et pathétiques d'une jeune femme vertueuse, mais aussi de celles du libertin qui la persécute, Lovelace, en confrontant leurs voix et leurs valeurs par la polyphonie. Une dizaine d'années plus tard, Rousseau va à l'encontre du modèle de la vertu bafouée : son roman épistolaire sera celui de la vertu qui ne triomphe pas mais plutôt se construit, se réfléchit, s'érige en modèle plus qu'en martyre. Roman d'amour, roman lyrique, roman philosophique ou politique, *La Nouvelle Héloïse* (1761) est une somme ambitieuse, difficile à définir et à circonscrire, qui émeut, critique, pense – et un immense succès, qui influence considérablement les romans postérieurs.

*Les Liaisons dangereuses* apparaissent comme l'aboutissement de ce vaste héritage du roman épistolaire au XVIIIe siècle. La polyphonie y atteint un raffinement extrême, dans la diversité des styles des personnages, et les stratégies épistolaires sont des ressorts essentiels de l'intrigue : la matérialité de la lettre, sa circulation, son délai parfois sont sans cesse soulignés et mis à profit.

## 2. Un roman libertin

Plus difficile à définir que le roman épistolaire, le roman libertin ne se fonde pas sur des caractéristiques formelles, mais sur une notion à géométrie variable : le libertinage.

Le libertinage est en effet une catégorie vaste, associée au cours de l'Ancien Régime à des réalités diverses. Pour en donner une définition générale, on peut s'appuyer sur l'étymologie du mot, qui provient du latin *libertus*, l'affranchi ; le libertin est celui qui s'affranchit de certains cadres régissant les croyances et les mœurs. Par sa liberté philosophique et/ou sexuelle, il transgresse l'ordre religieux, politique ou social établi. Les dictionnaires témoignent de l'évolution du sens donné au mot : alors qu'à la fin du XVIIe siècle, le *Dictionnaire de l'Académie française* (1694) donne comme premier sens de « libertinage » : « L'état d'une personne qui témoigne peu de respect pour les choses de la religion », précisant ensuite « Il se prend quelquefois pour débauche et mauvaise conduite », il en donne, en 1762, la même définition, mais en inversant l'ordre des deux phrases : dans la seconde moitié du XVIIIe siècle, le libertinage est donc plus immédiatement associé à la débauche.

Ce que l'on désigne comme roman libertin, au XVIIIe siècle, rassemble des récits qui mettent en scène divers degrés de débauche – sans être trop explicite, trop grivois, même si la frontière avec les romans érotiques ou pornographiques est parfois mince –, dans des formes variées, avec une critique politique ou philosophique plus ou moins appuyée. Des « romans de filles » qui racontent la carrière de courtisanes, comme *Margot la Ravaudeuse* de Fougeret de Monbron (1750), ont ainsi peu en commun avec les romans de Crébillon (1707-1777) et leurs personnages aristocratiques évoluant dans un décor mondain.

C'est dans la lignée des romans de Crébillon, précisément, que *Les Liaisons dangereuses* s'inscrivent, par deux aspects.

D'une part, la légèreté des mœurs s'intègre, chez Crébillon comme chez Laclos, à la société aristocratique mondaine ; la galanterie y prolonge la politesse autant qu'elle la subvertit. C'est un libertinage du « bon ton », de la « bonne compagnie ». Le personnage de Versac dans *Les Égarements du cœur et de l'esprit* (1736), souvent vu comme un modèle du vicomte de Valmont, en expose les principes à son disciple le jeune Meilcour. Parmi ces derniers, on trouve notamment un apprentissage de la « science du monde », nécessaire malgré la conscience de sa vanité [1], et une double discipline du déguisement de soi et du dévoilement de l'autre [2]. Il s'agit de connaître les codes, de les maîtriser, de s'y inscrire, mais aussi d'y mêler une réflexion, un contrôle de soi et de son apparence, une volonté de séduction et de conquête. C'est ce libertinage poli, mondain et aristocratique que l'on retrouve dans le

---

1. « Je sais que cette science n'est, à proprement parler, qu'un amas de minuties, et que beaucoup de ses principes blessent l'honneur et la raison ; mais en la méprisant, il faut l'apprendre et s'y attacher plus qu'à des connaissances moins frivoles », Crébillon, *Les Égarements du cœur et de l'esprit*, éd. J. Dagen, GF-Flammarion, 1985, p. 208.

2. « Ce n'est pas tout ; vous devez apprendre à déguiser si parfaitement votre caractère, que ce soit en vain qu'on s'étudie à le démêler. Il faut encore que vous joigniez à l'art de tromper les autres, celui de les pénétrer ; que vous cherchiez toujours, sous ce qu'ils veulent vous paraître, ce qu'ils sont en effet », *ibid.*, p. 211.

## Le libertinage au féminin : faire croire à un viol pour dissimuler le désir féminin ?

« Supposons, j'y consens, que vous mettiez autant d'adresse à nous vaincre, que nous à nous défendre ou à céder » (lettre LXXXI, p. 261). Derrière la guerre des sexes dessinée dans la lettre de la marquise sont nettement décrits les rôles attribués à chacun dans le rapport libertin : les hommes doivent vaincre, les femmes, se défendre ou céder.

Le système libertin, tel qu'il apparaît dans les romans du genre, intègre pleinement une violence des rapports entre hommes et femmes, soulignée par un vocabulaire de l'attaque, de la prise, de la chasse, que Laclos reprend mais qu'il n'invente pas. La marquise accepte ces codes et se les approprie : dès le début du roman, elle met en avant cette nécessité pour les femmes de faire croire que le désir n'est pas partagé :

> Dites-moi donc, amant langoureux, ces femmes que vous avez eues ; croyez-vous les avoir violées ? Mais, quelque envie qu'on ait de se donner, quelque pressée que l'on en soit, encore faut-il un prétexte ; et y en a-t-il de plus commode pour nous, que celui qui nous donne l'air de céder à la force ?
>
> (lettre X, p. 98)

Ce n'est pas seulement la prudence extrême de la marquise, qui veille à préserver les apparences et à toujours faire croire que c'est la première et seule fois qu'elle *cède*, qui explique cette défense feinte, mais une convention libertine qui veut que la femme se défende, refuse, voire s'évanouisse, pour avoir « l'air de céder à la force », ou de ne pas céder. Le narrateur malicieux d'*Angola* (1751) s'amuse par exemple d'un personnage « trop peu instruit des usages du monde », qui s'inquiète lorsque, après beaucoup de protestations (mais plus encore de caresses), Zébaïde s'évanouit entre ses bras, au lieu d'y reconnaître cette convention, ce jeu du combat opportunément perdu par la femme [1].

Cependant, cette convention ne doit surtout pas laisser penser que la défense féminine n'est toujours que feinte, et que les victimes ne feraient que jouer un rôle. Dans le roman de Laclos, ni Cécile ni la présidente de Tourvel ne connaissent ni ne jouent avec les conventions libertines ; la naïveté de Cécile et son ignorance, la sincérité de Tourvel et sa vertu vont mal avec ce genre de mise en scène et ne font pas d'elles d'heureuses complices de l'attaque : elles subissent la violence de Valmont, et la défense qu'elles opposent, les protestations et l'évanouissement ne doivent pas être lus comme les marqueurs du jeu de dupes des libertins (lettre XCVII, p. 314-317 ; lettre CXXV, p. 399-408). Au-delà même des figures de femmes innocentes ou vertueuses, les romans libertins font parfois figurer le viol de personnages de libertines et de courtisanes ; la défense feinte, pour être une convention fréquente, n'est pas une règle universelle, qui rendrait toute protestation suspecte dans la fiction.

---

1. La Morlière, *Angola*, in *Romanciers libertins du XVIIIe siècle I*, dir. P. Wald Lasowski, Gallimard, « Bibliothèque de la Pléiade », 2000, p. 715.

roman de Laclos. Ainsi, la réputation de Valmont le précède, et Mme de Volanges met en garde la présidente de Tourvel contre ce « libertin », cet homme « dangereux » qui a séduit tant de femmes, « sait calculer tout ce qu'un homme peut se permettre d'horreurs sans se compromettre » et « être cruel et méchant sans danger » (lettre IX, p. 96), mais elle ne le reçoit pas moins chez elle et admet que « loin d'être rejeté par les gens honnêtes, il est admis, recherché même dans ce qu'on appelle la bonne compagnie » (lettre XXXII, p. 141-142).

D'autre part, le libertinage mondain aristocratique, des *Égarements* aux *Liaisons dangereuses*, repose sur le langage. La séduction devient une joute verbale ; il faut convaincre l'autre, faire croire une femme à l'opportunité de « céder » – les négociations par lettres de Valmont et Merteuil font ainsi écho aux négociations de *La Nuit et le Moment* (dialogue écrit par Crébillon vers la fin des années 1730 et publié en 1755). Le langage est tout autant objet de maîtrise que le caractère ; le libertinage mondain est celui de la langue feutrée que l'on parle dans les boudoirs élégants, pas de la grossièreté. Le Clitandre de Crébillon se défend ainsi de la jalousie de sa compagne : il évoque les femmes qu'il a « eues », en minimisant l'importance de ces « bonté[s] » dont elles ont pu l'« honor[er] »[1], le langage du sexe imitant celui de la bonne société. Ces romans jouent des euphémismes, des métaphores, des sous-entendus, du vocabulaire de la chasse, de la guerre, du théâtre, de la nature… C'est de ce jeu sur les mots d'une part, sur les convenances de l'autre, caractéristiques du libertinage mondain aristocratique, qu'hérite le roman de Laclos.

## D. Grands thèmes de l'œuvre

### 1. L'amour

Il est avant tout, dans *Les Liaisons dangereuses*, question d'amour, cela sous trois formes principales : l'amour comme sentiment, comme acte sexuel et, enfin, non le moindre, l'amour-propre.

Du sentiment amoureux, il est question dès les premières pages, lorsque débute la liaison entre Cécile et Danceny. Cécile lui trouve toutes les qualités du monde (lettre VII, p. 93-94), se réjouit de lui plaire (lettre XIV, p. 106-107) ; il lui avoue ses sentiments (lettre XVII, p. 111-112), elle finit par

---

1. « Il y aurait à moi de la sottise à vous soutenir que je n'ai eu aucune d'elles ; mais il y aurait assurément plus que de l'indiscrétion à dire que je les ai eues toutes ; d'ailleurs en supposant qu'elles m'aient toutes honoré de quelque bonté, qu'est-ce que cela importe aujourd'hui à elles, et à moi ? », Crébillon, *La Nuit et le Moment*, éd. J. Dagen, GF-Flammarion, 1993, p. 42.

faire de même (lettre XXX, p. 138), et s'instaure dès lors une correspondance pleine de sentimentalisme, dans laquelle la joie des entrevues et des mots d'amour (lettre XXXI, p. 139-140) alterne avec le désespoir suscité par les obstacles et les doutes (lettres XLVI, p. 176-177 ; LXV, p. 217-219 ; LXXX, p. 257-259). Une deuxième relation amoureuse se noue : à force de déclarations à Mme de Tourvel, Valmont obtient l'aveu de son amour (« Ma belle amie, les beaux yeux se sont en effet levés sur moi ; la bouche céleste a même prononcé : "Eh bien ! oui, je…" », lettre XCIX, p. 324). À l'amour sentimental de Cécile et Danceny répond l'amour passionnel de Tourvel et Valmont. L'amitié que met d'abord en avant la présidente (à partir de la lettre LXVII, p. 222, jusqu'à la lettre XCIX, p. 322 : « Il y a déjà quelques jours que nous sommes d'accord, madame de Tourvel et moi, sur nos sentiments ; nous ne disputons plus que sur les mots. C'était toujours, à la vérité, *son amitié* qui répondait à *mon amour* »), se transforme en effet en un amour douloureux et intense (« J'aime, oui, j'aime éperdument », lettre CII, p. 334), contre lequel lutte la dévote, en refusant d'abord de recevoir des lettres, puis en fuyant du château de Mme de Rosemonde (lettre C, p. 327), et enfin en une passion si forte que la violence de la rupture la plongera dans un état d'agonie et de délire. En parallèle, la passion de Valmont, qui était fondée sur le désir (lettre IV, p. 86), se teinte vite d'amour (« Je dis l'amour ; car vous êtes amoureux. Vous parler autrement, ce serait vous trahir ; ce serait vous cacher votre mal », lettre X, p. 98), surtout que, contrairement aux habitudes du libertin, la satisfaction du désir ne suscite pas de désintérêt vis-à-vis de sa proie (lettre CXXXIII, p. 424-425). Au centre du roman, enfin, se trouve l'étrange amour qui lie Merteuil et Valmont ; un amour destructeur, qui entraîne ceux qui les entourent dans leur perte, par des jeux de jalousie et de vengeance. La marquise évoque leur amour au passé (« Dans le temps où nous nous aimions car je crois que c'était de l'amour, j'étais heureuse ; et vous, Vicomte !… », lettre CXXXI, p. 421), mais ils revendiquent néanmoins chacun d'être irremplaçable pour l'autre : ils s'amusent des prouesses de séduction, mais ne tolèrent pas que l'autre s'attache, que Merteuil apprécie de manière suivie la compagnie du chevalier de Belleroche (lettre XV, p. 108) ou que Valmont s'obstine auprès de Mme de Tourvel (lettre CXLI, p. 443).

Ces sentiments mutuels ne vont pas de pair avec un plaisir sexuel partagé : la liaison de Cécile et Danceny reste chaste, la marquise de Merteuil se refuse, à plusieurs reprises, au vicomte de Valmont. L'ancienne liaison de Merteuil et Valmont, qui mêlait amour et relations sexuelles, apparaît comme une exception qu'il n'est plus possible de répéter. C'est un trait du système libertin que de dissocier aimer et faire l'amour ; la sexualité est associée à l'attirance (Mme de Merteuil trouve Prévan « très joli ; des traits fins et délicats ! […] Et vous dites qu'il veut m'avoir ! assurément il me fera honneur et plaisir », lettre LXXIV, p. 236), au plaisir, à la liberté, au jeu (le jeu de piste que met en place la marquise pour Belleroche, lettre X, p. 100-101) ou au défi (Valmont négociant une nuit avec la vicomtesse de M... alors qu'elle est « logée entre son mari et son amant », lettre LXXI, p. 231), même à la vengeance (Valmont entame une liaison avec la fille de Mme de Volanges pour faire payer à cette dernière le mal qu'elle a dit de lui à la présidente de Tourvel), mais pas au sentiment. Le fait que le plaisir revendiqué par Valmont dans le cadre de son histoire avec la présidente (lettre CXXXIII, p. 424-425) soit indiscutablement, pour Mme de Merteuil, mêlé à de l'amour (lettre CXXXIV, p. 427-428) déstabilise ce système établi.

Le sacrifice de la présidente est-il la conséquence de l'amour ou de l'amour-propre ? Les frontières ne sont pas si nettes dans le camp des libertins. L'amour-propre de la marquise de Merteuil, qui apparaît avec tant de force dans la longue lettre où elle fait son autoportrait, cet amour d'elle-même qui lui fait revendiquer une supériorité absolue sur le reste des hommes et qui est à l'origine de l'intrigue, puisqu'il suscite le désir de vengeance envers Gercourt (lettre II, p. 82), est-il aussi à l'origine du dénouement ? La marquise présente d'abord le sacrifice de la présidente comme une affaire d'amour, à savoir la condition nécessaire pour envisager de retrouver l'heureuse liaison amoureuse entre elle-même et Valmont (lettre CXXXI, p. 421). Mais, une fois le sacrifice obtenu, elle ne l'évoque plus que comme une affaire d'amour-propre, la punition de l'excès de vanité de Valmont (« vous l'aimez comme un fou : mais parce que je m'amusais à vous en faire honte, vous l'avez bravement sacrifiée. Vous en auriez sacrifié mille, plutôt que de souffrir une plaisanterie. Où nous conduit pourtant la vanité ! », lettre CXLV, p. 451). La forme ouverte du roman épistolaire permet de maintenir cette ambiguïté fondamentale, proposant des pistes sans qu'une voix narrative surplombante ne les résolve.

## 2. Mme de Merteuil et l'interrogation sur le rôle social des femmes

Le scandale du roman et sa célébrité tiennent pour beaucoup au personnage de la marquise de Merteuil : son libertinage choque davantage, parce qu'il s'agit d'un personnage féminin, et parce que le dénouement ne lui réserve pas un châtiment suffisamment remarquable, selon les lecteurs de l'époque.

Mais, au-delà de ses mœurs dépravées, le portrait contenu dans la lettre LXXXI, centrale dans le roman, interroge la place des femmes dans ce monde aristocratique. La marquise se dit « née pour venger [s]on sexe », et revendique s'être « élevée au-dessus des autres femmes par [s]es travaux pénibles » (p. 262 et 270). Cette supériorité affichée s'ancre dans sa conscience d'avoir réussi à s'affranchir de diverses contraintes liées à la condition des femmes de l'époque.

D'une part, les femmes sont peu éduquées. Cécile, dont on n'a de cesse de souligner la gaucherie et la crédulité, en est l'exemple. Le couvent semble lui avoir appris bien peu de choses – pas même l'éducation au libertinage que suggère la marquise (« je cherchais à deviner l'amour et ses plaisirs : mais n'ayant jamais été au couvent, n'ayant point de bonne amie, et surveillée par une mère vigilante, je n'avais que des idées vagues », *ibid.*, p. 264-265). Laclos qui, on le sait, s'intéresse par la suite à l'éducation des femmes, fait en revanche de Merteuil une libertine à la fois par ses mœurs et par sa pensée : la lettre LXXXI dresse le portrait d'une philosophe, qui a étudié, observé la société et lu, pour s'armer et apprendre ce que ne lui ont transmis ni sa mère ni son confesseur, et chez qui l'exploration du plaisir naît d'une envie de savoir (« Ma tête seule fermentait ; je n'avais pas l'idée de jouir, je voulais savoir ; le désir de m'instruire m'en suggéra les moyens », p. 265). Alors que les autres femmes ont des principes « donnés au hasard, reçus sans examen et suivis par habitude », les principes de Merteuil sont, eux, « le fruit de [s]es profondes réflexions » (*ibid.*, p. 263).

D'autre part, les femmes ont peu d'autonomie : Cécile est sous la tutelle de sa mère, en attendant d'être sous celle de son mari ; Mme de Tourvel décide de ne pas rester seule à Paris pendant l'absence de son mari mais de se rendre auprès de Mme de Rosemonde, figure maternelle (lettre VIII, p. 95). Merteuil expose quant à elle son refus, à la mort de son mari, de retourner chez sa mère ou d'entrer au couvent : elle voit dans son veuvage une autonomie nouvelle et une liberté dont elle compte bien « profiter » (lettre LXXXI, p. 266).

Enfin, les femmes sont à la merci des hommes, le jeu de l'amour et de la séduction étant une « partie si inégale », qui conduit beaucoup de femmes à « ramper », « entre l'imprudence et la timidité » (*ibid.*, p. 261 et 270). Le propos montre le peu de cas que fait la marquise des autres femmes ; il ne s'agit pas pour elle de contribuer à l'élévation de la condition féminine, mais de s'élever au-dessus de sa condition de femme. La position de la marquise, à la fin de la lettre, est claire : elle refuse d'être la victime des hommes, et veut, à la place, être leur adversaire : « vaincre ou périr » (*ibid.*, p. 271).

## 3. Une aristocratie décadente

On a parfois voulu voir dans *Les Liaisons dangereuses* une œuvre annonciatrice de la Révolution, justifiant cette lecture anachronique par l'activité de Laclos pendant la période révolutionnaire. Si *Les Liaisons dangereuses* n'anticipent pas les événements révolutionnaires, elles dressent bien un tableau à charge de la noblesse de l'époque. La critique de l'oisiveté aristocratique n'est pas neuve, les moralistes du XVIIe siècle l'exposaient déjà, mais on ne peut que remarquer qu'il n'y a, chez les personnages de Laclos, nulle noblesse, en dehors des titres – à part peut-être dans la destinée tragique de Mme de Tourvel.

L'aristocratie dans l'Ancien Régime se définit traditionnellement par son appartenance à une lignée, mais aussi par ses devoirs – assurer, par les charges qu'elle occupe, la justice (fonctions de la noblesse de robe) et la paix (fonctions militaires de la noblesse d'épée, plus prestigieuse) – et enfin par ses valeurs – l'éducation, l'honneur, la vertu... Autant de caractéristiques qui n'apparaissent pas dans le roman de Laclos.

Alors que la question de la lignée était très présente dans les romans de la première moitié du XVIII$^e$ siècle, que ce soit dans la quête d'origine au centre de *La Vie de Marianne* de Marivaux (1731-1742), dans les rapports à l'autorité parentale dans les *Illustres Françaises* de Challe (1713) ou dans *Manon Lescaut* de Prévost (1731), elle est relativement absente des *Liaisons dangereuses*. Les liens familiaux existent, mais sont peu mis en avant. La longue lettre dans laquelle la marquise de Merteuil fait le récit de sa vie mentionne allusivement une « mère vigilante » (lettre LXXXI, p. 264) mais rien d'autre n'est dit de sa famille, de son rang, de la charge d'un père – la mention de grands-parents, présente sur le manuscrit, est d'ailleurs effacée (note 10, p. 529). Quant à Valmont, rien n'est dit des principes ou de la charge dont il hérite.

S'il fait partie de la noblesse d'épée, il n'y a de conquête, pour lui, qu'amoureuse, de champ de bataille que dans les cercles mondains, d'assaut qu'à l'encontre de femmes... Le vocabulaire militaire est souvent détourné dans les lettres des *Liaisons*, et notamment dans celles de Valmont. Il n'hésite pas à se comparer à Alexandre le Grand (lettre XV, p. 108), à Turenne, héros militaire des campagnes louis-quatorziennes, ou encore à Frédéric II de Prusse et à ses conquêtes (lettre CXXV, p. 406). Dans cette lettre où il raconte sa victoire sur Tourvel, il se vante de son art de la guerre, de ses « savantes manœuvres » :

> J'ai forcé à combattre l'ennemi qui ne voulait que temporiser ; je me suis donné, par de savantes manœuvres, le choix du terrain et celui des dispositions ; j'ai su inspirer la sécurité à l'ennemi, pour le joindre plus facilement dans sa retraite ; j'ai su y faire succéder la terreur, avant d'en venir au combat ; je n'ai rien mis au hasard, que par la considération d'un grand avantage en cas de succès, et la certitude des ressources en cas de défaite ; enfin, je n'ai engagé l'action qu'avec une retraite assurée, par où je pusse couvrir et conserver tout ce que j'avais conquis précédemment.
>
> (lettre CXXV, p. 406)

L'usage du mot *conquête* dans le champ amoureux, et de l'imagerie qui va avec, s'il n'est pas neuf, dit quelque chose de la perte des valeurs chez une aristocratie qui ne tire plus sa gloire que de ses intrigues sexuelles.

Car l'aristocratie telle qu'elle est dépeinte dans le roman apporte peu à la société. Elle se complaît dans l'oisiveté et partage son temps entre la campagne et la vie parisienne, en une succession de sorties à l'Opéra, de visites d'après-midi et de soirées dans des cercles mondains – le libertinage apparaît à certains égards comme un divertissement propre à tromper l'ennui, comme déjà chez Crébillon [1]. Il n'est pas question de salons ni d'échanges intellectuels – l'esprit est mis au service de la correspondance écrite, mais pas de la vie publique, ni même du jugement de goût. Les personnages ne disent ici rien de l'Opéra : Cécile se contente de rapporter les discussions qui s'y tiennent au sujet de son mariage (lettre XXXIX, p. 157), Valmont ses retrouvailles avec Émilie (lettre XLVII, p. 177-178), Merteuil enfin le contact qu'elle y établit avec Prévan (lettre LXXIV, p. 235-236) – elle souligne même cette absence de commentaire lorsqu'elle va à la Comédie-Française : « Malgré notre curiosité littéraire, je ne puis rien vous dire du spectacle, sinon que Prévan a un talent merveilleux pour la cajolerie » (lettre LXXXV, p. 281). Le luxe est rarement souligné, mais il est présent en arrière-plan, dans les « les bonnets et les pompons » de Cécile (lettre I, p. 79) et dans la petite maison de Mme de Merteuil, résidence secondaire cachée aux marges de la ville, où l'on peut recevoir un amant à l'abri des regards (lettre X, p. 100). Les excès des libertins semblent proportionnels à leur oisiveté et à un certain ennui. Face à eux, aucune sociabilité érudite et vertueuse, aucun philosophe ni aucun magistrat. Ne subsiste que le modèle de la dévote présidente de Tourvel, qui a la noblesse des héroïnes tragiques, mais ne peut gagner face à l'esprit de ses adversaires.

---

1. « On est dans le monde, on s'y ennuie, on voit des femmes qui de leur côté ne s'y amusent guère : on est jeune ; la vanité se joint au désœuvrement. Si avoir une femme n'est pas toujours un plaisir, du moins c'est toujours une sorte d'occupation », Crébillon, *La Nuit et le Moment, op. cit.*, p. 96.

## Résumé des *Liaisons dangereuses*

Le roman a souvent été comparé à une tragédie ; le vocabulaire du théâtre permet de rendre compte de ses différentes parties.

### Première partie (lettres I à L) : l'exposition

La marquise de Merteuil veut se venger de Gercourt, en faisant séduire Cécile de Volanges, tout juste sortie du couvent, avant qu'il ne l'épouse (II). Elle compte pour cela sur le vicomte de Valmont qui, comme elle, a des raisons d'en vouloir à Gercourt, et donc de s'en venger, mais Valmont n'est pas à Paris – en attendant, elle encourage donc la relation entre la jeune Volanges et le chevalier Danceny. Valmont, à la campagne chez sa tante Mme de Rosemonde, annonce vouloir séduire la vertueuse présidente de Tourvel (IV) ; Merteuil traite d'abord ce projet avec mépris, mais promet à Valmont de se donner à lui lorsqu'il lui apportera la preuve de son succès (XX). Les objectifs sont posés, mais les obstacles arrivent : cette première partie se termine par le retour de Valmont à Paris, et les lettres consécutives de Cécile (XLIX) et de la présidente (L), qui affirment ne plus vouloir être importunées par des serments d'amour déplacés.

### Deuxième partie (lettres LI à LXXXVII) : les obstacles

Cette partie est celle de la marquise de Merteuil, qui renforce les obstacles (en faisant découvrir à Mme de Volanges la correspondance amoureuse de sa fille) ou les atténue (en conseillant à Mme de Volanges d'aller séjourner avec sa fille au château de Mme de Rosemonde, permettant ainsi à Valmont d'y retourner sans que la présidente ne puisse s'y opposer, et de se rapprocher au passage de Cécile, LXIII), fait son autoportrait (LXXXI) et illustre ensuite ses principes et son génie par l'humiliation de Prévan (LXXXV).

### Troisième partie (lettres LXXXVIII à CXXIV) : les péripéties

Merteuil l'aidant à surmonter les obstacles, Valmont obtient d'une part, sous prétexte de faciliter le passage des lettres de Danceny, la clé de la chambre de Cécile. Il s'introduit ainsi dans sa chambre et la viole (XCVI), puis devient son amant, profitant de sa naïveté pour la débaucher. Il obtient d'autre part l'aveu d'amour de Mme de Tourvel (XCIX) ; elle le fuit et repart à Paris, et laisse un Valmont furieux de ne pas avoir anticipé ce départ (C).

### Quatrième partie (lettres CXXV à CLXXV) : le dénouement

Cette partie s'ouvre sur la victoire que revendique Valmont sur Tourvel. La relation entre Merteuil et Valmont se dégrade, tandis que les victimes subissent, sans encore le comprendre, leur humiliation : Tourvel croise Valmont avec Émilie (CXXXV), Cécile est surprise par sa fausse couche (CXL). Le sacrifice de Mme de Tourvel ne donne pas lieu à la récompense escomptée de Merteuil envers Valmont et mène à la déclaration d'une guerre réciproque : Valmont met fin à la liaison de la marquise avec Danceny (CLVIII), elle se venge en révélant à celui-ci la liaison de Valmont et Cécile (CLXII), Danceny tue Valmont en duel, qui lui révèle en mourant le vrai visage de Mme de Merteuil en lui confiant des lettres (CLXIII), tandis que Mme de Tourvel agonise (CLX) et que Cécile rentre au couvent (CLXX) ; la marquise, elle, perd son procès, son argent, sa réputation et sa beauté (CLXXV).

## II. « Faire croire » dans *Les Liaisons dangereuses*

> Les *Liaisons* sont le récit d'une intrigue. (Comme par hasard, ce mot désigne à la fois l'organisation des faits dans un ouvrage de fiction, et un ensemble efficace et orienté de tromperies.) Intriguer tend toujours à « faire croire » quelque chose à quelqu'un ; toute intrigue est une architecture de mensonges [...] [1].

Dans sa préface aux *Liaisons dangereuses*, reprise dans *Le Triangle noir*, Malraux désigne la tendance à faire croire comme une notion centrale des *Liaisons dangereuses*, qu'il relie à la fois à la structure fictionnelle et aux tromperies des libertins. En l'associant au double sens du mot intrigue, Malraux met en avant le caractère structuré du « faire croire », dans le roman : il est affaire d'« organisation », d'efficacité et d'« architecture ». Le mensonge est composé, maîtrisé, qu'il s'agisse du roman et de sa géométrie exemplaire (50 lettres dans la première partie, 37 dans la deuxième, 37 dans la troisième, 51 dans la dernière – dont une sans destinataire) ou des tromperies des libertins, calculées, étudiées, commentées par eux-mêmes. Faire croire est une science dans *Les Liaisons dangereuses*, une science nécessairement liée à la séduction : on s'invente un masque pour plaire, une rhétorique pour persuader, une scénographie pour parvenir à ses fins. Cependant, les implications de ces manipulations dépassent le champ de la séduction : les stratégies de persuasion, la subversion des croyances ou la maîtrise de la rumeur, en jouant avec la vérité, interrogent plus largement dans l'œuvre un rapport à l'autre, à la société et au langage.

### A. L'illusion fictionnelle : faire croire au roman ?

#### 1. Le roman comme jeu de dupes : seuils et clés

Dans sa réflexion sur le roman de Laclos, Malraux écrit :

> Les *Liaisons* sont une rêverie de jeune fille quittée, racontée par un homme très intelligent qui voudrait faire croire que c'est arrivé. [...] Presque toutes les fictions ne consistent qu'à faire croire d'une vieille rêverie qu'elle est de nouveau arrivée ; leur problème est celui des moyens qu'emploie l'artiste pour le faire croire [2].

---
1. André Malraux, *Le Triangle noir. Laclos, Saint-Just, Goya*, Gallimard, 1970, p. 26.
2. *Ibid.*, p. 49.

La fiction repose en effet souvent sur la volonté de faire croire à une histoire vraie, ou du moins crédible ; le lecteur procède, lui, à une « suspension consentie de l'incrédulité » (*willing suspension of disbelief*), selon les termes de Samuel Coleridge (1817), et accepte de croire à ce qu'on lui présente, de se prendre au jeu. Le roman du XVIIIe siècle s'amuse de ces prétentions de vérité et intègre volontiers des seuils qui affirment la véracité de l'œuvre, à l'instar, dans Les Liaisons dangereuses, de la « Préface du rédacteur » (p. 72-76). Ce dernier explique, dès les premières lignes, avoir mis « en ordre » les lettres qui lui ont été transmises, mais la note confesse un degré d'interventionnisme supplémentaire : « *Je dois prévenir aussi que j'ai supprimé ou changé tous les noms des personnes dont il est question dans ces lettres* » (*ibid.*, p. 72). Les circonstances dans lesquelles il a été « chargé de mettre en ordre » la correspondance ne sont pas précisées, pas plus que les circonstances dans lesquelles elle est « parvenue » aux personnes qui ont sollicité le rédacteur : la découverte du manuscrit n'est pas racontée. Cependant, la difficulté principale pour croire à une correspondance réelle ne vient pas tant de l'imprécision de ces circonstances que de l'Avertissement de l'éditeur (p. 70-71) qui précède la Préface et la contredit par avance, dès la première phrase : « Nous croyons devoir prévenir le public, que, malgré le titre de cet ouvrage et ce qu'en dit le rédacteur dans sa Préface, nous ne garantissons pas l'authenticité de ce recueil et que nous avons même de fortes raisons de penser que ce n'est qu'un roman » (*ibid.*, p. 70). Au-delà de la dimension du jeu, comment comprendre ces seuils contradictoires ?

Deux questions se superposent en réalité lorsque l'on pose la question de la vérité : d'une part, celle de la véracité des lettres, de l'autre, celle de leur vraisemblance. Le lecteur est déjà prévenu contre la prétendue véracité des lettres lorsqu'il lit la Préface du rédacteur. Celle-ci apparaît plutôt alors comme un moyen de mettre en avant les qualités de l'œuvre – la « variété des styles ; mérite qu'un auteur atteint difficilement, mais qui se présentait ici de lui-même » (p. 74), mais aussi la composition : ne sont conservées que les lettres « nécessaires » (*ibid.*, p. 72), soulignant discrètement la rigueur de cette économie narrative, dans laquelle rien n'est en trop, rien n'est gratuit. Laclos met donc en avant son œuvre sans chercher à faire croire à l'authenticité de son contenu.

Il rejoint en cela la posture de Rousseau, dans la Préface de *La Nouvelle Héloïse*, dont on sait combien l'influence sur Laclos (et sur la production romanesque du second XVIIIe siècle de manière générale) est majeure, et signalée dès la page de titre des *Liaisons* par une citation empruntée précisément à la Préface. Dans celle-ci, Rousseau assume le statut de roman (« Il faut des spectacles dans les grandes villes, et des Romans aux peuples corrompus [1] »), comme Laclos dans l'Avertissement de l'éditeur (« nous avons même

---

1. Jean-Jacques Rousseau, *Julie ou la Nouvelle Héloïse*, éd. É. Leborgne et F. Lotterie, GF-Flammarion, 2018, p. 49.

de fortes raisons de penser que ce n'est qu'un roman », p. 70), et se désigne même comme auteur, contrairement cette fois à Laclos :

> Quoique je ne porte ici que le titre d'Éditeur, j'ai travaillé moi-même à ce livre, et je ne m'en cache pas. Ai-je fait le tout, et la correspondance entière est-elle une fiction ? Gens du monde, que vous importe ? C'est sûrement une fiction pour vous [1].

Cette ambiguïté sur le degré de fiction se retrouve dans les deux seuils contradictoires du texte de Laclos, et même dans les lettres, qui intègrent des notes du rédacteur soulignant le travail de sélection et d'organisation de la correspondance tout en réaffirmant son authenticité (voir par exemple les lettres II, p. 82, IX, p. 97, et XVI, p. 109), ainsi que des clins d'œil dans le corps même des lettres (dès la lettre II, Merteuil parle de Cécile comme de « l'héroïne de ce nouveau roman », p. 83).

Mais l'ambiguïté est surtout une manière de déplacer la question de l'authenticité vers celle de la vraisemblance : peu importe, dit Rousseau, que les lettres soient authentiques ou inventées, puisque les gens du monde ne croiront pas qu'il existe une telle pureté de cœur et de sentiments, tant ils sont éloignés de la sincérité des amants de la petite ville au pied des Alpes. Cette question de la vraisemblance n'est pas abordée sous l'angle du reproche par Laclos, mais avec ironie : il est tout simplement « impossible de supposer qu'ils [les personnages] aient vécu dans notre siècle ; dans ce siècle de philosophie, où les lumières, répandues de toutes parts, ont rendu, comme chacun sait, tous les hommes si honnêtes et toutes les femmes si modestes et si réservées » (Avertissement de l'éditeur, p. 70). L'ironie acerbe de l'Avertissement conduit à un message proche de celui de Rousseau : il ne s'agit pas de faire croire que tout est véridique, mais bien que tout est vraisemblable. Le roman montre des personnages et des actions avérés dans la société, et que le lecteur ne doit pas ignorer ; c'est ce que nous dit la citation de *La Nouvelle Héloïse* placée en exergue : « J'ai vu les mœurs de mon temps, et j'ai publié ces lettres [2] ».

L'ambiguïté laissée par ces seuils contradictoires, par cette authenticité niée puis affirmée, a toutefois fait croire à plus d'un lecteur qu'il existait une vérité cachée dans le roman ; que si les lettres ne sont pas réelles, les personnages le sont ou, du moins, sont inspirés de personnes réelles. Le goût du scandale et de la rumeur a certainement participé à faire croire à un roman à clé, où chacun a cru reconnaître tel ou telle derrière le brouillage des noms – de siècle en siècle, on a ainsi cherché à savoir si Laclos avait pris des modèles dans la bonne société de Grenoble, pendant son séjour dans la ville.

---

1. *Ibid.*
2. *Ibid.*

### Faire croire : le rôle des seuils

Les romans du XVIIIe siècle ont largement recours aux préfaces, avertissements et autres seuils, qui ont principalement deux fonctions :
– Faire croire à leur bonne foi et à leur moralité. Il s'agit de convaincre le lecteur que l'œuvre, dans la lignée des préceptes classiques, va lui plaire et l'instruire. Les seuils doivent affirmer la légitimité du roman en soulignant son utilité, tout en suscitant l'intérêt du lecteur.
– Faire croire à la véracité de leur contenu. Prétendre qu'un texte n'est pas une œuvre de fiction est une autre stratégie de légitimation. De nombreux romans vont ainsi arguer de l'authenticité des lettres ou des mémoires que l'on s'apprête à lire – avec d'autant plus de facilités que les romans reprennent les codes de mémoires et de correspondances bien réels. Certains poussent jusqu'à donner le récit de la découverte du manuscrit, comme dans *La Vie de Marianne* de Marivaux (1731-1742) : le début de la première partie raconte que le texte est trouvé dans l'armoire d'une « maison de campagne à quelques lieues de Rennes » que l'auteur aurait achetée. Mais ce *topos* du manuscrit trouvé est parfois outré, comme dans l'Avertissement du *Masque de fer* de Mouhy (1747), qui raconte que l'auteur, poursuivi, saute dans le fleuve pour échapper à ses agresseurs, manque de se noyer, réussit à s'accrocher à un coffre... dans lequel il trouve un manuscrit. Il ne s'agit plus ici de faire croire à l'authenticité de l'histoire, l'exagération dénonçant la convention littéraire, mais bien seulement de mettre en valeur le talent de conteur de l'auteur, pour donner envie de poursuivre la lecture.

Laclos ne fait donc pas croire, comme beaucoup de romanciers du premier XVIIIe siècle, à l'authenticité de son manuscrit ; il joue avec cette convention, en l'invalidant dès le départ. Ce qui lui importe bien plus est de faire croire à la vraisemblance du roman ; le problème qui se pose alors « est celui des moyens qu'emploie l'artiste pour le faire croire », pour reprendre le propos de Malraux.

## 2. Variations à la première personne : construire des personnages crédibles

Les moyens employés par Laclos pour faire croire au récit sont pour l'essentiel liés à la composition même du roman. Le caractère spontané de la lettre (contrairement à la reconstruction rétrospective des romans-mémoires, notamment) permet l'intégration de notations variées sur les sentiments, les impressions et le quotidien des personnages. Dès la première lettre, le personnage de Cécile dépasse le stéréotype de la jeune fille naïve tout juste sortie du couvent. Elle incarne ce type, bien sûr, mais la lettre donne d'emblée du relief et une individualité au personnage. Dépeignant sa nouvelle vie à Sophie Carnay, son amie du couvent, Cécile évoque ses loisirs (« j'ai ma harpe, mon dessin, et des livres comme au couvent », lettre I, p. 79-80), les heures auxquelles elle voit sa mère (au déjeuner – appelé « dîner » dans la langue classique – et dans l'après-midi). Elle mentionne quelques éléments de décor, qui permettent au lecteur de se représenter la situation d'écriture de la lettre (et d'introduire le tiroir secret du secrétaire, qui sera crucial pour l'intrigue) : « j'ai une chambre et un cabinet dont je dispose, et je t'écris à un secrétaire très joli, dont on m'a remis la clef, et où je peux renfermer tout ce que je veux » (*ibid.*, p. 79). Surtout, elle livre ses impressions immédiates, et laisse entrevoir son état d'excitation à l'idée de rencontrer son futur mari : elle entend un carrosse, et semble tout de suite nerveuse : « Si c'était le Monsieur ? Je ne suis pas habillée, la main me tremble et le cœur me bat » (*ibid.*, p. 80). Cette mise en scène du présent de l'écriture, perturbé par les événements extérieurs, produit une impression de naturel, de spontanéité, et donc de vérité, qu'une lettre plus maîtrisée, moins brouillonne, n'aurait pas : Laclos exploite ici tout le potentiel de l'esprit conversationnel de la forme épistolaire. La lettre reprend, après une ellipse temporelle, et Cécile est cette fois mortifiée : elle raconte combien elle a tremblé et rougi devant un visiteur, se montrant « tout effarouchée » lorsqu'il s'est mis à genoux devant elle, jusqu'à comprendre que le « monsieur » en question n'était pas à ses pieds en tant que prétendant, mais en tant que cordonnier (*ibid.*, p. 80-81). Le passage de l'enthousiasme fébrile à la panique, puis à la honte, suscite une sympathie moqueuse pour la naïve Cécile – d'autant plus marquée que le lecteur a, lui aussi, été dupe : la composition de la lettre ne lui donne pas d'indices sur l'erreur qu'est en train de faire Cécile, et il croit donc, avec elle, que le cordonnier est son futur mari. Enfin, la précision de l'anecdote, nourrie de détails en apparence insignifiants, garantit la crédibilité du personnage et de la scène.

Tous les personnages n'ont pas la spontanéité sincère de Cécile dans leurs lettres, loin s'en faut. Néanmoins, la proximité de la lettre avec les événements qu'elle raconte justifie qu'on y trouve des réactions émotives, par exemple la « fureur » de Merteuil contre Gercourt (lettre II, p. 82), exprimée par une suite d'exclamations et de questions rhétoriques, comme son exaspération face au « caprice » de Valmont de séduire la présidente de Tourvel (lettre V, p. 87), ou encore les énumérations d'un Valmont enamouré (lettre VI, p. 90). Ces exemples élaborent, dès les premières lettres, des personnages rendus crédibles par leurs changements d'humeur, qui transparaissent dans le ton adopté, la ponctuation, les répétitions. Les indications pratiques – Merteuil précisant qu'elle écrit, fatiguée, à une heure du matin, parce qu'elle n'a pas réussi à voir Valmont et doit pourtant lui donner des informations avant son rendez-vous avec Danceny du lendemain (lettre LI, p. 187), ou Valmont agacé que son portefeuille, avec les lettres de Danceny pour Cécile, ait été oublié à Paris (lettre LXXI, p. 228) – participent également à faire croire aux personnages.

Il faut surtout souligner l'habileté de Laclos à déployer cette « variété des styles ; mérite qu'un auteur atteint difficilement » (Préface du rédacteur, p. 74). En effet, la polyphonie du roman n'est pas une simple alternance de points de vue ; chaque épistolier possède un style, un vocabulaire, parfois même des tics de langage. Cécile, par exemple, est visée par le « style trop simple et trop fautif de plusieurs de ces lettres » qui pourrait « dégoût[er] » les lecteurs (*ibid.*, p. 75-76). Cette maladresse s'observe dès la première lettre, notamment à travers la répétition, à sept reprises, de l'adverbe « bien » : Cécile se dit « bien honteuse », « bien rouge et bien déconcertée », et conclut avec ironie qu'elle et Sophie sont « bien savantes » (lettre I, p. 80-81). Elle utilise d'autres tournures d'insistance (« J'ai une femme de chambre à moi », *ibid.*, p. 79) qui donnent à la lettre un ton enfantin, comme son vocabulaire (« la mère Perpétue n'est pas là pour me gronder », « Maman me fait dire de passer chez elle, tout de suite. Si c'était le Monsieur ? », *ibid.*, p. 80). Le libertin qu'est Valmont écrit dans un style beaucoup plus maîtrisé, qui change même en fonction du destinataire de la lettre. La lettre XXIII, adressée à la marquise de Merteuil, contient comme souvent un récit des événements, avec des paroles rapportées, et ses commentaires, qui ne sont plus les « je crois » hésitants de Cécile mais des « j'observais », « je sentis », « je m'aperçus bien » (p. 123-124), et des tournures qui expriment une volonté ferme – « qu'elle se rende », « il faudra » (*ibid.*, p. 126-127). Dans la lettre suivante, adressée à la présidente de Tourvel, le ton est tout autre : les exclamations et interrogations, chargées d'émotion, sont multipliées, et l'interjection « Ah ! » apparaît à trois reprises : Valmont fait mine de se désespérer de l'exclamation que la présidente a lancée (« *Ah ! malheureuse !* », lettre XXIV, p. 127-128), mais la reprise mot pour mot de l'expression spontanée qui avait échappé à la présidente témoigne de la maîtrise qui se cache derrière ces élans exaltés, afin de créer intimité et connivence avec son destinataire.

### 3. Faire croire ou faire penser ? L'ambiguïté de la morale

La vraisemblance de cette correspondance a-t-elle une finalité ? En donnant de la profondeur aux personnages, au lieu d'en faire de simples stéréotypes, Laclos cherche-t-il à toucher davantage le lecteur, pour mieux l'instruire ? La Préface insiste en effet sur l'« utilité » d'une telle lecture, même si elle n'est pas à mettre entre toutes les mains. Le rédacteur est « loin de conseiller cette lecture à la jeunesse », qui ne doit pas être confrontée à tant d'« abus », mais elle « peut cesser d'être dangereuse et devenir utile » pour une jeune mariée, que sa mère doit mettre en garde pour la protéger de la corruption (p. 74-75). L'ouvrage doit ainsi faire croire, en donnant les lettres comme « preuve » et « exemple », à plusieurs « vérités » : « toute femme qui consent à recevoir dans sa société un homme sans mœurs, finit par en devenir la victime », « toute mère est au moins imprudente, qui souffre qu'un autre qu'elle ait la confiance de sa fille », « l'amitié que les personnes de mauvaises mœurs paraissent [...] accorder si facilement, n'est jamais qu'un piège dangereux » (*ibid.*, p. 75), etc. Faire voir pour faire croire, voilà ce que nous dit la Préface ; montrer la noirceur des libertins, dévoiler leurs méthodes, exposer les dangers, pour convaincre de la nécessité de s'en prémunir. Mais peut-on se fier à une préface décrédibilisée par l'Avertissement de l'éditeur ou faut-il y voir une exposition des conventions en vigueur ? Ajouté à l'anticipation des reproches des lecteurs et à la prétention à l'authenticité de l'œuvre, l'affichage du but moral et éducatif du texte est en effet le troisième attendu d'une préface de roman au XVIII$^e$ siècle. Doit-on alors prêter une forme de sincérité à ce seuil, ou n'y voir qu'un exercice de style, visant à répéter le modèle, ou même à le moquer ?

À l'ambiguïté de la Préface et de l'Avertissement répond en réalité l'ambiguïté du roman dans son ensemble, soulignée dès sa publication, par exemple par un critique de *L'Année littéraire*, selon qui « cet ouvrage bien singulier » « peut être considéré sous deux points de vue entièrement opposés »[1]. Le premier point de vue serait celui-ci : « L'écrivain, d'une main courageuse, a

---

1. *L'Année littéraire*, chez Mérigot, 1782, lettre VII, p. 159-160. Les citations suivantes sont issues des pages 160-161.

levé le voile qui nous dérobe ces excès monstrueux, dont la société est tous les jours plus coupable. » Le critique renchérit même, affirmant que « l'auteur des *Liaisons dangereuses* a déféré au tribunal de la vertu » ceux « qui à l'abri de leurs noms, de leurs richesses, jouissent avec une effronterie scandaleuse de l'impunité et répandent partout la contagion de leurs mœurs perverses », concluant : « sans contredit ces peintures ont leur utilité ». Pourtant, le recueil peut être « envisagé sous un autre coup d'œil » : « Ces images continuelles de la dépravation la plus horrible [...] ne sont-elles pas révoltantes, dégoutantes ? [...] Osons le dire, combien de jeunes gens étudieront dans *Valmont* les moyens de mettre en action leurs âmes vicieuses et corrompues ! »

Parmi les éléments qui jettent le doute sur l'intention de Laclos et la moralité des romans, deux sont régulièrement convoqués. D'une part, le génie des libertins : le roman montre certes les stratégies retorses de Merteuil et Valmont, mais il témoigne aussi de leur esprit, c'est-à-dire à la fois de leur éloquence et de leur intelligence. Surtout, le roman ne présente pas forcément la vertu sous des traits flatteurs ; la naïveté extrême de Cécile et l'aveuglement de sa mère sont loin de l'intellect brillant des libertins ; la présidente de Tourvel apparaît comme un modèle de moralité qui ne suffit pas, à elle seule, à susciter autant d'intérêt que les héros libertins, et ne parvient pas à déjouer leurs tours – ce qui fait dire au critique de *L'Année littéraire* : « s'il nous peint des monstres, qu'il nous trace aussi ceux qui les combattent et les étouffent [1] ». D'autre part, le dénouement fâche. Pour faire œuvre de morale, on peut présenter le vice, mais il doit être puni pour que la vertu triomphe. Or la vertu est martyrisée (Mme de Tourvel agonise dans sa folie) ou déshonorée (Cécile retourne au couvent, n'ayant comme seule solution que ce retour en arrière), mais le châtiment de la marquise de Merteuil, humiliée et défigurée, est insuffisant, de l'avis de certains lecteurs : La Harpe, célèbre critique littéraire, dit ainsi dans une lettre : « la plus honnête femme peut être défigurée par la petite vérole et ruinée par un procès. Le vice ne trouve donc pas ici sa punition en lui-même, et ce dénouement sans moralité ne vaut pas mieux que le reste [2] ».

Face à cette ambiguïté, que penser ? On a parfois voulu imaginer un Laclos libertin, qui aurait fait croire à un roman moral tout en faisant triompher le vice – les critiques ont montré combien cette hypothèse était improbable, si l'on prend en compte le souci de la morale qui apparaît dans ses autres écrits et ce que l'on sait de sa vie personnelle. Quel est alors le projet de Laclos lorsqu'il écrit *Les Liaisons dangereuses* ? Si la Préface n'est pas nécessairement un texte fiable, la page de titre indique déjà un programme, hors

---

1. *Ibid.*, p. 163.
2. Jean-François La Harpe, *Correspondance littéraire*, chez Migneret, 1801, tome III, p. 342.

du jeu des seuils. Le sous-titre (« Lettres recueillies dans une société, et publiées pour l'instruction de quelques autres ») et la citation empruntée à Rousseau l'annoncent : il s'agit d'instruire et de montrer les mœurs de son temps. Marivaux, dans l'Avertissement de la seconde partie de *La Vie de Marianne*, assumait, contre la critique, de montrer « ce que c'est que l'homme dans un cocher, et ce que c'est que la femme dans une petite marchande [1] » ; Rousseau, dans la Préface de *La Nouvelle Héloïse*, revendiquait à son tour de montrer autre chose des hommes que ce que l'on trouve d'ordinaire dans le roman. Pour Marivaux, Rousseau et d'autres, les romans participent ainsi d'une recherche sur la nature humaine et les mœurs – la marquise de Merteuil le dit bien : « J'étudiai nos mœurs dans les romans » (lettre LXXXI, p. 266). Laclos s'inscrit dans cette lignée : les *Liaisons* doivent montrer, au risque de déplaire, un aspect des mœurs. Faire connaître, faire voir, mais pas nécessairement faire croire. Laclos se tient à distance du moralisme très appuyé de beaucoup de romans de la fin du XVIIIe siècle – peut-être le changement du titre, « Les Liaisons dangereuses » au lieu du « Danger des liaisons », n'est-il pas seulement le fait d'un titre déjà pris (*Le Danger des liaisons, ou Mémoires de la baronne de Blemon*, avait été publié en 1764 par la marquise de Saint-Aubin), mais aussi une volonté de ne pas s'inscrire dans la continuité de romans plus moralisants, comme *Le Paysan perverti, ou les Dangers de la ville* de Rétif de La Bretonne (1776) ou *Suzette et Pierrin, ou les Dangers du libertinage* de Nougaret (1780). En refusant d'asséner une morale de manière explicite et répétée, le texte donne au lecteur un autre rôle. Le roman cherche à enrichir la connaissance de la nature humaine et à instruire le lecteur, mais c'est à ce dernier de raisonner, à partir de sa lecture. Il a accès à toutes les lettres, voit ce qu'un personnage fait croire à l'autre : cette connaissance doit lui permettre de juger. Dans la continuité des principes des Lumières, le roman de Laclos chercherait en ce sens non à imposer une morale explicite, mais à faire penser, encourageant par l'ambiguïté le lecteur à réfléchir aux enseignements du texte.

## B. Faire croire aux masques et aux mises en scène

### 1. Faire savoir ou faire croire : deux camps

Deux camps s'affrontent dans *Les Liaisons dangereuses* ; d'une part, le couple formé par Merteuil et Valmont, de l'autre, le reste des personnages. Cette distinction ne repose pas simplement sur une question de mœurs, dans la mesure où Prévan, autre figure de libertin, n'appartient pas au premier

---

1. Marivaux, *La Vie de Marianne*, éd. M. Gilot, GF-Flammarion, 1978, p. 86.

camp. La différenciation se fait par le degré d'informations en possession des personnages : alors que Merteuil et Valmont se font savoir l'un à l'autre leurs intentions et leurs avancées dans leurs projets, ils ne font que faire croire aux autres personnages. Valmont est ainsi informé du libertinage de Mme de Merteuil et de son intention, fluctuante dans le roman, de se donner à lui, alors que Prévan n'a d'autre choix que de croire à l'« extrême timidité » de la marquise (lettre LXXXV, p. 287).

Le rôle de la lettre, exploitée dans toute sa matérialité par Laclos, est essentiel dans ce dispositif. Elle est d'abord un outil de savoir, lorsque Valmont intercepte des lettres de Mme de Tourvel, principalement celles envoyées à Mme de Rosemonde, qui lui donnent des informations importantes sur les pensées de la présidente (lettres CVII, p. 353 et CXV, p. 375). Il apprend notamment par la lettre CXXIV (lettre CXXV, p. 401) à la fois qu'il est parvenu à lui faire croire sincèrement qu'il vient lui rendre ses lettres et réparer ses erreurs en bon chrétien, et qu'elle reste troublée par ses sentiments ; ces deux éléments lui assurent la vulnérabilité de sa proie et le rendent confiant en son triomphe. La lettre est en outre un outil pour faire savoir, principalement utilisé par Valmont, lorsqu'il joint à sa correspondance avec la marquise de Merteuil des lettres qu'il écrit ou qu'il reçoit. Le partage de ce savoir est affiché tôt dans le roman : « Je joins à ce récit le brouillon de mes deux lettres : vous serez aussi instruite que moi » (lettre XXXIV, p. 148). Ces lettres servent certes de preuves de confiance (la marquise, d'ailleurs, joint moins de lettres), mais aussi de preuves régulières de ses progrès auprès de la présidente : « Je vous l'envoie ainsi que le brouillon de la mienne ; lisez et jugez : voyez avec quelle insigne fausseté elle affirme qu'elle n'a point d'amour, quand je suis sûr du contraire » (lettre XXV, p. 130) ; « Hier même, après vous avoir écrit ma lettre, j'en reçus une de la céleste dévote. Je vous l'envoie ; vous y verrez qu'elle me donne, le moins maladroitement qu'elle peut, la permission de lui écrire » (lettre XLIV, p. 169). Le vicomte présente, avec la preuve, son interprétation (« voyez », « vous y verrez »), mais, par l'envoi, il laisse la marquise (et le lecteur) en juger. Les lettres jointes sont aussi des preuves de leur habileté et de leur talent, qu'ils exposent à l'autre : ainsi de la lettre-pupitre, que Valmont envoie à Merteuil, lui laissant le soin de la poster et lui donnant les clés de lecture du double sens de cette lettre passionnée (lettre XLVII, p. 178-179) : la « table même sur laquelle [il]écri[t] » est en réalité le dos d'Émilie, l'affirmation adressée à la présidente, « Jamais je n'eus tant de plaisir en vous écrivant », prenant alors un tout autre sens (lettre XLVIII, p. 180). Une stratégie similaire est à l'origine de l'envoi du billet de la maréchale par Merteuil : Valmont, ayant lu l'aventure de Merteuil avec Prévan, a la preuve de son triomphe par ce billet où la maréchale s'inquiète de la marquise et s'offusque du comportement de Prévan, présenté comme un « monstre » dont la réputation est ruinée (lettre LXXXVI, p. 289). La preuve a enfin valeur d'échange ; la marquise en fait dès le début du roman la condition de sa récompense : « Aussitôt que vous aurez eu votre belle dévote, que vous pourrez m'en fournir une preuve, venez, et je suis à vous. Mais vous n'ignorez pas que dans les affaires importantes, on ne reçoit de preuves que par écrit » (lettre XX, p. 116). Elle n'oubliera pas de lui rappeler cette demande :

> Vous voyez que je m'exécute à mon tour, et cela, sans que vous vous soyez encore mis en règle avec moi ; car enfin je devais avoir la première lettre de la céleste prude ; et pourtant, soit que vous y teniez encore, soit que vous ayez oublié les conditions d'un marché, qui vous intéresse peut-être moins que vous ne voulez me le faire croire, je n'ai rien reçu, absolument rien.
>
> (lettre CXXXI, p. 420-421)

La preuve demandée, manquante, devient alors sous la plume de la marquise une preuve à charge contre Valmont de son attachement à Mme de Tourvel, contre son empressement à faire tenir à la marquise sa part du marché.

Les autres épistoliers sont exclus tout au long du roman de cet échange de preuves et, privés de savoir, sont ainsi condamnés à accepter ce qu'on leur fait croire. Ce n'est qu'au dénouement que cette logique s'inverse ; la présidente de Tourvel la première envoie à Mme de Rosemonde la lettre de rupture de Valmont (lettre CXLIII, p. 447), puis Mme de Volanges envoie à Mme de Rosemonde les bulletins de santé de Mme de Tourvel, mais aussi sa dernière lettre, adressée à Valmont, au monde, ou à personne (lettre CLX, p. 482), Valmont lui-même envoyant une lettre à Mme de Volanges, avec une lettre jointe (lettre CLIV, p. 472). Ce sont enfin les lettres que Valmont remet à Danceny, ce dernier publiant les lettres LXXXI et LXXXV comme preuves du vrai visage de Mme de Merteuil et de l'innocence de Prévan – même si Mme de Volanges refuse dans un premier temps de croire à ces preuves (lettre CLXVIII, p. 495-496) – et faisant parvenir le reste à Mme de Rosemonde, qui sortira Mme de Volanges de ses illusions. Mais, avant le dénouement, Merteuil et Valmont s'imposent en maîtres du faire croire, qu'ils déclinent de diverses manières.

## 2. Du moi social au masque social

Dans *Les Liaisons dangereuses*, on accorde une grande place aux apparences – Stephen Frears, dans son adaptation cinématographique (1988), le souligne en choisissant d'ouvrir le film par la préparation alternée de Merteuil et Valmont, qui se font habiller, coiffer, poudrer. Dans le passage du visage naturel que la marquise observe, en robe de chambre, dans son miroir, au visage maquillé, au corps corseté, franchissant enfin les portes pour sortir, se joue la distinction d'un moi privé et d'un moi social. Cette opposition est essentielle dans le roman ; dès la première lettre, les consignes données à Cécile le reflètent : sa mère lui dit « qu'il suffi[t] » qu'elle soit « coiffée pour dîner » parce qu'elles seront « toujours seules », tandis que la fin d'après-midi est consacrée à des activités sociales ; elle doit être « habillée » (c'est-à-dire porter une tenue plus travaillée, et vraisemblablement plus structurée) pour les visites, afin de se montrer sous le jour le plus flatteur (lettre I, p. 79-80).

Les libertins exploitent cet écart entre le moi privé et le moi social. Le vicomte de Valmont tente ainsi de faire croire à Mme de Tourvel que sa réputation de libertin ne correspond pas à son « cœur » (« on m'offrait des plaisirs, je cherchais des vertus ; et moi-même enfin je me crus inconstant, parce que j'étais délicat et sensible », lettre LII, p. 192). Plus tard dans le roman, Merteuil le met au contraire en garde contre des rumeurs qui mettent en péril cette réputation : on dit à Paris qu'il est « retenu au village par un amour romanesque et malheureux », et la marquise de dire : « Si vous m'en croyez, vous ne laisserez pas prendre consistance à ces bruits dangereux, et vous viendrez sur-le-champ les détruire par votre présence » (lettre CXIII, p. 366). Tout amoureux qu'il soit, il faut veiller à maintenir les apparences…

Pour la marquise, l'enjeu est tout autre, l'opinion publique étant bien plus sévère avec les femmes. Mme de Volanges le formule ainsi à Mme de Tourvel : même si le vicomte de Valmont souhaitait sincèrement renoncer au vice, il n'en serait pas moins « une liaison dangereuse » : « [n]e resterait-il pas contre lui l'opinion publique, et ne suffit-elle pas pour régler votre conduite ? » (lettre XXXII, p. 141). Le message est clair : fréquenter Valmont suffirait à faire croire que Mme de Tourvel n'est pas le modèle de vertu que l'on prétend. Les rumeurs vont vite, et l'opinion publique est prompte à condamner.

La protection de sa réputation est donc pour la marquise l'objet d'une attention constante ; elle s'agace ainsi lorsque Valmont la met en retard :

> Vous êtes cause que je suis arrivée *indécemment* tard chez madame de Volanges, et que toutes les vieilles femmes m'ont trouvée *merveilleuse*. Il m'a fallu leur faire des cajoleries toute la soirée pour les apaiser : car il ne faut pas fâcher les vieilles femmes ; ce sont elles qui font la réputation des jeunes.
>
> (lettre LI, p. 187)

Un retard suffirait à faire croire qu'elle est une « merveilleuse », à savoir une jeune élégante prétentieuse ; elle doit tout de suite corriger cela par un surcroît de flatteries à l'égard de celles qui pourraient la juger.

Cependant, il ne s'agit pas simplement pour Merteuil de protéger sa réputation des fausses rumeurs, mais bien de faire croire à une autre version d'elle-même, cela en s'appuyant sur le long travail de maîtrise de soi qu'elle a entrepris dans sa jeunesse :

Cette utile curiosité, en servant à m'instruire, m'apprit encore à dissimuler ; forcée souvent de cacher les objets de mon attention aux yeux de ceux qui m'entouraient, j'essayai de guider les miens à mon gré ; j'obtins dès lors de prendre à volonté ce regard distrait que vous avez loué si souvent. Encouragée par ce premier succès, je tâchai de régler de même les divers mouvements de ma figure. Ressentais-je quelque chagrin, je m'étudiais à prendre l'air de la sérénité, même celui de la joie ; j'ai porté le zèle jusqu'à me causer des douleurs volontaires, pour chercher pendant ce temps l'expression du plaisir. Je me suis travaillée avec le même soin et plus de peine, pour réprimer les symptômes d'une joie inattendue.

(lettre LXXXI, p. 263-264)

Elle maîtrise à la perfection la dissimulation de ses émotions et des signes que le corps en donne : elle se crée ainsi un masque social dont les expressions ne trahissent rien de ses véritables pensées et émotions. Cette panoplie de précautions et de stratégies lui a permis de se forger une réputation de femme respectable, qui apparaît sous la plume de Mme de Volanges puis de sa fille dès le début du roman (lettres IX, p. 97, et XXIX, p. 137).

Son aventure avec Prévan donne le plus brillant exemple de cette maîtrise des apparences. Prévan veut avoir raison de la réputation de vertu de la marquise, et Valmont s'en inquiète auprès d'elle (lettre LXX, p. 226). Qu'à cela ne tienne, Merteuil entend montrer à Valmont qu'elle n'a rien à craindre d'un tel séducteur, et que son système imparable, exposé dans la lettre LXXXI, lui permettra d'en sortir indemne, ce qu'elle prouve quelques lettres plus tard. La première mise en scène de la marquise, en faisant croire à un heureux hasard, fournit à Prévan l'opportunité de la voir et donc de tenter de la séduire, sans que la bonne société à la sortie de l'Opéra ne remarque quoi que ce soit : « Il était à deux pas de moi, à la sortie de l'Opéra et j'ai donné, très haut, rendez-vous à la marquise de \*\*\* pour souper le vendredi chez la maréchale. C'est, je crois, la seule maison où je peux le rencontrer. Je ne doute pas qu'il m'ait entendue... » (lettre LXXIV, p. 236). Elle fait ensuite en sorte, chez la maréchale, qu'il puisse facilement l'aborder, sans paraître suspecte, et le laisse entamer son badinage amoureux pour finalement lui laisser entendre, un peu plus tard, qu'elle se donnera à lui. Le dénouement qu'elle prépare à cette affaire doit montrer tout son génie. À minuit, lors d'une soirée donnée chez elle et à laquelle Prévan assiste, elle propose un jeu, avec « le double projet de faciliter l'évasion de Prévan, et en même temps de la faire remarquer » (lettre LXXXV, p. 286-287). Lorsqu'elle monte dans sa chambre, Prévan l'attend. Elle se laisse volontiers faire, mais finit par appeler à l'aide : sa fidèle domestique accourt, avec les témoins qu'elle a commodément gardés éveillés. Pour faire croire à cette tentative de viol et mieux masquer la séduction consentie, Merteuil crée en outre elle-même la rumeur, par deux canaux : d'une part le médecin que l'on envoie

## LE THÉÂTRE DU MONDE

« Alors je commençai à déployer sur le grand théâtre, les talents que je m'étais donnés », écrit Mme de Merteuil (lettre LXXXI, p. 268).

La métaphore du théâtre du monde est ancienne et s'impose comme une image centrale de l'imaginaire baroque, souvent désignée par la formule latine de *theatrum mundi*. La métaphore, dans la pensée baroque, peut se résumer ainsi : chaque homme joue un rôle sur le théâtre qu'est le monde, qu'il en soit conscient ou non, dans une pièce dont l'auteur est Dieu. La thématique de l'illusion et la réflexion sur le déterminisme sont deux enjeux majeurs de cette image.

L'image est moins fréquente au $XVIII^e$ siècle, mais, surtout, elle prend une coloration différente : il ne s'agit en rien pour Merteuil de se conformer à un dessein divin. La thématique de l'illusion perdure, mais le fond religieux disparaît.

Par ailleurs, le « monde » ne s'entend plus au sens large, mais simplement comme le milieu aristocratique mondain auquel appartiennent les personnages. Cette conception réduite du théâtre du monde apparaît nettement lorsque Valmont écrit au sujet de Prévan : « je l'ai empêché longtemps, par ce moyen, de paraître sur ce que nous appelons le grand théâtre » (lettre LXX, p. 227), ou encore lorsqu'il justifie son séjour prolongé au château de sa tante et son retour à Paris repoussé : « Qu'a-t-on de plus sur un plus grand théâtre ? des spectateurs ? Hé ! laissez faire, ils ne me manqueront pas » (lettre XCIX, p. 321).

La métaphore ainsi restreinte et laïcisée n'exprime plus l'appartenance à un monde ordonné par Dieu, mais à une société d'apparences, où chacun porte un masque et s'adonne à la comédie – d'ailleurs, au théâtre ou à l'Opéra, ce ne sont pas les comédiens qui sont sur scène que l'on observe, mais ceux qui sont dans le public : le paradoxe était déjà relevé dans les *Lettres persanes* de Montesquieu [1], et, lorsque Merteuil va à l'Opéra, c'est Prévan, en face d'elle, qui retient son attention, et non le spectacle qui se joue (lettre LXXIV, p. 235-236).

---

1. Montesquieu, *Lettres persanes*, éd. L. Versini et L. Macé, GF-Flammarion, 2016, p. 91-93.

chercher (« moyen sûr de donner du cours et de la célébrité à cette nouvelle »), d'autre part sa femme de chambre Victoire, envoyée « le matin de bonne heure bavarder dans le voisinage » (*ibid.*, p. 288). Merteuil, dans cet épisode, maîtrise jusqu'aux rumeurs sur son compte, passant de ce fait de femme respectable à femme respectable offensée. Elle va jusqu'à faire croire à Mme de Volanges que cette publicité se fait contre son gré :

> Ce n'est pas qu'assurément j'aie rien à me reprocher : mais il est toujours si pénible pour une femme honnête et qui conserve la modestie convenable à son sexe, de fixer sur elle l'attention publique, que je donnerais tout au monde pour avoir pu éviter cette malheureuse aventure [...].
>
> (lettre LXXXVII, p. 290)

La vie mondaine est un jeu de masques : le personnage de Merteuil en fait une démonstration extrême ; faire croire à sa vertu est d'abord une nécessité pour être respectée dans le monde, mais cela devient aussi un défi, qui vise à montrer sa parfaite maîtrise des apparences et des rumeurs – jusqu'à sa chute.

## 3. Séduction et théâtralité

Parallèlement à ces masques mondains, un autre type de mise en scène de soi est omniprésent dans le roman : la séduction. Au début du *Spectateur français* de Marivaux, le narrateur rencontre une jeune femme dont il admire les grâces naturelles. Ayant oublié par mégarde un gant, il revient en arrière et la voit s'entraîner devant un miroir : il a alors l'impression de découvrir « les machines de l'Opéra », ces mécanismes qui permettent par exemple de faire descendre un dieu du ciel sur un nuage ou sur un char, en constatant que les expressions et les gestes qui lui plaisaient tant sont des tours « qu'une femme peut apprendre comme un air de musique »[1]. Ce sont ces rouages de la mise en scène que nous donnent à voir les lettres des épistoliers. La marquise de Merteuil les détaille, au sujet de son rendez-vous avec le chevalier de Belleroche : « je lis un chapitre du *Sopha*, une lettre d'Héloïse et deux contes de La Fontaine, pour recorder les différents tons que je voulais prendre » (lettre X, p. 100). Un peu de roman libertin, une lettre d'amour, deux contes licencieux : voilà la recette de la marquise avant un rendez-vous, travailler ses gammes de tons amoureux. Racontant leurs retrouvailles, elle décrit son attitude (« moitié réflexion, moitié sentiment »), ses gestes (« je passai mes bras autour de lui et me laissai tomber à ses genoux »), ses paroles ; tout a été pensé, calculé, prévu pour atteindre un but : « Vous

---

1. Marivaux, *Le Spectateur français*, dans *Journaux I*, éd. J.-C. Abramovici, M. Escola et É. Leborgne, GF-Flammarion, 2010, p. 59-60.

jugez de l'effet de ce discours sentimental », écrit-elle avec fierté à Valmont (*ibid.*, p. 101). Malgré tous ces calculs, le but est de faire croire au naturel, à la spontanéité, à l'émotion du moment.

Il ne suffit pas pourtant de faire croire au naturel d'actes répétés ou anticipés (Valmont tenant dans ses bras la présidente pour passer un fossé après l'avoir sciemment dirigée vers cet obstacle, lettre VI, p. 91), mais aussi de faire croire qu'on est tel que l'autre le désire. C'est le conseil que donne Merteuil à Cécile, au sujet du style de ses lettres :

> Vous écrivez toujours comme un enfant. Je vois bien d'où cela vient ; c'est que vous dites tout ce que vous pensez, et rien de ce que vous ne pensez pas. Cela peut passer ainsi de vous à moi, qui devons n'avoir rien de caché l'une pour l'autre : mais avec tout le monde ! avec votre amant surtout ! vous auriez toujours l'air d'une petite sotte. Vous voyez bien que, quand vous écrivez à quelqu'un, c'est pour lui et non pas pour vous : vous devez donc moins chercher à lui dire ce que vous pensez, que ce qui lui plaît davantage.
>
> (lettre CV, p. 347)

On n'écrit, et ne dit pas ce que l'on pense à son amant : on écrit, dit et fait « ce qui lui plaît davantage » en fonction de ce que l'on a observé, comme le fait Prévan avec la marquise :

> Après les propos vagues et d'usage, Prévan s'étant bientôt rendu maître de la conversation, prit tour à tour différents tons, pour essayer celui qui pourrait me plaire. Je refusai celui du sentiment, comme n'y croyant pas ; j'arrêtai par mon sérieux sa gaieté qui me parut trop légère pour un début ; il se rabattit sur la délicate amitié […].
>
> (lettre LXXXV, p. 280)

Cette volonté de plaire prend chez Merteuil et Valmont de tout autres proportions : il ne s'agit pas seulement pour eux d'arborer un masque flatteur, de moduler un ton, mais de mettre sur pied de véritables spectacles, dans lesquels ils sont tout à la fois auteurs, metteurs en scène et comédiens. Ainsi, pour son rendez-vous avec Belleroche, Merteuil fait bien plus que préparer ses répliques par d'inspirantes lectures : elle choisit un décor précis – sa petite maison : un « bosquet », « deux couverts », « un lit fait » et enfin un « boudoir, qui était dans toute sa parure » –, un costume tout aussi étudié – « le déshabillé le plus galant » qui « ne laisse rien voir, et pourtant fait tout deviner » –, et s'appuie sur des obstacles et des complices – le Suisse qui refuse l'entrée de la maison sous prétexte d'une maladie de la marquise, mais lui remet un premier billet donnant un rendez-vous, puis Victoire qui l'emmène dans un lieu secret (lettre X, p. 100-101). On y perçoit tout le plaisir qu'elle éprouve à ces mascarades : elle fait croire à son amant qu'elle ne le recevra pas, puis le fait douter, espérer, pour orchestrer le dénouement heureux et montrer ainsi, à Valmont, l'étendue de son talent de comédienne :

> Après le souper, tour à tour enfant et raisonnable, folâtre et sensible, quelquefois même libertine, je me plaisais à le considérer comme un sultan au milieu de son sérail, dont j'étais tour à tour les favorites différentes.
>
> (lettre X, p. 101)

Le raffinement de cette mise en scène ravit la marquise : « Je ne crois pas avoir jamais mis tant de soin à plaire, ni avoir été jamais aussi contente de moi » (*ibid.*). Il reste bien sûr, pour que le spectacle soit un succès, à faire oublier que le décor en est un et qu'il peut accueillir d'autres représentations : la remise de la clé anticipe les doutes du chevalier, en lui assurant que la petite maison ne servira qu'à le recevoir (*ibid.*, p. 102) – l'illusion est parfaite.

Valmont n'est pas en reste lorsqu'il compose avec art son émouvant tableau de la charité. Mme de Tourvel le fait suivre : il a donc un public, pour qui il conçoit un spectacle des plus touchants. Il veille aux préparatifs, trouve le lieu et le moment adéquats pour son œuvre et, lorsque tout est prêt, annonce qu'il ira le lendemain à la chasse (lettre XXI, p. 118). Dès l'arrivée de son public, la représentation commence : de même que la marquise s'amuse à créer du suspense dans le jeu de pistes qu'elle organise au chevalier de Belleroche, le vicomte fait courir l'espion envoyé par la présidente. Au village, il devient de son propre aveu le « héros d'un drame, dans la scène du dénouement » (*ibid.*, p. 120) : alors qu'on vient saisir les meubles d'une famille pauvre, Valmont paie le collecteur, et tous se jettent à ses genoux, remerciant leur sauveur et louant sa générosité, dans une surenchère de larmes. Comme la marquise, il souligne y avoir mis « tant de soins », et se vante de « l'effet » et se « félicite de [s]on invention » (*ibid.*, p. 119) ; faire croire est non seulement lié à la séduction, mais au plaisir de créer, de jouer, d'inventer et de représenter.

Merteuil et Valmont s'amusent volontiers de leur goût pour la théâtralité ; lui souligne les bons services de son chasseur, « trésor d'intrigue, et vrai valet de comédie » (lettre XV, p. 108), elle encourage le vicomte à laisser libre cours à sa créativité pour trouver l'intrigue correspondant au décor :

> C'est de vos soins que va dépendre le dénouement de cette intrigue. Jugez du moment où il faudra réunir les acteurs. La campagne offre mille moyens ; et Danceny, à coup sûr, sera prêt à s'y rendre à votre premier signal. Une nuit, un déguisement, une fenêtre… que sais-je, moi ?
>
> (lettre LXIII, p. 213-214)

Les mises en scène ne visent pas toujours à plaire ou à réunir, comme ici, mais surtout à feindre. À feindre l'amour, comme dans l'épisode de Merteuil et Prévan – elle se vante, dans la lettre LXXXI placée peu avant, de ce talent : « En vain m'avait-on dit, et avais-je lu qu'on ne pouvait feindre ce sentiment ; je voyais pourtant que, pour y parvenir, il suffisait de joindre à l'esprit d'un auteur, le talent d'un comédien » (p. 267). Faisant croire à son amour, elle fait croire à sa vulnérabilité – tout en se félicitant de son talent de tragédienne auprès de Valmont, dans cette référence à une scène de Voltaire : « Ce fut exactement le *Zaïre, vous pleurez*. Cet empire qu'il se crut sur moi, et l'espoir qu'il en conçut de me perdre à son gré, lui tinrent lieu de tout l'amour d'Orosmane » (lettre LXXXV, p. 284). Elle s'amuse aussi à inventer des obstacles – alors que Prévan propose d'entrer discrètement chez elle par la porte du jardin, elle « y cré[e] un chien qui, tranquille et silencieux le jour, [est] un vrai démon la nuit » (*ibid.*) – mais surtout à mettre en scène l'attaque finale.

Valmont est tout aussi doué quand il s'agit de mise en scène, comme le montre l'épisode de la vicomtesse. Alors qu'il a réussi à obtenir de cette dernière qu'elle le rejoigne dans sa chambre malgré la présence de son mari et de son amant au château, celle-ci se retrouve coincée hors de sa propre chambre. Valmont improvise alors une petite scène, proposant un texte à la vicomtesse – « des cris perçants et d'effroi, comme *au voleur, à l'assassin*, etc., etc. » – avant d'enfoncer la porte de la chambre et de renverser une lampe, de sorte que tout ce théâtre soit crédible pour le mari et l'amant – « car jugez combien il eût été ridicule de feindre cette terreur panique, en ayant de la lumière dans sa chambre » (lettre LXXI, p. 231-232). Le récit de cette comédie n'a pas uniquement pour but de se vanter de ses talents, ni de plaire à Merteuil lisant la lettre, mais aussi de séduire un public, puisqu'à la fin de la lettre, Valmont autorise Merteuil à raconter l'anecdote autour d'elle : « À présent que je m'en suis amusé, il est juste que le public ait son tour » (*ibid.*, p. 233). On retrouve, plus clairement encore, la question du goût du public lorsque Valmont se vante d'avoir débauché Cécile, pour ensuite ajouter : « Si pourtant on aime mieux le genre héroïque, je montrerai la Présidente, ce modèle cité de toutes les vertus ! » (lettre CXV, p. 375). La séduction ainsi faite spectacle devient cruelle, lorsqu'il ne s'agit plus de faire croire pour mieux plaire, mais de faire croire pour élaborer une bonne comédie, aux dépens de l'autre et, surtout, à son propre profit :

> Qu'a-t-on de plus sur un plus grand théâtre ? des spectateurs ! Hé ! laissez faire, ils ne me manqueront pas. S'ils ne me voient pas à l'ouvrage, je leur montrerai ma besogne faite ; ils n'auront plus qu'à admirer et applaudir. Oui, ils applaudiront ; car je puis enfin prédire, avec certitude, le moment de la chute de mon austère dévote.
>
> (lettre XCIX, p. 321)

Sur le grand théâtre qu'est la société mondaine aristocratique, les libertins s'amusent à faire croire que leurs masques et leurs mises en scène n'en sont pas, et à se raconter l'un à l'autre les répétitions comme les représentations, la structure épistolaire permettant au lecteur de voir tout à la fois l'Opéra et ses machines.

## C. Faire croire pour mieux faire faire : les manipulations des libertins

### 1. Faire croire, c'est contrôler l'autre

La métaphore théâtrale rencontre ses limites dans le but que se donnent les libertins. Les mises en scène et les masques n'ont pas pour finalité de divertir, mais s'inscrivent dans un objectif de domination de l'autre. Même la domination de soi, essentielle pour les libertins, est déjà domination de l'autre : Merteuil applique la leçon de Versac dans *Les Égarements du cœur et de l'esprit*, selon laquelle il faut à la fois être indéchiffrable pour les autres et s'appliquer à les déchiffrer au mieux (elle affirme « ne plus [s]e laisser pénétrer » mais avoir acquis « un coup d'œil pénétrant », lettre LXXXI, p. 264 [1]) ; dans cette asymétrie se logent la supériorité et le pouvoir sur l'autre.

La reprise du motif du théâtre du monde peut ainsi être lue différemment : en se plaçant non seulement en position de comédiens, mais d'auteurs, les libertins jouent à Dieu, attribuant à chacun un rôle. Cette ambition ressort clairement dans la séquence de lettres qui entoure l'éloignement de Cécile et Danceny. Alors que Cécile se conforme au rôle que la marquise a prévu pour elle (« Celle-ci a fait, de son côté, tout ce que j'attendais d'elle ; scrupules évanouis, nouveaux serments d'aimer toujours, etc., etc. », lettre LIV, p. 195), Danceny ne fait rien (« le sot Danceny n'a pas passé d'une ligne le point où il était auparavant », *ibid.*). C'est que l'intrigue est mal conçue, critique Valmont : « Il aurait fallu, pour échauffer notre jeune homme, plus d'obstacles qu'il n'en a rencontrés ; surtout qu'il eût eu besoin de plus de mystère, car le mystère mène à l'audace » (lettre LVII, p. 200-201). Qu'à cela ne tienne, la marquise va créer ces obstacles : Valmont demande pourquoi il a reçu un billet désespéré de Danceny (lettres LIX et LX, p. 203-205) ? Merteuil l'explique par son « chef d'œuvre » (lettre LXIII, p. 208). Dans ce nouvel acte, chacun tient le rôle qu'elle a prévu : elle fait croire au hasard de la découverte des lettres échangées par les deux jeunes gens, Danceny désespère de l'obstacle, Cécile cherche déjà à

---

1. Même si le jeu de mots n'est jamais exclu dans les lettres des libertins, il faut noter que le verbe pénétrer est beaucoup plus fréquent au XVIIIe siècle qu'aujourd'hui dans son sens de « percer à jour », et que sa connotation sexuelle est, à l'inverse, nettement moins marquée.

le contourner, et surtout Mme de Volanges est sévère avec sa fille comme Merteuil l'espérait, au point que cette dernière écrit qu'elle n'a eu « qu'à applaudir » (*ibid.*, p. 211). Elle revendique de décider de la tournure des événements comme Dieu pourrait le faire : « Me voilà comme la Divinité ; recevant les vœux opposés des aveugles mortels, et ne changeant rien à mes décrets immuables » (*ibid.*). Ces « décrets immuables » désignent le plan prévu par Merteuil – le départ de Mme de Volanges et de sa fille pour le château de Mme de Rosemonde, où Valmont jouera le rôle de messager pour Danceny – au détriment d'autres issues (le retour de Cécile au couvent, lettre LXIII, p. 211, ou le mariage de Cécile et Danceny envisagé plus tard, lettre CIV, p. 338-343). Tous ces jeux de manipulation permettent à la marquise de mettre en mouvement une action qu'elle trouve trop lente, et de faire faire à chacun ce qu'il faut pour que Cécile n'arrive pas vierge à son mariage.

Selon Malraux, « le problème technique du livre est de savoir ce qu'un personnage va faire croire à un autre, afin de gouverner son action [1] ». La domination et la manipulation reposent ici sur la confiance ; confiance de Cécile et de sa mère envers Merteuil, confiance de Danceny envers Valmont. La menace constitue un levier tout aussi puissant, notamment lorsqu'il s'agit des domestiques : pour s'assurer la discrétion de sa fidèle Victoire, Merteuil ne se contente pas qu'elle soit sa « sœur de lait », elle conserve précieusement un ordre d'enfermement à son nom pour sa conduite passée (lettre LXXXI, p. 270) ; c'est en faisant croire à Victoire qu'elle n'est jamais hors de danger que Merteuil lui fait faire tout ce dont elle a besoin. La même logique apparaît lorsque Valmont veut obtenir de la femme de chambre de Mme de Tourvel un accès à ses lettres ; il pense que son chasseur, amant de la jeune femme, peut la convaincre, mais celui-ci objecte que « coucher avec une fille, ce n'est que lui faire ce qui lui plaît : de là, à lui faire faire ce que nous voulons, il y a souvent bien loin » (lettre XLIV, p. 169). Il faut alors orchestrer une « petite scène de surprise » (*ibid.*, p. 170) qui fasse croire au danger ; la peur que ses ébats soient révélés à sa maîtresse suffit à faire faire à la femme de chambre ce qu'elle avait auparavant refusé.

Le désir de contrôle des libertins ne s'exerce pas seulement sur les domestiques ; outre Cécile et la présidente, cibles principales des manipulations, Danceny et Mme de Volanges sont aussi dupés. Surtout, les lignes ne sont pas fixes : un complice peut devenir victime. Complice de la mise en scène de Valmont pour sauver les apparences, la vicomtesse est finalement exclue du dénouement : Valmont lui fait croire que le pire a été évité, mais c'est pour mieux faire répandre l'histoire par Merteuil (lettre LXXI, p. 232-233). La dernière partie du roman voit de la même manière l'alliance des libertins se transformer en guerre. Alors que la volonté de faire faire est d'abord

---

1. Malraux, *Le Triangle noir, op. cit.*, p. 30.

affichée entre les deux libertins – dès sa première lettre, Merteuil demande à son comparse de séduire Cécile et conclut ainsi : « vous n'avez plus qu'à me remercier et m'obéir » (lettre II, p. 83), et, comme on l'a dit, Valmont suggère à la marquise de diffuser l'anecdote de la vicomtesse –, elle cesse de l'être dans la dernière partie, lorsque Merteuil insère dans sa lettre à Valmont la lettre « Ce n'est pas ma faute » (lettre CXLI, p. 445). L'insertion d'anecdotes, d'histoires et de lettres était jusque-là fréquente dans leurs échanges, mais l'interprétation en était donnée, au nom d'un partage du savoir. Ici, l'histoire racontée, variation sur un propos de Valmont (« je ne suis point amoureux ; et ce n'est pas ma faute, si les circonstances me forcent d'en jouer le rôle », lettre CXXXVIII, p. 437), semble mettre à distance l'ordre tacite de rompre avec la présidente par l'ajout d'un cadre fictionnel. L'ambiguïté est néanmoins présente, Merteuil soulignant avec ironie la nécessité de bien comprendre l'historiette (« Peut-être n'aurez-vous pas le temps de la lire, ou celui d'y faire assez attention pour la bien entendre ? », lettre CXLI, p. 444). Cet ordre qui se donne sans se donner (alors que les ordres de la marquise au vicomte étaient auparavant clairement formulés), moyennant le recours au récit et à la lettre enchâssés, ne relève plus d'un partage des savoirs, mais de celui d'un jeu de manipulation dont Valmont n'est plus le complice mais la victime. La marquise, triomphante, se gausse d'ailleurs qu'il ait envoyé la lettre qu'elle lui a implicitement dictée, alors que son contenu joue contre les projets du vicomte : « Quoi ! vous aviez l'idée de renouer, et vous avez pu écrire ma lettre ! [...] Ah ! croyez-moi, Vicomte, quand une femme frappe dans le cœur d'une autre, elle manque rarement de trouver l'endroit sensible, et la blessure est incurable » (lettre CXLV, p. 452). Ce passage du faire savoir au faire croire se confirme ensuite : Merteuil prétend que Valmont sera « le premier informé » de son retour à Paris, alors qu'elle y voit secrètement Danceny (lettres CXLV et CXLVI, p. 453). La rupture de ce contrat tacite de partage de savoir entre les deux libertins se traduit par la trahison du secret de leur correspondance ; Danceny se retrouve arbitre de ces mensonges dévoilés, découvrant d'abord la liaison de Valmont et Cécile, puis les manipulations de Merteuil (lettres, CLXII, p. 485, et CLXIX, p. 498-499).

## 2. Cécile de Volanges, ou l'éducation dévoyée

« Conviens que nous voilà bien savantes ! » (lettre I, p. 81) : par le constat ironique de son ignorance, Cécile est désignée dès sa première lettre comme une proie facile. Elle ne sait rien, on peut donc tout lui faire croire et tout lui faire faire.

Cécile est en effet désignée comme « la petite Volanges », mais surtout comme une « enfant », et caractérisée par ce qu'elle n'a pas encore acquis

## FICTIONS DE L'INGÉNU

Les fictions du XVIIIe siècle mettent fréquemment en scène des personnages ingénus comme Cécile.

L'ingénuité peut être une valeur positive : dans les contes philosophiques de Voltaire, la naïveté des héros éponymes de *Candide* (1759) ou de *L'Ingénu* (1767) sert à interroger les convenances, les usages, les fausses évidences, dans l'esprit des Lumières – tout en portant une dimension comique.

L'ingénuité de l'enfant possède aussi un intérêt expérimental : les Lumières s'interrogent sur l'éducation et, pour en imaginer les possibilités, utilisent volontiers la fiction, *La Dispute* de Marivaux (1744) et *L'Émile* de Rousseau (1762) étant parmi les exemples les plus célèbres.

L'ingénuité peut enfin servir un propos moral et éducatif. Profitant d'une forme qui permet l'évolution du personnage, un grand nombre de romans, qui affichent dans leurs préfaces délivrer des leçons pour les jeunes gens ou leurs parents, ont pour protagonistes des personnages jeunes, inexpérimentés, découvrant les règles, les usages et les dangers d'une société – une jeune fille sortant du couvent, un jeune paysan arrivant à la ville… Ceux-ci rencontrent souvent un guide, un mentor, qui leur apprend à déchiffrer le monde et à s'armer contre ceux qui abuseraient de leur crédulité. C'est d'ailleurs le cas dans l'*Ernestine* de Mme Riccoboni (1762), que Laclos adapte en opéra-comique : la jeune Ernestine est d'abord guidée par Mme Duménil, mondaine, qui la laisse accepter les cadeaux d'un prétendant, jusqu'à ce qu'elle comprenne ce que cela laisse à croire, grâce à la belle-sœur de Mme Duménil, qui la prend sous son aile et la guide vers un mode de vie plus respectueux des convenances. Le roman libertin s'empare de ce modèle, en opposant aux jeunes inexpérimentés des mentors libertins qui les éduquent à la débauche ; en cela, le rapport entre Merteuil et Cécile s'inscrit dans un schéma connu, que l'on trouve par exemple dans *Le Paysan perverti* de Rétif de La Bretonne (1776), entre le moine défroqué Gaudet d'Arras et les deux innocents Edmond et Ursule. Ils interrogent la vulnérabilité de la jeunesse et la possibilité de se prémunir d'une influence négative par l'éducation.

De différentes manières, ces fictions questionnent ainsi, par la figure de l'ingénu, l'innéité de la raison et de la connaissance du bien et du mal, ainsi que la place de l'éducation dans ce siècle de la raison triomphante.

(« cela n'a ni caractère ni principes », lettre XXXVIII, p. 156). Elle est aussi décrite par Danceny dans l'avant-dernière lettre du roman comme « sans expérience et presque sans idées, et ne portant dans le monde [...] qu'une égale ignorance du bien et du mal » (lettre CLXXIV, p. 510). Elle est ainsi influençable de mille manières, comme on le voit dans la lettre LI : son confesseur la réprimandant des lettres envoyées à Danceny, « elle est tourmentée à tel point de la peur du diable, qu'elle veut rompre absolument » (p. 188), mais en même temps elle est désignée comme « la dupe » de l'amour et du désir, se faisant croire à elle-même qu'elle prie Dieu pour oublier son amant, alors qu'elle ne cesse d'y penser. Enfin, Merteuil parvient à la convaincre qu'un rendez-vous avec Danceny est nécessaire à la rupture, la lettre mettant en évidence la facilité à lui faire croire une chose et son contraire (*ibid.*, p. 189).

La découverte des lettres de Danceny par Mme de Volanges écarte de l'influence de Cécile à la fois sa mère jugée trop sévère et le confesseur accusé de la trahison (lettre LXIII, p. 211 et 214). De plus, assez rapidement, on ne trouve plus de lettres adressées à Sophie Carnay, une note de l'éditeur expliquant ce choix par le fait que Cécile ayant « changé de confidente », « elles n'apprendraient rien au lecteur » (lettre LXXV, p. 239). Merteuil s'impose en effet comme sa nouvelle confidente, et la seule maîtresse des croyances de Cécile.

L'objectif de Merteuil est de lui faire croire que l'amour et le désir hors du mariage sont légitimes et excusables. Ce n'est pas du système libertin qu'il est question, puisque Cécile n'est pas initiée aux principes ; elle n'est pas davantage invitée à réfléchir à sa conduite et à la revendiquer, mais simplement à croire, toujours, qu'elle ne fait rien de répréhensible. « [O]n m'a bien dit que c'était mal d'aimer quelqu'un ; mais pourquoi cela ? [...] ou bien est-ce que ce n'est un mal que pour les demoiselles ? », « est-ce que ce serait bien mal de lui répondre de temps en temps ? » (lettre XXVII, p. 134), demande-t-elle ainsi à la marquise de Merteuil, puis, lorsque celle-ci l'encourage à avoir une liaison avec Valmont : « Ce qui me console un peu c'est que vous m'assurez que Danceny m'en aimera davantage : mais en êtes-vous bien sûre ?... » (lettre CIX, p. 358). Cécile est ainsi une élève docile, puisqu'elle ne raisonne pas : elle sait qu'il faut faire le bien plutôt que le mal, mais ces concepts ne reposent sur aucune connaissance ou aucun principe. Les mots sont ainsi vidés de leur sens : il suffit de lui faire croire que quelque chose n'appartient pas comme elle le croit à la catégorie du mal pour qu'elle accepte de le faire, comme lorsqu'elle refuse d'abord de donner à Valmont la clé de sa chambre, puis, devant les inquiétudes de Danceny, change rapidement d'avis (lettres LXXXVIII, p. 296, et XCV, p. 307).

La prouesse dont se vantent les libertins est en effet celle-ci : que l'illusion pour la jeune Cécile ne soit pas rompue, que même après son viol par

Valmont, et la légitimation de celui-ci par Merteuil, elle continue de croire qu'ils agissent dans son intérêt. C'est ce que souligne une lettre de Valmont :

> […] comme si ce n'était rien, que d'enlever, en une soirée, une jeune fille à son amant aimé, d'en user ensuite tant qu'on le veut, et absolument comme de son bien, et sans plus d'embarras ; d'en obtenir ce qu'on n'ose pas même exiger de toutes les filles dont c'est le métier ; et cela, sans la déranger en rien de son tendre amour, sans la rendre inconstante, pas même infidèle – car, en effet, je n'occupe pas seulement sa tête ; en sorte qu'après ma fantaisie passée, je la remettrai entre les bras de son amant, pour ainsi dire, sans qu'elle se soit aperçue de rien.
>
> (lettre CXV, p. 374-375)

Lui faire faire tout ce que l'on veut, y compris sexuellement – comme l'indique la précision de Valmont « d'en obtenir ce qu'on n'ose pas même exiger de toutes les filles dont c'est le métier » –, parfait l'avilissement de Cécile. Celle-ci semble réduite à un pantin, puisqu'elle ne se sera « aperçue de rien » ; ni conscience ni recul, maintenue dans son ignorance par les libertins. Sa voix disparaît progressivement du roman : à partir de l'instauration de sa liaison avec Valmont (lettre CIX, p. 357-358), c'est ce dernier qui donne à Merteuil des nouvelles de la jeune fille, et elle n'écrit plus que deux lettres à Danceny, une dictée par Valmont (lettre CXVII, p. 380) et une que l'on suppose fortement suggérée par lui, dans la mesure où il s'agit d'enlever Danceny à Merteuil (lettre CLVI, p. 476-478), mais, encore une fois, elle l'ignore. Comme Merteuil et Valmont, et contrairement aux autres personnages, elle n'a pas la parole durant le dénouement – elle est condamnée à la mort sociale, le retour au couvent, pour n'avoir su comprendre les règles du jeu libertin. C'est Danceny qui conclut avec cette interrogation : « Mais cependant, ce cœur si simple, ce caractère si doux et si facile, ne se seraient-ils pas portés au bien, plus aisément encore qu'ils ne se sont laissé entraîner vers le mal ? » (lettre CLXXIV, p. 510). C'est pourtant bien malgré elle que ce « caractère si doux et si facile », de fait si crédule, « se laisse entraîner vers le mal » ; Merteuil et Valmont lui font croire qu'elle ne fait jamais rien de condamnable, précisément pour lui faire faire ce que la vertu proscrit.

## 3. La présidente de Tourvel, ou la substitution des croyances

Contrairement à Cécile, Mme de Tourvel possède un système de valeurs très assuré, qui ne repose pas simplement sur une vague distinction entre le bien et le mal, mais sur une profonde religiosité (le roman n'a de cesse de la désigner comme « la dévote »). Le système libertin est aux antipodes des valeurs de la présidente, et c'est bien là le défi qui attire Valmont : « Vous connaissez la présidente Tourvel, sa dévotion, son amour conjugal, ses principes austères. Voilà ce que j'attaque » (lettre IV, p. 85-86). Ce qu'il « attaque », ce n'est donc pas seulement la présidente, mais ce qu'elle représente. Dans cette première lettre du vicomte, l'opposition à ces valeurs et leur mépris sont clairs : il vient de mentionner le « zèle », et « l'ardente ferveur » de Merteuil envers le dieu de l'amour, allant jusqu'à les comparer tous deux à des missionnaires (« depuis que [...] nous prêchons la foi chacun de notre côté, il me semble que dans cette mission d'amour, vous avez fait plus de prosélytes que moi », *ibid.*, p. 85). Cette variation sur le thème de la piété ne suit pas l'annonce du défi qu'il se lance, mais le précède, moquant ainsi la dévote avant même qu'elle ne soit présentée.

Ce détournement du langage religieux n'est pas un simple trait d'humour ; il traduit une opposition de valeurs et exprime surtout l'habileté perverse de Valmont à manier ce vocabulaire – il explique d'ailleurs à Merteuil l'employer pour « [s']y perfectionner » (*ibid.*). Car, pour séduire Mme de Tourvel, le langage de la religion va remplacer celui de la galanterie, d'abord pour lui faire croire que tout ne les oppose pas : la présidente va ainsi s'étonner (et se réjouir) qu'il « s'accuse de ses torts avec une candeur rare » (lettre VIII, p. 95), qu'il ne lui échappe « pas une de ces phrases que tous les hommes se permettent », qu'il ne s'aventure pas à une « galanterie plus marquée » (lettre XI, p. 103). Elle souligne la manière dont il s'exprime, qu'elle croit naturelle et qu'elle attribue à son séjour à la campagne, alors que ce discours est modelé sur le vocabulaire de son interlocutrice, comme cette « candeur » qu'elle relève, mais que Valmont soulignait à son propos deux pages plus tôt (lettre VI, p. 92). Profondément croyante, elle voudrait croire, même si elle s'en défend, à la possibilité de remettre le libertin sur le droit chemin (« vous conviendrez que ce serait une belle conversion à faire : mais je ne doute pas, malgré ses promesses, que huit jours de Paris ne lui fassent oublier tous mes sermons », lettre VIII, p. 95) ou à un « miracle » (lettre XI, p. 103). Ce sont ces possibilités qu'entretient Valmont :

> Elle veut, dit-elle, me convertir. Elle ne se doute pas encore de ce qu'il lui en coûtera pour le tenter. Elle est loin de penser qu'*en plaidant*, pour parler comme elle, *pour les infortunées que j'ai perdues*, elle parle d'avance dans sa propre cause. Cette idée me vint hier au milieu d'un de ses sermons, et je ne pus me refuser au plaisir de l'interrompre, pour l'assurer qu'elle parlait comme un prophète.
> (lettre VI, p. 92)

Il s'amuse ici du double sens de son propos, que la présidente ne peut percevoir. Il lui fait croire qu'il peut être sauvé pour mieux la perdre : car, en lui faisant croire qu'elle peut le convaincre, il s'assure qu'elle continue de lui parler et de lui écrire. Il utilise ce ton de confiance pour justifier un aveu amoureux (« Vous oubliez aussi, qu'accoutumé à vous ouvrir mon âme, lors même que cette confiance pouvait me nuire, il ne m'était plus possible de vous cacher les sentiments dont je suis pénétré », lettre XXXV, p. 149). Il l'accuse même de manière implicite de ne pas elle-même respecter ses principes ; s'attriste qu'elle puisse parler de « haine », en appelle non à son amour mais à sa « justice » (*ibid.*, p. 149-150), va jusqu'à convoquer Dieu : « Je n'eusse pas craint d'en présenter l'hommage à la Divinité même. Ô vous, qui êtes son plus bel ouvrage, imitez-la dans son indulgence ! » (lettre XXXVI, p. 154).

Le prêche s'inverse donc, autour de cet aveu ; c'est Valmont qui prétend rappeler la présidente aux principes chrétiens. Cette rhétorique du pardon possède une double fonction : faire croire, toujours, à sa sincérité, par des protestations renouvelées, mais aussi faire écrire la présidente et instaurer, petit à petit et malgré elle, une correspondance qui marque une intimité dangereuse. Mme de Tourvel résiste, cependant, à une partie de ses illusions ; elle oppose ainsi sa conviction à la croyance que lui présente Valmont (« Vous croyez, Monsieur, ou vous feignez de croire que l'amour mène au bonheur ; et moi, je suis si persuadée qu'il me rendrait malheureuse, que je voudrais n'entendre jamais prononcer son nom », lettre L, p. 183) ou se soustrait à la logique même de croire et faire croire, en écrivant à Valmont qu'il est inutile de lui demander si elle croit à ses sentiments, puisqu'elle ne veut pas y répondre (lettre LVI, p. 197-198).

Les lettres de Valmont atteignent cependant leur but, en faisant croire à la sincérité de ses sentiments : la présidente lui demande en retour, « suppliante », « le repos et l'innocence » (lettre XC, p. 300), mais le libertin lit tout autre chose dans ces prières :

> [...] sans songer à me reprocher davantage une chute inévitable, elle m'implore pour la retarder. Les ferventes prières, les humbles supplications, tout ce que les mortels, dans leur crainte, offrent à la Divinité, c'est moi qui le reçois d'elle [...].
> (lettre XCVI, p. 309)

C'est ce que cherche en effet le libertin : se substituer à Dieu, faire que Mme de Tourvel renonce à sa foi par passion amoureuse, et c'est bien ce qu'il obtient ; elle s'est « consacrée » à lui, et non plus à Dieu (lettre CXXVIII, p. 413). Mais lorsqu'il apparaît que ce bonheur était une « illusion » et que la manipulation laisse place à la « funeste vérité », il ne reste qu'une « nuit profonde » (lettre CXLIII, p. 447-448). La dernière lettre de la présidente montre combien ces illusions ont ébranlé son système de valeurs, par la subversion de la croyance qui y tenait une place centrale. Difficile de savoir, à plusieurs moments, si elle s'adresse à Dieu ou à son amant, dans le délire où elle imagine une forme de jugement dernier :

> Et toi, que j'ai outragé ; toi, dont l'estime ajoute à mon supplice ; toi, qui seul enfin aurais le droit de te venger, que fais-tu loin de moi ? Viens punir une femme

infidèle. [...] Quelle illusion funeste m'avait fait te méconnaître ? combien j'ai souffert dans ton absence ! Ne nous séparons plus, ne nous séparons jamais. [...] Pourquoi te refuser à mes tendres caresses ? Tourne vers moi tes doux regards !
(lettre CLXI, p. 483-484)

Faire croire, faire cesser de croire en Dieu ; la domination du libertin se joue dans ce pouvoir de subvertir les mots puis les valeurs, pour détourner la présidente de Dieu en même temps qu'elle renonce à sa vertu.

## Conclusion

Dès son ouverture, « faire croire » est un enjeu omniprésent dans *Les Liaisons dangereuses* : un éditeur nous raconte l'histoire d'un rédacteur qui raconte des histoires, au sujet de personnes qui se racontent des histoires... Le plaisir de la fiction, de l'invention, est en permanence mis en balance avec une exhibition de celles-ci et de leurs artifices. Le lecteur est ainsi à la fois spectateur des mises en scène déployées pour susciter la croyance et dans la confidence de celles-ci – l'explication précède d'ailleurs souvent l'illusion, dans les seuils (l'Avertissement de l'éditeur étant placé avant la Préface du rédacteur) comme dans les lettres (le contexte de la lettre-pupitre par exemple étant explicité avant, de telle sorte que le lecteur n'est pas dupé comme la destinataire, lettres XLVII et XLVIII, p. 178-181). Il peut donc être complice ou critique de la maîtrise des apparences, de la créativité des entreprises de séduction et des prouesses de manipulation. Il peut aussi interroger le rapport de la société à la vérité et à la croyance, questionner la fragilité de celles-ci ou mettre en doute la possibilité de rapports humains transparents, sans masque aucun, ou encore se laisser faire, et céder au faire croire et au plaisir du roman.

## Orientations bibliographiques

**Édition de référence**
LACLOS, *Les Liaisons dangereuses*, éd. R. Pomeau, GF-Flammarion, 1981.

**Études critiques**
LACLOS, *Œuvres complètes*, éd. Laurent Versini, Gallimard, « Bibliothèque de la Pléiade », 1978.
Pour l'introduction et les notes, ainsi que pour la correspondance avec Mme Riccoboni et les réflexions sur l'éducation des filles.

MALRAUX André, *Le Triangle noir. Laclos, Goya, Saint-Just*, Gallimard, 1970.
La date retenue pour le texte sur Laclos est 1939. L'article de Malraux, qui a servi de préface aux Liaisons dangereuses, met en avant la notion de « faire croire », et les rapports de pouvoir entre les personnages, notamment à travers sa formule célèbre « l'érotisation de la volonté ».

PAILLET-GUTH Anne-Marie, *Les Liaisons dangereuses de Laclos*, Ellipses, 1998.
L'ouvrage procède sous forme de mots-clés pour explorer les grands thèmes du roman.

SLAVIERO Mélanie, « "Vous vouliez bien attendre que j'eusse dit oui, avant d'être sûr de mon consentement". Sur un viol dans *Les Liaisons dangereuses* : analyse critique et enjeux méthodologiques », Actes des journées d'étude « Désir, consentement et violences sexuelles », 2019, disponible en ligne <https://malaises.hypotheses.org/869>.
L'article porte principalement sur la lettre CXXV, mais interroge plus largement le viol dans *Les Liaisons dangereuses*, et le jeu d'apparences et de conventions qui se déploie autour.

VERSINI Laurent, *Le Roman épistolaire*, Presses universitaires de France, 1979.
L'ouvrage retrace l'histoire du roman épistolaire. Le chapitre consacré aux Liaisons analyse les différents styles des épistoliers et décrit le travail de Laclos sur la lettre.

## L'ŒUVRE EN UN COUP D'ŒIL

### L'illusion fictionnelle : faire croire au roman ?

• La Préface du rédacteur s'inscrit dans une **convention** du roman, en cherchant à faire croire à un manuscrit authentique, mais l'Avertissement de l'éditeur, placé avant, la contredit : le roman refuserait donc de faire croire à son authenticité ?

• Le roman fait en réalité croire à sa **vraisemblance**, plus qu'à l'authenticité de son contenu : la **crédibilité** des personnages passe notamment par la **variété des styles** et l'**accès à l'intime** permis par le genre épistolaire.

• L'ambiguïté mise en avant dans les seuils peut être rapprochée de l'esprit des Lumières. Pas plus que le roman ne veut faire croire à son authenticité, il ne veut asséner une morale : il s'agit de **faire penser le lecteur plutôt que de le persuader**.

### Faire croire aux masques et aux mises en scène

• Merteuil et Valmont se confient leurs manigances mais se jouent des autres personnages ; l'usage des lettres comme preuve met en évidence cette construction d'une **asymétrie de l'information**.

• La société mondaine aristocratique est un **monde d'apparences**, dans lequel chacun maîtrise ce qu'il montre : Mme de Merteuil pousse cette maîtrise à l'extrême, pour contrôler sa réputation (lettres LXXXI et LXXXV).

• La volonté de séduire ou de plaire suscite une certaine **mise en scène de soi**, mais les libertins en font un art : ce sont des illusionnistes, qui prennent plaisir à monter de véritables comédies (lettres X, XXI, et LXXI).

### Faire croire pour mieux faire faire : les manipulations des libertins

• Faire croire, c'est s'arroger un **pouvoir sur l'autre**. Les libertins jouent à Dieu, en manipulant ce que les autres pensent savoir et en les faisant agir en conséquence – mais Merteuil, cherchant aussi à manipuler Valmont, renverse l'équilibre établi (lettres LIV à LXIII, lettre CXLI).

• Cécile est la victime idéale des libertins : elle est l'**ingénue** du roman, et sa crédulité, son absence de principes ou de valeurs stables permettent de lui faire croire et de lui faire faire ce que l'on veut.

• Mme de Tourvel est l'autre victime principale : c'est la **dévote**, auprès de qui Valmont veut se substituer à Dieu, en lui faisant croire à l'amour au point qu'elle se détourne de sa foi et de la vertu.

# DEUXIÈME PARTIE

## Musset

*Lorenzaccio*

*par Sylvain Ledda*

*Encadré : Vie d'Alfred de Musset* .................................................................... 100

## Introduction ........................................................................................... 101

## I. Présentation de *Lorenzaccio* ...................................................... 102
### A. Un drame de la Renaissance .......................................................... 102
1. De la *Conspiration* à *Lorenzaccio* ................................................ 102
2. Sources historiques ............................................................................ 103
3. Penser le présent grâce au passé .................................................. 103

### B. *Lorenzaccio* dans l'œuvre de Musset ........................................ 104
1. Spectacles dans un fauteuil .............................................................. 104
2. Le théâtre de Musset avant *Lorenzaccio* .................................. 104
3. « J'ai besoin d'excès quelconques » ............................................... 106

### C. Enjeux esthétiques du drame ........................................................ 107
1. Une pièce inclassable ......................................................................... 107
2. Un palimpseste littéraire .................................................................. 107
3. Le drame et la morale ...................................................................... 109

### D. Thèmes de *Lorenzaccio* ................................................................ 109
1. L'exercice du pouvoir ....................................................................... 109
2. Décadence et désenchantement .................................................. 110
3. La mort à Florence ........................................................................... 111

*Encadré : Résumé de* Lorenzaccio ...................................................... 112

## II. « Faire croire » dans *Lorenzaccio* ............................................ 114
### A. Les masques de Lorenzo ................................................................. 114
1. Une mise en abyme du jeu d'acteur ............................................. 114
2. Le masque du débauché .................................................................. 115
3. Derrière le masque : comment faire croire à l'authenticité ? ... 117
4. Les ravages de l'illusion : « Suis-je un Satan ? » ....................... 119
5. Foi et bonne foi du héros ............................................................... 120

*Encadré : Cibo, ou le triomphe du cynisme* .................................... 122

### B. De l'usage de la parole, ou comment faire croire ? ............... 123
1. Dire le vraisemblable ......................................................................... 123
2. L'échec du dialogue : une rhétorique de l'exclusion ............... 124
3. L'arme de l'ironie ............................................................................... 125
4. Le comique pour convaincre ......................................................... 127
5. Une rhétorique savante ................................................................... 128
6. Vérité de la parole lyrique .............................................................. 130

*Encadré : Formes et usages du dialogue dans* Lorenzaccio ......... 131

### C. Enjeux politiques du « faire croire » .......................................... 132
1. Un discours insaisissable .................................................................. 132
2. Impuissance à faire croire ............................................................... 133
3. Du bon usage de la philosophie politique .................................. 135
4. Le peuple leurré ................................................................................. 136

## Conclusion ............................................................................................. 138

## Orientations bibliographiques ..................................................... 139

## L'œuvre en un coup d'œil ................................................................. 140

# VIE D'ALFRED DE MUSSET

**1810 :** **Naissance de Louis Charles Alfred de Musset** le 11 décembre à Paris.
**1827 :** Fin des études secondaires. 2$^e$ prix de dissertation latine et 1$^{er}$ prix de philosophie au concours général.
**1828 :** *L'Anglais mangeur d'opium* (R[1]), adapté de l'Anglais Thomas De Quincey.
**1829 :** *Contes d'Espagne et d'Italie* (P) en décembre.
**1830 :** *La Quittance du diable* (Th) est reçue au théâtre des Nouveautés, mais pas représentée. Échec de *La Nuit vénitienne* (Th) à l'Odéon le 3 décembre. **Musset renonce à écrire pour la scène.**
**1832 :** Mort du père de Musset le 8 avril. Publication en décembre du premier volume d'*Un spectacle dans un fauteuil* (vers) : *La Coupe et les lèvres*, *À quoi rêvent les jeunes filles*, *Namouna, conte oriental*.
**1833 :** *André del Sarto* (Th) en avril. *Les Caprices de Marianne* (Th) en mai. **Rencontre de George Sand** le 17 juin. Déclaration d'Alfred et début de la liaison le 25 juillet. **Sand lui confie *Une conspiration en 1537*, ébauche de *Lorenzaccio*.** *Rolla* (P) en août. **Automne : écriture de *Lorenzaccio*.** Départ pour Venise avec George Sand le 12 décembre.
**1834 :** *Fantasio* (Th) en janvier. Musset rentre seul à Paris le 12 avril, après avoir rompu avec Sand le 29 mars. *On ne badine pas avec l'amour* (Th) le 1$^{er}$ juillet. Publication en août du deuxième volume d'*Un spectacle dans un fauteuil* (prose) : *André del Sarto*, *Les Caprices de Marianne*, *Fantasio*, *Lorenzaccio*, *La Nuit vénitienne*, *On ne badine pas avec l'amour*.
**1835 :** Rupture définitive avec Sand le 6 mars. « La Nuit de mai » (P) en juin. *La Quenouille de Barberine* (Th) en août. *Le Chandelier* (Th) en novembre. « La Nuit de décembre » (P) en décembre.
**1836 :** Publication de *La Confession d'un enfant du siècle* (R), d'*Il ne faut jurer de rien* (Th) et de « La Nuit d'août » (P). Stances *À la Malibran* (P) en octobre.
**1837 :** Mars-avril, début de la correspondance et de la liaison avec Aimée d'Alton, qui influencera son œuvre pendant deux ans. *Un caprice* (Th) en juin. *Emmeline* (N) en août. « La Nuit d'octobre » (P) en octobre. *Les Deux Maîtresses* (N) en novembre.
**1838 :** Publication de plusieurs nouvelles.
**1840 :** *Comédies et proverbes*, *Poésies complètes*, deuxième édition de *La Confession d'un enfant du siècle*.
**1841 :** *Souvenir* (P) en février. Juin : « Le Rhin allemand », poème patriotique.
**1842 :** *Histoire d'un merle blanc* (N) en octobre.
**1845 :** Affection pulmonaire et convalescence jusqu'en mai. Avril : **Musset est décoré de la Légion d'honneur.**
**1847 :** **Première d'*Un caprice* à la Comédie-Française** le 27 novembre. **Grand succès.**
**1848 :** Création sur scène d'*Il faut qu'une porte soit ouverte ou fermée*, d'*Il ne faut jurer de rien*, du *Chandelier* et d'*André del Sarto*.
**1849 :** Création de *L'Habit vert*, *On ne saurait penser à tout* ; succès mitigé de *Louison*, comédie composée pour la scène.
**1850 :** Première du *Chandelier* à la Comédie-Française en juin. Novembre : *Carmosine* (Th).
**1851 :** Première des *Caprices de Marianne* au Théâtre-Français en juin. Octobre : création de *Bettine* au théâtre du Gymnase.
**1852 :** **Alfred de Musset est élu à l'Académie française** le 12 février.
**1855 :** *L'Âne et le ruisseau* (Th) est écrit et lu aux Tuileries devant Napoléon III et l'impératrice Eugénie.
**1857 :** **Mort d'Alfred de Musset** le 2 mai à Paris. Il est inhumé le 4 mai au cimetière du Père-Lachaise.
**1896 :** **Création de *Lorenzaccio*** dans une version adaptée pour la scène, avec Sarah Bernhard dans le rôle-titre.

---

1. R = roman, P = poésie, Th = théâtre, N = nouvelle. Sauf indication contraire, les dates indiquées sont celles de la publication ou de la création scénique des œuvres.

# INTRODUCTION

« […] car je tuerai Alexandre » (III, 3, p. 125).

L'engagement solennel que prend Lorenzo de Médicis au cœur du drame de Musset est un serment sérieux dont les conséquences sont graves. En promettant d'assassiner le tyran, Lorenzo prétend en effet changer le régime politique de Florence et offrir un nouvel ordre social et politique. Or cette promesse faite au vieux Philippe Strozzi suppose de mettre en confiance le duc Alexandre, au point de lui faire croire qu'il est son plus fidèle compagnon. La mission que s'est fixée Lorenzo exige donc de porter un masque et de feindre une attitude qui rendra possible le tyrannicide.

Construite autour de cet enjeu politique, inspirée d'un fait historique survenu en janvier 1537, l'intrigue de *Lorenzaccio* impose une vaste réflexion sur les apparences et le mensonge, sur la quête d'un idéal et sur le renoncement. Un grand nombre des rencontres et dialogues de la pièce mettent en œuvre la persuasion et les faux-semblants, déployés au fil de stratégies parfois dignes de Machiavel. C'est autour de ce thème que se noue le sens profond de la pièce : au prix de quels dévoiements de la parole et de la pensée peut-on atteindre la paix civile et le bonheur collectif ? Celui-ci est-il encore accessible dans un monde gangrené par la débauche et la corruption, rendues possibles par une hypocrisie généralisée ? Outre l'enjeu collectif, l'interrogation se transpose sur le plan individuel. Le personnage principal, Lorenzo, s'interroge : à force de faire croire qu'il est un autre, n'a-t-il pas fini par s'illusionner sur lui-même, voire par transformer sa propre identité ? « Suis-je un Satan ? » (III, 3, p. 131), se demande-t-il, en équilibre entre l'idéal et le gouffre.

Afin de comprendre les enjeux du « faire croire » dans le drame de Musset, il importe dans un premier temps de replacer la pièce dans son contexte : *Lorenzaccio* n'est pas une pièce isolée dans l'œuvre de Musset, et les thèmes du masque, de la manipulation et du mensonge sont présents dans des pièces antérieures. Dans un second temps, c'est d'abord le personnage de Lorenzo qu'il faut scruter car il est celui qui joue un rôle à proprement parler : faire croire qu'il est un mauvais sujet fait partie de sa stratégie. Son parcours permet en outre de comprendre sur quels ressorts langagiers et dialogiques repose l'art de la conviction et de la persuasion. Il convient néanmoins de prendre en compte dans l'analyse d'autres figures qui recourent également à la manipulation ou à la mystification. Au premier rang d'entre elles, le cardinal Cibo, cynique et sans scrupules, qui manie l'art de la parole jusqu'à dévoyer le langage religieux. Incarnant une religion démonétisée au service du pouvoir personnel, pratiquant la mauvaise foi et l'abus de confiance, il représente le détournement des plus hautes vertus. Mais le thème central de la pièce demeure celui de la dissimulation de Lorenzo et des intentions secrètes qui le déterminent.

## I. Présentation de *Lorenzaccio*

### A. Un drame de la Renaissance

#### 1. De la *Conspiration* à *Lorenzaccio*

Le 17 juin 1833, Musset rencontre George Sand à l'occasion d'un déjeuner qui réunit les collaborateurs de la *Revue des Deux Mondes* (organe de presse où Musset publie ses œuvres depuis février 1833). S'ensuit une relation passionnée qui durera presque deux ans. Au début de leur liaison, George Sand confie à Musset une ébauche de pièce, *Une conspiration en 1537*, qui ne comporte que six scènes. La romancière s'est inspirée d'un événement tragique de l'histoire florentine, survenu le 6 janvier 1537 : l'assassinat d'Alexandre de Médicis (1510-1537) par son cousin Lorenzo (1514-1548). Confiante dans les talents de dramaturge de Musset, Sand lui propose de partir de son canevas pour le développer. Musset accepte et compose *Lorenzaccio* à la fin de l'été et durant l'automne 1833. La netteté du manuscrit conservé suggère que Musset a été « inspiré » par le sujet. Publié un an plus tard en tête d'un recueil intitulé *Un spectacle dans un fauteuil* (prose, août 1834), *Lorenzaccio* a été écrit avant le départ des amants pour un séjour à Venise (décembre 1833-mars 1834). On a longtemps cru les affirmations de Paul de Musset qui prétend dans la biographie qu'il consacre à son frère que ce dernier aurait écrit *Lorenzaccio* après avoir visité Florence à la fin de l'année 1833. Or Musset et Sand n'ont séjourné que rapidement à Florence. Un détail corrobore la date de composition du drame : dans une lettre du 27 janvier 1834, Musset interroge son éditeur sur l'avancée de la publication de son drame. Le manuscrit de la pièce a donc nécessairement été remis avant le départ pour l'Italie. Cet élément relatif à l'histoire éditoriale de la pièce rappelle que le drame de Musset est avant tout l'œuvre d'imagination d'un très jeune poète de vingt-deux ans – Musset a peu ou prou l'âge de Lorenzo. Quant à la ville de Florence, elle relève de la rêverie et non de la reconstitution précise ; l'action proprement dite et les commentaires des personnages sont également le fruit de l'inventivité de Musset.

## 2. Sources historiques

Pour écrire son drame et développer l'idée initiale de Sand, Musset se fonde sur des documents historiques. Il puise dans les *Chroniques florentines* de l'historien florentin Benedetto Varchi (1502-1565), qui relatent l'épisode de l'assassinat dont il fut témoin. Il s'inspire également des Mémoires du sculpteur Benvenuto Cellini (1500-1571) qu'il admire. En appendice du drame, Musset publie un extrait des *Chroniques florentines*, geste éditorial assez courant à l'âge romantique, qui consiste à fournir des pièces justificatives au lecteur pour lui faire croire à la véracité de l'œuvre. Pour autant, comme Shakespeare dont il s'inspire, Musset préfère une vision personnelle de l'événement à une quelconque restitution historique. S'il conserve un élément majeur (le cousinage entre Alexandre et Lorenzo), il modifie les dates, le contexte, et surtout invente des dialogues fondés sur la duplicité, la manipulation, les faux-semblants. Ainsi, à l'image des écrivains romantiques qui lui sont contemporains (Hugo, Dumas, Vigny...), Musset reconfigure les événements pour parler de son temps et tenir un discours universel sur la valeur de l'action et de la parole humaines.

## 3. Penser le présent grâce au passé

Pour bien saisir les enjeux de la pièce autour de la parole politique, il faut prendre en compte le contexte dans lequel elle est écrite et lue. En 1830, les Trois Glorieuses (27-29 juillet) mettent fin à la Restauration (1815-1830) et instaurent un changement de régime politique : succédant à Charles X, Louis-Philippe I$^{er}$ inaugure la monarchie de Juillet. Son accession au pouvoir suscite un vaste espoir dans la population française ; parmi les mesures d'inspiration libérale mises en place par le nouveau souverain figure notamment l'abolition de la censure préalable dans le domaine de la presse et de la littérature. Ces signes d'espoir en une société plus libre sont vite démentis par les faits. Au printemps 1832, moins de deux ans après l'arrivée au pouvoir de Louis-Philippe, les mécontentements se manifestent violemment. À l'occasion des funérailles du général Lamarque, député de gauche et républicain incarnant aux yeux du peuple l'homme issu de la Révolution française, des barricades sont érigées dans Paris (Hugo mettra en scène cet épisode dans *Les Misérables*). Trente-neuf députés de l'opposition accusent le gouvernement de Louis-Philippe d'avoir fait croire à l'avènement d'une ère favorable aux libertés, mais d'avoir mené une politique contraire. Bien qu'il n'ait participé ni à la révolution de Juillet (1830) ni aux insurrections de juin 1832, Musset a observé avec ironie le spectacle décevant de la politique. L'amertume qu'exprime souvent Lorenzo dans le drame est à mettre en lien avec les illusions perdues de la jeunesse et les promesses illusoires du pouvoir, d'une politique donnant l'espoir trompeur d'un bonheur collectif possible. À cet égard, *Lorenzaccio* est bien une œuvre du désenchantement romantique. C'est ce que Musset appellera « le mal du siècle » dans son roman autobiographique *La Confession d'un enfant du siècle*, publié en 1836. C'est pourquoi, même si l'intrigue du drame s'enracine dans la Renaissance florentine, elle éclaire les réalités politiques de l'époque de son auteur.

## B. *Lorenzaccio* dans l'œuvre de Musset

### 1. Spectacles dans un fauteuil

L'écriture de *Lorenzaccio* s'inscrit dans un projet artistique très personnel et dans un rapport singulier à l'écriture théâtrale. Après l'échec en décembre 1830 de sa première pièce portée à la scène, *La Nuit vénitienne*, Musset, incompris par le public, décide de ne plus écrire pour la scène, sans pour autant renoncer à écrire des pièces de théâtre. Ce choix donne naissance à deux recueils de pièces, respectivement publiés en 1832 et 1834 sous le titre *Un spectacle dans un fauteuil*. Le premier volume, qui paraît en décembre 1832, compte deux pièces en vers (une comédie et un drame), une « Dédicace » (une manière de préface) et l'un des sommets de la poésie mussétienne, *Namouna*. Dans ce premier volume, le drame *La Coupe et les Lèvres* présente quelques similitudes avec *Lorenzaccio* : Frank, le héros, utilise des subterfuges pour faire éclater la vérité ; il fait notamment croire qu'il est mort pour que les langues se délient et que chacun dise ce qu'il pense de lui. Nihiliste avant l'heure, prêt à renverser tous les systèmes, Frank exprime un profond désenchantement, qui annonce celui de Lorenzo.

Le second volume, qui paraît en août 1834, ne comporte que des pièces en prose. Il réunit des pièces publiées ou écrites entre décembre 1830 et juillet 1834 : *André del Sarto*, *Les Caprices de Marianne*, *Fantasio*, *Lorenzaccio*, *La Nuit vénitienne* et *On ne badine pas avec l'amour*. Selon la chronologie, *Lorenzaccio* est la huitième pièce écrite par Musset : bien que très jeune quand il la compose, il est déjà un dramaturge aguerri et le drame témoigne d'une grande maîtrise.

### 2. Le théâtre de Musset avant *Lorenzaccio*

Pièce éminemment politique, *Lorenzaccio* n'est pas un *hapax* dans l'œuvre de Musset, ni même une œuvre « à part », comme l'a parfois pensé la critique : les enjeux moraux et politiques du drame s'inscrivent dans le sillage d'œuvres antérieures, en particulier dans celui des grandes comédies de 1833-1834, mais également dans celui des poèmes publiés entre 1831 et 1834.

L'un des motifs centraux du théâtre de Musset concerne le crédit qu'on peut accorder à la parole de l'autre et la capacité qu'a cette parole de convaincre et de persuader, de feindre ou de faire advenir la vérité. Dans *Les Caprices de Marianne*, le personnage de Cœlio est hanté par la crainte de la traîtrise et de la parole fausse. Tout en demandant à son ami Octave d'intercéder pour lui auprès de la « belle Marianne », il le supplie de ne pas le tromper car il sait qu'on peut faire croire beaucoup avec les mots et que les discours sont potentiellement dangereux : « Fais ce que tu voudras, mais ne me trompe pas, je t'en conjure ; il est aisé de me tromper ; je ne sais pas me défier d'une action que je ne voudrais pas faire moi-même » (I, 1). La peur de la trahison est également le thème majeur d'*On ne badine pas avec l'amour*. Dans cette « comédie » écrite au retour du voyage de Musset et de George Sand à Venise, en pleine crise passionnelle, le dramaturge met en scène deux jeunes gens qui doivent se marier, Camille et Perdican. Mais Camille refuse cette union car les religieuses du couvent lui ont fait croire que tous les hommes sont hypocrites. De son côté, Perdican, vexé d'être éconduit, fait croire à Camille qu'il en aime une autre, la jeune gardeuse de dindons, Rosette. Ces faux-semblants conduisent à une tragédie, puisque Rosette, qui a cru qu'elle pourrait être aimée, est finalement détrompée par Camille. Elle se suicide au dénouement, empêchant à jamais Camille et Perdican de s'unir.

La technique du « faire croire » est également au cœur de la comédie *Fantasio*, contemporaine de l'écriture de *Lorenzaccio*. Dans cette pièce, Fantasio, un étudiant couvert de dettes et désœuvré, endosse le costume du bouffon de la Cour, lequel vient de mourir. Sous cette apparence, il se lie avec la princesse Elsbeth et cherche à lui déciller les yeux sur un futur mariage dont elle ne veut pas. Comme Lorenzo, Fantasio utilise souvent des métaphores pour conduire son interlocuteur à admettre une idée, une situation. Dans l'une des scènes emblématiques de la comédie, Fantasio fait comprendre à la princesse, en maniant habilement le langage, qu'elle est victime des apparences :

FANTASIO. – Comment appelez-vous cette fleur-là, s'il vous plaît ?
ELSBETH. – Une tulipe. Que veux-tu prouver ?
FANTASIO. – Une tulipe rouge, ou une tulipe bleue ?
ELSBETH. – Bleue, à ce qu'il me semble.
FANTASIO. – Point du tout, c'est une tulipe rouge.
ELSBETH. – Veux-tu mettre un habit neuf à une vieille sentence ? tu n'en as pas besoin pour dire que des goûts et des couleurs il n'en faut pas disputer.
FANTASIO. – Je ne dispute pas ; je vous dis que cette tulipe est une tulipe rouge, et cependant je conviens qu'elle est bleue.
ELSBETH. – Comment arranges-tu cela ?
FANTASIO. – Comme votre contrat de mariage. Qui peut savoir sous le soleil s'il est né bleu ou rouge ? Les tulipes elles-mêmes n'en savent rien. Les jardiniers et les notaires font des greffes si extraordinaires, que les pommes deviennent

des citrouilles, et que les chardons sortent de la mâchoire de l'âne pour s'inonder de sauce dans le plat d'argent d'un évêque. Cette tulipe que voilà s'attendait bien à être rouge ; mais on l'a mariée ; elle est tout étonnée d'être bleue ; c'est ainsi que le monde entier se métamorphose sous les mains de l'homme ; et la pauvre dame nature doit se rire parfois au nez de bon cœur, quand elle mire dans ses lacs et dans ses mers son éternelle mascarade.

(*Fantasio*, II, 1)

Le langage des comédies de Musset et de *Lorenzaccio* est toujours le lieu d'expérimentation des pouvoirs de la parole sur autrui.

### 3. « J'ai besoin d'excès quelconques »

La proximité entre Musset et Lorenzo a souvent été évoquée par la critique pour expliquer la vérité du personnage. Le héros du drame porte en effet la marque de son créateur. On peut ainsi déceler dans *Lorenzaccio* un certain nombre de motifs mussétiens, issus de l'expérience de l'auteur. Le premier est celui de la débauche : très jeune, Musset a été un viveur, n'hésitant pas à hanter les mauvais lieux pour assouvir ses curiosités et son besoin d'excès (« j'ai besoin d'excès quelconques », écrit-il dans une lettre datée de 1827 [1]). Les scènes d'orgie qu'évoque *Lorenzaccio*, les débauches d'Alexandre et de Lorenzo qui scandalisent les Florentins sont l'écho de cette jeunesse tumultueuse.

La trahison amoureuse est également un motif récurrent chez Musset, voire l'une des situations matricielles de son théâtre et de sa poésie. Dans *Lorenzaccio*, il reprend ce thème de manière originale en le déplaçant dans le domaine du politique avec la trahison de Lorenzo. Notons toutefois que le motif n'est pas dénué de toute connotation amoureuse, en raison du caractère trouble du lien qui unit le duc et son cousin. Certaines séquences suggèrent en effet une relation ambiguë entre les deux hommes, voire un lien amoureux qui reposerait, entre autres, sur les débauches partagées. Sans aller jusqu'à parler de passion homosexuelle, on peut analyser leur relation comme une liaison non réciproque : la confiance aveugle qu'Alexandre place en Lorenzo, en dépit des mises en garde qui lui sont adressées, procède de la fascination amoureuse. De son côté, à force de partager les plaisirs de son maître, Lorenzo a fini par nouer une relation forte avec celui qu'il tuera. D'ailleurs l'assassinat, qui se déroule dans une chambre, sur un lit, présente un caractère fortement érotisé.

---

1. Musset, *Correspondance*, éd. L. Chotard, M. Cordroc'h et R. Pierrot, Presses universitaires de France, 1985, p. 27.

Ainsi les motifs de la trahison et de la débauche, qui traversent toute l'œuvre de Musset, trouvent-ils une expression remarquable d'audace et d'originalité dans *Lorenzaccio*.

## C. Enjeux esthétiques du drame

### 1. Une pièce inclassable

*Lorenzaccio* est considéré comme le chef-d'œuvre du « drame romantique ». Cette dénomination générique, inventée par la critique, n'est jamais employée par Musset lui-même. *Lorenzaccio* est tout à la fois une pièce très personnelle, où Musset développe des thèmes qui lui sont propres, et une œuvre emblématique de son époque et du désenchantement qui plane au début de la monarchie de Juillet. Sur les scènes parisiennes domine alors le genre du drame historique, auquel *Lorenzaccio* peut être rattaché sous certains aspects. Les grands succès contemporains sont *Hernani* (1830) et *Lucrèce Borgia* (1833) de Hugo, mais aussi *La Tour de Nesle* d'Alexandre Dumas (1832).

Si Musset précise sous le titre du manuscrit qu'il s'agit d'une « *pièce de théâtre* », il ne lui attribue aucune étiquette générique quand il la publie. Cette relative indétermination du genre s'explique par plusieurs raisons. Musset écrit avant tout une œuvre individuelle, dégagée des carcans esthétiques des genres. Ensuite, il ne compose pas sa pièce pour qu'elle soit jouée, mais pour qu'elle soit lue ; le lecteur ne possède donc pas les mêmes repères esthétiques qu'un spectateur qui assiste à une pièce dans une salle de théâtre. Pour autant, cela ne signifie pas que la pièce soit un objet théâtral non identifié. Musset s'inspire d'un genre alors en vogue depuis la fin du XVIII$^e$ siècle, celui des « scènes historiques », qui ambitionnent de relater objectivement un épisode de l'Histoire en restant au plus près de la vérité des faits : c'est sous cette appellation générique que George Sand lui a présenté le canevas d'*Une conspiration en 1537*. Cependant, si Musset se fonde sur un épisode historique avéré, la manière dont il le traite l'éloigne de l'authenticité des faits. Le ressort psychologique de la manipulation, par exemple, appartient en propre à l'idée que Musset se fait des personnages et à celle qu'il a de la politique, non à la réalité historique.

### 2. Un palimpseste littéraire

Florence Naugrette note à juste titre que *Lorenzaccio* est un « [v]éritable palimpseste » littéraire (Présentation, p. 11), ce qui signifie que la pièce se nourrit de nombreuses sources. Creuset esthétique accueillant plusieurs formes dramatiques issues des lectures et de la culture du jeune Musset, la pièce s'inspire en effet d'autres œuvres, notamment étrangères, qui traitent de la question du pouvoir et des tentatives de tyrannicide : *Goetz von Berlichingen* de Goethe (paru de manière posthume en 1832), ou encore *La Conjuration de Fiesque* de Schiller (1782), qui relate la tentative de conjuration de Jean-Louis de Fiesque à Gênes en 1547 contre la tyrannie du doge Doria.

*Lorenzaccio* est souvent qualifié de « drame shakespearien », en raison des principes dramaturgiques qu'adopte Musset. Comme Shakespeare, en effet, il traite le temps, l'espace et la morale avec liberté et originalité. La temporalité du drame est riche. Si l'action se déroule sur une semaine environ, en janvier 1537, c'est que Musset rassemble des faits historiques antérieurs ou postérieurs à l'assassinat d'Alexandre – dans la réalité, les événements narrés se déroulent sur plusieurs mois. La pièce comporte cependant de nombreux déictiques (« demain », « cette nuit », « ce soir », etc.) qui arriment l'action au temps humain. À ces éléments s'ajoute le temps historique, qui donne sa profondeur au drame. Musset choisit la Renaissance comme point d'ancrage, à partir duquel il reconfigure une histoire de Florence et des hommes. La pièce fait ainsi mention de l'Antiquité, période que la Renaissance a prise pour modèle. Au cœur du drame, dans la scène où Lorenzo dévoile à Philippe Strozzi son projet d'assassiner Alexandre, on trouve une évocation du Colisée de Rome : « une certaine nuit que j'étais assis dans les ruines du Colisée antique, je ne sais pourquoi je me levai ; je tendis vers le ciel mes bras trempés de rosée, et je jurai qu'un des tyrans de ma patrie mourrait de ma main » (III, 3, p. 126). Cette scène relatée par Lorenzo convoque plusieurs modalités historiques, comme l'a bien analysé Anne Ubersfeld : « tout y est, le serment (des Horaces, du Jeu de Paume), l'Antiquité, le tyran, et pour finir la patrie [1] ».

Comme Shakespeare, Musset est peu disert en termes de didascalies et les indications de décor sont réduites au strict minimum. Dans une certaine mesure, il sacrifie cependant à ce que Victor Hugo nomme « la localité exacte de la couleur » dans la « Préface » de *Cromwell* (1827). Mais la manière dont il traite la couleur locale, autrement dit tous les éléments qui permettent d'ancrer l'intrigue dans son temps, diffère radicalement de celle de ses contemporains. Si Hugo ou Dumas fournissent de nombreuses didascalies, Musset est très économe sur ce point. Sans doute faut-il y voir l'effet de la fonction qu'il assigne à sa pièce : *Lorenzaccio* est destiné à la lecture. Musset n'a pas songé à faire jouer son drame en l'écrivant, contrairement à ses contemporains qui écrivent pour la représentation, et parfois pour des

---

1. Anne Ubersfeld, « Révolution et topique de la Cité : *Lorenzaccio* », *Littérature*, n° 24, 1976, p. 45.

acteurs et des théâtres précis. L'esthétique de *Lorenzaccio* et par conséquent la manière dont Musset recourt au « faire croire », qui se joue dans la parole plus que dans les actions et le jeu visuel, découlent du support de diffusion de la pièce.

### 3. Le drame et la morale

Un autre élément relie *Lorenzaccio* aux principes du drame inspiré de Shakespeare : le refus des bienséances. La pièce de Musset montre en effet une société en crise, qu'illustrent les agissements peu vertueux des uns et les compromissions des autres. Alexandre de Médicis est un homme assoiffé de plaisirs, qui a fait de Lorenzo son ruffian, son complice de débauches. Aussi la pièce comporte-t-elle de nombreuses allusions sexuelles, qui renvoient à l'animalité d'Alexandre et aux plaisirs que lui fournit Lorenzo. Ce dernier, qualifié de « modèle titré de la débauche florentine » (I, 4, p. 48), incarne aux yeux des autres personnages toutes les indignités commises par Alexandre – c'est du moins ce que Lorenzo veut faire croire. Dans *Lorenzaccio*, la morale est mise à mal, ce qui passe aussi par une violente satire de la religion. Cynique et compromis, le cardinal Cibo fait partie de ces figures sombres qu'on croise dans de nombreux drames romantiques ; il hérite de l'*ethos* du « traître » de mélodrame, genre alors en vogue. La figure du traître fait constamment vaciller la morale du côté du Mal. Or contrairement aux mélodrames classiques qui démasquent les traîtres et les punissent, Lorenzo voit triompher les plus cyniques, ceux qui, à l'image du cardinal Cibo, font croire qu'ils portent une parole évangélique, quand ils ne sont que traîtrise et mensonge. Sur ce point, le drame de Musset est un brûlot anticlérical.

## D. Thèmes de *Lorenzaccio*

### 1. L'exercice du pouvoir

*Lorenzaccio* est un drame politique, qui met en scène l'histoire d'un tyrannicide. Ce sujet est dans l'air du temps, ainsi que l'anticléricalisme qui traverse la pièce – rappelons ici que sous le règne de Charles X (1824-1830) les collusions entre le pouvoir et les jésuites avaient été nombreuses, participant finalement à la chute du régime. Le premier thème du drame, qui est aussi son fil conducteur, est donc politique. Il s'articule autour d'une réflexion sur l'exercice du pouvoir, sa légitimité et le hiatus entre l'idéal étatique et la réalité que vivent les hommes de la cité. *Lorenzaccio* met ainsi en scène les hautes sphères du pouvoir, la politique de cabinet qui s'exerce dans le secret des vestibules et qu'incarne le cardinal Cibo, mais aussi les classes populaires, la bourgeoisie, les ouvriers et les marchands, qui commentent et subissent le régime en place. De ce thème général découle l'enjeu majeur du drame : le tyrannicide. Alexandre de Médicis a accédé au pouvoir non par la volonté du peuple ou par des actions héroïques qui l'auraient rendu populaire, mais parce qu'il a été placé là comme un pion par deux puissances qui cherchent à dominer l'échiquier européen : la papauté d'une part, le Saint Empire romain germanique d'autre part. Le rôle politique qu'occupe Alexandre est donc le résultat d'une négociation entre deux entités très puissantes. Il n'est qu'une marionnette, ce que commente Lorenzo en une formule saisissante : « L'empereur et le pape avaient fait un duc d'un garçon boucher » (III, 3, p. 128). Dépourvu de finesse et de tacticité politique, Alexandre exerce ses responsabilités par la force, ce qui fait de lui un tyran. C'est ce qui explique son absence de légitimité, laquelle fonde l'objectif de Lorenzo. La préparation de l'assassinat occupe ainsi une large place dans l'économie du drame. La conspiration que fomente Lorenzo donne lieu à plusieurs scènes délibératives ou explicatives, durant lesquelles il tente de se persuader du bien-fondé de son acte (IV, 9) ou d'en convaincre un tiers (III, 3, avec Philippe Strozzi). Il se fonde sur une conspiration préparée, qui a nécessité la mise en place d'un certain nombre de pièges et de faux-semblants.

## 2. Décadence et désenchantement

Le thème politique de *Lorenzaccio* prend toute sa profondeur dans le contexte urbain qu'imagine Musset, celui d'une ville dépravée, en proie à la corruption et à la débauche. Aussi faut-il associer aux enjeux idéologiques du drame le rôle emblématique qu'occupe Florence, à la fois comme espace et comme symbole de la décadence morale.

Florence est d'abord le décor où se déploie le drame. Musset montre en effet tous les aspects matériels de la cité : la rue, les échoppes, les palais et même les alentours de la ville. Bien qu'il développe peu les didascalies, le dramaturge organise l'espace au service de son intrigue politique. On observe ainsi une répartition assez équilibrée entre scènes d'intérieur et scènes d'extérieur, entre le pavé et le palais. Cette tension permet de signifier que toute la ville est concernée par la situation politique. L'importance quantitative et qualitative des scènes de rue signale la volonté du dramaturge de faire entendre les bruissements de la ville, les rumeurs qui courent, les paroles déformées de différents groupes humains qui traversent ces lieux ouverts. La rue est en effet le lieu où circulent les informations plus ou moins exactes qui proviennent du palais ducal. Mais c'est aussi là que sont proclamées les grandes décisions, comme en témoigne la dernière scène, où le nom du successeur d'Alexandre est annoncé sur la « *grande place* ».

Espace gangrené par la corruption et le mensonge, Florence devient aussi sous la plume de Musset le symbole de la décadence morale. À plusieurs reprises, les personnages font état de la triste situation où se trouve leur ville en 1537, au moment où se déroule le drame : là où jadis régnaient l'harmonie et la paix, sévit désormais la brutalité d'un usurpateur, le bâtard Alexandre de Médicis. Or la situation politique semble avoir contaminé le rapport de l'ensemble des Florentins à la vérité. En évoquant l'âge d'or de la république (Florence s'enorgueillit de plusieurs épisodes républicains depuis le Moyen Âge, le dernier ayant pris fin en 1532), un temps antérieur où faire croire, autrement dit manipuler le rapport à la vérité, était empêché par l'idéal que représente la république, Musset interroge donc la proximité entre un régime politique inique et une attitude morale condamnable, qui passe par une parole dévoyée et trompeuse.

### 3. La mort à Florence

À ces deux motifs structurants s'ajoutent ceux de la dangerosité et de la menace mortifère qui planent sur l'intrigue. Aucun espace du drame n'échappe à l'impression d'un péril imminent. À chaque étape, du sang est versé quelque part ou menace de l'être. Si Musset ne décrit que deux scènes explicitement violentes – le duel des frères Strozzi contre Salviati, qui a lieu hors scène (II, 5), et l'assassinat d'Alexandre, cette fois sur scène (IV, 11) –, chaque moment est potentiellement dangereux. Rappelons ici que Lorenzo lit son arrêt de mort placardé dans une rue, ce qui rappelle les temps sombres des guerres civiles et des dénonciations publiques. Le lecteur de 1834 sait à quel point la rue est le lieu d'où peuvent partir les révolutions, mais aussi les répressions.

À l'opposé, Musset décrit les agissements de l'ombre dans les palais florentins, lieux clos dont les murs épais ne protègent plus quiconque : Philippe Strozzi s'inquiète des dangers qui le menacent, et Louise Strozzi meurt dans le palais familial, empoisonnée au cours d'un banquet (III, 7). C'est pourquoi le soin que Musset accorde à la configuration spatiale de son drame est essentiel pour comprendre les conséquences des serments, des convictions et des doutes, individuels et collectifs. Les différents lieux de l'action ont tous un rôle sociopolitique et potentiellement funèbre. Ce sont autant d'organes d'une ville personnifiée, dont le grand corps malade agonise sous le poids des mensonges et de la corruption.

## Résumé de *Lorenzaccio*

**Acte I.** La nuit, à Florence, se déroule un rendez-vous galant organisé par Lorenzo de Médicis, dit « Lorenzaccio ». Il a « acheté » la jeune Gabrielle pour satisfaire les plaisirs de son cousin, le duc Alexandre de Médicis (scène 1). Dans la ville, on parle des malheurs du temps (scène 2), tandis qu'au palais Cibo, la marquise est soupçonnée par son beau-frère, le cardinal Cibo, de nouer une liaison avec Alexandre (scène 3). Dans son palais, celui-ci évoque la politique et plusieurs personnages le mettent en garde contre Lorenzo. Ce dernier provoque en duel sire Maurice, mais au moment de se battre, Lorenzo s'évanouit devant l'épée : feinte ou indisposition avérée (scène 4) ? Devant l'église San Miniato se croisent marchands, nobles et bourgeois ; Julien Salviati, un proche d'Alexandre, lance une remarque leste sur Louise Strozzi en présence de son frère Léon Strozzi (scène 5). Sur les bords de l'Arno, Marie et Catherine, mère et tante de Lorenzo, déplorent la déchéance dans laquelle le jeune homme s'enfonce. Des bannis, victimes des agissements d'Alexandre, font leurs adieux à Florence (scène 6).

**Acte II.** Chez les Strozzi, Philippe s'entretient avec ses fils Pierre et Léon ; Pierre veut en découdre avec Salviati qui a agressé sa sœur (scène 1). Devant une église, Lorenzo rencontre Tebaldeo Freccia, un jeune peintre avec qui il dialogue sur la vérité et les apparences (scène 2). Chez les Cibo, le cardinal dévoile son jeu au cours d'un monologue : il entend manipuler Alexandre en mettant sa belle-sœur dans son lit. Grande scène de chantage entre Cibo et la marquise, qui a accepté un rendez-vous avec le duc (scène 3). Chez Lorenzo, Bindo et Venturi, deux républicains, tentent de convaincre le jeune homme de rejoindre leur cause ; arrive Alexandre : au lieu de les dénoncer, Lorenzo sollicite pour eux des faveurs et « piège » les deux républicains (scène 4). Chez les Strozzi, colère et désir de vengeance contre Salviati (scène 5). Au palais du duc, pendant qu'Alexandre pose pour le peintre Tebaldeo, Lorenzo lui vole sa cotte de mailles et la jette dans un puits (scène 6). Agonisant, Salviati demande vengeance contre les Strozzi sous les fenêtres d'Alexandre (scène 7).

**Acte III.** Dans sa chambre à coucher, Lorenzo s'entraîne à l'épée avec Scoronconcolo (scène 1). Au palais Strozzi, Philippe tente d'apaiser la colère de son fils Pierre contre Salviati qui a survécu à ses blessures (scène 2). Après l'arrestation de Pierre et de Thomas sur ordre du duc, grande scène durant laquelle Lorenzo annonce à Philippe Strozzi qu'il tuera Alexandre (scène 3). La tante de Lorenzo, Catherine, reçoit un billet galant de la part d'Alexandre (scène 4). Brève scène entre Cibo et la marquise (scène 5) ; dans la scène suivante, celle-ci reçoit le duc qu'elle met en garde contre un possible assassinat s'il ne change pas de comportement (scène 6). Souper chez les Strozzi : Louise meurt brutalement d'empoisonnement. Philippe Strozzi décide de quitter Florence (scène 7).

**Acte IV.** Alexandre et Lorenzo commentent les récents événements ; Lorenzo a organisé un rendez-vous galant avec sa tante pour le duc (scène 1). Pierre et Thomas Strozzi, sortant de prison, apprennent la mort de leur sœur (scène 2). Monologue de Lorenzo, qui annonce le tyrannicide (scène 3). Odieux chantage du cardinal Cibo avec la marquise, qui préfère avouer son adultère à son époux que de s'y soumettre (scène 4). Lorenzo poursuit les préparatifs du meurtre et monologue sur la corruption (scène 5). Les républicains tentent de convaincre Philippe Strozzi de prendre leur tête, mais celui-ci se sent trop vieux et désabusé (scène 6). Lorenzo proclame dans les rues qu'il va tuer Alexandre, mais il n'est pas cru (scène 7). Dans les environs de Florence, Pierre Strozzi tente de prendre la tête de la rébellion (scène 8). Nouveau monologue de Lorenzo qui se prépare à agir (scène 9). Le cardinal met en garde une nouvelle fois le duc, en vain (scène 10) : Alexandre se rend au rendez-vous galant et se fait assassiner par Lorenzo (scène 11).

**Acte V.** La ville s'interroge : qui va succéder à Alexandre (scène 1) ? Lorenzo retrouve Philippe Strozzi à Venise, mais sa tête est mise à prix (scène 2). À Florence, la marquise Cibo est réconciliée avec son mari (scène 3) ; Pierre Strozzi renonce à tenter de prendre la ville (scène 4) ; l'incertitude politique gagne toutes les strates de la population (scène 5) ; la révolte des étudiants est réprimée dans le sang (scène 6). À Venise, Lorenzo apprend la mort de sa mère. Malgré les mises en garde de Philippe, il erre dans Venise où il est assassiné et son corps jeté dans la lagune (scène 7). À Florence, Côme de Médicis, un fantoche manipulé par Cibo, accède au pouvoir (scène 8).

## II. « Faire croire » dans *Lorenzaccio*

Croire ou faire croire est un enjeu majeur du drame, qui se décline sous de nombreux aspects. Une simple observation des termes employés en donne un premier aperçu : quarante et une occurrences du verbe « croire » apparaissent au fil de la pièce, prenant la forme de sept infinitifs, trente-deux verbes conjugués à la deuxième personne de l'indicatif présent et deux impératifs ; trois fois enfin le verbe « croire » est conjugué à la troisième personne. La périphrase verbale « faire croire » n'est en revanche employée qu'une seule fois, par le cardinal Cibo.

Bien que l'expression « faire croire » ne soit utilisée qu'une seule fois dans la pièce, sa présence métaphorique et ses applications concrètes sont nombreuses. Comment comprendre cette formule ? Qui la met en œuvre et envers qui ? Autrement dit, à qui fait-on croire ce qu'on veut faire croire ? L'expression figée « faire croire » renvoie à un schéma de communication entre deux sources, un émetteur (qui veut faire croire) et un récepteur (susceptible d'adhérer au discours qu'il entend prononcer). Remarquons d'emblée que l'expression s'emploie quel que soit le contenu du message émis : on peut faire croire quelque chose de faux (auquel cas l'expression est synonyme de « tromper », « leurrer », « abuser ») ou quelque chose de vrai (il s'agit alors de « convaincre », de prouver sa « bonne foi »). Dans *Lorenzaccio*, la formule se décline dans toutes ces directions, au fil d'un certain nombre de processus dialogiques et rhétoriques, idéologiques et symboliques, dans lesquels intervient la volonté de convaincre un interlocuteur.

Nous verrons comment le personnage de Lorenzo, dans sa complexité, décline à lui seul une large palette de façons de faire croire. Nous nous intéresserons ensuite à la façon dont Musset fait déployer à ses personnages différentes modalités du langage pour emporter la croyance de leurs interlocuteurs ; enfin, nous étudierons les enjeux politiques que soulève la pièce autour de la question de la bonne foi et de la crédulité.

### A. Les masques de Lorenzo

#### 1. Une mise en abyme du jeu d'acteur

Personnage principal de la pièce, Lorenzo est par excellence celui qui fait croire. Avec ce personnage, Musset invite à envisager l'expression dans toute sa plasticité caméléonesque, à la comprendre dans toute son étendue sémantique, de la conviction à la manipulation. En effet, s'il est celui qui utilise constamment la ruse, les masques et le jeu d'acteur pour convaincre de sa bonne foi, le contenu de son message diffère en fonction de ses interlocuteurs : Lorenzo ne fait pas admettre les mêmes vérités au duc qu'à Philippe Strozzi ou qu'à sa mère, à Tebaldeo Freccia qu'au cardinal Cibo.

En faisant de son protagoniste un héros protéiforme, virtuose dans l'art de jouer des rôles successifs, c'est le théâtre lui-même que Musset place sur scène, comme pour en mettre en exergue les mécanismes. *Lorenzaccio* s'ouvre en effet par un bal masqué (I, 2), avant de se refermer sur une farce politique, simulacre d'investiture. Musset place ainsi l'ensemble du drame sous le signe du théâtre et de ses illusions. Au théâtre, l'interprète doit faire croire qu'une parole et qu'une situation sont vraies ; pour parvenir à ce but, le comédien se compose un visage, se grime, endosse un costume, s'approprie des mots qui ne sont pas les siens. Il peut dès lors faire accepter (par convention) qu'il incarne un vieillard ou un jeune premier, un idéaliste ou un débauché. C'est pourquoi le motif du déguisement (au sens propre et au sens figuré) revient à plusieurs reprises dans *Lorenzaccio* : travestis en religieuses (lors du bal chez les Nasi, I, 2), Alexandre et Lorenzo courent ensemble les lieux mal famés ; « tu jetteras ce déguisement hideux qui te défigure », déclare plus loin Philippe Strozzi à Lorenzo (III, 3, p. 133).

Dans la vaste comédie humaine qu'est *Lorenzaccio*, l'acteur principal porte ainsi un masque qu'il enlève en certaines occasions. Quel est-il, et comment parvient-il à faire croire qu'il est autre qu'il n'est ?

## 2. Le masque du débauché

Esprit supérieur, Lorenzo a été éduqué avec toutes les valeurs de l'humanisme : « Ce ne sera jamais un guerrier que mon Renzo, disais-je en le voyant rentrer de son collège, avec ses gros livres sous le bras », soupire sa mère (I, 6, p. 62). Or il tient l'emploi de ruffian en chef auprès d'Alexandre, autrement dit de souteneur. Ce rôle lui permet de rester physiquement proche du duc, d'entrer dans son intimité, d'accéder à sa chambre et même à son lit – c'est cette familiarité, exprimée tout au long du drame, qui lui permettra d'accomplir son geste meurtrier. Cette fonction de rabatteur flatte les bas instincts d'Alexandre, dominé par ses pulsions sexuelles. Sur ce plan, Lorenzo leurre parfaitement son maître qui le croit incapable d'une action noble ou courageuse. À cet égard, la scène de la pâmoison (I, 4) est emblématique de la capacité qu'a Lorenzo de faire croire qu'il est un autre. En montrant son héros qui s'évanouit devant une épée, Musset fait appel à la complicité du lecteur-spectateur. Tous les détails décrits par le duc suggèrent en effet un numéro d'acteur, capable de changer de mine et de contenance en peu de temps :

LE DUC. – Et vous ne voyez pas que je plaisante encore ? Qui diable pense ici à une affaire sérieuse ? Regardez Renzo, je vous en prie ; ses genoux tremblent, il serait devenu pâle, s'il pouvait le devenir. Quelle contenance, juste Dieu ! je crois qu'il va tomber.
*Lorenzo chancelle ; il s'appuie sur la balustrade et glisse à terre tout d'un coup.*
LE DUC, *riant aux éclats.* – Quand je vous le disais ! personne ne le sait mieux que moi ; la seule vue d'une épée le fait trouver mal. Allons chère Lorenzetta, fais-toi emporter chez ta mère.
*Les pages relèvent Lorenzo.*

(I, 4, p. 52)

Dans cette scène, de nombreux indices laissent deviner que Lorenzo joue la comédie, y compris la réaction de Cibo qui répète « c'est trop fort », autrement dit trop fort pour être vrai. Deux éléments corroborent l'impression qu'il s'agit d'une mascarade : d'une part, les jeunes nobles comme Lorenzo sont éduqués dans le maniement des armes et ne les redoutent pas ; d'autre part, un peu plus tard, dans la scène 1 de l'acte III, Lorenzo se bat comme un lion avec Scoronconcolo, sans faillir devant une épée. Feindre la lâcheté relève ici du stratagème, puisqu'en se faisant passer pour un pleutre, Lorenzo éloigne les soupçons qui pèsent sur lui.

Une seconde séquence montre l'acteur à l'œuvre et dévoile le caractère bouffon du personnage. Après avoir dérobé la cotte de mailles d'Alexandre, Lorenzo ne cherche pas à faire croire qu'il n'y est pour rien, mais détourne la conversation en faisant le pitre et en chantant :

LE DUC. – Renzo la tenait là, sur ce sofa. *(Rentre Lorenzo.)* Qu'as-tu donc fait de ma cotte ? nous ne pouvons plus la trouver.
LORENZO. – Je l'ai remise où elle était. Attendez – non, je l'ai posée sur ce fauteuil – non, c'était sur le lit – je n'en sais rien, mais j'ai trouvé ma guitare. *(Il chante en s'accompagnant.)*
Bonjour, madame l'abbesse…
GIOMO. – Dans le puits du jardin, apparemment ? car vous étiez penché dessus tout à l'heure d'un air tout à fait absorbé.
LORENZO. – Cracher dans un puits pour faire des ronds est mon plus grand bonheur. Après boire et dormir, je n'ai pas d'autre occupation. *(Il continue à jouer.)*
Bonjour, bonjour, abbesse de mon cœur…

(II, 6, p. 105)

Une nouvelle fois, Alexandre ne perçoit pas le subterfuge du comédien, mais Giomo, lui, le devine, sans parvenir à le faire accuser. Le fou s'autorise la formulation de vérités à voix haute, son statut d'amuseur le prémunissant d'éventuels châtiments. Ce rôle de flatteur-dénonciateur lui permet de construire autour d'Alexandre un discours de débauché, qui le rend haïssable aux yeux d'une majorité de Florentins. Lorenzo va jusqu'à accepter de « changer de genre », ou à tout le moins de se laisser féminiser pour les besoins de son plan : « Allons chère Lorenzetta, fais-toi emporter chez ta mère », lui lance le duc après qu'il s'est évanoui devant l'épée tirée (I, 4, p. 52) [1].

Dans son rôle de mauvais sujet, Lorenzo se montre donc capable de déployer toutes les techniques du jeu d'acteur, et il y est particulièrement convaincant. Dès lors, la problématique du « faire croire » s'inverse : lorsqu'il se montre sous son vrai jour, peut-il encore convaincre qu'il est autre que son personnage public ?

## 3. Derrière le masque : comment faire croire à l'authenticité ?

Comment faire croire à la sincérité d'une parole quand les actions la contredisent ? C'est le problème auquel Lorenzo se trouve confronté en face de Philippe Strozzi. Le vieux républicain est en effet le seul à voir en Lorenzo un homme qui joue la comédie, comme il le révèle à la scène 3 de l'acte III : « Si je t'ai bien connu, si la hideuse comédie que tu joues m'a trouvé impassible et fidèle spectateur, que l'homme sorte de l'histrion ! » (p. 121). Le lexique du théâtre suggère ici que le vieux républicain a compris que Lorenzo joue double jeu. Mais face au comportement du jeune homme, Philippe laisse transparaître ses doutes en multipliant les modalités hypothétiques : « si la hideuse comédie que tu joues », « Si tu as jamais été quelque chose d'honnête » (*ibid.*), « Tu es notre Brutus, si tu dis vrai » (*ibid.*, p. 129), « Si je te croyais » (*ibid.*, p. 133). Tout au long de la scène, Philippe demande à être convaincu que le véritable Lorenzo se trouve derrière le masque.

Pour l'assurer de sa bonne foi, Lorenzo adopte dans un premier temps le langage de la sincérité, en s'appuyant sur le registre de la religion pour donner du poids à ses paroles : « Tel que tu me vois, Philippe, j'ai été honnête. J'ai cru à la vertu, à la grandeur humaine, comme un martyr croit à son Dieu » (*ibid.*, p. 126). Ces confidences conduisent à une analogie historique de poids, qui reconfigure la crédibilité du héros : « il faut que je sois un Brutus » (*ibid.*, p. 127). En assimilant son moi véritable à « un Brutus », Lorenzo convoque deux figures historiques distinctes qu'il transpose à la situation politique de Florence : Brutus l'ancien, qui chassa les Tarquins au VIe siècle avant notre ère, et le fils adoptif de César, qui l'assassina lors des ides de mars, en 44 avant notre ère. Dans les deux cas, le sang versé devait

---

1. Plusieurs éléments de la pièce renvoient implicitement à la féminité de Lorenzo ; certains metteurs en scène s'en sont emparés, notamment Jean-Pierre Vincent : dans sa mise en scène donnée à Avignon en 2000, Lorenzo était costumé en robe de mariée au moment de l'assassinat du duc.

restaurer la république. L'analogie se fait donc garante de l'idéal politique que porte Lorenzo, aujourd'hui comme hier. Après avoir fait croire qu'il est un autre, Lorenzo assume ainsi une nouvelle ambition : redevenir ce qu'il fut.

Or l'aveu sincère de Lorenzo à Philippe semble aussi faire partie d'une stratégie réfléchie. En s'assimilant à un nouveau Brutus, Lorenzo introduit un élément paradoxal : la figure de Brutus fait signe vers le domaine du politique, mais Lorenzo exprime des ambitions plus métaphysiques qu'idéologiques ; il ne fait pas croire à Philippe qu'il agit en républicain idéaliste, car il n'œuvre pour aucun parti :

> LORENZO. – [...] Je ne voulais pas soulever les masses, ni conquérir la gloire bavarde d'un paralytique comme Cicéron. Je voulais arriver à l'homme, me prendre corps à corps avec la tyrannie vivante, la tuer, porter mon épée sanglante sur la tribune, et laisser la fumée du sang d'Alexandre monter au nez des harangueurs, pour réchauffer leur cervelle ampoulée.
>
> (III, 3, p. 128)

C'est un discours nihiliste et individualiste qui se déploie au cours de la scène, fondé non pas sur un idéal politique, mais sur le désir très personnel d'accomplir un acte extraordinaire. Dès lors, Lorenzo ne cherche-t-il pas avant tout à se convaincre lui-même plus que son interlocuteur ? Un élément de composition dramaturgique le suggère. La révélation de cet autre visage de Lorenzo n'apparaît en effet qu'au milieu du drame, après que Musset a solidement installé l'image de Lorenzo en dépravé. Est-il encore possible de faire croire qu'il a l'étoffe d'un héros après avoir construit une vision si haïssable de lui-même ? La véridicité d'un discours se mesure à l'aune des qualités antérieures de celui qui le prononce.

De nombreuses assertions formulées par Lorenzo sèment en effet le trouble sur l'authenticité de sa parole, y compris après la confession faite à Philippe. Le lecteur-spectateur comme ses interlocuteurs peuvent douter de sa sincérité, et il est malaisé de faire la part entre la loyauté de l'homme et le jeu du comédien. Sa réputation ternie, Lorenzo est suspect et sa parole devient sujette à caution. Qualifié d'« anguille » par le duc lui-même, Lorenzo s'est glissé dans tous les lieux florentins où il a laissé une trace détestable, ainsi que l'expose sa propre mère, Marie :

> MARIE. – [...] Tous ces pauvres bourgeois ont eu confiance en lui ; il n'en est pas un parmi tous ces pères de famille chassés de leur patrie, que mon fils n'ait trahi. Leurs lettres, signées de leurs noms, sont montrées au duc. C'est ainsi qu'il fait tourner à un infâme usage jusqu'à la glorieuse mémoire de ses aïeux. Les républicains s'adressent à lui comme à l'antique rejeton de leur protecteur ; sa

maison leur est ouverte, les Strozzi eux-mêmes y viennent. Pauvre Philippe ! il y aura une triste fin pour tes cheveux gris !

(I, 6, p. 64)

De la figure de Brutus l'Ancien, Lorenzo a hérité un courage et une impassibilité dignes du meilleur des agents doubles. Pour faire croire qu'il est un monstre, le personnage possède tout d'abord un sens aigu du secret et, au-delà des qualités de dissimulateur, un art consommé de maîtriser ses émotions : à l'acte II scène 4, face aux questions de son oncle Bindo, il demeure impassible. Les qualificatifs qui émaillent la pièce – « boue, lèpre, chien, etc. » – semblent n'avoir pas de prise sur lui.

Autant d'éléments qui contribuent à semer le doute sur l'authenticité du personnage : à force de faire croire qu'il est un autre, Lorenzo ne l'est-il pas devenu ? Y a-t-il toujours un visage humain derrière le masque ?

## 4. Les ravages de l'illusion : « Suis-je un Satan ? »

À force de faire croire aux uns qu'il est ce qu'il n'est pas, par éducation et par nature (un libertin débauché et corrupteur), après avoir tenté de convaincre Philippe qu'il est ce qu'il ne semble pas être (un idéaliste qui, s'il ne croit plus en la portée républicaine de son geste, veut encore tuer dans l'espoir de renouer avec sa pureté d'autrefois), l'identité de Lorenzo semble se dissoudre et se perdre. Parce qu'il a trop bien joué son rôle de débauché, il n'est plus cru lorsqu'il est sincère, et ses propos ne sont plus audibles. Les masques du mensonge lui collent au visage et le piège des faux-semblants se referme sur lui. Quelle issue trouver face aux ravages des illusions et du jeu ? Comment l'histrion peut-il faire oublier son masque grotesque pour retrouver une parole vraie ?

La question « Suis-je un Satan ? » (III, 3, p. 131) que se pose Lorenzo suggère que le personnage prend conscience des dangers de vouloir constamment faire illusion. L'image de l'ange déchu, qui revient à plusieurs reprises dans la pièce, symbolise la parole séductrice qui persuade à des fins pernicieuses, qui cherche à convaincre en charmant, quitte à travestir l'authenticité en insinuant contre-vérités et calomnies. Comme Satan, Lorenzo est celui qui manipule pour tromper l'autre.

À l'acte IV, une nouvelle image suggère un art de convaincre biaisé par le Mal : « Par le ciel ! quel homme de cire suis-je donc ? Le Vice, comme la robe de Déjanire [1], s'est-il si profondément incorporé à mes fibres, que je ne

---

1. Tunique magique qui aurait dû ramener Héraclès, infidèle, auprès de son épouse Déjanire. Or elle a pour particularité de s'attacher à la peau et de la brûler, si bien qu'elle provoque indirectement la mort de Déjanire puis celle d'Héraclès.

puisse plus répondre de ma langue, et que l'air qui sort de mes lèvres se fasse ruffian malgré moi ? » (IV, 5, p. 165-166). La comparaison à Satan ou à la robe de Déjanire a valeur hyperbolique, mais informe sur l'évolution du personnage : à force d'utiliser les plus basses séductions, Lorenzo est imprégné de ses forfaits. À force de faire croire au mal, il l'incarne, y compris physiquement :

> Le Duc. – [...] Regardez-moi ce petit corps maigre, ce lendemain d'orgie ambulant. Regardez-moi ces yeux plombés, ces mains fluettes et maladives, à peine assez fermes pour soutenir un éventail ; ce visage morne, qui sourit quelquefois, mais qui n'a pas la force de rire. C'est là un homme à craindre ? Allons, allons, vous vous moquez de lui. Hé ! Renzo, viens donc ici ; voilà sire Maurice qui te cherche dispute.
>
> (I, 4, p. 49-50)

Lorenzo en vient à questionner la motivation réelle de ses actes. Ce doute intérieur est confirmé par la réaction de ceux à qui il annonce qu'il tuera Alexandre. Il est raillé par tous ceux à qui il s'adresse, qui lui renvoient l'image d'un débauché violent, en qui personne ne peut croire : « Tu veux tuer le duc, toi ? Allons donc ! tu as un coup de vin dans la tête », se moque Alamanno (IV, 7, p. 171). Plus loin, le Provéditeur ne saurait croire Lorenzo : « Tu m'as blessé bien mal à propos un cheval, au bal des Nasi ; que le diable te confonde ! » (*ibid.*, p. 172). À cette étape du drame, Lorenzo ne parvient pas à faire croire au tyrannicide car il a tellement bien joué son rôle qu'il n'est plus crédible. Autant de réactions qui pourraient empêcher l'héroïsme d'advenir. Dès lors, on peut se demander si Lorenzo ne finit pas par tuer Alexandre pour (se) prouver qu'il en est capable : il ne s'agit plus de le faire croire à autrui, mais de s'en persuader lui-même.

## 5. Foi et bonne foi du héros

Les liens étroits qui se tissent entre « croire » (au sens religieux) et « faire », autrement dit entre la foi et l'action, sont essentiels pour comprendre le rapport de Lorenzo à la vérité : ils découlent directement de la capacité qu'a le héros de s'autopersuader (de se faire croire), autant qu'ils la remettent en cause. C'est la conviction qu'il a d'être choisi par une instance divine qui semble en premier lieu légitimer son projet meurtrier. Lorenzo s'est cru élu, désigné entre les hommes pour être le bras armé d'un Dieu libérateur, investi d'une mission supérieure dont il a pris conscience parmi les ruines du Colisée antique. Dans le récit qu'il en fait à Philippe, cette scène quasi mystique, voire pythique, a tous les dehors d'une Révélation, ce que rend d'autant plus saillant l'emploi d'un registre hiératique. La prise à témoin du « ciel », la mention du « serment [1] » qu'implique le fait de « jurer » mais aussi le mystère qui entoure cette intuition soudaine trahissent l'origine transcendante que Lorenzo prête à son projet tyrannicide :

> LORENZO. – [...] il faut que je sois réellement une étincelle du tonnerre, car tout à coup, une certaine nuit que j'étais assis dans les ruines du Colisée antique, je ne sais pourquoi je me levai ; je tendis vers le ciel mes bras trempés de rosée, et je jurai qu'un des tyrans de ma patrie mourrait de ma main. [...] il m'est impossible de dire comment cet étrange serment s'est fait en moi. Peut-être est-ce là ce qu'on éprouve quand on devient amoureux.
>
> (III, 3, p. 126)

Du point de vue symbolique, le choix de situer cette scène élective au milieu des ruines du Colisée ne relève d'ailleurs pas du hasard : le lieu, qui fait signe vers un temps antique riche de mythes dans lesquels les héros reçoivent leur mission directement des déesses et des dieux, sert la dimension sacrée que prête le héros à ce moment ainsi qu'à son projet meurtrier.

Cependant, la « Providence » abandonne vite Lorenzo après cette manifestation unique. Le héros, semble-t-il, se retrouve seul sous le « ciel dépeuplé [2] ». « S'il y a quelqu'un là-haut, il doit bien rire de nous tous » (IV, 9, p. 175), raille le tyrannicide en puissance : la conjonction trahit le doute métaphysique exprimé sous l'ironie. Lorenzo, qui ne cesse de questionner et de provoquer le divin d'un bout à l'autre du drame, livre implicitement l'une des raisons qui sans doute lui rendent si difficile l'accomplissement du meurtre d'Alexandre : comment agir quand on ne parvient plus à croire ni à se persuader que l'action sert le projet transcendant qu'on lui prêtait ? Continuer à se faire croire est un enjeu qui conditionne en partie l'exécution du meurtre, mais auquel la lucidité de Lorenzo, au moment où prend place l'intrigue, ne lui permet plus de prétendre : « Je me suis réveillé de mes rêves » (III, 3, p. 130), confesse-t-il tristement à Philippe.

L'accomplissement du meurtre parvient toutefois à ranimer brièvement chez lui le sentiment d'être le « bras de Dieu » (IV, 3, p. 158). La dimension rituelle qui encadre la préparation du tyrannicide (les nombreuses répétitions du geste, la sacralisation de la lame) se complète d'une bouffée mystique, qui survient aussitôt après l'exécution d'Alexandre et renoue une dernière fois avec la conviction d'un geste nécessaire. Lorenzo y communie avec la

---

1. Notons ici que les mots « serment » et « sacrement » partagent la même origine étymologique (latin *sacramentum*).
2. Voir ces vers de *Rolla*, poème que Musset composa quelques mois avant *Lorenzaccio* : « Je ne crois pas, ô Christ, à ta parole sainte/ Je suis venu trop tard dans un monde trop vieux./ D'un siècle sans espoir naît un siècle sans crainte ;/ Les comètes du nôtre ont dépeuplé les cieux », in Alfred de Musset, *Poésies complètes*, éd. M. Allem, Gallimard, « Bibliothèque de la Pléiade », 1933, p. 274.

## Cibo, ou le triomphe du cynisme

Le principal représentant de la foi dans le drame est le seul à prononcer l'expression « faire croire », dans un contexte sémantique on ne peut plus paradoxal : « Me faire croire est peut-être impossible » (IV, 10, p. 178). Faut-il lire ici un trait ironique, voire cynique, eu égard à la fonction religieuse qu'occupe le personnage ?

### • Un hypocrite

Avec Lorenzo, Cibo est celui qui joue le plus de la distorsion entre son apparence, sa fonction et ses discours. Le cardinalat, la plus haute dignité ecclésiastique après la papauté, laisse supposer une grande vertu et des discours conformes à une telle mission spirituelle. Or Cibo est un redoutable hypocrite, qui use de tous les ressorts de la langue sacrée pour parvenir à ses fins. Plus diabolique que bon chrétien, il ne cherche même plus à faire croire à sa belle-sœur, la marquise Cibo, qu'il est un honnête homme : « Pour gouverner Florence en gouvernant le duc, vous vous feriez femme tout à l'heure, si vous pouviez » (IV, 4, p. 163), lui lance-t-elle.

### • Un casuiste machiavélien

Le relief du personnage de Cibo tient à son habileté à manier le langage, la menace et le chantage. Du prêtre, il a une casuistique qu'on peut qualifier de « jésuite » : « On peut respecter les choses saintes, et, dans un jour de folie, prendre le costume de certains couvents, sans aucune intention hostile à la sainte Église catholique » (I, 3, p. 43). Ces petits arrangements avec la morale procèdent d'une hypocrisie déterminée qui confine à l'impiété. Sa véritable personnalité ne doit rien à sa robe rouge de cardinal qui n'est qu'un déguisement, voire un « paraître » au sens où Machiavel le définit dans Le Prince (voir le chapitre XVIII : « il n'est pas nécessaire qu'un prince possède toutes [les qualités] ; mais il l'est qu'il paraisse les avoir »). En bon acteur, il maîtrise l'art de dissimuler : « Je ne puis parler qu'en termes couverts » (IV, 4, p. 161), déclare-t-il. Pour convaincre ses interlocuteurs, il a recours à la ruse et possède une clairvoyance politique supérieure : il a compris les intentions de Lorenzo dès la scène 4 de l'acte I, et devine le crime juste avant son accomplissement.

### • Une puissance occulte

Cibo est une force de l'ombre, qui agit dans le secret des cabinets, dispose d'informateurs et d'espions, et détourne les correspondances. Son cynisme ne le fait reculer devant aucune bassesse : utiliser le sacrement de la confession pour obtenir des renseignements, inciter à l'adultère l'épouse de son propre frère. Il trempe dans les plus basses œuvres : « je remuerai d'une main ferme la terre glissante sur laquelle il n'ose marcher. [...] Tu as deviné qui j'étais, lorsque tu m'as placé auprès d'Alexandre [...] je serai l'anneau invisible qui l'attachera, pieds et poings liés, à la chaîne de fer dont Rome et César tiennent les deux bouts » (II, 3, p. 78-79).

Contrairement à Lorenzo qui joue à faire croire qu'il est un autre, Cibo a une audace extraordinaire ; il n'a pas réellement besoin de convaincre ou de persuader. Sûr de sa force et de ses plans, il agit cyniquement. Il est le grand vainqueur du drame.

nature, mais aussi avec la transcendance : « Ah ! Dieu de bonté ! quel moment ! » (IV, 11, p. 182). Mais la lucidité du héros le rattrape une fois de plus. Il connaît la vacuité non seulement politique mais aussi métaphysique de son action : « à ma mort, le bon Dieu ne manquera pas de faire placarder ma condamnation éternelle dans tous les carrefours de l'immensité » (V, 7, p. 204), se désole-t-il. Ainsi, le seul à qui il a réussi à faire croire en la valeur de son geste, c'est lui-même : Lorenzo n'a pas d'autres alliés que sa propre personne, que ses propres rêves qu'il a projetés dans cet assassinat.

À la fin de la pièce, la question reste entière : en quoi Lorenzo de Médicis croit-il et qu'a-t-il voulu faire croire ? Il semble bien trop nihiliste pour que ses manipulations soient univoques. À force de jouer un rôle, de porter des masques et de louvoyer, il a fini par faire croire qu'il est tout autre que celui qu'il fut. Même sa mère, Marie Soderini, a le sentiment que son fils a perdu son identité. Tel est le danger que montre le drame de Musset : en faisant croire à autrui des faussetés sur soi-même, on finit par transformer les mensonges en vérités et les vérités en mensonges, abolissant les frontières entre les discours spécieux et les paroles justes.

## B. De l'usage de la parole, ou comment faire croire ?

### 1. Dire le vraisemblable

Pour mener à bien son entreprise, il n'importe pas à Lorenzo d'être cru de manière totale et absolue, mais de rester crédible. En somme, ce qui compte n'est pas d'être vrai, mais d'être vraisemblable. C'est d'ailleurs la vraisemblance des discours et des gestes de Lorenzo qui produit l'illusion de vérité capable de susciter l'adhésion, même de la part des plus méfiants. Ainsi, quand il vole la cotte de mailles, il formule quelques réponses bouffonnes, il rétorque en chantonnant, ce qui correspond à son *ethos* habituel : voilà son innocence rendue plausible aux yeux du duc. Au moment même où il s'apprête à tuer Alexandre, Lorenzo ment une dernière fois, mais sa mystification est vraisemblable, donc acceptable : il a fait seller des chevaux pour rendre visite à son frère malade.

Pour faire croire quelque chose à autrui ou faire admettre un fait, il faut certes déployer tout un arsenal rhétorique, mais aussi savoir dire ce que l'autre a envie d'entendre, en un mot, s'adapter à sa personnalité et à son rapport au monde. Sur ce point, Lorenzo a parfaitement compris le fonctionnement d'Alexandre de Médicis, tandis que Cibo sait comment contraindre sa belle-sœur, la marquise Cibo. Par exemple, quand la cotte de mailles disparaît, Lorenzo détourne l'inquiétude du duc en le ramenant à ses centres d'intérêt : « À propos, j'ai parlé de vous à ma chère tante. Tout est au mieux ; venez donc un peu ici que je vous parle à l'oreille » (II, 6, p. 105-106). Faire croire suppose donc d'observer l'interlocuteur en anticipant ses désirs, en sachant ce qui flatte son ouïe et son ego, de manière à lui faire mieux accepter un propos, une idée, une intention. C'est ce que souligne la formule du peintre Tebaldeo Freccia : « Trouver sur les lèvres d'un honnête homme ce qu'on a soi-même dans le cœur, c'est le plus grand des bonheurs qu'on puisse désirer » (II, 2, p. 72). Il suggère que l'on écoute avec plus de ferveur ce en quoi on croit déjà, sans nécessité d'être convaincu : c'est le jeu auquel se livre Lorenzo tout au long du drame.

Dans cette optique, la pertinence et la vraisemblance des propos sont les clés de toute manipulation. Pour que le discours soit cru, il faut une dose de vérité, fût-elle minime. Ainsi, quand Lorenzo ment sur les raisons qui lui ont fait préparer des chevaux pour partir, il introduit une part de vérité – il a sans doute un frère, qui ne vit pas à Florence.

## 2. L'échec du dialogue : une rhétorique de l'exclusion

Lorenzo fait un usage très personnel de la parole et de la culture. On sait par sire Maurice qu'il est détesté du peuple, auquel il doit son surnom péjoratif : « Le peuple appelle Lorenzo, Lorenzaccio ; on sait qu'il dirige vos plaisirs, et cela suffit » (I, 4, p. 48). Ce n'est donc pas vers le peuple que sa parole est tournée ; même s'il s'encanaille dans de mauvais lieux, il n'est en rien un plébéien qui flatte le peuple et parle sa langue. L'art de la persuasion que possède Lorenzo, comme Cibo, est raffiné ; il procède d'une solide culture. Sa parole n'émane pas non plus de quelque religion instituée, puisque Cibo rappelle qu'il a été excommunié après son geste blasphématoire : « Messire Francesco Molza vient de débiter à l'Académie romaine une harangue en latin contre le mutilateur de l'arc de Constantin » (*ibid.*, p. 49). Mais Lorenzo ne parle pas non plus la langue des politiciens, et raille même les faiseurs de discours qui, à l'image de Philippe Strozzi, parlent mais n'agissent pas. Son système argumentatif est avant tout livresque et historique ; il se fonde sur un savoir érudit qu'il dévoile dans la grande scène qui le confronte à Philippe. Il se présente lui-même de manière ironique comme un savant : « Si l'on vous a dit que j'étais un soldat, c'est une erreur ; je suis un pauvre amant de la science » (*ibid.*, p. 51). Cette métaphore cache une vérité qui surdétermine sa capacité de convaincre et de persuader autrui : Lorenzo peut faire croire car il est savant et cultivé.

Par la parole, Lorenzo ne cherche pas à s'intégrer à un groupe, mais plutôt à s'en exclure volontairement. Le duc résume cette mise à l'écart en une réplique : « Lorenzo, écoute ici. Voilà une heure que nous parlons de toi. Sais-tu la nouvelle ? Mon ami, on t'excommunie en latin, et sire Maurice t'appelle un homme dangereux, le cardinal aussi ; quant au bon Valori, il est trop honnête homme pour prononcer ton nom » (*ibid.*, p. 50). Dans *Lorenzaccio ou la Difficulté d'être*, le critique Bernard Masson confirme que Lorenzo est un personnage en rupture, mettant en lumière le rapport ambigu et indécis qu'il entretient à l'autre, entre dépendance et rejet :

> Dans ses rapports avec autrui, la personnalité insuffisamment assurée de Lorenzo est saisie paradoxalement entre deux exigences opposées : le besoin du regard d'autrui, qui revêt à ses yeux une valeur constituante, et, dans le même temps, une sourde protestation contre ce même regard, jugé hostile et déprimant. De là un malaise, une difficulté d'être en société, un échec dans le dialogue avec autrui [1].

Cet « échec du dialogue » explique que le principal mode de communication de Lorenzo soit, outre la dissimulation, la provocation. Celle-ci se décline selon plusieurs modalités, qui associent un état d'esprit à une attitude sociale : insolence, airs péremptoires, moqueries et saillies, hardiesses langagières. Musset dote son personnage de deux qualités indispensables aux beaux parleurs et aux provocateurs : le sens de l'à-propos, l'art de la repartie. Bien plus à l'aise avec les mots qu'Alexandre, Lorenzo domine ses interlocuteurs par son maniement du terme juste et qui fait mouche. Dans les scènes de groupe, où il apparaît en présence d'Alexandre, toutes ses reparties ont pour fonction d'amuser le duc ou de lui faire comprendre qu'il le divertit au détriment des autres. Sur ce point, Cibo est également un redoutable adversaire, qui use aussi volontiers de la raillerie pour déstabiliser ses interlocuteurs, en particulier la marquise.

## 3. L'arme de l'ironie

Pour les deux personnages manipulateurs du drame, Lorenzo et Cibo, dialoguer avec autrui suppose de recourir à un certain nombre de subterfuges : le premier parce qu'il veut dissimuler son intention tyrannicide, le second parce qu'il veut régner sur Florence. Mais quelle langue parlent-ils et à qui s'adressent-ils ? Tous deux ont en commun un maniement remarquable de l'ironie qui, étymologiquement, renvoie à l'interrogation, au questionnement (du verbe grec *eiromai*, « demander », « interroger »). L'ironie n'a pas pour fonction première de convaincre ou de faire croire, mais en renvoyant l'autre à lui-même et à son propre discours, elle constitue une habile manière de le déstabiliser et de le contraindre. À ce titre, elle entre dans les stratégies d'un discours de conviction.

---

1. Bernard Masson, *Lorenzaccio ou la Difficulté d'être*, Lettres modernes Minard, n° 46, 1968.

À l'image de l'assaut d'escrime du début de l'acte III, Lorenzo excelle dans les joutes et les pointes ironiques. Dans chaque dialogue du drame où il est impliqué, l'échange laisse place à l'ironie. Dès sa première apparition, il est confronté à la défiance de sire Maurice et du cardinal Cibo. Face à l'attaque imagée de Cibo (« Les chiens de cour peuvent être pris de la rage comme les autres chiens », I, 4, p. 50), Lorenzo ne cherche pas à se défendre frontalement, mais tourne le prélat en ridicule : « Une insulte de prêtre doit se faire en latin » (*ibid.*). Dans la même scène, l'ironie provocatrice a une double fonction : parler comme un bouffon, qui rit aux dépens des autres, et défier sire Maurice pour provoquer un duel où il jouera au lâche. Aussi, quand Lorenzo suggère que sire Maurice n'a pas assez d'activité sexuelle au regard de certaines de ses caractéristiques physiques, il fait mouche, puisqu'il s'en prend à la virilité de son interlocuteur, et peut-être à ses frustrations :

> LORENZO. – Cousin, quand vous aurez assez de quelque conquête des faubourgs, envoyez-la donc chez sire Maurice. Il est malsain de vivre sans femme, pour un homme qui a, comme lui, le cou court et les mains velues.
> SIRE MAURICE. – Celui qui se croit le droit de plaisanter doit savoir se défendre. À votre place, je prendrais une épée.
> LORENZO. – Si l'on vous a dit que j'étais un soldat, c'est une erreur ; je suis un pauvre amant de la science.
> SIRE MAURICE. – Votre esprit est une épée acérée, mais flexible. C'est une arme trop vile ; chacun fait usage des siennes.
>
> (I, 4, p. 50-51)

On relève un même usage de la provocation ironique dans la première réplique que le cardinal Cibo adresse à sa belle-sœur. Il utilise d'emblée une saillie mordante et railleuse, pour dénoncer l'inquiétude exagérée de la marquise : « Marquise, voilà des pleurs qui sont de trop. Ne dirait-on pas que mon frère part pour la Palestine ? Il ne court pas grand danger dans ses terres, je crois » (I, 3, p. 41). Si la domination de Cibo s'exerce par un cynisme absolu, cette attitude repose sur une morgue ironique, qui se sait consciente de ses vilenies.

Le paroxysme de la duplicité ironique est atteint dans l'une des répliques que Lorenzo adresse à Alexandre à la scène 4 de l'acte II : « Bon ! Si vous saviez comme cela est aisé de mentir impudemment au nez d'un butor ! Cela prouve bien que vous n'avez jamais essayé » (p. 95). Le trait d'esprit est cocasse, et un tel degré d'ironie relève même de l'audace. À cet égard, l'usage de l'ironie s'apparente à un jeu, à une forme de ludisme qui fonctionne d'autant mieux que l'interlocuteur est crédule. Insolent, Lorenzo ne cesse de provoquer sa future victime, qui ne s'aperçoit de rien et qui, au contraire, constate que les informations dont il a connaissance lui ont été fournies par Lorenzo :

LE DUC. – [...] Tout ce que je sais de ces damnés bannis, de tous ces républicains entêtés qui complotent autour de moi, c'est par Lorenzo que je le sais. Il est glissant comme une anguille ; il se fourre partout et me dit tout. N'a-t-il pas trouvé moyen d'établir une correspondance avec tous ces Strozzi de l'enfer ?

(I, 4, p. 49)

L'ironie dont use Lorenzo est d'autant plus saillante que le duc est crédule, ou à tout le moins conditionné par une sorte d'aveuglement ou de déni.

## 4. Le comique pour convaincre

Dans *Lorenzaccio*, l'ironie débouche parfois sur le comique, présent dans le drame comme moyen de manipuler l'autre. Théophile Gautier loue par exemple le « comique terrible et douloureux » (feuilleton de *La Presse* du 27 août 1839) qui selon lui anime *Lorenzaccio* et son héros. Pour surprenant qu'il paraisse, ce jugement invite à étudier un aspect fondamental de l'*ethos* de Lorenzo et de son art de convaincre. Amuser la galerie – ou s'amuser d'elle – procède pour ce dernier d'une stratégie persuasive à part entière, qui soutient la vaste entreprise de manipulation nécessaire à l'exécution du tyrannicide.

Dès la deuxième scène du drame, le jeune homme se distingue par sa loufoquerie et se trouve péjorativement caractérisé par ses « farces silencieuses » et autres « espiègleries d'écolier en vacances » (I, 2, p. 39). En se posant tantôt ici en bouffon, tantôt là en clown triste, tantôt ailleurs en « histrion » (III, 3, p. 121), Lorenzo présente au monde le visage d'un être incapable de sérieux, d'un inconséquent sans envergure : il se préserve ainsi du risque d'être découvert dans son projet meurtrier et parvient à faire croire à Alexandre qu'il est inoffensif.

Sa parole, souvent comique, relaie cet aspect de sa personnalité. Mais ce comique est porteur d'une tension ambivalente : les registres qu'il convoque forment une palette de nuances globalement sombres. La parole comique de Lorenzo est souvent aigre, moqueuse, vectrice de sarcasmes, volontiers grotesque ou bien bouffonne : elle pousse jusqu'à son paroxysme la dégradation, considérée depuis Aristote comme nécessaire au comique tant qu'elle reste tempérée. C'est parce que cette parole comique prend des risques, qu'elle ne se cache pas derrière un humour de convenance ou de bon goût, qu'elle moque tout et tout le monde et ne cherche pas à emporter une adhésion quelconque qu'elle parvient globalement à convaincre. La rhétorique que Lorenzo déploie dès le premier acte pour invalider les soupçons du cardinal, seul à percevoir en lui un « homme dangereux » (I, 4, p. 50), procède ainsi d'une verve sarcastique qui brouille d'autant mieux les pistes qu'il déplace sa cible depuis le cardinal jusqu'à sire Maurice. À la fin de la scène 4, l'accélération des répliques dessine une joute verbale désopilante, qui permet à Lorenzo de changer de sujet sans en avoir l'air. En se réfugiant dans son *ethos* de blagueur impertinent, il conforte une fois de plus Alexandre dans sa conviction que son cousin n'a rien d'un « homme à craindre » (*ibid.*, p. 49).

Plus tard dans le drame, la justification bouffonne écarte à nouveau de lui les soupçons des tiers. Tandis que la cotte de mailles du duc disparaît, et que Giomo interroge Lorenzo sur sa curieuse attitude au-dessus du puits, le héros prétexte une passion farfelue : « Cracher dans un puits pour faire des ronds est mon plus grand bonheur. Après boire et dormir, je n'ai pas d'autre occupation » (II, 6, p. 105). Dans ce cas, la parole bouffonne relève d'une stratégie comique qui fonctionne : « Bah ! un Lorenzaccio ! La cotte est sous quelque fauteuil » (*ibid.*, p. 106), se laisse persuader Giomo.

Ailleurs la parole comique sert au héros à brouiller les pistes concernant son engagement républicain. Les provocations qu'il multiplie à l'égard de son oncle Bindo et de Venturi retardent le moment de redire l'engagement politique, réaffirmé finalement par des arguments aussi burlesques que douteux : « Je suis des vôtres, mon oncle. Ne voyez-vous pas à ma coiffure que je suis républicain dans l'âme ? Regardez comme ma barbe est coupée. N'en doutez pas un seul instant ; l'amour de la patrie respire dans mes vêtements les plus cachés » (II, 4, p. 91). L'arrivée du duc au milieu de cette scène est l'occasion d'une énième insolence à l'égard des deux hommes : Lorenzo y rejoue à sa manière la célèbre scène de Covielle et Jourdain dans *Le Bourgeois gentilhomme* de Molière [1]. Il s'amuse ainsi de la susceptibilité de Venturi en le présentant au duc comme étant un « seigneur [...] qui fabrique, il est vrai, de la soie, mais qui n'en vend point » (*ibid.*, p. 92) et retourne le fer quelques répliques plus loin : « Le seigneur Venturi, bien qu'il ne vende point de soie, demande un privilège pour ses fabriques » (*ibid.*). Cette parole comique en forme de persiflage fait croire à l'un que la loyauté de ceux qui sont en fait ses ennemis lui est acquise, et fait douter les autres de la fiabilité de l'impertinent.

## 5. Une rhétorique savante

À côté de ces passages comiques, le drame déploie une rhétorique savante. La phrase est travaillée et les formules saillantes sont nombreuses. Musset met en œuvre une prose élaborée, une parole ciselée, qui rappellent son

---

1. À l'acte IV, scène 3, le valet Covielle flatte M. Jourdain en minimisant l'activité de marchand de son père : « comme il se connaissait fort bien en étoffes, il en allait choisir de tous les côtés, les faisait apporter chez lui, et en donnait à ses amis pour de l'argent » – tout comme Venturi, qui « fabrique de la soie, mais n'en vend point ».

talent poétique. Ainsi, dès la première scène, il recourt à une série de figures qui animent le dialogue et lui donnent sa profondeur : insertion de maximes et de proverbes dans l'échange (« le vrai mérite est de frapper juste », I, 1, p. 28), proverbes animaliers au sens équivoque (« Une jeune chatte qui veut bien des confitures, mais qui ne veut pas se salir la patte », *ibid.*), accumulation d'infinitifs (« étudier, ensemencer, infiltrer », *ibid.*), antéposition d'adjectifs qualificatifs (« rien qu'un léger vernis », *ibid.*), etc. Dans le dernier acte du drame, Musset place dans la bouche de l'orfèvre une série de zeugmes [1] qui ont pour fonction de convaincre le marchand de la situation délétère de la ville et de l'urgence qui s'est installée après la mort d'Alexandre : « Les uns courent après les soldats, les autres après le vin qu'on distribue, et ils s'en remplissent la bouche et la cervelle, afin de perdre le peu de sens commun et de bonnes paroles qui pourraient leur rester » (V, 5, p. 199).

Tout au long du drame, Musset recourt aux personnifications et réifications pour renforcer les discours de persuasion. Quand Lorenzo comprend que pour lui tout est devenu vain après le meurtre d'Alexandre, il convainc Philippe de la vacuité de son existence en convoquant une image macabre : « c'est que je suis plus creux et plus vide qu'une statue de fer-blanc » (V, 7, p. 204). C'est en sollicitant des images ou un système métaphorique que les personnages parviennent à persuader leurs différents interlocuteurs, car c'est à travers eux qu'un sens supérieur se construit et que certaines explications prennent corps. Ainsi, dressant le constat de son action, Lorenzo se décrit en ces termes : « J'étais une machine à meurtre, mais à un meurtre seulement » (*ibid.*, p. 205). Toutes les images que Lorenzo emploie dans l'acte V font deviner à Philippe Strozzi des pensées suicidaires, ce que confirme la décision finale du personnage d'aller se promener dans la rue et de se laisser assassiner.

La symbolique des images possède un réel pouvoir sur les destinataires, mais aussi sur les lecteurs du drame. Quand Scoronconcolo observe l'étrange extase qui envahit son maître après l'assassinat d'Alexandre, la métaphore de la dilatation est destinée au lecteur ou au spectateur sous la forme d'un aparté : « Son âme se dilate singulièrement » (IV, 11, p. 182). Dans la même perspective, l'usage de la métaphore structure en profondeur l'échange entre le jeune peintre Tebaldeo Freccia et Lorenzo (II, 2, p. 73 et suiv.). Si dans un premier temps le jeune peintre semble désarçonné par les propos de Lorenzo, il retourne contre son adversaire l'art de l'image en filant la métaphore de Florence comme une ville-mère :

LORENZO. – Pourquoi donc ne peux-tu peindre une courtisane, si tu peux peindre un mauvais lieu ?

TEBALDEO. – On ne m'a point encore appris à parler ainsi de ma mère.

---

1. Construction qui consiste à ne pas énoncer un mot ou un groupe de mots déjà exprimés dans une proposition immédiatement voisine.

LORENZO. – Qu'appelles-tu ta mère ?
TEBALDEO. – Florence, seigneur.
LORENZO. – Alors, tu n'es qu'un bâtard, car ta mère n'est qu'une catin.
TEBALDEO. – Une blessure sanglante peut engendrer la corruption dans le corps le plus sain. Mais des gouttes précieuses du sang de ma mère sort une plante odorante qui guérit tous les maux. L'art, cette fleur divine, a quelquefois besoin du fumier pour engraisser le sol et le féconder.

(II, 2, p. 75)

L'entrelacement de la métaphore filée chez les deux protagonistes aboutit à un débat où chacun tente de convaincre l'autre de sa vérité intime. Dans cette scène, exceptionnellement, Lorenzo semble déstabilisé par la verve du jeune poète – peut-être reconnaît-il en lui son idéalisme de jadis ?

## 6. Vérité de la parole lyrique

Faire croire repose en outre sur l'usage du lyrisme. De plus en plus prégnant au fil de la pièce, ce registre s'insinue en particulier dans les quatre monologues de Lorenzo qui prennent place dans la seconde partie du drame. La présence croissante du lyrisme suggère que le personnage n'a plus besoin de faire croire, mais de libérer sa parole en commentant pour lui-même les enjeux de son geste. Aussi le déploiement de la parole lyrique correspond-il à la nécessaire méditation (à haute voix) et à la libération du moi masqué. Le monologue est un lieu d'introspection où, comme on l'a vu, le personnage s'autopersuade de la valeur de son geste. Mais pour l'autre destinataire, le public, le monologue lyrique permet d'adhérer aux motivations du personnage en suivant une logique intérieure et poétisée. Or c'est justement la poésie de Musset qui s'insinue dans les propos de Lorenzo, introduisant dans le drame une autre manière d'accéder à la vérité et au sens. Les deux principaux monologues de Lorenzo figurent ainsi parmi les passages les plus éloquents et en même temps ceux qui dévoilent avec le plus de profondeur la vérité du personnage.

Chez Musset en effet, le lyrisme correspond toujours à une parole vraie car c'est la langue des sentiments, et le cœur ne ment pas. C'est paradoxalement le langage le plus éloigné du prosaïsme qui est le plus proche de l'authenticité. Loin d'être un masque, qui cacherait les intentions du discours, la parole lyrique est une libération, à l'image de l'élan qui s'empare de Lorenzo une fois qu'il a tué le duc : « Que la nuit est belle ! Que l'air du ciel est pur ! Respire, respire, cœur navré de joie ! […] Que le vent du soir est doux et embaumé ! Comme les fleurs des prairies s'entrouvrent ! Ô nature magnifique, ô éternel repos ! » (IV, 11, p. 181-182). Après toutes les manipulations du langage, après les jeux que permet l'ironie, le lyrisme ramène le personnage à une forme d'absolu, et par conséquent à sa vérité.

# Formes et usages du dialogue dans *Lorenzaccio*

La variété des dialogues qui caractérise *Lorenzaccio* offre un large éventail de structures, de tonalités et de registres qui permettent de montrer sous différents angles comment fonctionne la manipulation de la parole. Les conversations peuvent être prosaïques, à l'image des échanges entre les protagonistes de l'acte I, scène 4, ou atteindre des sommets de complexité et de profondeur, comme lors du long échange entre Philippe Strozzi et Lorenzo (III, 3). Le rythme de la pièce repose sur l'alternance de dialogues animés et de moments de suspens.

## • Dialogues animés

Les différentes scènes de rue offrent un premier exemple d'animation par le dialogue. À l'acte V, le bref échange entre les étudiants et les soldats est acéré et brutal. Des répliques brèves, interrogatives ou exclamatives, suggèrent l'urgence et la menace qui planent sur l'intrigue. De même, la scène 3 de l'acte II, qui confronte le cardinal et la marquise Cibo, dévoile un dialogue serré, au cours duquel le cardinal cherche à pousser son interlocutrice dans ses retranchements. La succession de répliques (II, 3, p. 80-82) révèle un face-à-face tendu, où les deux personnages ont un sens aigu de la repartie. Ce système dialogique renseigne sur la nature inquisitrice et brutale de Cibo, qui transforme la confession en un interrogatoire dérangeant.

## • Le monologue, entre délibération et introspection

Musset utilise le monologue pour les trois personnages les plus politiques du drame : Lorenzo, Cibo et Philippe Strozzi. Montrant le personnage en pleine réflexion, le monologue permet au lecteur-spectateur d'accéder à ses pensées intimes et souvent à ses motivations.

Lorenzo bénéficie de trois monologues à l'acte IV. Chacun d'eux a pour fonction de dévoiler sa personnalité et ses intentions. Dans le premier (IV, 3), il se questionne sur son identité. Ce monologue est rétrospectif, il dévoile les doutes et les peurs du jeune homme avant d'agir. Le suivant (IV, 5) exprime un dégoût de soi et une forme de culpabilité, conséquences du mensonge accumulé. Le dernier monologue de l'acte (IV, 9) est le plus long, le plus suggestif et le plus violent, comme le suggère sa structure chaotique. Contrairement aux deux précédents, la syntaxe en est instable. Ce monologue constitue la dernière répétition du crime et apparaît comme un exercice d'autopersuasion.

## • Écriture chorale

L'écriture chorale est à l'œuvre dans le premier et le dernier acte du drame. Les scènes 2 et 5 de l'acte I illustrent cette technique, qui consiste à distribuer la parole à plusieurs personnages, qui commentent la situation de Florence. L'usage d'un chœur de bannis à la fin de l'acte (I, 6) introduit dans le drame une structure originale, qui rappelle les chœurs de la tragédie antique. Le chœur est une parole collective, qui fait entendre la voix d'un groupe et non celle d'un individu. Cette parole chorale a pour fonction de commenter l'actualité politique et d'inscrire la destinée de Florence dans une dynamique tragique. Les « adieux » prononcés par les différentes voix du chœur soulignent tous la situation désespérée de Florence. La sincérité de leur parole fait contraste avec les faux-semblants qui traversent la pièce.

On retrouve l'écriture chorale à la fin du drame, à l'acte V, où interviennent successivement, dans l'espace de la rue de Florence, deux gentilshommes, le marchand de soie et l'orfèvre, deux précepteurs et leurs élèves, les soldats et les étudiants.

## C. Enjeux politiques du « faire croire »

### 1. Un discours insaisissable

Dans *Lorenzaccio*, faire croire, donner de l'espoir, produire l'illusion, toutes ces intentions appartiennent en propre au domaine du politique. La logique de la persuasion relève de l'éloquence politique, art qui, depuis l'Antiquité, consiste pour un orateur à convaincre une assemblée ou une collectivité. Mais pour que la parole soit efficiente, le tribun doit s'appuyer sur une solide rhétorique, afin de faire admettre à son auditoire qu'il détient une vérité supérieure. Or *Lorenzaccio* comporte assez peu de discours politiques proprement dits, point d'éloquence parlementaire à l'image de celle qu'on rencontre par exemple, chez Hugo, dans les tirades de Triboulet dans *Le roi s'amuse* ou de Ruy Blas dans le drame du même nom. Dans *Lorenzaccio*, le discours sur la situation politique est fragmenté, morcelé à travers les constats de différents interlocuteurs. Il en résulte une impression de décomposition de la parole politique.

Il est impossible de croire en la sincérité des discours politiques : c'est ce que montre de façon éclatante la dernière scène de la pièce. C'est l'unique moment du drame où sont réunis tous les organes du pouvoir florentin et « [d]es gens du peuple [qui] accourent de tous côtés », comme le précisent les didascalies (V, 8, p. 207). La mise en scène de l'intronisation de Côme de Médicis relève de la mascarade. L'impétrant, incapable de prononcer lui-même un discours, répète ce qu'on lui dicte. Si la proclamation de Côme de Médicis donne l'illusion d'une décision concertée et sage, elle procède en réalité des manœuvres de Cibo, qui tient désormais les rênes du pouvoir. Quelle est la réaction du peuple présent sur la grande place ? Musset n'en dit rien. Cette scène ultime de *Lorenzaccio* porte la trace de l'éloquence antique, mais celle-ci ne se déploie plus vers une foule qu'il faut convaincre, elle s'adresse à un peuple contraint d'accepter un nouveau fantoche. Cette dégradation des espaces de l'éloquence est à mettre en lien avec la vacuité de la parole politique, telle que le drame la met en scène. À quoi bon faire croire en un idéal de société possible dans une cité gangrenée par la violence et la corruption ? À quoi bon persuader les populations d'un bonheur collectif possible, quand répression et oppression sont les maîtres-mots du pouvoir ? Dans *Lorenzaccio*, ni le héros ni les autres protagonistes ne font croire à la possible concorde étatique, c'est sur un autre terrain que se jouent l'éloquence et sa force à convaincre.

Comme on l'a vu, c'est au sein des monologues de Lorenzo que la verve est la plus magistrale, rythmée par des envolées lyriques qui donnent l'impression que le personnage s'enivre de ses propres discours pour y croire. Dans le monologue de la scène 3 de l'acte IV, Lorenzo exprime toutes les tensions liées à son geste : s'est-il lui-même illusionné sur son désir de meurtre ? Pourquoi tuerait-il un homme qui a été bon avec lui, fût-ce « à sa manière » (p. 157) ? Apparaît ici un élément clé de la pièce, qui relève de l'obsession pour Lorenzo : faire croire à son projet meurtrier, se persuader de sa capacité de le mener à bien. Or la dimension politique du projet est à ses yeux incertaine ou à tout le moins ambivalente : tuera-t-il Alexandre par conviction politique ou bien pour donner un sens à sa vie à travers un geste extraordinaire ?

Croire, faire croire et se persuader structurent ainsi en profondeur les démonstrations des deux derniers actes de la pièce. Lorenzo s'acharne à persuader ses interlocuteurs et lui-même de la vérité de ses actes. « [E]t quel motif de croire à ce meurtre ? » s'interroge-t-il (IV, 9, p. 175). Même une fois le meurtre accompli, Lorenzo peine à se faire entendre : « Pourquoi ne veux-tu pas me croire ? » demande-t-il à Philippe (V, 2, p. 191). Aussi, quand le vieux républicain comprend que Lorenzo est effectivement le tyrannicide, le jeune homme revient une nouvelle fois sur ses difficultés à faire croire en lui : « Eh bien, Philippe, vous ne vouliez pas croire tout à l'heure que j'avais tué Alexandre ? Vous voyez bien que je l'ai tué » (*ibid.*, p. 195). La répétition du verbe « croire » signale que Lorenzo ne parvient toujours pas à faire croire aux intentions de son geste. À cette étape du drame, Lorenzo a-t-il atteint son but, est-il passé du statut de celui qui fait croire à celui qui agit ?

## 2. Impuissance à faire croire

Dans l'absolu, faire croire n'est pas nécessairement une mauvaise action, *a fortiori* quand l'intention finale est louable, quand il s'agit de construire le bonheur des peuples : « la république, il nous faut ce mot-là. Et quand ce ne serait qu'un mot, c'est quelque chose, puisque les peuples se lèvent quand il traverse l'air », déclare Philippe Strozzi (II, 1, p. 68). Dans ce cas précis, faire croire, c'est incarner le bonheur dans un mot (la république), donner de l'espoir quand tout semble vain ou impossible. Mais c'est produire une illusion qui aide à vivre quand la réalité est trop décevante. Croire en un idéal politique et faire croire qu'il est encore possible, voilà tout l'enjeu du clan des républicains dans *Lorenzaccio*. Sont-ils encore capables d'élever leur parole politique vers un idéal et de convaincre les Florentins de leur action ?

Les républicains, dont les valeurs et la parole sont entourées d'une aura positive, sont, eux aussi, soumis à l'échec, faute d'avoir su convaincre de la légitimité de leur politique. Ils incarnent par conséquent l'impuissance à faire croire, à faire accepter une vision politique garante du bonheur des hommes. À cet égard, le clan des Strozzi est emblématique de la faiblesse des discours et des comportements idéalistes face aux louvoiements, aux mensonges et aux manipulations. Alors qu'il tente vainement de prendre la tête des bannis,

Pierre Strozzi ne saurait être crédible car il incarne la *vendetta* dans le sang, et perpétue un interminable conflit entre les familles. À l'acte II, Philippe Strozzi décrit une situation insoluble, qui empêche de promouvoir un discours optimiste et de faire croire en des jours meilleurs :

> PHILIPPE. – Dieu veuille qu'il n'en soit rien ! Que de haines inextinguibles, implacables, n'ont pas commencé autrement ! Un propos ! la fumée d'un repas jasant sur les lèvres épaisses d'un débauché ! voilà les guerres de famille, voilà comme les couteaux se tirent. On est insulté, et on tue ; on a tué et on est tué. Bientôt les haines s'enracinent ; on berce les fils dans les cercueils de leurs aïeux, et des générations entières sortent de terre l'épée à la main.
>
> (II, 5, p. 96)

« Le plus brave homme de Florence, c'est Philippe Strozzi », déclare l'orfèvre dans la deuxième scène du drame (p. 34). Et cependant, est-il encore capable de convaincre les autres du bien-fondé de ses idées républicaines ? Sage mais passif, il ne parvient pas à rassembler autour de lui un clan assez fort pour renverser Alexandre. Philippe ne croit que ce qu'il voit, et ne saurait berner l'autre d'illusions. Sa vision est pessimiste, voire apocalyptique : « Voilà la nuit ; la ville se couvre de profondes ténèbres. Ces rues sombres me font horreur – le sang coule quelque part, j'en suis sûr » (II, 5, p. 98). Parce que son idéal républicain se fonde sur le pacifisme et la concorde, sa voix n'est plus audible sous un régime violent, dans une ville soumise au bellicisme, sous le joug de soldats allemands. Dans une certaine mesure, Philippe Strozzi est aussi la dupe de lui-même, voire la victime de ses propres illusions. La croyance en des idéaux est constamment mise à mal ; tout à Florence vient la contredire : « je crois à tout ce que tu appelles des rêves ; je crois à la vertu, à la pudeur et à la liberté » (III, 3, p. 130) ; « je crois à l'honnêteté des républicains » (*ibid.*, p. 134), « Si tu n'as vu que le mal, je te plains ; mais je ne puis te croire » (*ibid.*, p. 132). Il dupe aussi involontairement ceux qui l'idéalisent, et le fait qu'il parle de lui à la troisième personne dans la tirade de la scène 5 de l'acte II montre qu'il se place à distance de lui-même : « On croit Philippe Strozzi un honnête homme, parce qu'il fait le bien sans empêcher le mal », dit-il à propos de lui-même (p. 99). Bien qu'il déplore la complicité tacite des grandes familles florentines, seules aptes à éliminer le tyran, il ne peut que constater l'inefficacité de sa parole : « Je me suis courbé sur des livres, et j'ai rêvé pour ma patrie ce que j'admirais dans l'antiquité. Les murs criaient vengeance autour de moi, et je me bouchais les oreilles pour m'enfoncer dans mes méditations » (*ibid.*). Même Lorenzo, parfaitement conscient de la situation politique du clan de Strozzi, sait que l'assassinat d'Alexandre ne ranimera pas la ferveur républicaine :

LORENZO. – Je te fais une gageure. Je vais tuer Alexandre ; une fois mon coup fait, si les républicains se comportent comme ils le doivent, il leur sera facile d'établir une république, la plus belle qui ait jamais fleuri sur la terre. Qu'ils aient pour eux le peuple, et tout est dit. – Je te gage que ni eux ni le peuple ne feront rien.

(III, 3, p. 134)

Si les républicains ne parviennent plus à faire croire en leurs idéaux, c'est enfin que toutes leurs tentatives sont démenties ou annihilées par la réalité et par les faits qui se produisent en coulisses, au fil du drame. Les différentes personnifications de Florence comme « catin » suggèrent que la ville est un cloaque où toute parole pure est vouée à se déliter dans la fange. La répétition de formules injurieuses ou dépréciatives telles que « Peste de l'Italie », « Pauvre ville », « mauvais lieu », « fange sans nom » rend impossible qu'advienne une parole d'espoir. Au thème de l'idéal perdu, que véhicule Philippe Strozzi, s'opposent les images de la maladie et de la prostitution. Dès lors, comment faire croire quand ils ne peuvent plus croire eux-mêmes que la cause qu'ils défendent est viable ?

## 3. Du bon usage de la philosophie politique

Une grande partie des convictions républicaines tient à la conception philosophique et éthique que déploie le discours de Philippe Strozzi : il ne fonde pas son discours sur une volonté de faire croire en une vérité ni de persuader autrui de la pertinence de ses idées, mais sur un rapport abstrait au bonheur des peuples, voire sur une culture philosophique en laquelle il semble le seul à croire encore. La première scène de l'acte II et la troisième scène de l'acte III corroborent l'hypothèse selon laquelle Philippe a renoncé au « faire croire » au profit du « laisser penser ». Dans la scène 1 de l'acte II, ses formules égrènent une série de questions philosophiques qui opposent nature et culture : « La corruption est-elle donc une loi de nature ? » (p. 67). La méditation du monologue qui ouvre l'acte II n'est pas tournée vers autrui. Philippe se questionne lui-même, de manière autotélique, et la pensée tourne à vide. Sa contemplation des idées est alimentée par la lecture d'auteurs latins : Pline et Suétone. À l'acte IV, scène 6, alors qu'il demande à son père de faire un choix, Pierre Strozzi ironise en lui déclarant : « Ainsi vous perdez la cause des bannis, pour le plaisir de faire une phrase ? Prenez garde, mon père, il ne s'agit pas là d'un passage de Pline ; réfléchissez avant de dire non » (p. 169). La référence à Pline l'Ancien (23-79 ap. J.-C.), auteur d'une encyclopédique *Histoire naturelle*, renforce l'image d'un républicain pétri de culture romaine, mais dont les modèles semblent anachroniques. Il médite sur l'histoire et les origines de la république, mais refuse la rébellion, choisissant le maintien de l'ordre public et la paix civile. Philippe n'accepte pas la révolution à n'importe quel prix, et surtout il veut bâtir une cité idéale. Une telle exigence le condamne à la passivité. La forme discursive qui le définit n'est pas le plaidoyer mais le jugement sous forme de constats : qualifié « d'inexorable faiseur de sentences » (*ibid.*, p. 170) par son fils Pierre, il lui est impossible de faire croire à une nouvelle république car sa parole n'est pas agissante.

Face à cette philosophie, belle mais passive, qui médite sur les grands modèles antiques, se dresse une tout autre conception du monde, une vision « moderne » fondée sur la pensée de Machiavel, autrement dit sur la capacité qu'a la parole de faire admettre certains principes discutables. C'est l'éthique de Cibo pour qui faire croire est un *modus vivendi*. Derrière les tactiques de Cibo se découvre l'usage de la philosophie machiavélienne. Rappelons ici que Nicolas Machiavel (1469-1527) a été fonctionnaire de la république de Florence, chassé pour ses idées républicaines quand les Médicis érigèrent la république de Florence en duché. Or Musset semble suggérer que Cibo se conforme aux idées de Machiavel, telles qu'elles sont réinterprétées au XIX$^e$ siècle : dissimuler pour régner, faire croire et jouer de duplicité pour diviser l'ennemi. Cibo met en effet en application certains éléments du chapitre XVIII de l'essai de Machiavel, qui concerne la manière dont les princes doivent tenir leur parole. Selon Machiavel, en effet, « un prince bien avisé ne doit point accomplir sa promesse lorsque cet accomplissement lui serait nuisible [1] ». Pour que le mensonge d'État soit acceptable, le Prince doit maîtriser habilement l'art des illusions et faire croire aux apparences, posséder parfaitement l'art et de simuler et de dissimuler, autrement dit de faire croire à la sincérité de ses intentions. Pour parvenir à ses fins, il doit agir « tout plein de douceur, de sincérité, d'humanité, d'honneur et principalement de religion [2] ». Cet éloge de l'hypocrisie s'applique à l'attitude du cardinal Cibo qui, loin d'accomplir ce qu'on attend d'un homme de foi et d'Église, dévoie sa fonction pour parvenir à ses fins.

### 4. Le peuple leurré

Quelques mois avant la parution de *Lorenzaccio*, Victor Hugo connaît un immense succès avec son drame *Lucrèce Borgia*. À l'acte II de cette pièce, Lucrèce Borgia utilise, elle aussi, une formule digne de Machiavel : « Les serments, cela est bon à dire au peuple ! ». Par cette déclaration, la duchesse semble mépriser la valeur d'une promesse. Cette donnée morale et politique est également importante dans *Lorenzaccio*, puisque la pièce montre

---

1. Machiavel, *Le Prince*, *Œuvres complètes*, trad. J.V. Périès, Michaud, 1823, p. 114 [nous donnons ici la référence à une traduction que Musset a pu aisément consulter].
2. *Ibid.*

comment on fait croire au peuple qu'un bonheur collectif est possible, alors même que la réalité dément constamment ces engagements. Musset décrit en effet le peuple à travers les différents protagonistes qui animent les rues de Florence. Ses personnages ne sont pas dépourvus de lucidité face à ce qu'on veut leur faire accroire. Une réplique d'un bourgeois à la scène 2 de l'acte I en témoigne : « Faire du jour la nuit et de la nuit le jour, c'est un moyen commode de ne pas voir les honnêtes gens » (p. 37). Cette scène est emblématique de la manière dont Musset traite cet ensemble très varié qu'est le peuple florentin, montré dans ses activités d'échange et de travail. L'intention de Musset est de rendre vivant ce groupe d'où quelques voix s'élèvent, au gré de conversations qui semblent saisies sur le vif. Les personnages commentent notamment la situation politique et les faux-semblants de la parole.

Dans la même scène, Musset oppose deux personnes du peuple, l'orfèvre et le marchand de soie, l'un et l'autre impliqués économiquement par le devenir politique de Florence. Or, à travers eux, Musset confronte deux points de vue et deux manières de réagir aux promesses politiques et à la possibilité de se convaincre d'une amélioration. L'orfèvre incarne la vertu et le respect de valeurs moralement positives ; à cet égard, il n'adhère pas aux semblants de discours que le duché de Florence adresse à son peuple. Le second se soucie peu qu'on lui fasse croire de belles paroles pourvu qu'il vende ses soies et s'enrichisse. Il représente une forme de cynisme économique sur qui les discours politiques n'ont pas vraiment de prise. Le premier endosse-t-il certains idéaux de Musset, comme on l'a parfois dit ? Rien n'est moins certain. Le second en revanche représente la masse des profiteurs, complices du pouvoir en place, dont il cherche à tirer profit.

Désabusés, les habitants de Florence ne croient plus en la parole politique, ni en les promesses qu'on leur ferait croire. Car l'un des rôles de la politique, c'est de donner de l'espoir et, dans un contexte tel que celui de la Florence en 1537, faire croire, c'est aussi semer un germe d'espérance pour la société. Or les habitants de Florence sont les victimes d'une parole autoritaire et oppressante. L'absence de dialogue social dans *Lorenzaccio* a une fonction idéologique : Musset transpose la situation de la jeunesse au début de la monarchie de Juillet. Après la chute de la Restauration et les barricades dans Paris, on lui avait fait croire à des lendemains qui chantent. Or les premières années du régime sont marquées par des répressions antirépublicaines. Le peuple est finalement le premier destinataire et la victime d'une parole fausse, tissue de promesses et d'engagements non tenus. « Que voulez-vous que fasse la jeunesse sous un gouvernement comme le nôtre ? » déclare un bourgeois qui a compris le peu de valeur des promesses politiques (I, 5, p. 56). L'intrigue de *Lorenzaccio* ne désigne pas directement ce qu'on fait croire au peuple, mais les conséquences des espoirs non accomplis. La scène finale montre ainsi à quel point on cherche à faire croire à une illusion : Côme de Médicis, placé à la tête de Florence par les manigances de Cibo, ne sera pas meilleur que son prédécesseur. Le grand perdant de l'aventure, c'est bien le peuple, à qui l'on ne s'efforce même plus de faire croire au bonheur en société.

## CONCLUSION

La morale de *Lorenzaccio* est bien pessimiste. Ceux qui croient en un idéal n'ont pas réussi à convaincre les autres ; ceux qui accèdent au pouvoir sont des marionnettes manipulées par le pire des cyniques, Cibo ; celui qui a tenté d'accomplir un geste héroïque a progressivement perdu les raisons de son acte. Ce climat de désenchantement généralisé repose en grande partie sur la volonté de Musset de montrer un monde délité, celui de son époque autant que celle du Lorenzo historique. Son drame ne cherche donc pas à faire croire à quelque lendemain heureux : en choisissant de mettre en scène une crise politique majeure, il lève le voile sur toutes les stratégies de conviction et de persuasion. La perte des valeurs spirituelles et morales, qui caractérise le drame, est dès lors exemplifiée par tous les mauvais usages de la parole, qu'elle soit politique ou privée.

Peut-on pour autant, comme le suggère Henri Lefebvre, assimiler le parcours de Lorenzo à celui de Musset ? « Lorenzo, comme Musset, veut *à la fois* venger son peuple, le délivrer, se délivrer lui-même, agir contre les oppresseurs et contre les bourreaux, retrouver sa pureté et rendre la liberté au monde [1]. » Musset n'est pas un républicain, il ne transpose pas la situation de 1537 à 1830. Mais grâce à un système analogique, il dissémine dans les dialogues une réflexion sur la parole politique en général, sur les faux-semblants qu'impose la manipulation des individus et des foules. Dans *Lorenzaccio* en effet, la parole pure et héroïque ne convainc plus, elle est inopérante – c'est ce qui différencie principalement les héros de tragédie et les héros de « drames romantiques ». Entre succès (tyrannicide du duc) et échec (assassinat-suicide de Lorenzo), la parole est prisonnière d'une tension entre le bien et le mal : « Le mal existe, mais non pas sans le bien, comme l'ombre existe, mais non sans la lumière » (III, 3, p. 132). Finalement, ce que Musset parvient à faire croire au lecteur de son drame, en 1834, c'est que seuls l'art et les artistes sont aptes à faire advenir un nouveau discours et une parole digne d'être écoutée.

---

1. Henri Lefebvre, *Musset*, L'Arche, 1955, p. 120.

## ORIENTATIONS BIBLIOGRAPHIQUES

**Édition de référence**
MUSSET, *Lorenzaccio*, présentation et dossier de F. Naugrette avec le concours de S. Ledda et d'E. Pinon, GF-Flammarion, 2023.

**Études critiques**
COURT-PEREZ Françoise, « Le langage dans *Lorenzaccio* », *Musset, Lorenzaccio, On ne badine pas avec l'amour*, Société d'édition d'enseignement supérieur, 1990.
LAFORGUE Pierre, « *Lorenzaccio*, ou Œdipe à Florence », *L'Œdipe romantique, le jeune homme, le désir et l'Histoire en 1830*, Grenoble, Éditions littéraires et linguistiques de l'université de Grenoble, 2002.
LEDDA Sylvain, *Lorenzaccio*, Presses Sorbonne Nouvelle, 2020.
Étude et commentaire de l'œuvre.
MASSON Bernard, *Lorenzaccio, ou la Difficulté d'être*, Lettres modernes Minard, 1968.
THOMASSEAU Jean-Marie, *Lorenzaccio*, Presses universitaires de France, 1991.
Étude et commentaire de l'œuvre.
UBERSFELD Anne, « Révolution et topique de la Cité : *Lorenzaccio* », *Littérature*, n° 24, 1976.

## L'ŒUVRE EN UN COUP D'ŒIL

• Publié en 1834, *Lorenzaccio* met en scène un **épisode historique** : l'assassinat d'Alexandre de Médicis par son cousin Lorenzo, en janvier 1537. À partir de cette donnée historique, Musset prend de nombreuses **libertés pour construire un discours plus général sur le politique, ses mirages et ses illusions**.

• Le travail de création porte principalement sur le personnage de Lorenzo, jeune homme de vingt ans environ, dont la trajectoire explique sa volonté de faire croire qu'il est un autre. Après avoir reçu l'éducation érudite d'un jeune noble, il a connu une révélation : il sera un nouveau Brutus et éliminera Alexandre pour **instaurer la république**.

• L'ambition de Lorenzo est dès lors conditionnée par le simulacre qu'il s'est imposé et qu'il impose aux autres : **feindre d'être un débauché**, une personne détestée pour mieux entrer dans les bonnes grâces du duc.

• Or à force de faire croire en portant un masque, Lorenzo a perdu la pureté originelle de son désir et le sens de son geste. Aussi le drame montre-t-il les **dangers des illusions sur soi-même**, les risques du « faire croire » en temps de crise politique majeure.

• Le **jeu des manipulations** est à l'œuvre à tous les niveaux de la société, comme le montre notamment le cynisme machiavélien de Cibo, qui détourne les valeurs sacrées de la religion à des fins corruptrices et dominatrices.

• L'**échec des personnages vertueux** témoigne du **climat de désenchantement** généralisé que Musset dépeint dans son drame : le républicain intègre qu'est Philippe Strozzi est tenu en échec et s'exile ; la marquise, honnête et vertueuse, se laisse finalement corrompre, poussée au crime par le cardinal Cibo.

• Dès lors, il faut articuler la question du « faire croire » à l'**intention polémique et satirique** de Musset. En décrivant les rouages des manipulations, le jeune dramaturge dénonce le jeu politique et les faux espoirs qu'il construit.

• Les usages du « faire croire » dans le drame peuvent se résumer en trois questions : Pourquoi faire croire ? Comment faire croire ? Qui convaincre ? À cet égard, *Lorenzaccio* montre toutes les **virtualités de la parole**, du mensonge le plus éhonté à la vérité la plus absolue.

# TROISIÈME PARTIE

## Arendt

*Vérité et politique* et *Du mensonge en politique*

Par Fanny Valeyre

*Encadré : Vie d'Hannah Arendt* .................................................................. 144

# I. Présentation de *Vérité et politique* et *Du mensonge en politique* .................................................................................................. 145
## A. Le contexte de l'œuvre ............................................................... 145
1. Le contexte historique et intellectuel ....................................... 145
2. Penser à la marge de la tradition philosophique ...................... 147
3. La critique de la tradition de la philosophie politique .............. 149
## B. Situation des textes par rapport à l'œuvre d'Hannah Arendt 151
1. *Vérité et politique* : un essai suscité par la polémique autour d'*Eichmann à Jérusalem* ............................................................................ 151
2. *Du mensonge en politique* : une analyse des documents du Pentagone 152
## C. Une pensée originale, entre discours philosophique, historique et politique .......................................................................... 153
1. Penser l'événement ................................................................. 153
2. Réintroduire la pluralité dans la pensée .................................. 154
3. La dimension expérimentale de la pensée ............................... 155
## D. Thèmes de *Vérité et politique* et *Du mensonge en politique* ...... 155
*Encadré : Plan de* Vérité et politique .......................................................... 157
*Encadré : Plan de* Du mensonge en politique ............................................. 157

# II. « Faire croire » dans *Vérité et politique* et *Du mensonge en politique* .................................................................................... 158
## A. Vérité et politique ....................................................................... 159
1. Vérité rationnelle et vérité de fait ............................................ 159
2. Le conflit entre vérité et politique ........................................... 160
*Encadré : Opinion et* dóxa .......................................................................... 162
3. La singularité des vérités de fait et la tendance à faire croire ........ 163
*Encadré : Sciences de la nature et sciences historiques* .............................. 164
## B. La place du mensonge en politique ........................................... 168
1. Le mensonge comme action : faire croire délibérément ce qui n'est pas .................................................................................................. 168
*Encadré : Travail, œuvre et action* ............................................................. 170
2. Les manifestations du « faire croire » en politique .................. 171
3. Les conditions de possibilité du mensonge ............................. 177
## C. Vérité et information ................................................................. 183
1. Le caractère insubstituable de la vérité et les limites du mensonge 183
2. Des institutions garde-fous comme remède à la crédulité et condition de la liberté ........................................................................... 184
3. Résistance de la vérité contre la manipulation : un sens plus haut du politique ................................................................................ 185

# Conclusion : vérité, récit et impartialité ............................... 186

# Orientations bibliographiques ................................................. 187

# L'œuvre en un coup d'œil ......................................................... 189

# VIE D'HANNAH ARENDT

**1906** : Naissance de Hannah Arendt dans la région de Hanovre (Allemagne) le 14 octobre.
**1914** : Première Guerre mondiale. Hannah Arendt et sa mère, Martha, fuient à Berlin.
**1924** : Études de philosophie à Marbourg, où elle suit notamment les enseignements de Martin Heidegger. Elle y rencontre également Hans Jonas et Günther Stern.
**1925** : Semestre d'études à Fribourg auprès d'Edmund Husserl.
**1926** : Études à Heidelberg auprès de Karl Jaspers.
**1929** : Obtention de son doctorat en philosophie, sous la direction de Karl Jaspers, et publication en allemand de sa thèse *Le Concept d'amour chez Augustin*. Mariage avec Günther Stern (connu comme philosophe sous le nom de Günther Anders).
**1933** : Le 30 janvier, accession au pouvoir d'Hitler. Hannah Arendt, qui est juive, devient apatride. Après l'incendie du Reichstag, Günther Stern quitte Berlin pour Paris, suivi par Arendt. Elle se consacre à aider les réfugiés et les antifascistes. Elle commence à travailler sur *Rahel Varnhagen. La vie d'une juive allemande à l'époque du romantisme*.
**1936** : Rencontre avec Heinrich Blücher, professeur de philosophie, à Paris.
**1940** : Mariage avec Heinrich Blücher. La même année, le gouvernement français l'interne en tant que réfugiée au camp de Gurs.
**1941** : Avec son mari, elle parvient à quitter la France pour Lisbonne, puis pour les États-Unis, où elle s'installe.
**1941-1945** : Travail au sein du journal germanophone *Aufbau*, à New York.
**1951** : Parution en anglais des *Origines du totalitarisme*. Obtention de la nationalité américaine.
**1957** : Parution en anglais de *Rahel Varnhagen. La vie d'une juive allemande à l'époque du romantisme*.
**1958** : Parution en anglais de *Condition de l'homme moderne*.
**1961** : **Première édition en anglais du recueil de textes *La Crise de la culture*** [*Between Past and Future*]. *Six exercices de pensée politique*.
**1963-1967** : Titulaire de la chaire de sciences politiques à l'université de Chicago.
**1963** : Parution en anglais, d'abord sous forme d'articles dans le *New Yorker*, puis sous forme de livre, d'*Eichmann à Jérusalem. Rapport sur la banalité du mal*, ainsi que de *Sur la révolution*.
**1967-1975** : Professeure de philosophie politique à la New School for Social Research (New York).
**1968** : **Seconde édition en anglais de *La Crise de la culture*** avec **l'ajout** de deux textes : *Vérité et politique*, ainsi que *La Conquête de l'espace et la dimension de l'homme*. Parution en anglais de *Vies politiques*.
**1972** : **Parution en anglais du recueil de textes *Du mensonge à la violence***, contenant *Du mensonge en politique*.
**1975** : **Mort d'Hannah Arendt** le 4 décembre.
**1978** : Parution posthume en anglais de *La Vie de l'esprit*.

# I. Présentation de *Vérité et politique* et *Du mensonge en politique*

## A. Le contexte de l'œuvre

### 1. Le contexte historique et intellectuel

#### a. Le contexte philosophique

Si les écrits majeurs d'Hannah Arendt ont été rédigés en anglais et publiés aux États-Unis, le contexte philosophique dans lequel s'inscrit sa pensée est avant tout celui de la philosophie allemande, et, plus largement, de la philosophie de son époque. Arendt conservera, sa vie durant, un rapport intime à la langue allemande, à sa littérature (en particulier à sa poésie), et surtout, à sa philosophie : « si je peux être dite "venir de quelque part" », écrit Arendt, « c'est de la tradition de la philosophie allemande [1] ».

À l'époque où Arendt étudie la philosophie, dans les années 1920, existent et se développent des courants philosophiques tels que le positivisme logique (en philosophie des sciences) ou le néokantisme (qui cherche à renouer avec la méthode critique de Kant). Un nouveau courant philosophique émerge en particulier : la phénoménologie. Edmund Husserl (1859-1938) la définit comme « une science des phénomènes [2] », les phénomènes désignant ce qui apparaît. Cette science a vocation à aborder ceux-ci d'une manière singulière. Elle requiert d'abord « un changement radical d'attitude » par rapport à notre perception usuelle, qui implique une « réduction phénoménologique » [3] (à laquelle correspond la suspension de l'attitude naturelle, de ce que nous avons l'habitude de considérer comme allant de soi, sans questionnement) ainsi qu'une « réduction eidétique » (consistant à ne pas se centrer sur les faits, mais sur les « essences [4] », « eidétique » venant du grec *eïdos*, « idée », « forme »). Initiée par Husserl et poursuivie par son élève Martin Heidegger (1889-1976), la démarche phénoménologique enthousiasme Arendt.

Plus largement, c'est la tradition philosophique occidentale qui constitue l'arrière-plan et l'héritage intellectuel de la pensée arendtienne. Dans un premier temps, les travaux d'Arendt s'inscrivent dans cette tradition : elle

---

[1]. Hannah Arendt, Lettre à Gershom Scholem, « Eichmann in Jerusalem : "An Exchange of Letters" », *Encounter*, vol. 22, n° 1, janvier 1964, p. 53.

[2]. Edmund Husserl, *Idées directrices pour une phénoménologie et une philosophie phénoménologiques pures*, trad. P. Ricœur, Gallimard, « Tel », 1950, p. 3.

[3]. *Ibid.*, p. 5-6.

[4]. *Ibid.*, p. 7.

consacre sa thèse de philosophie, sous la direction de Karl Jaspers (1883-1969), à saint Augustin (354-430 ap. J.-C.), avec laquelle elle obtient, en 1929, son doctorat. Elle est également sensible au mouvement esthétique romantique du XIX$^e$ siècle. Cet intérêt se manifeste dans son ouvrage consacré à Rahel Varnhagen, juive allemande qui tenait un salon littéraire, fréquenté par des personnalités des arts et des sciences, au début du XIX$^e$ siècle, et qui s'inscrivait dans ce courant romantique. Cet ouvrage témoigne également du fait que la pensée d'Arendt est d'emblée imprégnée de son expérience juive, elle qui est née dans une famille juive allemande non pratiquante.

### b. Le contexte politique : les tragédies du XX$^e$ siècle

Les événements politiques tragiques du XX$^e$ siècle tels que la Seconde Guerre mondiale (1939-1945) et l'émergence de régimes totalitaires – le nazisme en Allemagne et le stalinisme en URSS – ont profondément marqué, aussi bien biographiquement qu'intellectuellement, le parcours arendtien. En 1933, l'accession au pouvoir d'Hitler enlève à la communauté juive, dont Arendt fait partie, sa nationalité allemande. Réfugiée à Paris, Arendt s'engage auprès des autres exilés et des antifascistes. En 1940, elle est arrêtée par le gouvernement français et internée en tant que réfugiée au camp de Gurs, dans les Pyrénées. Elle parvient à quitter la France et rejoint les États-Unis un an plus tard, où elle demeurera et enseignera. La culture états-unienne, en particulier politique, joue un rôle important dans son travail, comme en témoigne son ouvrage *Sur la révolution* (1963) dans lequel sont examinées et comparées les révolutions française et américaine du XVIII$^e$ siècle.

Dans l'œuvre d'Arendt se rejoignent par conséquent son héritage intellectuel (la tradition philosophique européenne) et ses expériences, notamment la réflexion sur les terribles événements du XX$^e$ siècle et les éléments de la culture politique américaine. L'expérience de la guerre et de l'exil contribue à orienter le regard d'Arendt vers un questionnement historique et politique. Au lendemain de la Seconde Guerre mondiale, dans son grand ouvrage *Les Origines du totalitarisme*, paru en anglais en 1951, elle entreprend de cerner le sens de l'émergence de régimes totalitaires. Dans cette œuvre en trois volumes, qui fera date pour la définition qu'elle y élabore du « totalitarisme », elle examine en particulier l'antisémitisme et l'impérialisme. Les événements du XX$^e$ siècle bouleversent tous les concepts philosophiques, juridiques et politiques valables jusqu'ici et amènent Arendt à interroger leurs conditions de possibilités. Elle s'engage ainsi dans une étude approfondie, d'une part, de la condition humaine, d'autre part, de l'époque moderne (du XVI$^e$ au XIX$^e$ siècle) et contemporaine (XX$^e$ siècle). Dans *Condition de l'homme moderne* (1958), Arendt analyse les activités humaines qui ne relèvent pas de la « vie contemplative » chère aux philosophes (qu'elle étudiera dans son dernier ouvrage inachevé et paru à titre posthume, en 1978,

*La Vie de l'esprit*), mais de la « vie active », au sein de laquelle elle distingue trois activités : le travail, l'œuvre, et l'action. Elle décrit en particulier l'articulation nouvelle de ces trois activités à l'époque moderne et contemporaine. Arendt critique nombre de traits de ces deux périodes sans pour autant être « antimoderne ». Elle déploie ainsi une pensée propre, qui ne peut être immédiatement rattachée ni à celle des auteurs dits « conservateurs », ni à celle des auteurs dits « libéraux ».

### c. Le contexte scientifique

Arendt est également attentive au développement des savoirs de son époque. Elle se penche en particulier sur les sciences de la nature, notamment sur les bouleversements apportés par la physique quantique, afin d'interroger la manière dont ces avancées scientifiques modifient les conditions du savoir humain, mais aussi le rapport de l'homme à la technique et à la nature. Elle s'interroge plus précisément sur les développements techno-scientifiques contemporains, modifiant notre appréhension du monde, avec tous les risques qu'ils peuvent présenter. Enfin, elle s'intéresse à la conquête spatiale et à sa signification pour l'être humain, alors que la Terre représente « la quintessence même de la condition humaine [1] ».

Arendt prêtera par conséquent, sa vie durant, une attention constante aux événements politiques et scientifiques de son temps, comme en témoignent par exemple, sur le versant politique, son analyse des « documents du Pentagone » dans *Du mensonge en politique* (1971), ou, sur le versant scientifique, sa réflexion relative à la conquête spatiale dans *La Conquête de l'espace et la dimension de l'homme* (*La Crise de la culture*, 1968).

## 2. Penser à la marge de la tradition philosophique

Arendt refuse le titre de philosophe, refus qui relève d'une part de la manière dont elle situe son propre travail, d'autre part des griefs qu'elle peut entretenir à l'encontre de la tradition philosophique. Cependant, son parcours demeure celui d'une philosophe, et elle assume l'héritage qui est le sien.

Il serait impossible de citer toutes les influences philosophiques d'Hannah Arendt. Il est toutefois possible d'identifier quelques auteurs ou corpus qui ont joué un rôle important dans sa pensée. Tout d'abord, Arendt a été marquée par les enseignements de la phénoménologie, dont les grands représentants sont Husserl et Heidegger. Elle retiendra en particulier la manière dont

---

1. Hannah Arendt, *Condition de l'homme moderne*, trad. G. Fradier, Calmann-Lévy, 1993, p. 34.

Heidegger a pensé le rapport entre philosophie et tradition : la tradition transmet des concepts tout en recouvrant progressivement les expériences qui leur ont donné naissance. Ces concepts peuvent ensuite être utilisés sans référence à l'expérience initiale en laquelle ils trouvent leur source. Arendt va ainsi s'atteler à retrouver de telles expériences négligées, tâche qui fut aussi celle de son contemporain Walter Benjamin (1892-1940), dont elle fut proche et auquel elle a consacré un texte. Dans ce texte, Walter Benjamin est décrit comme un « pêcheur de perles [1] » – qualification qui pourrait aussi correspondre à la démarche d'Arendt, qui s'est consacrée à l'observation d'expériences politiques antérieures – en quête de reliquats, d'éléments oubliés du passé.

Elle reproche à la tradition philosophique – et c'est là que se manifeste sa distance à l'égard de la phénoménologie – de ne pas tenir compte de la dimension initialement plurielle de l'être humain, et de se trouver par conséquent dans l'incapacité de penser le politique. La pluralité humaine, la dimension publique de l'existence, se trouvent par exemple, aux yeux d'Arendt, traitées exclusivement de manière négative chez Heidegger dans *Être et Temps* (1927), pour lequel le « on » est marqué par l'« inauthenticité ».

Si Arendt exerce un regard critique vis-à-vis de la tradition philosophique occidentale, sa pensée témoigne de son attachement à deux figures qui en sont issues. Socrate, en premier lieu, incarne l'inquiétude de la pensée, le fait que celle-ci (à la différence de la connaissance) ne soit jamais en mesure de fournir des résultats définitifs. La maïeutique, la méthode de dialogue socratique, consiste non pas en une démarche pédagogique, mais, selon Arendt, à permettre aux interlocuteurs de Socrate d'améliorer leurs opinions (*dóxai*) et d'extraire, à partir de leur opinion, une vérité : « pour Socrate, la maïeutique était une activité politique [2] ». Cet héritage socratique, Arendt le retrouve dans la manière dont Karl Jaspers procède en philosophie, notamment grâce à son concept de « communication ». Il convient, en second lieu, de signaler la figure d'Emmanuel Kant, dont l'œuvre accompagne la pensée arendtienne, notamment en raison de sa définition de la liberté, de la distinction qu'il établit entre « penser » et « connaître », ainsi que pour sa théorie du jugement.

---

1. Voir Hannah Arendt, « Walter Benjamin. 1892-1940 », in *Vies politiques*, trad. A. Oppenheimer-Faure et P. Lévy, Gallimard, « Tel », 1974, p. 291.
2. Hannah Arendt, « Philosophy and Politics » [1954], *Social Research*, vol. 57, n° 1, printemps 1990, p. 81, nous traduisons.

## 3. La critique de la tradition de la philosophie politique

Dans une lettre adressée à Karl Jaspers après la Seconde Guerre mondiale, Arendt se décrit comme une sorte d'« écrivain indépendant, quelque chose entre une historienne et une journaliste politique [1] », et elle écrit dans l'introduction de son dernier ouvrage, *La Vie de l'esprit*, que son domaine est celui « des sciences politiques et de leur théorie [2] ».

Pourquoi Arendt ne revendique-t-elle pas le titre de philosophe, et en particulier, puisque son travail porte sur des questions politiques, son appartenance à la tradition de la philosophie politique ? Elle critique le rapport de la philosophie traditionnelle à la politique, et interroge le sens même de l'expression « philosophie politique », allant jusqu'à se demander si celle-ci ne constitue pas une contradiction dans les termes [3]. En effet, selon Arendt, il y a, dans le rapport entre philosophie et politique, une « tension entre l'homme, être doué de pensées, et l'homme, être d'action ». Elle discerne chez les philosophes une forme d'« hostilité » [4] vis-à-vis de la politique, dont on peut situer les prémices au début de la tradition philosophique, avec Platon. La pensée platonicienne, en effet, se déploie dans un contexte double. Il s'agit, d'une part, du déclin de la Cité grecque (la *pólis*), conduisant à un hiatus entre la philosophie et l'espace politique, « entre la pensée et l'action [5] ». D'autre part, Platon a fait l'expérience de la condamnation à mort de son maître Socrate, condamnation en laquelle Arendt voit un événement pivot de l'histoire de la pensée politique, analogue, quant à son importance, à la condamnation de Jésus dans l'histoire de la religion [6].

Elle perçoit ainsi que, pour la philosophie grecque à ses débuts – chez Platon davantage que chez Aristote – la politique n'est pas considérée comme une fin, mais comme un moyen. La politique y serait envisagée comme relevant du domaine de la nécessité (les êtres humains vivent ensemble, ont besoin les uns des autres pour survivre), et non de la liberté, laquelle constitue pourtant le sens même du politique selon Arendt. Dans sa lecture de la philosophie grecque, la liberté apparaît, surtout chez Platon, comme l'apanage non du domaine politique, mais d'une activité qui est considérée

---

1. Hannah Arendt, Lettre à Karl Jaspers du 18 novembre 1945, in Hannah Arendt/Karl Jaspers, *Correspondance (1926-1929)*, trad. É. Kaufholz-Messmer, Payot, 1995, p. 60.
2. Hannah Arendt, *La Vie de l'esprit*, trad. L. Lotringer, Presses universitaires de France, « Quadrige », 2013, p. 20.
3. Voir Hannah Arendt, *Journal de pensée*, éd. U. Ludz et I. Nordmann, trad. S. Courtine-Denamy, Seuil, 2005, t. II, p. 877.
4. Hannah Arendt, « Que reste-t-il ? La langue maternelle reste. Une conversation de Hannah Arendt avec Günter Gaus » [1964], in *La Langue maternelle*, trad. J. Audrain et A. Lotto, Eterotopia France, 2015, p. 20.
5. Hannah Arendt, *Karl Marx et la tradition de la pensée politique occidentale*, trad. F. Bouillot, Payot, 2018, p. 66.
6. *Ibid.*, p. 73.

comme lui étant supérieure, celle de la contemplation (*theōría*). Ainsi, la politique se trouve-t-elle reléguée au domaine de la nécessité vitale et de l'imperfection de l'homme. De plus, ce que vise le philosophe n'est pas seulement distinct de la politique, mais constitue l'opposé même de la participation aux affaires publiques, de sorte qu'« aucune autre activité », à l'exception du travail, « n'apparaît aussi antiphilosophique [...] que l'activité politique en général »[1]. Ainsi, la vie politique, la participation aux affaires humaines, se voit doublement limitée dès le début de la tradition philosophique occidentale. Elle est limitée en amont par le pré-politique (le travail, la vie biologique), et en aval, par le post-politique (la philosophie, qui a valeur de fin).

Or cette appréhension ancienne de la politique comme d'une nécessité inférieure à la vie philosophique a, selon Arendt, porté un coup décisif à la philosophie politique, dont elle ne s'est jamais remise. Depuis lors, il y a eu séparation entre philosophie et politique, entre les questions « qui sont perçues et abordées par l'homme dans sa singularité et sa solitude » (et qui relèvent de la philosophie), et les « questions que les hommes ne peuvent atteindre qu'en vivant et en agissant ensemble » (et qui relèvent de la politique). En d'autres termes, s'est instaurée une coupure entre la pensée (« vivre dans la solitude ») et l'action (« vivre ensemble »[2]).

Le problème majeur que représente la philosophie politique selon Hannah Arendt réside dans le point de vue adopté par le philosophe – dont la contemplation, née de l'étonnement, est solitaire – sur la politique qui, par définition, implique la pluralité, indissociable de la condition humaine. Le problème de la tradition philosophique occidentale consiste à avoir pensé *l'être humain* et non *les êtres humains*. Cette restriction vient de ce que l'étonnement, à l'origine du désir de philosopher, est une expérience à la fois muette et solitaire ; or Platon aurait étendu cette expérience singulière à un mode de vie, le mode de vie « contemplatif » ou « théorétique »[3], lequel avait vocation à prévaloir sur les autres modes d'existence, en particulier la vie politique, celle qui est consacrée aux affaires humaines.

Or du point de vue d'Arendt, l'être humain au singulier est une fiction : l'être humain n'est pas d'abord seul avant d'être en relation avec autrui, mais d'emblée plongé dans la pluralité. En ce sens, la posture philosophique traditionnelle reposerait sur une illusion.

Cette illusion selon laquelle l'être humain existe au singulier, et non au pluriel, n'est pas sans conséquences. Premièrement, elle conduit à écarter la pluralité de la pensée philosophique, pluralité pourtant consubstantielle à toute vie humaine. Deuxièmement, ce faisant, la tradition philosophique

---

1. *Ibid.*, p. 100.
2. *Ibid.*, p. 105.
3. Hannah Arendt, *Philosophy and Politics, op. cit.*, p. 101, nous traduisons.

aurait privilégié l'expérience de l'individu seul, la « vie contemplative » au détriment de la « vie active », et des nuances propres à celle-ci, pour lesquelles Arendt emploie les termes de « travail », d'« œuvre » et d'« action ». En particulier, les spécificités de l'action humaine, qui est toujours imprévisible et qui fait le tissu du politique, auraient été manquées. Troisièmement, considérer l'histoire de l'humanité à la manière de l'histoire d'un individu et non de l'histoire d'une pluralité d'êtres humains, contribue à réduire le processus historique, imprévisible en vertu de l'action, à un processus cohérent, voire nécessaire.

Arendt tâche, à partir de ce constat, de déployer une pensée en deçà de la philosophie politique, se départissant du regard philosophique traditionnel sur la politique pour examiner les conditions de possibilité de la pensée politique.

## B. Situation des textes par rapport à l'œuvre d'Hannah Arendt

### 1. *Vérité et politique* : un essai suscité par la polémique autour d'*Eichmann à Jérusalem*

Dix ans après la publication des *Origines du totalitarisme* en 1951, Hannah Arendt, a suivi, pour le *New Yorker*, le procès du criminel de guerre nazi Adolf Eichmann, à Jérusalem. Aux articles paraissant dans le *New Yorker* fera suite un ouvrage, *Eichmann à Jérusalem. Rapport sur la banalité du mal* (1963), dont l'enjeu est d'interroger la participation à ces atrocités. Ces textes suscitèrent une polémique, autour de différents aspects, notamment l'idée de « banalité du mal ». Arendt qualifia Eichmann d'homme « banal » plutôt que de monstrueux. Le portrait qu'elle dresse et l'emploi du terme « banalité » ont pu être perçus comme témoignant d'une insensibilité vis-à-vis des crimes commis, là où Arendt cherchait à rendre compte de l'absence de pensée et de son lien avec le jugement moral.

C'est à la suite de cette polémique qu'Arendt commence, en 1965, à travailler sur le texte *Vérité et politique*. La rédaction de cet essai est portée, d'une part, par la question de savoir « s'il est toujours légitime de dire la vérité », et, d'autre part, par le constat arendtien de « l'étonnante quantité de mensonges utilisée dans la "polémique" » (*Vérité et politique*[1], note,

---

1. Hannah Arendt, *Vérité et politique* (cité par la suite *VP*), in *La Crise de la culture. Huit exercices de pensée politique*, trad. sous la direction de P. Lévy, Gallimard, « Folio essais », 1972, p. 289-336.

p. 289). Le texte est publié dans le *New Yorker* en 1967. L'essai sera par la suite ajouté à la seconde édition en anglais, parue en 1968, de *La Crise de la culture* [*Between Past and Future*]. *Huit exercices de pensée politique*, recueil dont il ne faisait pas partie initialement. Ce texte s'inscrit dans la démarche d'Arendt qui tâche régulièrement de penser et d'interroger les événements de son temps. Il correspond à l'ambition du recueil, qui réunit des textes interrogeant la signification de concepts importants issus de la tradition et de leurs résonances contemporaines.

## 2. *Du mensonge en politique* : une analyse des documents du Pentagone

Le texte *Du mensonge en politique* intervient dans le contexte de la publication des « documents du Pentagone » (*Pentagon Papers*), le Pentagone abritant, aux États-Unis, le ministère de la Défense. Ces documents sont relatifs à la politique menée par les États-Unis pendant la guerre du Vietnam (1955-1975). Le Vietnam avait été divisé en 1954 en deux parties : le Vietnam du Nord, communiste, et dirigé par Hô Chi Minh, et le Vietnam du Sud, soutenu par les États-Unis. Une partie des Sud-Vietnamiens, communistes, se sont insurgés, créant en 1960 le Front national de libération du Sud Viêt Nam. Opposés au régime de leur pays, ils sont soutenus par le Vietnam du Nord. À partir de 1962, les États-Unis s'engagent militairement pour soutenir le régime en place au Vietnam du Sud et bombardent le Vietnam du Nord en 1965. La politique états-unienne, à l'origine d'un nombre considérable de victimes, se solde par un échec, conduisant au retrait de ses troupes en 1973.

En 1971, le *New York Times* rend publics les documents du Pentagone, rédigés par des experts et classés confidentiels, concernant l'engagement militaire états-unien au Vietnam. Ces documents, qui ont suscité une vive réaction de défiance de l'opinion publique vis-à-vis du gouvernement, révèlent en particulier le processus décisionnel qui a conduit à la politique belliqueuse menée par les États-Unis, le gaspillage à l'œuvre pendant toute cette période, ainsi que l'écart entre les informations fournies par ces documents et la manière dont la situation a été présentée à l'époque. À la suite de cette publication par le *New York Times*, Arendt, qui, comme nombre de ses concitoyens, s'opposait à cette guerre, fait paraître la même année, en 1971, *Du mensonge en politique. Réflexions sur les documents du Pentagone* dans la *New York Review*. Elle met en lumière les enseignements que nous pouvons tirer de ces documents, dans la perspective du rapport entre mensonge et politique. Le texte paraît en 1972 au sein d'un recueil, *Crises of the Republic* (littéralement « Crises de la République », paru en français sous le titre *Du mensonge à la violence. Essais de politique contemporaine*), comprenant également les textes *De la désobéissance civile* et *Sur la violence*.

## C. Une pensée originale, entre discours philosophique, historique et politique

### 1. Penser l'événement

Hannah Arendt présente un parcours unique dans l'histoire de la pensée, parcours marqué par une singulière liberté. Le premier trait marquant de la démarche arendtienne est celui de son attention à l'événement, à ce qui advient dans le monde. Arendt constate, à la suite de ce qu'elle appelle la rupture du « fil de la tradition [1] » liée aux événements tragiques et inédits du XXe siècle, après les cassures déjà apparues à l'époque moderne (en particulier les défis qu'ont représentés les questions du travail, de la violence et de la liberté [2]), que les concepts dont nous usons ont été coupés des expériences qui se trouvaient à leur source. Ces concepts se sont ainsi retrouvés vidés de ce qui, initialement, leur donnait du sens. Il s'agit donc toujours pour Arendt d'être attentive aux expériences, aux événements, notamment contemporains, auxquels la pensée doit demeurer attachée « comme le cercle à son centre [3] ».

Prêter attention aux événements consiste également à reconnaître leur caractère imprévisible, quand bien même nous pourrions en rendre compte rétrospectivement. Arendt estimait ainsi que le terme d'« origines », qui apparaît dans le titre de son essai consacré au totalitarisme (*Les Origines du totalitarisme*), devait être compris non pas au sens de « causes » mais au sens d'« éléments ». Ces éléments sont « à l'origine des événements si, et quand, ils se cristallisent dans des formes figées et bien déterminées [4] ». Cette conception implique de ne pas réduire le déroulement historique à un processus logique, ce qui relève de l'action à ce qui relève de la fabrication, laquelle présente une temporalité définie et une fin prévisible. Les éléments se cristallisent dans des événements, sans que le lien entre eux puisse être pensé comme un lien de cause à effet.

---

1. Hannah Arendt, *La Crise de la culture*, op. cit., p. 25.
2. Hannah Arendt, *Karl Marx et la tradition de la pensée politique occidentale*, op. cit., p. 86.
3. *Ibid.*, p. 15.
4. Hannah Arendt, « The Nature of Totalitarism », cité in Elisabeth Young-Bruehl, *Hannah Arendt*, trad. J. Roman et E. Tassin, Calmann-Lévy, 1999, p. 265.

## 2. Réintroduire la pluralité dans la pensée

Pour Arendt, la philosophie politique, traditionnellement, a exprimé l'attitude du philosophe à l'égard des affaires humaines, qui donne la préséance à la solitude sur la pluralité. Peut-être convient-il, dès lors, d'inverser le regard et de considérer la philosophie depuis le point de vue même de la pluralité[1], ou encore d'interpréter « l'expérience philosophique avec des catégories qui doivent leur origine au domaine des affaires humaines[2] ».

Que signifie une telle attitude, en marge de la philosophie politique traditionnelle ? Elle consiste à réintroduire la pluralité dans la pensée elle-même. En effet, si l'expérience de l'étonnement ou de la contemplation, propre à la philosophie, est, de fait, coupée de la pluralité, il n'en va pas de même concernant l'activité de pensée. Penser signifie être en dialogue avec soi-même, ce qu'Arendt nomme dans *La Vie de l'esprit*, au sujet de Socrate, « le deux en un ». Le « deux en un » exprime la pluralité intrinsèque à la pensée. En ce sens, Arendt réintroduit la pluralité consubstantielle à l'existence humaine dans le domaine duquel elle apparaît de prime abord la plus éloignée, à savoir, au sein même de la solitude, de la pensée individuelle. Il ne s'agira donc plus d'opposer l'être humain au singulier (la philosophie) aux êtres humains au pluriel (la politique), mais plutôt d'articuler deux types de pluralité : d'une part la pluralité propre à la rencontre avec les autres, d'autre part la pluralité qui advient dans la solitude, dans le dialogue avec soi-même – et qui constitue « l'aspect politique de toute pensée[3] ». Pour Arendt, ces deux aspects de l'existence humaine, la pensée (vivre avec soi-même) et l'action (vivre avec autrui) peuvent ainsi être réconciliés à partir de leur condition commune, celle de la pluralité.

Arendt se donne ainsi pour tâche d'examiner non seulement le politique, mais les conditions de possibilité du politique, à savoir la condition plurielle de l'être humain. En ce sens, Arendt pourrait revendiquer être une philosophe politique, à condition de redéfinir entièrement les relations entre politique et philosophie. Une « authentique philosophie politique[4] » consisterait alors à faire « de la pluralité de l'homme, de laquelle émerge tout le domaine des affaires humaines[5] » l'objet même de l'étonnement philosophique.

Ainsi, le portrait philosophique d'Hannah Arendt, qui s'est tout du long préoccupée de la pluralité au sein de la pensée elle-même, et qui n'a eu de cesse de dialoguer avec la tradition, pourrait être celui qu'elle-même dresse,

---

1. Hannah Arendt, *Journal de pensée, op. cit.*, t. I, p. 496.
2. Hannah Arendt, *Philosophy and Politics, op. cit.*, p. 92, nous traduisons.
3. Hannah Arendt, *Journal de pensée, op. cit.*, t. II, p. 675.
4. « Concern with Politics in Recent European Philosophical Thought », conférence à l'American Political Science Association, 1954, p. 428-447.
5. Hannah Arendt, *Philosophy and Politics, op. cit.*, p. 103, nous traduisons.

dans *La Crise de la culture*, de la personne cultivée à l'époque de la Rome antique : « quelqu'un qui sait choisir sa compagnie parmi les hommes, parmi les choses, les pensées, dans le présent comme dans le passé [1] ».

## 3. La dimension expérimentale de la pensée

La pensée d'Arendt est marquée par l'héritage socratique. Celui-ci consiste, nous l'avons vu, à concevoir la pensée comme un dialogue. Cette pensée dialogique, en mouvement, n'a pas vocation à livrer des résultats qui seraient définitifs. C'est encore un point qu'Arendt admire chez Karl Jaspers. La description qu'elle offre de la méthode de Jaspers pourrait être appliquée à sa propre pratique : elle dit des résultats de Jaspers qu'ils apparaissent « sous la forme d'une représentation sans cesse expérimentée, jamais fixée, de certains mouvements de la pensée [2] ».

Si la pensée réside moins dans ses résultats que dans son cheminement, elle est une pratique, avant d'être un contenu. Dans cette mesure, le contenu de la pensée d'Arendt, à l'image de celle de Jaspers, « se situe essentiellement dans les chemins et les mouvements de sa pratique philosophique [3] ». Il ne s'agit pas d'affirmer des thèses, considérées comme définitives, et qui pourraient être ensuite mobilisées de manière figée, mais de reprendre à chaque fois le chemin de pensée qui a conduit l'auteur ou l'autrice à ces thèses.

En ce sens, les textes d'Arendt, lorsqu'ils prennent la forme d'essais ou d'articles – comme c'est le cas de *Vérité et politique* et *Du mensonge en politique* –, relèvent d'une expérience ou d'une expérimentation. Le terme d'« essai » traduit bien ce double aspect : il désigne à la fois un texte argumentatif et une tentative. C'est ainsi que, dans la préface de *La Crise de la culture*, Arendt qualifie les huit textes du recueil (parmi lesquels se trouve *Vérité et politique*) d'« exercices », dont le « seul but est d'acquérir de l'expérience en : *comment* penser » [4].

## D. Thèmes de *Vérité et politique* et *Du mensonge en politique*

Les deux textes, *Vérité et politique* et *Du mensonge en politique*, traitent de la question traditionnelle de la vérité et de l'un de ses contraires, le

---

1. Hannah Arendt, *La Crise de la culture*, in *La Crise de la culture*, p. 288.
2. Hannah Arendt, « What is Existenz Philosophy ? », *Partisan Review*, vol. 13, n° 1, 1946, p. 284, nous traduisons.
3. *Ibid.*, p. 285, nous traduisons.
4. Hannah Arendt, *La Crise de la culture*, p. 25.

mensonge, du point de vue de la politique (et non d'un point de vue purement théorique). Toutefois, la politique n'est pas liée à la vérité comme elle l'est au mensonge. Comme le suggèrent les prépositions employées respectivement dans les deux titres, la relation entre vérité et politique est celle d'une juxtaposition (« et »), laissée indécise, et possiblement antagonique. Par contraste, lorsqu'il s'agit du mensonge, Arendt constate d'emblée qu'il est présent dans la sphère politique, « en politique ».

La tension qui peut survenir entre vérité et politique résulte de leurs natures respectives. La politique, pour Arendt, repose sur l'irréductible pluralité humaine, sur le fait que les êtres humains ne soient pas un, mais plusieurs, et différents. Cela signifie que dans le domaine du politique, au sein duquel nous n'avons pas accès à une norme absolue, nous sommes nécessairement confrontés à la diversité des opinions. La pensée y est discursive, représentative (tenant compte des différents points de vue), et se distingue par là de la pensée caractéristique de la vérité. Ainsi les deux textes mettent-ils en lumière la différence de nature entre la modalité de la pensée lorsqu'il s'agit de la vérité et celle qui caractérise le domaine politique, à savoir la pensée représentative.

Par ailleurs, les deux textes abordent chacun la question du mensonge, – le fait de faire croire délibérément à quelque chose de faux –, selon leur perspective propre : analyse théorique depuis l'examen de la vérité dans *Vérité et politique*, réflexion à partir d'un fait historique dans *Du mensonge en politique*. Arendt interroge l'utilisation du mensonge en tant qu'outil politique, et analyse les diverses formes qu'il peut recouvrir dans ce domaine. Le mensonge, dans ce contexte, est circonscrit à un type bien particulier de vérité, la vérité de fait, c'est-à-dire la proposition relative à un fait, qui concerne un événement advenu au sein du monde humain. Reprenant la distinction traditionnelle entre vérité de raison et vérité de fait, Arendt distingue cette dernière de la vérité rationnelle, laquelle peut recouvrir trois formes (vérité mathématique, vérité scientifique et vérité philosophique).

## Plan de *Vérité et politique*

**I. Le conflit entre vérité et politique (p. 289-295)**
    **A.** La tension entre vérité et politique (p. 289-293)
    **B.** Vérité de raison et vérité de fait (p. 293-295)

**II. Le tout premier conflit entre vérité et politique (p. 295-305)**
    **A.** La tension entre le mode de vie du philosophe et le mode de vie du citoyen (p. 295-299)
    **B.** La relation entre vérité et opinion dans le monde contemporain (p. 299-301)
    **C.** Vérité rationnelle et vérité de fait (p. 301-305)

**III. Vérité et opinion (p. 305-317)**
    **A.** L'hétérogénéité entre le domaine de la vérité et le domaine politique (p. 305-309)
    **B.** Le statut de la vérité philosophique (p. 309-317)

**IV. Vérité de fait et mensonge (p. 317-330)**
    **A.** La proximité du mensonge et de l'action (p. 317-320)
    **B.** La manipulation de masse et ses différences avec le mensonge traditionnel (p. 320-330)

**V. Conclusion : résistance de la vérité et dimension plus honorable du politique (p. 330-336)**

## Plan de *Du mensonge en politique*

**I. Le mensonge en politique (p. 11-25)**
    **A.** Place du mensonge en politique (p. 11-13)
    **B.** Les conditions de possibilité du mensonge (p. 13-17)
    **C.** Deux avatars récents de l'« art de mentir » (p. 17-25)
**1.** Les relations publiques (p. 17-19)
**2.** Les « spécialistes de la résolution des problèmes » (p. 19-25)

**II. Commentaire des documents du Pentagone (p. 25-63)**
    **A.** Une « politique du mensonge » menée pour maintenir une réputation (p. 25-33)
    **B.** L'écart entre les faits et les théories qui orientent la décision politique (p. 33-46)
    **C.** Le problème du « secret » et l'ignorance des responsables (p. 46-49)
    **D.** Les conditions de possibilité de la politique états-unienne au Vietnam (p. 49-63)

## II. « Faire croire » dans *Vérité et politique* et *Du mensonge en politique*

Ces deux écrits partent du même constat : l'existence d'une tension, et même d'un conflit, entre vérité et politique. Vis-à-vis du politique, la vérité se trouve dans une position précaire. D'une part, le fait de dire la vérité peut être dangereux pour celui qui l'énonce, car il peut se trouver mettre sa vie en péril. D'autre part, la disparition de la vérité présente un danger pour le monde lui-même, si celui-ci en vient à reposer sur un mensonge ou sur un mythe [1].

Le conflit entre vérité et politique est double. Premièrement, la vérité « ne peut être découverte et énoncée que par un individu singulier [2] ». Sans effet apparent, elle apparaît alors impuissante face au politique, lequel repose fondamentalement sur la pluralité, sur une activité engageant plusieurs individus, aux opinions multiples. Arendt ne nie nullement le rôle que la vérité a à jouer en politique, mais elle met en lumière l'écart entre les modalités d'énonciation de la vérité et les modalités d'existence du politique. Deuxièmement, les mensonges apparaissent, eux, au contraire, « comme des outils nécessaires et légitimes » dans le domaine politique (*VP*, p. 289), creusant encore cet écart, et constituant des indices de la difficile compatibilité entre vérité et politique. Arendt remarque que, de manière étonnante, le mensonge en tant que tel n'a pas été historiquement considéré comme un problème à part entière dans le cadre de la réflexion politique. Ce sont plutôt l'erreur, l'opinion ou encore l'ignorance qui ont été au cœur des questionnements philosophiques (*ibid.*, p. 295-296 ; *Du mensonge en politique*[3], p. 13). Interroger la place du mensonge en politique constitue ainsi une réflexion originale de la part d'Arendt.

En étudiant les relations entre politique, vérité et mensonge, Arendt n'a pas l'intention d'adopter un point de vue de moraliste. Elle écrit, à propos des essais qui composent le recueil *La Crise de la culture* (parmi lesquels *Vérité et politique*), qu'ils constituent des tentatives et qu'ils « ne contiennent pas de prescription quant à ce qu'il faut penser ou aux vérités qu'il convient d'affirmer [4] ». Il s'agit plutôt d'élucider ce qui est en jeu, d'étudier l'histoire et les conditions de possibilité des rapports entre vérité, mensonge et politique, et de mettre au jour les phénomènes nouveaux les concernant.

---

1. Hannah Arendt, *Journal de pensée*, *op. cit.*, t. II, p. 823.
2. *Ibid.*, p. 822.
3. Hannah Arendt, *Du mensonge en politique. Réflexions sur les documents du Pentagone* (cité par la suite *MP*), in *Du mensonge à la violence. Essais de politique contemporaine*, trad. G. Durand, Calmann-Lévy, 1972, réed. Le Livre de Poche, 2020, p. 9-68.
4. Hannah Arendt, *La Crise de la culture*, *op. cit.*, p. 25.

La double question qui oriente la réflexion arendtienne dans les deux textes est la suivante : « Est-il de l'essence même de la vérité d'être impuissante et de l'essence même du pouvoir d'être trompeur ? » (*VP*, p. 290). Ce double problème implique de s'interroger sur le « préjudice » que « le pouvoir politique est capable de porter à la vérité » (*ibid.*, p. 294). Pour y répondre, Arendt distingue différents types de vérités, afin d'en montrer à la fois le degré de solidité ou de fragilité et le rapport qu'elles entretiennent avec le domaine politique. La vérité de fait joue à cet égard un rôle particulier : elle est « politique par nature » (*ibid.*, p. 303), tandis que la vérité philosophique (qui est l'un des modes de la vérité rationnelle) est « non politique par nature » (*ibid.*, p. 313). En ce sens, le pouvoir politique sort de son domaine (celui des affaires humaines) lorsqu'il s'attache à discuter des vérités rationnelles.

Les vérités de fait concernent nécessairement le domaine politique, dans la mesure où « les faits et les événements » constituent « la texture même du domaine politique » (*ibid.*, p. 294). Dans ce contexte, le mensonge, qui consiste à faire croire délibérément quelque chose de faux, peut prendre la forme d'une volonté de faire croire que certains faits n'ont pas eu lieu, de les transformer ou de les manipuler. Sa présence dans l'espace public amène à la défiance vis-à-vis d'un tel espace [1] et va jusqu'à mettre en jeu la « réalité commune et effective elle-même » (*VP*, p. 301).

Afin d'étudier l'analyse par Arendt du « faire croire » en politique et la manière dont elle met en lumière ses conditions de possibilité, il convient dans un premier temps de définir et de distinguer les concepts en jeu, à savoir les différentes acceptions de la vérité et leurs rapports avec le politique. Dans un deuxième temps, il s'agit de discerner plus précisément les modalités du « faire croire » et du mensonge en politique, et en particulier leurs expressions contemporaines. Enfin, il convient de nuancer la prévalence du mensonge en politique et de réfléchir aux conditions sous lesquelles il est possible d'y résister.

## A. Vérité et politique

### 1. Vérité rationnelle et vérité de fait

Arendt, attachée aux distinctions conceptuelles, identifie deux grands types de vérités, les vérités de raison et les vérités de fait. Elle emprunte cette distinction à Leibniz (*VP*, p. 294) sans s'interroger ici sur sa légitimité, afin de comprendre les conditions du conflit entre vérité et politique, et donc, aussi, la place du mensonge en politique.

---

1. Hannah Arendt, *Journal de pensée*, op. cit., t. II, p. 812.

La vérité de raison, ou vérité rationnelle, repose sur le raisonnement. Elle se subdivise en trois types de vérités rationnelles :

| Type de vérité rationnelle | Exemple (théorie) | Exemple (proposition) |
|---|---|---|
| Vérité mathématique | Mathématiques euclidiennes | « La somme des angles d'un triangle est égale à deux angles droits. » |
| Vérité scientifique (sciences de la nature) | Théorie de la relativité d'Einstein | « La Terre tourne autour du Soleil. » |
| Vérité philosophique | Philosophie de Platon | « Mieux vaut souffrir le mal que faire le mal. » |

Ces différents types de vérités rationnelles ne présentent pas la même solidité : plus l'on progresse dans la liste, plus ces vérités se fragilisent, sont susceptibles d'être perdues à jamais (*ibid.*, p. 293). Si l'esprit humain est toujours, en droit, en mesure de retrouver une vérité rationnelle, il lui sera bien plus difficile de restituer une vérité philosophique qu'une vérité mathématique.

La vérité de fait concerne quant à elle ce qui advient dans le monde et qui aurait pu être autrement. Elle porte sur le passé (*ibid.*, p. 329), et est encore plus fragile que la vérité rationnelle. Un exemple de vérité de fait mentionné par Arendt est le suivant : « En août 1914 l'Allemagne a envahi la Belgique » (*ibid.*, p. 305).

## 2. Le conflit entre vérité et politique

Si les vérités de fait sont plus fragiles que les vérités rationnelles, et qu'elles entretiennent un lien évident avec le politique – puisque, nous l'avons vu, faits et événements constituent la texture même du domaine politique –, c'est pourtant en premier lieu avec la vérité rationnelle que la politique entre en conflit, et plus précisément avec la vérité philosophique. La tension entre ce qui relève de la vérité et ce qui relève des « opinions toujours changeantes du citoyen sur les affaires humaines » (*VP*, p. 296) correspond à l'opposition entre deux modes d'existence, celui du philosophe et celui du citoyen. Par conséquent, ce qui est d'abord apparu comme s'opposant à la vérité fut, historiquement, non l'erreur ou le mensonge, mais l'opinion : le fait de tenir pour vrai quelque chose sans pouvoir en rendre raison.

En effet, vérité philosophique et opinion n'appartiennent pas au même domaine. La première relève du domaine théorique : elle constitue « le critère le plus élevé de la pensée et non de l'action (liberté) ou de l'œuvre (beauté) [1] ». Par contraste, la seconde, appartient à l'orbe politique ; elle est « subjective », « au service de l'action » [2].

Il convient donc de ne pas mêler les deux. Prétendre à une « vérité absolue » dans le domaine politique va à l'encontre même des conditions d'un tel domaine (*VP*, p. 297). En effet, la vérité rationnelle, et en l'occurrence, philosophique, relève toujours d'un individu singulier, elle est « non politique par nature » (*ibid.*, p. 313). L'opinion au contraire – comme la politique – requiert la pluralité humaine, ce qui signifie qu'elle ne peut jamais aboutir à la même certitude que la vérité, pour laquelle « la norme ou la mesure est toujours la même [3] ». Arendt ne nie évidemment pas la légitimité de la recherche de la vérité rationnelle, mais circonscrit ses limites.

Outre qu'elles appartiennent à des domaines différents, vérité et opinion sont par nature différentes. La vérité, qu'elle soit rationnelle ou de fait, a un « *mode d'assertion de la validité* » distinct de celui de l'opinion (*VP*, p. 305). La vérité, y compris la vérité de fait, présente une dimension coercitive : elle s'impose, n'est pas sujette à la discussion ; elle est « au-delà de l'accord et du consentement » (*ibid.*, p. 307). Chacun, s'il est rationnel, doit s'y soumettre. Au contraire, l'opinion fait l'objet de débats, et ne peut s'imposer avec la même force. C'est précisément en raison de la dimension coercitive de la vérité, de sa force intrinsèque, qu'elle peut apparaître dangereuse aux yeux du pouvoir, vis-à-vis duquel elle apparaît comme une force concurrente qu'il ne peut s'accaparer. Venant d'un domaine extérieur au politique, elle conserve son indépendance. Ainsi : « Quand on la considère du point de vue de la politique, la vérité a un caractère despotique » (*ibid.*, p. 306).

La politique en son essence ne repose pas sur la coercition, mais sur la discussion, la représentation et la délibération. Elle est par définition le domaine de la pluralité des perspectives, donc de l'opinion. Se forger une opinion bien fondée, la plus impartiale possible, implique la capacité à se mettre à la place d'autrui, et à voir le monde selon sa perspective. Le monde que nous avons en commun demeure toujours le même, mais le point de vue selon lequel chacun le regarde est singulier. Ainsi, plus l'on est capable de se représenter un nombre important de points de vue, et ce de manière désintéressée – indépendamment de ses propres intérêts –, plus l'on est en mesure de développer une opinion impartiale. La qualité d'une opinion dépend de son degré d'impartialité. L'homme politique devrait viser une telle impartialité, cette capacité à « discerner parmi le plus grand nombre d'opinions [4] ». L'impartialité n'est pas une absence de point de vue, ni un

---

1. *Ibid.*, p. 816.
2. *Ibid.*, p. 811.
3. Hannah Arendt, « Questions de philosophie morale », in *Responsabilité et jugement*, trad. J.-L. Fidel, Payot, 2005, p. 114-115.
4. Hannah Arendt, *Journal de pensée, op. cit.*, t. II, p. 811.

## OPINION ET *DÓXA*

Arendt développe une conception originale de l'opinion à partir de sa lecture de Kant. C'est en effet à partir de la **théorisation kantienne de la faculté de juger** qu'elle développe l'idée d'une capacité **à représenter le plus grand nombre de points de vue**.

En grec, l'opinion se dit *dóxa* et c'est en ce sens que nous entendons encore ce terme aujourd'hui, celle-ci pouvant être considérée comme infondée, donc inférieure à la vérité, au savoir véritable. Arendt confère cependant à la *dóxa* une signification plus vaste et plus positive. S'inspirant en cela d'une autre acception, issue du grec ancien, de la *dóxa* (« gloire », « réputation », à comprendre comme ce qui apparaît et brille), elle lui donne le sens d'une ouverture au monde, ouverture selon laquelle les choses apparaissent à quelqu'un. La *dóxa* présente ainsi une **dimension phénoménologique**, celle de condition de possibilité de ce qui apparaît à un individu donné.

La *dóxa* est ainsi indissociable de l'idée d'un monde **partagé**, c'est-à-dire d'un monde tel qu'il s'ouvre selon une multiplicité de points de vue. La *dóxa* résulte du fait que chaque être humain occupe une position distincte dans le monde et que, par conséquent, le monde apparaît nécessairement de manière différente à chacun. En même temps, il s'agit bien, à chaque fois, du même monde ; simplement, il est perçu, à chaque fois, d'une manière singulière [1].

Par conséquent, la *dóxa* n'est, pour Arendt, ni subjective, ni objective. Elle n'est pas subjective au sens où elle serait complètement arbitraire. En même temps, elle n'est pas objective au sens où elle serait valide pour tous, ou absolue (comme peut l'être la vérité).

Arendt identifie chez Socrate celui qui avait perçu à la fois la validité et les limites de la *dóxa*. La *dóxa* exprime en effet le fait que chaque être singulier est limité – qu'il ne perçoit de prime abord le monde que selon sa perspective. En même temps, Socrate, prenant acte de ces limites, concevait qu'il était possible de faire progresser les « opinions » (*dóxai*), afin de tendre vers une certaine vérité. Il y a en effet autant de discours (*lógoi*, de *lógos* : parole, raison) qu'il y a d'êtres humains, et Arendt perçoit chez Socrate l'assomption de ce que notre monde commun est composé par l'ensemble de tous ces *lógoi* distincts [2].

---

1. Hannah Arendt, *Philosophy and Politics*, op. cit., p. 80.
2. *Ibid.*, p. 85, nous traduisons.

relativisme au sens où tout se vaudrait : elle correspond à l'assomption de la pluralité consubstantielle au politique.

Le conflit entre vérité et opinion, comme première expression de la tension entre vérité et politique, a évolué. Bien que l'on en trouve encore des traces à l'époque moderne et à l'époque des Lumières, des facteurs historiques divers – la défiance accrue vis-à-vis de la raison, la mise à l'écart de la vérité religieuse et de la vérité philosophique au sein du domaine public, la revendication de la liberté de parole – ont amoindri ce conflit. L'opinion s'est ainsi trouvée réhabilitée lorsque l'on a perçu que la raison de l'homme devait être considérée non plus au singulier, mais au pluriel, impliquant la confrontation des opinions, tout comme leur caractère public (*VP*, p. 297-298).

## 3. La singularité des vérités de fait et la tendance à faire croire

### a. Contingence et fragilité des vérités de fait

Arendt constate que le conflit entre vérité rationnelle et opinion s'est apaisé au cours de l'histoire. Il n'en va pas de même du rapport entre vérité de fait et politique (*VP*, p. 300), lequel reprend, analogiquement, les traits de ce premier conflit (*ibid.*, p. 294-295). Au conflit entre vérité rationnelle et opinion succède ainsi celui entre vérité de fait et politique.

En raison de l'essence des vérités de fait, ce conflit nouveau a des retentissements encore plus importants. Si la vérité rationnelle pouvait déjà se trouver en conflit avec le domaine politique, la vulnérabilité des vérités de fait, et avec elle, celle de son porteur, est encore plus grande. Celui ou celle qui dit la vérité en matière de faits se trouve dans une situation plus risquée encore que celui ou celle qui affirme une vérité philosophique, situation dépeinte par Platon dans l'allégorie de la caverne dans *La République* (*ibid.*, p. 310). La dimension risquée de la parole vraie pourrait ainsi être le signe, comme le suggère Arendt dès le début de *Vérité et politique*, de ce que le politique ne s'accommoderait pas de la vérité, de ce que le pouvoir politique refuserait cette sphère qui est indépendante de lui. Arendt émet ainsi l'hypothèse selon laquelle il serait « peut-être de la nature du domaine politique de nier ou de pervertir toute espèce de vérité » (*ibid.*, p. 302), qu'il s'agisse d'une vérité rationnelle ou d'une vérité de fait.

Si toutes les formes de vérité sont susceptibles d'être niées ou transformées par le pouvoir politique, comment se fait-il que les vérités de fait soient encore plus fragiles en ce domaine que les vérités dites de raison ? Cette fragilité provient d'une double source : d'une part, le lien plus étroit des vérités de fait avec le politique, par comparaison avec les vérités rationnelles ; d'autre part, la contingence des vérités de fait. La contingence signifie que

## SCIENCES DE LA NATURE ET SCIENCES HISTORIQUES

La différence entre vérités rationnelles et vérités de fait a des conséquences sur la manière dont elles peuvent être respectivement abordées. Le **spécialiste des sciences de la nature** a pour objet des **vérités nécessaires**, qui ne peuvent être autrement qu'elles ne sont, tandis que l'**historiographe**, celui qui retrace l'histoire, les événements passés, a affaire à une **matière contingente**, à des événements qui étaient alors imprévisibles et qui auraient très bien pu se dérouler autrement.

La distinction entre la démarche des sciences de la nature et les sciences historiques a été notamment théorisée par le philosophe allemand Wilhelm Dilthey (1833-1911). Selon Dilthey, ces sciences procèdent différemment l'une de l'autre : les premières auraient vocation à « expliquer », les secondes à « comprendre ». L'explication propre aux sciences de la nature consiste à établir des **rapports de causalité**. Les sciences historiques, de leur côté, ne visent pas l'explication, mais la **compréhension** – un terme auquel Arendt accorde la plus grande importance –, laquelle consiste à se mettre en situation de « revivre » et ainsi de **partager des expériences passées**[1].

La démarche des sciences historiques doit pour Arendt tenir compte de leur objet particulier (l'histoire), très différent de celui des sciences de la nature. L'histoire a pour thème les faits et les événements, lesquels sont imprévisibles. En retour, les événements ne peuvent jamais être retrouvés par une démarche rationnelle, mais seulement préservés par le souvenir, le témoignage, la poésie ou l'historiographie. Le passé devient proprement histoire lorsqu'il est narré : cela advient, par exemple, avec Hérodote, considéré comme le premier historien grec.

Puisque la démarche historiographique a vocation à comprendre et non à expliquer, la causalité ne peut y jouer le rôle qu'elle a dans le cadre des sciences de la nature. Si la catégorie de causalité s'appliquait effectivement à l'histoire, les événements ne pourraient, selon Arendt, jamais se produire. Dans le domaine historique, ce n'est pas la cause qui explique l'effet, mais c'est, à l'inverse, l'événement qui « illumine son propre passé[2] ». L'événement prime sur son contexte ou sur ses causes. L'événement, parce qu'il cristallise des éléments préexistants, les rend tout à coup manifestes, alors qu'ils n'étaient auparavant que latents.

---

1. Hannah Arendt, « Dilthey as Philosopher and Historian » [1945], in *Essays in Understanding. 1930-1954. Formation, Exile, and Totalitarianism*, New York, Schocken, 2005, p. 137, nous traduisons.
2. Hannah Arendt, « Understanding and Politics (The Difficulties of Understanding) », in *Essays in Understanding, op. cit.*, p. 318-319, nous traduisons.

les faits auraient pu ne pas être, ou auraient pu être autrement qu'ils ne sont. Les vérités rationnelles sont, au contraire, des vérités nécessaires : elles ne pourraient être autrement qu'elles ne sont. La contingence marque tout le domaine des affaires humaines, le domaine de l'action, c'est-à-dire des actes et des paroles qui mettent directement en relation les êtres humains les uns avec les autres dans leur pluralité. De la contingence résulte une marge de manœuvre, permettant aussi bien l'action (*prāxis*) que la production (*poíēsis*), comme l'indique Aristote dans le livre VI de l'*Éthique à Nicomaque*[1].

Parce que les faits reposent sur la contingence, parce qu'ils « n'ont aucune raison décisive d'être ce qu'ils sont » (*VP*, p. 309), les vérités de fait ne peuvent jamais être prévues ou déduites. Elles subissent par conséquent une « aversion » du point de vue de la raison (*MP*, p. 23), laquelle ne peut les intégrer à un raisonnement de type hypothético-déductif (selon lequel, partant de principes ou d'hypothèses, on en déduit, à l'aide de règles logiques, des conséquences). Parce qu'elle est tentée de tout prévoir, tout anticiper, tout calculer, la raison peut par conséquent avoir tendance à subordonner les faits à des raisonnements. De la sorte, elle tâche d'imposer aux vérités de fait la manière de raisonner propre aux vérités rationnelles, en supposant que les événements, la réalité des affaires humaines, le réseau des actions de chacun, seraient susceptibles d'être étudiés selon un raisonnement logique aussi rigoureux que celui qui caractérise les théorèmes mathématiques.

Or, selon Arendt, la tendance à vouloir intégrer les faits dans un raisonnement analogue à celui qui relie des propositions rationnelles est illusoire. La liberté humaine consiste en effet pour Arendt, ici héritière de Kant, à se tenir en dehors de l'enchaînement déterminé des causes et des effets, à être en mesure de commencer de manière radicale (c'est-à-dire à la racine) une nouvelle chaîne d'événements, imprévisible avant qu'elle n'advienne. Autrement dit, l'être humain, libre, est capable d'introduire de la nouveauté dans le monde (*ibid.*, p. 13).

### b. La contingence des vérités de fait, condition de possibilité du « faire croire » trompeur

Corrélativement aux distinctions établies entre les différents types de vérité, il convient d'identifier et de distinguer les divers contraires de la vérité.

Les vérités rationnelles de type mathématique ou scientifique (les deux premiers types de vérités rationnelles) s'opposent à « l'erreur » et à « l'ignorance ». Au troisième type de vérité rationnelle, la vérité de type philosophique, peuvent s'opposer « l'illusion et l'opinion » (*VP*, p. 295).

---

1. Aristote, *Éthique à Nicomaque*, VI, 4, 1140 a 1-23, trad. R. Bodéüs, GF-Flammarion, 2004, p. 299-302.

Les vérités de fait, quant à elles, sont, comme les vérités rationnelles, susceptibles d'erreur ou d'illusion. Mais en outre, elles peuvent se voir opposer « la fausseté délibérée ou le mensonge » (*ibid.*, p. 317). Il est ainsi possible de se tromper – de faire erreur ou de subir une illusion, ce qui relève d'une « tendance passive » (*MP*, p. 13) – aussi bien concernant une vérité rationnelle (en faisant par exemple une erreur de calcul) que concernant une vérité de fait (en ayant oublié un événement, par exemple). En revanche, le fait de tromper sciemment, en d'autres termes, le mensonge – qui relève d'une « capacité active, voire agressive » (*ibid.*) –, concerne plus spécifiquement la vérité de fait.

Arendt définit le mensonge par la « négation délibérée de la réalité » (*ibid.*, p. 14). Il consiste à faire croire délibérément quelque chose qui n'est pas, ou qui est autrement. Le mensonge peut prendre des formes diverses : la vérité de fait peut être recouverte, falsifiée par un mensonge (éventuellement lié à la propagande) ; elle peut être rejetée ou déformée (*ibid.*, p. 15). Mais il existe aussi des modalités moins manifestes du « faire croire ». Ainsi en va-t-il par exemple de l'« autotromperie », du fait de se faire croire à soi-même quelque chose de faux, auquel cas celui qui énonce quelque chose de faux s'est lui-même convaincu que cet énoncé était vrai.

Si le mensonge est possible, c'est donc parce qu'il existe des vérités qui ne sont pas d'ordre purement rationnel (que l'on peut établir à l'aide d'un raisonnement), mais qui reposent sur la contingence, à savoir les vérités de fait. Ainsi la contingence est-elle condition de possibilité du mensonge, de « la falsification délibérée » (*ibid.*).

La facilité relative à mentir et l'envie de tromper, de faire croire quelque chose de faux, reposent ainsi sur la vulnérabilité des vérités de fait. Dans la mesure où, contrairement à la vérité rationnelle, la vérité de fait est indépendante de la raison, non seulement elle ne peut pas être déduite ou faire l'objet d'un raisonnement logique, mais encore, elle peut, pour cette raison même, paraître moins plausible que le mensonge lui-même. La tromperie en effet « n'entre jamais en conflit avec la raison » (*ibid.*, p. 16), et le mensonge, qui peut prendre toutes les formes – « le menteur est libre d'accommoder ses "faits" au bénéfice et au plaisir » (*VP*, p. 320) – peut paraître correspondre davantage aux exigences de la raison que la vérité elle-même. Le mensonge pourra ainsi paraître « plus logique » dans la mesure où « l'élément de surprise » (qui, précisément, marque la réalité du monde humain, constituée par le réseau des actions humaines imprévisibles) en est absent (*ibid.*). Contre toute attente, le mensonge se révèle ainsi « plus tentant pour la raison » (*MP*, p. 16) que la vérité elle-même. Ainsi les faits ou les événements sont-ils d'autant plus susceptibles d'être effacés ou modifiés que, tout en relevant pourtant de la vérité de fait, ils peuvent paraître moins vraisemblables que des mensonges.

Il convient donc de distinguer entre vérité et vraisemblance. Le critère du discours du menteur, anticipant les attentes de son auditoire, est la vraisemblance, c'est-à-dire ce qui est crédible, ce que l'on peut aisément (faire) croire. Par contraste, le critère du discours de la personne vérace (qui tient pour vrai ce qu'elle énonce) a pour critère la vérité (le fait d'être conforme à la réalité, aux faits).

### c. Deux modalités spécifiques du mensonge

Outre le mensonge le plus flagrant – celui qui consiste à énoncer sciemment une proposition que l'on sait fausse –, Arendt met en évidence deux modalités spécifiques du mensonge qui toutes deux consistent à dégrader ou distordre la vérité de fait plutôt qu'à la nier ouvertement.

La première modalité spécifique du mensonge consiste à faire croire que la vérité de fait serait de l'ordre de l'opinion. Pour Arendt, non seulement le fait d'affirmer volontairement quelque chose qui va à l'encontre de la vérité est un mensonge, mais le fait d'effacer la différence entre la vérité de fait (qui repose sur ce qui s'est effectivement passé) et l'opinion (qui relève de ce que peut affirmer tout un chacun) relève encore du mensonge, même si celui-ci n'est pas nécessairement conscient (*VP*, p. 318). La vérité de fait, dans l'espace public, ne fait pas nécessairement l'objet de mensonges délibérés, mais elle peut se trouver contredite par des opinions, dans la mesure où elle a elle-même été dégradée au rang d'une opinion (*ibid.*, p. 301).

Cette confusion est rendue possible par un certain nombre de traits communs entre vérité de fait et opinion. En premier lieu, vérité de fait et opinion sont particulières et se distinguent des vérités générales [1] (comme peut être générale une proposition en sciences physiques par exemple). En deuxième lieu, elles sont liées à la pluralité humaine et au domaine politique. Contrairement à la vérité rationnelle, la vérité de fait « est toujours relative à plusieurs », et donc « politique par nature » (*ibid.*, p. 303). En troisième lieu, comme l'opinion, la vérité de fait n'est pas évidente par elle-même (*ibid.*, p. 308), à la différence par exemple de la vérité mathématique. La vérité de fait, reposant sur la contingence, ne possède nulle évidence puisque les choses auraient tout aussi bien pu se passer autrement.

Le mode de manifestation de la vérité de fait est d'autant plus fragile qu'elle repose sur le témoignage et les documents, dont on ne peut jamais être absolument certain qu'ils soient vrais. Parce que le souvenir et le témoignage peuvent être volontairement ou involontairement corrompus, aucune déclaration relative à un fait ne peut être dépourvue de remise en question (*MP*, p. 15). Si c'est, comme pour l'opinion, la règle de la majorité qui vaut (dans la mesure où aucun élément d'évidence par soi ne marque la vérité de

---

1. Hannah Arendt, *Journal de pensée, op. cit.*, t. II, p. 818.

fait), alors se présente le risque de croire ou de faire croire à ce qui n'est pas vrai, *via* de faux témoignages (*VP*, p. 310). Le fait de s'appuyer sur des témoins constitue aux yeux d'Arendt « la grande faiblesse de la vérité de fait [1] ». Autrement dit, s'il y a un conflit concernant une vérité de fait, ce conflit est analogue à celui que peuvent rencontrer des opinions divergentes. Si la vérité de fait en vient à être confondue avec l'opinion, cette confusion se double de la disparition de la différence entre l'histoire (qui correspond à la réalité, à ce qui s'est effectivement passé) et l'opinion.

Une autre modalité spécifique du mensonge, ne correspondant pas immédiatement au fait de faire croire délibérément quelque chose de faux, consiste à faire d'une vérité de fait, dont le contenu est connu de tous, un « secret ». Ce qui est secret désigne, le plus ordinairement, ce qui n'est su que de quelques-uns et a vocation à rester tel. Mais il peut également s'agir du « secret d'État », lequel se présente comme ce qui doit être tenu caché en alléguant des raisons diverses. Cette modalité du mensonge trouve une expression extrême dans le cadre des régimes totalitaires (*VP*, p. 301). La mise sous silence des vérités de fait peut aller jusqu'à détruire la texture du monde commun.

## B. La place du mensonge en politique

### 1. Le mensonge comme action : faire croire délibérément ce qui n'est pas

#### a. La justification du mensonge en politique

Dans les deux textes, Arendt se demande si le pouvoir politique est voué à la tromperie. Pour comprendre comment une telle question peut se poser, il convient de mettre en lumière les raisons pour lesquelles le mensonge pourrait paraître justifié dans le domaine politique. Il est possible d'en identifier au moins deux.

Premièrement, de manière tout à fait contre-intuitive, le mensonge constituerait la condition paradoxale de la vérité. Il pourrait, par exemple, contribuer à sauvegarder un régime politique qui, par ailleurs, permet la mise en place de conditions propices à la recherche et à l'expression de la vérité (*VP*, p. 291).

La seconde justification qui peut être avancée pour défendre le mensonge en politique est le fait qu'il demeurerait moins dommageable que la violence pure. En ce sens, le mensonge peut apparaître comme l'un des

---

1. *Ibid.*, p. 826.

« instruments relativement inoffensifs dans l'arsenal de l'action politique » (*ibid.*).

### b. Le mensonge comme témoignage d'une liberté dénaturée

La condition de possibilité du mensonge est la liberté humaine. Le mensonge trouve sa source dans la même faculté que l'action, à savoir l'imagination. Celle-ci désigne la capacité à se détacher de la réalité : l'être humain n'est pas rattaché au monde comme la partie l'est au tout (*MP*, p. 14). Sa liberté réside dans le dépassement des facultés par lesquelles il appréhende le monde, à savoir la sensibilité (grâce à laquelle il le perçoit) et la raison (grâce à laquelle il le pense). C'est parce que l'être humain peut dire « non » à ce qui est qu'il est en mesure d'agir, mais ce refus rend aussi l'homme susceptible de mentir. Parce qu'il est libre, il « prend une distance spécifiquement humaine par rapport à ce qui est en fait [1] », et est ainsi capable d'introduire de la nouveauté dans le monde et, par là, de le transformer.

Le mensonge constitue par conséquent un témoignage insigne « de la liberté par rapport aux faits [2] ». Il ne serait pas possible de faire croire délibérément quelque chose de faux, sans cette possibilité d'un écart entre soi et la réalité. Si la capacité à mentir est certes un signe de la liberté humaine, son actualisation constitue cependant le témoignage d'une liberté « mésutilisée et dénaturée » (*VP*, p. 319).

### b. Le mensonge comme action

Trouvant sa condition de possibilité dans la liberté, le mensonge constitue une action (*VP*, p. 318). Mentir, faire croire quelque chose de faux, ou faire croire que quelque chose ne s'est pas passé ou s'est passé autrement, signifie toujours agir, participer au réseau d'actions constitutives du monde humain. Le fait de délibérément faire croire quelque chose de faux implique de vouloir exercer une influence et/ou de défendre un intérêt, et relève donc de l'action au sein du monde où les êtres humains cohabitent : le menteur « dit ce qui n'est pas parce qu'il veut que les choses soient différentes de ce qu'elles sont – c'est-à-dire qu'il veut changer le monde » (*ibid.*, p. 319). Le fait d'être d'emblée une action confère au mensonge une puissance dont ne dispose pas la vérité : tandis que le mensonge a un effet sur le monde, la « simple narration des faits » n'est pas une action, et elle ne mène souvent qu'à « l'acceptation des choses telles qu'elles sont » (*ibid.*), n'impliquant donc pas de changement au sein du monde.

En effet, celui ou celle qui dit la vérité n'a pas vocation à défendre un intérêt ou à exercer une influence. Si tel était le cas, on quitterait le domaine

---

1. *Ibid.*, p. 822.
2. *Ibid.*, p. 826.

## TRAVAIL, ŒUVRE ET ACTION

Dans *Condition de l'homme moderne* (1958), Hannah Arendt s'attache à analyser la *vita activa* (la vie active), qui se distingue de la *vita contemplativa* (la vie contemplative, théorétique). Selon Arendt, la valorisation de la contemplation dans la tradition philosophique a occulté les différences internes à la *vita activa*. Au sein de la *vita activa*, Arendt distingue trois types d'activités : **le travail, l'œuvre et l'action**.

Le **travail** est ce qui assure la survie de l'individu et de l'espèce. Il constitue un prolongement de la vie naturelle, biologique, et est marqué par son caractère cyclique (le renouvellement permanent de la vie). Le travail est en rapport direct avec la nature.

L'**œuvre** (le fait de produire des artefacts) correspond, contrairement au travail, à la « non-naturalité de l'existence humaine », c'est-à-dire ce par quoi l'être humain **n'est pas seulement un être naturel**. L'œuvre « fournit un monde "artificiel" d'objets [1] » et est marquée par une certaine durabilité, tandis que le temps humain est fugace. Elle est aussi caractérisée par une certaine indépendance, permettant à l'être humain de trouver un référentiel en dehors de soi. En outre, le processus de fabrication est **réversible** (nous pouvons défaire ce que nous avons fait). Enfin, c'est par l'intermédiaire de l'œuvre que l'homme peut se comprendre comme sujet face à un objet.

L'**action** est selon Arendt « la seule activité qui mette directement en rapport les hommes, sans l'intermédiaire des objets ni de la matière [2] ». Elle requiert la pluralité humaine : toute action implique autrui, s'inscrit dans « le réseau des actes et du langage d'autrui [3] ». Comme l'œuvre, elle est marquée par la **dimension non naturelle de l'être humain**, témoignant de la singularité de ce dernier parmi les vivants. Par ailleurs, l'action est **irréversible**.

La **temporalité** de ces trois activités (travail, œuvre et action) les distingue aussi l'une de l'autre. Le travail est marqué par une **temporalité cyclique**, sans début ni fin. L'œuvre s'inscrit dans une **temporalité bien définie** : la production d'un objet, par exemple, connaît un **début et une fin déterminés**. Enfin, l'action a un **commencement précis** (l'instant où l'être humain parle ou agit), mais « **jamais de fin prévisible** [4] ».

Dans la mesure où l'œuvre offre sécurité et permanence, Arendt note qu'il existe historiquement une tentation de faire de l'agir un « faire », ce qui revient à confondre les catégories de l'œuvre (de la fabrication) avec celles de l'action.

---

1. Hannah Arendt, *Condition de l'homme moderne, op. cit.*, p. 41.
2. *Ibid.*
3. *Ibid.*, p. 246.
4. *Ibid.*, p. 196.

pur et simple de la vérité : « si la vérité s'avance sur la place du marché, elle devient opinion [1] », au risque de dissoudre la vérité au profit de divers intérêts. Par conséquent, les « idéologies modernes », qui sont expressément revendiquées comme « armes politiques », s'excluent d'emblée du domaine de la vérité (*VP*, p. 300), car « la vérité n'est pas une arme [2] ». L'idéologie ne vise pas à énoncer la vérité comme telle, mais emploie la vérité « comme moyen en vue d'une fin [3] », ce qui ne peut que conduire à faire de la vérité ce qu'elle n'est pas : soit la faire disparaître, soit la transformer en mensonge. Il se dessine par conséquent une asymétrie essentielle entre vérité et mensonge : la première n'est pas une action, car elle vise à l'acceptation de ce qui est, quand le second est une action, car il vise à transformer le monde.

Il est toutefois des situations dans lesquelles le fait de dire la vérité peut devenir une action, sans que celle-ci perde pour autant son essence de vérité. Une première situation est celle qui concerne la vérité philosophique, et elle constitue à vrai dire une « expérience limite » (*VP*, p. 316). Il s'agit de l'enseignement par l'exemple, qu'a incarné le refus socratique d'échapper à sa condamnation à mort : Socrate « a décidé de jouer sa vie » sur la vérité qu'il affirmait, selon laquelle « Il vaut mieux subir le mal que faire le mal » (*ibid.*, p. 315). Un tel enseignement par l'exemple, toutefois, est impossible pour celui ou celle qui dit une vérité de fait (*ibid.*, p. 317) : jamais il ou elle ne pourra manifester par son action la vérité de ce qu'il ou elle avance. La seconde situation intervient dans le contexte du mensonge organisé. La vérité, ce qui correspond à la réalité, se distingue de ce que le pouvoir ou certains intérêts ont conduit à faire croire, et la bonne foi, dans ce contexte, devient action : « où tout le monde ment sur tout ce qui est important, le diseur de vérité, qu'il le sache ou non, a commencé d'agir » (*ibid.*, p. 320).

## 2. Les manifestations du « faire croire » en politique

### a. Deux modalités récentes du mensonge

À l'aide des distinctions conceptuelles établies relativement à la vérité et au mensonge, Arendt étudie les manifestations contemporaines du mensonge dans la sphère politique. Outre les formes traditionnelles de mensonge évoquées précédemment, elle note l'émergence de deux modalités récentes de la tromperie.

La première concerne les relations publiques. Celles-ci fonctionnent sur le même schème que la publicité commerciale dans le cadre d'une économie de marché. Les images politiques sont forgées sur le même modèle que celles

---

1. *Ibid.*, p. 825.
2. *Ibid.*, p. 815.
3. *Ibid.*, p. 813.

qui ont une destination commerciale, à visée de consommation, selon les « méthodes de Madison Avenue [1] » (*VP*, p. 325).

La seconde forme récente de mensonge est celle qu'incarnent ceux qu'Arendt appelle les « spécialistes de la solution des problèmes [2] » (*MP*, p. 20), des experts qui « se sont acquis dans les conseils des gouvernements » un « prestige sans cesse accru » [3]. Ces spécialistes ne mentent pas au sens où ils énonceraient volontairement des propositions fausses, mais leur pratique s'apparente au mensonge dans la mesure où ils traitent des faits et des événements, par essence imprévisibles, comme s'il s'agissait de propositions déductibles au sein d'un système logique.

Or, précisément, la réalité ne peut ainsi être intégrée à des modèles ; au contraire, elle est fréquemment dérangeante, que ce soit d'un point de vue théorique, pour « la tranquillité du raisonnement de bon sens », ou d'un point de vue pratique, vis-à-vis de « l'intérêt » et du « plaisir » (*VP*, p. 320).

Cette seconde forme intéresse tout particulièrement Arendt. Ces spécialistes ont participé aux mensonges propagés durant les années 1960 aux États-Unis, mais ils ont aussi contribué à la rédaction du rapport McNamara, compte rendu relatif aux processus décisionnels à l'œuvre lors de l'engagement militaire au Vietnam, et au sujet duquel Arendt souligne l'« effort impartial d'examen personnel critique » (*MP*, p. 21).

### b. Un mensonge à destination « interne » (le cas des documents du Pentagone)

En 1971, le *New York Times* a rendu publics les documents du Pentagone, rédigés par des experts et classés confidentiels, concernant l'engagement militaire états-unien au Vietnam.

Dans son analyse, Arendt remarque tout d'abord un trait frappant propre à la communication gouvernementale durant ces années de conflit. Dans le contexte des relations entre les États-Unis et le Vietnam, le mensonge n'était pas destiné à la politique extérieure, mais à la politique intérieure : « la politique du mensonge ne se proposait nullement d'abuser l'ennemi » (*MP*, p. 25), mais avait une destination interne aux États-Unis, et s'adressait en particulier au Congrès (le pouvoir législatif). C'est un trait nouveau du mensonge qui apparaît. Il ne s'agit pas ici de faire croire quelque chose dans le cadre d'une stratégie internationale, mais de créer « des images fabriquées pour la consommation domestique » (*VP*, p. 325), ceux ayant

---

1. Madison Avenue est une avenue de New York, dont le nom est employé comme métonymie de la publicité.
2. Arendt reprend l'expression à Nei Sheehan, in *The Pentagon Papers*, *The New York Times*, 1971, XIV.
3. Hannah Arendt, *Sur la violence*, in *Du mensonge à la violence. Essais de politique contemporaine*, op. cit., p. 145-146.

contribué à forger une telle réalité pouvant également se mettre à y croire. Réciproquement, du point de vue de ceux qui tâchent d'imposer une telle image, le danger réside moins chez l'ennemi qu'à l'intérieur du pays lui-même, parmi ceux qui soutiennent des vérités de fait qui divergent de l'image ainsi construite.

Une seconde caractéristique de cette communication concerne la manière dont sont abordés les différents publics visés. Le caractère fallacieux des arguments se révèle en particulier dans la variation continuelle des objectifs avancés pour justifier l'engagement américain dans la guerre au Vietnam (*MP*, p. 25-27). Une telle variabilité, un objectif ne se substituant pas à l'autre mais s'y ajoutant, est significative de la variété des publics auxquels de tels arguments étaient adressés. Autrement dit, il s'agissait à chaque fois de formuler un objectif et d'élaborer un scénario en fonction de l'auditoire, à même de convaincre celui-ci. En outre, cet ajustement constant au public visé n'était pas pertinent (*ibid.*, p. 32). L'emploi par l'entourage gouvernemental de termes tels que « scénarios » ou « publics » est révélateur de la dimension théâtrale de l'information diffusée (*ibid.*, p. 30). Un exemple significatif est celui de la politique de provocation, permettant de justifier des entreprises belliqueuses, procédé qui relève non de « ruses de guerre » mais d'opérations de « police secrète » (*ibid.*, p. 37-38).

### c. Un phénomène nouveau : la formation de l'image comme objectif politique

Ce que révèlent, aux yeux d'Arendt, les documents du Pentagone, c'est que toutes les décisions prises dans le cadre de ce conflit avaient pour fin le maintien de la réputation des États-Unis, plutôt que la puissance ou le profit (*MP*, p. 30).

À l'appui des documents du Pentagone, Arendt met en évidence le fait que la crainte du pouvoir alors en place aux États-Unis est moins celle de la défaite, qu'une préoccupation relative à l'image : il s'agit de préserver la réputation des États-Unis, de concourir à l'image de « plus grande puissance mondiale » (*ibid.*, p. 30). Dans une série de passages extraits des documents du Pentagone et cités par Arendt (*ibid.*, p. 27-28), l'enjeu essentiel est celui de la réputation, témoignant de ce que « la défaite paraissait beaucoup moins redoutable que la reconnaissance de la défaite » (*ibid.*, p. 53). Pour Arendt, derrière tous les objectifs pouvant par ailleurs être présentés au public, la problématique relative à l'image des États-Unis est devenue « la base de toute une politique » (*ibid.*, p. 30), ce qui constitue un phénomène absolument nouveau. Le mensonge devenait d'autant plus une tentation que son but ultime était relatif à la réputation.

Que les élus aient pu poursuivre un tel objectif d'image, cela peut paraître intelligible aux yeux d'Arendt, dans la mesure où les campagnes électorales les placent dans une situation où ils sont poussés à « croi[re] en la toute-puissance de la manipulation » (*ibid.*, p. 31). En revanche, il est plus surprenant que des intellectuels aient pu souscrire à une telle politique « axée sur l'imaginaire » (*ibid.*), donc sur l'image ou la réputation. Séduits par l'exercice consistant à transposer des faits, des événements, dans des théories, ils seraient demeurés hermétiques tant à la « réalité » (les faits) qu'au « sens commun » (*ibid.*, p. 32), et même méprisants vis-à-vis des faits et de leur dimension contingente (*ibid.*, p. 37).

### d. Réalité et imaginaire

Cet attachement à la réputation conduit à la création d'une image en laquelle réside le mensonge à l'œuvre durant la guerre du Vietnam. Se dessine alors un hiatus entre la réalité et l'imaginaire. Le problème fondamental que pose dans ce contexte la politique américaine, à savoir le fait d'être fondée sur l'imaginaire, est l'« éloignement des réalités », l'inconscience des « risques réels » (*MP*, p. 33), au profit de l'objectif consistant, une fois la défaite pressentie, à « sauver la face » (*ibid.*, p. 30). Ainsi, les initiatives internationales visant à faire diversion, à détourner l'attention du public, et entreprises exclusivement dans le but de préserver l'image des États-Unis, ont eu des conséquences réelles qui n'avaient pas été prises en compte (*ibid.*, p. 33).

Arendt constate l'écart entre la qualité des informations fournies par les services de renseignement et la communication destinée au public. La possibilité pour les services de renseignement de fournir des informations fiables, fidèles à la réalité, reposait sur leur « indépendance relative » vis-à-vis du gouvernement, de sorte que ces services « n'ont pas cessé de dire la vérité, d'une année sur l'autre » (*ibid.*, p. 36). Se distingue d'un tel discours de vérité « le monde détaché des réalités » (*ibid.*, p. 34) au sein duquel les décisions politiques étaient prises. Les rapports des services de renseignement sont ainsi restés sans effet sur la pratique gouvernementale. En particulier, le Congrès, détenteur du pouvoir législatif, paraît avoir été écarté de l'information et du processus de décision (*ibid.*, p. 35).

La modalité du mensonge qui apparaît à la lumière de la lecture des documents de Pentagone est très spécifique. D'après Arendt, le plus grand secret que révèlent ces documents est précisément cette « absence des rapports » (*ibid.*, p. 34) entre, d'une part, les faits – que les dirigeants américains pouvaient alors constater grâce aux services de renseignement – et, d'autre part, les décisions prises alors. Ainsi, « on ne déforme plus la réalité mais on invente quelque chose qui n'a plus aucun rapport avec la réalité [1] ». L'écart entre la réalité et ce que l'on fait croire est tel qu'il devient impossible de s'en défendre. Il convient par conséquent de distinguer le mensonge qui

---

1. *Journal de pensée*, *op. cit.*, t. II, p. 814.

déforme une partie de la réalité, c'est-à-dire le fait de faire croire à quelque chose de faux mais qui conserve un lien avec la réalité, du mensonge qui consiste en « l'invention d'une réalité [1] ».

À la lecture des documents du Pentagone, c'est alors l'écart entre, d'un côté, le fondement sur lequel une politique devrait, en droit, être menée (les faits, la réalité), et, d'un autre côté, le fondement sur lequel elle fut, en fait, menée (à savoir des « prémisses » imaginaires). Les décisions étaient prises non à partir de faits réels, mais rationnellement déduites d'hypothèses arbitraires (*MP*, p. 38). Elles ont été guidées par « la volonté d'imposer une certaine image et de combattre des conspirations imaginaires » (*ibid.*, p. 44), et ceux qui les ont prises « devaient, pour ainsi dire, chaque jour écarter la substance [des rapports des services de renseignement] de leur pensée » (*ibid.*, p. 46).

Le risque le plus grand d'une telle manière de procéder, si elle se généralise, est de créer un monde de substitution (*VP*, p. 323), faux, factice, d'« ériger un "monde" sur le mensonge [2] », entièrement distinct de la réalité. C'est ce qu'ont tenté de faire les régimes totalitaires. Ceux-ci ont répandu des mensonges, ont fait croire à des « mythes », en toute connaissance de cause. La possibilité de faire croire à une autre réalité, à recouvrir ou faire disparaître complètement les vérités de fait, impliquerait « un monopole du pouvoir sur la totalité du monde civilisé » (*ibid.*, p. 304). Or, un tel monopole, extrêmement dangereux, n'est, de manière effrayante, pas inenvisageable.

### e. Le problème du « secret » et de l'ignorance

Sur le plan historique, Arendt relève que les « secrets d'État ont toujours existé » : il a toujours fallu aux gouvernements soustraire certaines informations à la connaissance du public (*VP*, p. 300). Cependant, l'époque moderne connaît une généralisation d'« une sorte de mentalité de la *raison d'état* » (*ibid.*, p. 325).

Les faits que révèlent les documents de Pentagone, et auxquels les dirigeants politiques n'ont alors pas prêté attention, conduisent Arendt à souligner le danger que constitue « l'usage exagéré du secret lors de la classification des documents » (*MP*, p. 46), c'est-à-dire la classification comme « confidentielles » d'un nombre excessif d'informations. Arendt estime que la grande majorité des documents du Pentagone auraient dû être portés à la connaissance du public. En effet, privés des informations contenues dans de tels documents, le peuple, comme les élus, n'avaient pas les moyens nécessaires pour juger, pour se forger une opinion éclairée.

---

1. *Ibid.*, p. 817.
2. *Ibid.*, p. 824.

De leur côté, les responsables, qui avaient accès aux documents, sont demeurés dans une ignorance qu'ils n'ont pas cherché à corriger. Il leur aurait fallu rechercher, au milieu de multiples documents, les faits qui auraient pu les orienter. De manière contre-intuitive, les dirigeants d'un pays libre, en particulier le président des États-Unis, entouré de conseillers qui filtrent les informations (*ibid.*, p. 19), paraissent, selon Arendt, les personnes les plus susceptibles d'ignorer les réalités historiques ou géographiques pertinentes. Il semble ainsi que les documents n'aient jamais été vraiment pris en considération avant d'être portés à la connaissance du public (*ibid.*, p. 47). Arendt envisage la possibilité que les faits qui auraient pu contredire les idées à la base des théories qui guidèrent ensuite les décisions aient été écartés ou ignorés (*ibid.*, p. 46). Évoluant dans une « tour d'ivoire », les experts et les conseillers seraient d'autant plus prompts à dissimuler la vérité que la réalité à laquelle eux-mêmes se référaient n'était alors pas d'ordre factuel, mais « psychologique », « [subjectif] » (*ibid.*, p. 54). Convaincus de ce que les relations publiques seraient efficaces, de ce qu'ils parviendraient à persuader le public des théories qui fondaient leurs décisions, ils n'ont, au-delà de toutes les réalités qu'ils avaient négligées par ailleurs, pas même pris conscience de l'absence d'adhésion de la part de l'opinion publique (*ibid.*, p. 53).

Le mensonge se double ainsi d'une mise à l'écart, voire d'une ignorance de la vérité (*ibid.*, p. 47). Par exemple, a été ignoré le passé du Vietnam, qui s'était défendu contre des invasions étrangères depuis deux millénaires (*ibid.*, p. 48-49). Il ressort de l'analyse d'Arendt que c'est le rapport biaisé aux faits, en l'occurrence l'ignorance de la réalité historique, géographique et politique du Vietnam, recouverte par des théories, qui a été déterminant.

### f. La manipulation de masse

Arendt décèle, dans le contexte de l'intervention militaire états-unienne au Vietnam, un cas de « politique du mensonge » (*MP*, p. 25). Elle théorise plus largement, au-delà de cette situation historique, ce qu'un tel mensonge signifie, et constate l'émergence d'un phénomène relativement récent, celui de « la manipulation de masse » (*VP*, p. 320-321).

Le mensonge organisé se distingue du mensonge singulier par deux traits : d'une part, il tient secret ce qui ne relève pas *a priori* du secret ; d'autre part, sa démarche consistant dans la fabrication d'images, il offre « un substitut complet » de la réalité (*ibid.*, p. 321).

La manipulation de masse se distingue ainsi du « mensonge politique traditionnel », lequel connaissait des « limitations » ou des « circonstances atténuantes » (*ibid.*, p. 322). Premièrement, la manipulation de masse implique que le mensonge soit général, et non particulier : il ne s'agit pas seulement, comme c'est le cas du mensonge traditionnel, singulier, d'« un trou dans le tissu des faits » (*ibid.*, p. 322) mais bien d'« un complet réarrangement de toute la texture factuelle » (*ibid.*, p. 323). Deuxièmement, le mensonge généralisé implique aussi, dans un contexte démocratique, l'autotromperie. Dans le cas du mensonge traditionnel, ceux qui mentaient préservaient, dans leur cercle restreint, la vérité, alors que, « dans l'entreprise de la fabrication d'images », « la tromperie de soi-même » est « devenue un outil indispensable » (*ibid.*). Lorsqu'un mensonge est généralisé, lorsqu'il s'applique aussi bien aux autres qu'à soi-même, naît le danger d'un « mensonge complet et définitif » (*ibid.*, p. 324), qui efface définitivement les fragiles vérités de fait. Troisièmement, le mensonge organisé par les régimes totalitaires est marqué, à la différence du mensonge traditionnel, par la violence. Le fait de faire croire à une réalité alternative ne revient plus en effet à « cacher » quelque vérité, mais beaucoup plus radicalement, à la « détruire » (*ibid.*, p. 322) – une « volonté de destruction totale » qui ne peut nullement être attribuée à l'administration américaine, en dépit de ses mensonges (*MP*, p. 24).

Le cas le plus manifeste et le plus inquiétant de manipulation de masse est donc celui qui est mis en œuvre par les régimes totalitaires. Ceux-ci peuvent vouloir réécrire l'histoire, comme en témoigne l'exemple de Trotski, qui n'apparaît pas dans les livres d'histoire soviétiques (*VP*, p. 294 ; *MP*, p. 24). Les régimes totalitaires n'ont de cesse d'adapter leur « substitut de réalité » et doivent par conséquent faire croire constamment à de nouvelles choses, multiplier les mensonges, si bien que la réalité factice qu'ils établissent est marquée par une très grande instabilité. Cette instabilité est certes révélatrice du « caractère mensonger » de leurs allégations, mais malheureusement, elle ne permet pas de retrouver, sous les falsifications, les vérités de fait. Elle conduit non pas à une sauvegarde de la vérité, mais à une forme de « cynisme », se traduisant par un « refus absolu de croire en la vérité d'aucune chose » (*VP*, p. 327). Le mensonge organisé ne recouvre pas la vérité sous le mensonge, mais fait disparaître, détruit, la catégorie même de vérité, privant les êtres humains du « sol » sur lequel ils peuvent se tenir, conduisant à une désorientation complète, à une privation du sens de la réalité (*ibid.*, p. 328-329).

## 3. Les conditions de possibilité du mensonge

Face à la « politique du mensonge » (*MP*, p. 25) menée durant la guerre du Vietnam, on a pu supposer que la politique états-unienne était impérialiste – hypothèse à laquelle Arendt elle-même, opposée à cette guerre, a pu souscrire (*ibid.*, p. 66). Toutefois, cette hypothèse, partiellement éclairante, demeure insuffisante pour expliquer selon Arendt la disproportion entre les moyens déployés par les États-Unis et l'objectif visé. Peu de témoignages, dans les documents du Pentagone, vont dans le sens d'une telle théorie selon laquelle une politique impérialiste aurait été mise en place par les États-Unis (*ibid.*, p. 42-44). De manière contre-intuitive, les seules déclarations véridiques au sujet de l'engagement militaire des États-Unis au Vietnam étaient en fait celles qui affirmaient que nul avantage, nul profit n'étaient alors visés (*ibid.*, p. 44).

Si les arguments avancés par les autorités, tout comme la thèse d'une stratégie impérialiste, ne permettent pas d'expliquer les décisions politiques prises vis-à-vis du Vietnam, la question qui demeure en suspens, et qu'Arendt reprend à Daniel Ellsberg[1] (qui a transmis au *New York Times* les documents du Pentagone) est la suivante : « *Comment ont-il pu ?* » (*ibid.*, p. 50). Autrement dit, comment rendre raison de ces agissements, qui ont provoqué un nombre considérable de victimes et contribué à dégrader la situation des États-Unis, menaçant leur domination à l'échelle internationale ? Comment les expliquer, s'ils ne paraissent pouvoir être rapportés ni à l'intérêt pur et simple, ni à une stratégie plus générale d'expansion ? Ces années de conflit auront en effet mené à « démontrer l'impuissance de la force des grands » (*ibid.*, p. 51). La question des conditions de possibilité de cette politique est alors encore plus cruciale que celle relative à la dimension trompeuse des discours alors prononcés. Il est possible de relever trois éléments déterminants pour éclairer cette politique : premièrement, la perte, chez les trompeurs eux-mêmes, de la distinction entre vérité et mensonge ; deuxièmement, le poids des idéologies, en particulier de celles issues de la période de la guerre froide ; troisièmement, la confiance irrationnelle dans des modèles de prise de décision.

### a. La perte de la distinction entre vérité et mensonge

Le mensonge a pris, dans le contexte de l'engagement états-unien au Vietnam, une tournure complexe. Il apparaît que ceux-là mêmes qui cherchaient à convaincre ne distinguaient pas nettement ce qui relevait de la vérité de ce qui relevait de la dissimulation. Dans une situation où celui qui ment ne sait pas lui-même reconnaître la vérité, l'entreprise consistant à faire croire à telle ou telle théorie ne crée, au lieu de la conviction, que de la confusion. Par conséquent, la vérité, même si ce n'est que de manière négative (en tant qu'elle est ce à l'aune de quoi le menteur déploie ses mensonges), conserve une « inaliénable primauté » vis-à-vis du mensonge (*MP*, p. 48). Il convient donc de distinguer le mensonge maîtrisé par le menteur du mensonge bâti sur la confusion, auquel cas le fait de faire croire s'accompagne d'un « se faire croire ».

---

1. Daniel Ellsberg, « The Quagmire Myth and the Stalemate Machine », *Public Policy*, printemps 1971, p. 235.

Arendt étudie donc la relation entre la tromperie – le fait de faire croire quelque chose que l'on sait faux à autrui – et l'« autosuggestion interne », selon les termes de Daniel Ellsberg (*ibid.*, p. 52). L'autosuggestion, le fait de se faire croire volontairement quelque chose que l'on sait être faux, ou du moins dont on n'a aucune raison de penser que cela est vrai, aboutit à un double détachement : vis-à-vis des réalités (les faits sont dissimulés, transformés, écartés) et vis-à-vis du public auquel le mensonge s'adresse (*ibid.*, p. 54). Pour illustrer ce phénomène selon lequel la tromperie en vient à berner le trompeur lui-même, Arendt rapporte l'histoire éclairante d'un guetteur qui, donnant une fausse alerte, est le premier à y réagir. Un discours trompeur peut aussi bien tromper celui qui l'énonce que ceux à qui il est initialement destiné, étant donné que le rapport de l'être humain à la réalité se fonde sur un monde partagé avec les autres (*VP*, p. 323).

Que penser de cette tromperie qui s'applique à soi-même ? Arendt avance une thèse contre-intuitive. On aurait spontanément tendance, d'un point de vue moral, à avoir davantage d'indulgence envers celui qui se fait croire quelque chose de faux en même temps qu'il le fait croire aux autres. Cependant, si l'autosuggestion aboutit, elle conduit à faire s'évaporer la frontière entre vrai et faux, entre le réel et l'imaginaire. Au moins le menteur conscient, qui n'est pas dupe de ses propres mensonges, n'abolit-il pas la distinction entre le vrai et le faux (*MP*, p. 54), si bien que la catégorie de vérité, dans sa distinction avec la fausseté, est préservée (*VP*, p. 324). Ce n'est plus le cas lorsque le menteur se met à croire à ses propres mensonges. Si aucune de ces formes de tromperie n'est louable, le danger particulier que présente l'autotromperie est celui de la dissolution de la vérité.

### b. L'idéologie et la confusion entre réalité et probabilité

Dans le cadre de son étude des régimes totalitaires, Arendt définit, dans *Les Origines du totalitarisme*, l'idéologie comme « la logique d'une idée ». Elle consiste à appliquer une idée à l'histoire (au déroulé des événements) en traitant un tel déroulé « comme s'il obéissait à la même "loi" que l'exposition logique de son "idée" »[1]. Dans le cas précis de la guerre de Vietnam, il convient de replacer l'idéologie à l'œuvre dans son contexte historique, à savoir celui de la guerre froide et de l'anticommunisme régnant alors aux États-Unis. Arendt y décèle une idéologie spécifique, celle d'anciens communistes devenus anticommunistes, qui substituèrent « une nouvelle idéologie pour expliquer l'histoire et en prévoir valablement l'évolution future » (*MP*, p. 58) à celle à laquelle ils souscrivaient auparavant, appliquant ainsi à la réalité des « théories ».

---

1. Hannah Arendt, « Idéologie et terreur », in *Les Origines du totalitarisme. Eichmann à Jérusalem*, éd. P. Bouretz, trad. J.-L. Bourget, R. Davreu, P. Lévy, *et al.*, Gallimard, « Quarto », 2002, p. 825.

À titre d'exemple de telles théories, la « théorie des dominos » – l'idée selon laquelle le fait qu'un État devienne communiste entraîne un mouvement similaire dans la région qui entoure cet État – fut démentie plusieurs fois par les services de renseignement américains, et prise pourtant pour point de départ de raisonnements menant à des décisions politiques, ainsi que pour convaincre, même lorsque ceux qui l'utilisaient n'y croyaient pas eux-mêmes (*ibid.*, p. 38-39). De même, l'idée selon laquelle la résistance dans le Sud-Vietnam aurait découlé d'une « conspiration communiste » (*ibid.*, p. 39) allait à l'encontre des informations fournies par les services de renseignement, qui indiquaient qu'il s'agissait d'une guerre civile. Cela n'empêcha pas les États-Unis de décider le bombardement du Nord-Vietnam, afin d'isoler les insurgés dans le Sud. Ces théories infondées, sur la base desquelles les décisions ont alors été prises – des décisions aux conséquences réelles, violentes et graves –, ont été vivement critiquées par les opposants à la guerre au Vietnam.

Un autre problème posé par l'idéologie est qu'elle peut amener à une confusion entre réalité et probabilité. Les théories coupées des réalités peuvent conduire à considérer ce qui n'est que plausible, mais qui s'accorde avec la « théorie », comme un fait établi. En ce cas, ce qui n'est que probable, et n'est pas prouvé, devient le postulat duquel part le raisonnement censé soutenir la décision politique. Ces théories sont tenues pour vraies lorsqu'elles ne sont que possibles, et ce même si elles sont contredites par les faits : les experts « tirent les conséquences de certains ensembles de conditions hypothétiquement formulées, sans être en mesure toutefois de vérifier expérimentalement la réalité de leurs hypothèses de départ [1] ». Dans une telle situation, c'est la distinction entre le réel (ce qui existe effectivement) et le possible (ce qui pourrait exister) qui est dissoute. Une telle manière de procéder conduit non seulement à des erreurs factuelles, mais revient à écarter les faits en général : « ils n'avaient nul besoin de faits ou d'informations : ils avaient une "théorie", et toutes les données qui ne concordaient pas avec elle étaient rejetées ou délibérément ignorées » (*MP*, p. 58).

En outre, Arendt met en lumière l'incommensurabilité entre les calculs de probabilité et les faits, donc l'inadéquation de tels calculs lorsqu'il s'agit d'envisager les conséquences réelles de telle ou telle décision. S'il est théoriquement possible d'évaluer quantitativement un risque, ce risque peut cependant présenter une « *nature incalculable* » (*ibid.*, p. 55) en raison de sa gravité. Le calcul des risques peut être éclairant, mais dans certaines limites, à savoir seulement dans la mesure où l'option défavorable ne présente « aucune conséquence sérieuse » (*ibid.*, p. 56). Il demeure insuffisant pour prendre une décision dès lors que les conséquences sont plus graves. Or le degré de

---

[1]. Hannah Arendt, *Sur la violence*, in *Du mensonge à la violence. Essais de politique contemporaine*, op. cit., p. 146.

gravité des conséquences, selon Arendt, n'a pas été perçu au moment de la guerre du Vietnam.

### c. La transposition de la réalité sous la forme d'un modèle

De prime abord, les idéologies paraissent autrement plus irrationnelles que les méthodes des experts. Pour autant, selon Arendt, l'une et l'autre, qui relèvent de « l'inaptitude ou [du] refus délibéré de tirer la leçon de l'expérience ou celle des faits » (*MP*, p. 62) reposent sur un même fondement : le déni de réalité, au sein duquel la différence entre la réalité et l'image de celle-ci disparaît.

Arendt remarque que dans le contexte de la guerre du Vietnam, il est tout à fait frappant que l'autosuggestion ait fonctionné, pour ainsi dire, à l'envers, c'est-à-dire que « les trompeurs [aient] commencé par s'illusionner eux-mêmes » (*ibid*, p. 52). Il semble que les experts développèrent, plus radicalement que l'autosuggestion, qui « suppose encore que l'on ait distingué au préalable entre le vrai et le faux » (*ibid.*, p. 54), un comportement irrationnel reposant sur la confusion entre la vérité rationnelle et la vérité de fait, une manière de procéder qu'il convient de distinguer rigoureusement de la démarche scientifique à proprement parler. Ne concevant la vérité que sur le modèle de la vérité rationnelle, ceux qui élaborèrent des modèles ne tinrent pas compte de la singularité de la vérité de fait. Il apparaît alors que c'est la manière d'appréhender une proposition, de l'ordonner dans un système hypothético-déductif plutôt que de la considérer du point de vue de la contingence et de la liberté humaine qui conduisit à s'éloigner autant des réalités. La réduction de l'action humaine en « comportement [1] » en fait une donnée chiffrable, à laquelle pourraient être appliquées des probabilités. Un contenu qualitatif (les faits) s'est trouvé indûment transposé en contenu quantitatif.

Les « spécialistes de la solution des problèmes » n'étaient pourtant pas eux-mêmes des idéologues (*MP*, p. 60) : leur crédulité ne concernait donc pas telle ou telle théorie, telle ou telle thèse, mais une méthode, celle consistant à faire de réalités factuelles des données susceptibles d'être manipulées. Ils ont eu « une confiance totalement irrationnelle dans la possibilité de mettre la réalité en équations » (*ibid.*, p. 57). La croyance en une certaine forme de rationalité (le calcul), une fois appliquée à un domaine qui n'est pas le sien – à savoir les faits, qui requièrent moins le calcul que l'expérience (*ibid.*, p. 58) – en devient irrationnelle.

À l'« arrogance de l'esprit » (la croyance dans la possibilité de penser la réalité sous forme de modèles) s'est associée l'« arrogance du pouvoir » (*ibid.*, p. 57). Derrière l'étonnante confusion régnant dans le processus de décision

---

1. Hannah Arendt, *Condition de l'homme moderne, op. cit*, p. 80.

durant cette période, se cache selon Arendt « le mythe périlleux de l'omnipotence », en lequel elle voit la source de l'incapacité à accepter ses « limites », y compris pour la première puissance mondiale (*ibid.*, p. 56). Les seules limites perçues étaient celles relatives à l'opinion publique, soit des considérations de l'ordre de l'image. Or ce sentiment d'omnipotence peut être rattaché à l'illusion de maîtrise que confèrent les modèles élaborés par les spécialistes : en insérant les actions, les faits, les événements dans un raisonnement logique, ils croient et font croire que l'avenir serait maîtrisable.

Quand bien même les hypothèses prises pour points de départ du raisonnement eussent été correctes, la pratique consistant à faire entrer la réalité dans des modèles prétendument rationnels, puis à en établir des « projections » pour éclairer l'avenir, est encore une modalité du « faire croire », quoique plus subtile que le mensonge éhonté. Il ne s'agit ici pas tant de mentir délibérément que de recouvrir la réalité future sous des extrapolations issues de la situation présente. L'avenir ainsi prédit apparaît d'autant plus plausible qu'il est établi à partir des conditions du présent : « les prévisions de l'avenir ne sont jamais que les projections des automatismes et des processus du présent [1] ». Ces prévisions plausibles de l'avenir ont pour conséquence d'évacuer, de manière fallacieuse, la liberté et l'action.

Cette méthode reposant sur l'application de modèles logiques au déroulé des événements, peut aussi s'appliquer à des données issues du passé. En effet, lorsqu'ils sont considérés rétrospectivement, une fois qu'ils se sont produits, les faits apparaissent comme déterminés, susceptibles d'être expliqués selon des liens de cause à effet. Mais il s'agit là d'une « illusion existentielle » (*VP*, p. 309), liée au regard porté spontanément sur le passé : avant qu'ils ne se produisent, les événements et faits sont toujours contingents, ne sont jamais le fruit d'une nécessité. Une fois de plus, considérer la réalité selon des modèles revient à substituer à l'action (toujours imprévisible, fragile, éphémère) le schème de la fabrication (prévisible et solide).

La pratique des « spécialistes de la solution des problèmes » est allée si loin qu'Arendt remarque que dans le contexte de la guerre du Vietnam, on a pu avoir le sentiment que les États-Unis avaient confié la politique relative à l'Asie du Sud-Est non à des hommes, mais à un ordinateur (*MP*, p. 55). Transposant ce qui est de l'ordre de l'action, donc de la contingence, en données chiffrées, donc apparemment maîtrisables, de telles techniques empêchent, face à la réalité, la capacité humaine de jugement de s'exercer (*ibid.*, p. 24), car celle-ci requiert la connaissance de l'existence des faits. Le danger que présente ainsi la méthode de tels spécialistes est qu'« ils se refusent à *penser* [2] ».

---

1. *Ibid.*, p. 147.
2. Hannah Arendt, *Sur la violence*, in *Du mensonge à la violence. Essais de politique contemporaine, op. cit.*, p. 146.

## C. Vérité et information

### 1. Le caractère insubstituable de la vérité et les limites du mensonge

Selon Arendt, la vérité est non seulement nécessaire à la vie politique, mais elle présente aussi une force qui lui est propre.

#### a. La nécessité de la vérité pour la vie politique

La vérité est nécessaire à la vie politique, dût-elle entrer en conflit avec elle. Garanties par une information fiable, les vérités de fait constituent le sol à partir duquel peuvent ensuite se diversifier les opinions. Il convient donc de distinguer le niveau des faits (indiscutables) de celui des opinions (les différents jugements et interprétations qui peuvent ensuite être portés sur ces faits).

Par exemple, dans le cas des sciences historiques, il est possible de rencontrer des difficultés quant à l'interprétation des faits. Cependant, ces difficultés « ne constituent pas une preuve contre l'existence de la matière factuelle » (*VP*, p. 304). Cette matière factuelle reste identique, même si elle peut être lue de différentes façons. Pour l'illustrer, Arendt cite Clemenceau qui, lorsqu'on lui demandait ce que les historiens futurs penseraient du déclenchement de la Première Guerre mondiale, répondait : « ce dont je suis sûr, c'est qu'ils ne diront pas que la Belgique a envahi l'Allemagne » (*ibid.*).

Ainsi le rôle de la vérité de fait vis-à-vis de la pensée politique est analogue à celui de la vérité de raison pour la pensée philosophique, c'est-à-dire qu'elle en constitue le soubassement. En ce sens, la vie politique se trouverait privée de son essence si venaient à disparaître ou à être modifiées et dissimulées les vérités de fait.

#### b. La force propre de la vérité

En dépit de sa fragilité, la vérité possède une force qu'il convient de distinguer de la puissance du mensonge. La force désigne pour Arendt une énergie, quand la puissance est une qualité naturelle qui caractérise une entité individuelle [1].

D'abord, les faits sont doués d'une certaine résistance, d'une certaine « obstination » (*VP*, p. 329) qui leur confère, face à la vulnérabilité qui provient de leur contingence, « une grande résistance à la torsion » (*ibid.*). Cette obstination tient au lien entre vérité et réalité. Parce que la puissance du

---

1. *Ibid.*, p. 193-194.

mensonge n'est qu'un potentiel, et non une force effective, elle est « beaucoup plus fragile que le vrai, dont la force provient du réel et de sa permanence [1] ». La réalité est une, « n'a pas d'équivalent » (*MP*, p. 16), quand le mensonge peut prendre toutes les formes. La modification constante des mensonges et falsifications rend ceux-ci particulièrement instables.

Ensuite, l'obstination de la vérité, liée à la solidité que lui confère la réalité, est beaucoup plus durable que la puissance du mensonge. Celle-ci peut s'évanouir dès que ceux qui le proféraient se dispersent, tandis que demeure la vérité.

Enfin, dans la plupart des cas, la vérité peut subsister, quoique recouverte, sous les mensonges, car « la plupart des mensonges doivent comporter un *noyau de vérité* pour qu'on puisse y croire [2] ». Ainsi la vraisemblance, le degré auquel on est en mesure de faire croire quelque chose, est-elle fonction, la plupart du temps, du rapport de cette chose avec une dose, fût-elle minime, de vérité.

### c. Les limites du mensonge

Le mensonge, même organisé, ne peut jamais se substituer à la réalité. L'ambition de faire croire quelque chose de faux rencontre des limites, car le mensonge ne peut pas « recouvrir la texture entière du réel » (*MP*, p. 16).

Cependant, ce constat n'est pas porteur d'optimisme car, si un régime totalitaire ne peut créer un véritable substitut de réalité, si « la persuasion et la violence » ne peuvent pas « remplacer » la vérité (*VP*, p. 330), les multiples falsifications de la vérité ont pour conséquence de la détruire. Les régimes totalitaires, animés d'une « volonté de destruction » (*MP*, p. 24) à l'égard des faits, ont « [érigé] le mensonge lui-même au rang de vérité [3] ».

## 2. Des institutions garde-fous comme remède à la crédulité et condition de la liberté

Puisque la vérité est potentiellement « antipolitique » (*VP*, p. 331), il convient de décider d'en prendre soin, de développer des institutions à même de la sauvegarder. Un pays libre est beaucoup mieux à même de se défendre contre la tromperie : la liberté d'expression, l'accès à une information fiable, constituent des freins déterminants vis-à-vis de tentatives de manipulation (*MP*, p. 52). Il convient donc que le pouvoir politique lui-même reconnaisse la nécessité de lieux en dehors du domaine politique en lesquels le critère

---

1. Hannah Arendt, *Journal de pensée*, *op. cit.*, t. II, p. 829.
2. *Ibid.*, p. 822.
3. *Ibid.*, p. 819.

demeure celui de la vérité. Plusieurs institutions sont mentionnées par Arendt au titre de tels « refuges de la vérité » (*VP*, p. 332). En premier lieu, il y a le pouvoir judiciaire, lequel doit demeurer indépendant (*ibid.*). En deuxième lieu, Arendt cite les institutions d'enseignement supérieur, l'université, qui représente pour le politique « l'instance de l'impartialité dépourvue d'intérêts [1] ». En troisième lieu, Arendt souligne que la presse a une « fonction politique très importante », celle de « délivrer l'information » (*VP*, p. 333). Il faut qu'existe une presse libre et de confiance, en mesure de fournir au public les informations les plus fiables possible afin que chacun puisse se forger une opinion, puisse juger.

C'est ce qu'Arendt a pu constater au moment de la publication des documents du Pentagone, qui éclairaient la politique menée par les États-Unis dans les années 1960. Elle précise à plusieurs reprises (*MP*, p. 52 et p. 65) que les informations livrées *via* ces documents étaient pour la plupart déjà connues du public, témoignant de la vigueur de la liberté de la presse et de son honnêteté. Arendt place ainsi ses espoirs dans la défense du premier amendement de la Constitution américaine, qui assure « la liberté de parole ou de presse ».

## 3. Résistance de la vérité contre la manipulation : un sens plus haut du politique

En dépit de la critique adressée par Arendt à la politique états-unienne dans le cadre de la guerre du Vietnam, elle relève que la mise à disposition des documents du Pentagone constitue une décision extrêmement importante, qui n'aurait sans doute été possible dans aucun autre pays au monde (*MP*, p. 64). Elle a en fin de compte été heureusement surprise par la liberté de parole et de presse dont ont pu faire preuve les États-Unis, ainsi que de l'opposition à la guerre qui s'y est formée. Elles témoignent de la résistance au mensonge dont est capable un pays libre. Dans un contexte où les décisions paraissaient irrationnelles, un sursaut a été possible, qu'Arendt rattache à la tradition de la Révolution américaine (*ibid.*, p. 65) (événement qu'elle a amplement commenté, et qui représente à ses yeux un moment rare de fondation de la liberté). Arendt laisse donc résonner une note optimiste, laissant espérer que les garde-fous contre les mensonges soient à même d'empêcher la destruction d'un régime démocratique (*ibid.*, p. 67-68).

Elle tient par ailleurs à signaler dans *Vérité et politique* que le point de vue adopté sur le rapport entre vérité et politique était orienté par l'étude de leur conflit. Mais ce conflit ne concerne que la politique prise en son sens le plus bas, superficiel, selon lequel elle constituerait « un champ de bataille pour

---

1. *Ibid.*, p. 828.

des intérêts partiaux et adverses » (*VP*, p. 335). Or Arendt se fait une idée plus haute de la politique : en son sens le plus honorable, la politique est une activité qui procure « joie » et « satisfaction » par la participation aux affaires humaines, parmi ses semblables, par le fait « d'agir ensemble et d'apparaître en public » (*ibid.*, p. 336).

Le pouvoir doit ainsi se tenir sur une ligne de crête : ne pas nier la contingence des faits et des événements (ne pas les réduire à un processus nécessaire) sans pourtant que cette contingence porte à croire que l'on pourrait les nier ou les manipuler (*ibid.*, p. 330). Le domaine du politique doit se tenir dans ces limites, au sein desquelles il peut représenter une sphère de liberté éminente (*ibid.*, p. 336).

## Conclusion : vérité, récit et impartialité

Dans les deux textes, Arendt analyse les tensions intrinsèques entre vérité et politique, fondées sur la différence de nature entre le domaine de la vérité – ce qui s'impose sans discussion – et celui du politique – lieu du débat et de la confrontation des opinions. Étudiant la condition de possibilité du mensonge (à savoir la liberté), elle met en lumière l'asymétrie entre le fait de dire la vérité (dire ce qui est, c'est-à-dire aussi concourir à l'acceptation des choses telles qu'elle sont) et le fait de faire croire délibérément quelque chose de faux (qui relève de l'action, car reposant sur le désir de changer ce qui est).

Arendt étudie les formes nouvelles que peut revêtir le mensonge dans la sphère politique, en s'appuyant en particulier sur les enseignements que l'on peut tirer des documents du Pentagone relatifs à l'engagement militaire des États-Unis au Vietnam. Dans ce contexte, elle en vient à s'interroger sur la politique mensongère dans un pays démocratique. Dans le cas des États-Unis dans les années 1960, le mensonge trouve ses conditions de possibilité dans l'idéologie, dans l'autotromperie, et enfin dans la confiance accordée à des modèles. Ce dernier point retient l'attention d'Arendt car il témoigne d'une illusion quant à la nature des faits et des événements. Ceux-ci sont toujours contingents, c'est-à-dire qu'ils pourraient toujours être autrement qu'ils ne sont, ou pourraient ne pas être. Ils ne sauraient donc être intégrés à des modèles fondés sur le raisonnement, car l'essence même de l'événement est d'être imprévisible.

De manière terrifiante, le mensonge organisé est manifeste dans le cadre des régimes totalitaires, qui ont eu recours à la manipulation de masse, cherchant à substituer à la réalité un monde imaginaire, privant les êtres humains du sol de la réalité sur lequel ils peuvent se tenir et vivre ensemble.

Finalement, Arendt insiste sur l'importance de la vérité pour que les êtres humains puissent bâtir et vivre dans un monde qui leur soit commun. Dans ce cadre, il convient d'attacher la plus grande attention au récit historique. Celui-ci, initié, en Grèce, par Hérodote, sauvegarde et transmet le souvenir des actions humaines, toujours éphémères, qui seraient autrement vouées à disparaître. Dire ce qui est, c'est toujours en même temps raconter une histoire, c'est-à-dire conférer un sens aux événements, permettant la « réconciliation avec la réalité » (*VP*, p. 334) prônée par Hegel. Raconter une histoire est la tâche de l'historien comme du poète : l'un comme l'autre ont vocation non pas à faire croire, mais à « enseigner l'acceptation des choses telles qu'elles sont » (*ibid.*). C'est avec Homère, selon Arendt, que naît cette manière désintéressée de conter les actions humaines. Dans l'*Iliade*, la guerre de Troie entre les Achéens et les Troyens est racontée de manière impartiale, impartialité qui constitue « la racine de ce qu'on nomme l'objectivité » (*ibid.*, p. 335).

Toute action humaine, tout événement historique, tout fait, est susceptible d'être recouvert, soit parce qu'il a tout simplement été laissé pour compte, soit parce qu'une action délibérée – le mensonge, la falsification, la propagande – a fourni un récit fallacieux, effaçant ce qui était pourtant advenu. Seuls le souvenir, le témoignage et la narration fiables sont en mesure de préserver ce qui, sinon, pourrait tomber dans l'oubli, et de garantir ainsi l'existence d'un monde commun.

## ORIENTATIONS BIBLIOGRAPHIQUES

**Éditions de référence**
ARENDT Hannah, *Vérité et politique*, in *La Crise de la culture. Huit exercices de pensée politique*, trad. sous la direction de P. Lévy, Gallimard, 1972, « Folio essais », 1989, p. 289-336.
ARENDT Hannah, *Du mensonge en politique. Réflexions sur les documents du Pentagone*, in *Du mensonge à la violence. Essais de politique contemporaine*, trad. G. Durand, Calmann-Lévy, 1972, rééd. Le Livre de Poche, 2021, p. 9-68.

**Autres sources**
ARENDT Hannah, *Condition de l'homme moderne*, trad. G. Fradier, Calmann-Lévy, 1993.
ARENDT Hannah, *Sur la violence*, in *Du mensonge à la violence. Essais de politique contemporaine*, trad. G. Durand, Calmann-Lévy, 1972, rééd. Le Livre de Poche, 2021, p. 139-273.

ARENDT Hannah, *Journal de pensée (1950-1973)*, éd. U. Ludz et I. Nordmann, trad. S. Courtine-Denamy, Seuil, 2005, en particulier t. II, cahier XXIV, p. 809-844.

**Études critiques**

GENEL Katia, *Hannah Arendt. L'Expérience de la liberté*, Belin, 2016.
L'autrice propose une analyse de l'œuvre d'Arendt à travers quatre thématiques. Elle se penche en particulier sur le texte consacré à Eichmann, qui, par la « polémique » qu'il a suscitée, a incité Arendt à rédiger Vérité et politique, ainsi que sur la question de la « réalité factice » créée par le mensonge.

YOUNG-BRUEHL Elisabeth, *Hannah Arendt*. trad. J. Roman et E. Tassin, Calmann-Lévy, 1999.
Biographie intellectuelle d'Hannah Arendt très précise, qui met en évidence le lien entre les étapes de la vie d'Arendt et celles de son œuvre.

## L'ŒUVRE EN UN COUP D'ŒIL

- Il y a toujours eu une **tension** entre la **vérité** et la **politique**, et, corrélativement, une **tendance au mensonge** en politique.

- Le **mensonge**, le fait délibéré de faire croire quelque chose de faux, de faire croire quelque chose qui n'est pas ou le fait de nier volontairement la réalité – s'oppose à un type de vérité spécifique, la **vérité de fait**.

- La **vérité de fait** est une vérité qui concerne **ce qui est advenu dans le monde** en vertu de la capacité d'action et de la liberté humaine.

- Sa **condition de possibilité** est la **contingence**, à savoir le fait que quelque chose pourrait ne pas être, ou pourrait être autrement qu'il n'est.

- La contingence rend **fragiles** les vérités de fait, qui dépendent de l'historiographie et du travail de la mémoire. Alors que les **vérités rationnelles** sont susceptibles d'un **raisonnement logique** et jouissent d'une certaine stabilité au sens où, en droit, il serait possible de les retrouver si elles étaient effacées, les vérités de fait sont menacées de **falsification** ou de **disparition**.

- Le mensonge acquiert de **nouvelles formes à l'époque moderne** (notamment le mensonge organisé et la manipulation de masse).

- Pour préserver les vérités de fait, c'est-à-dire aussi pour permettre que le monde qui relie les êtres humains entre eux soit un monde de liberté, il convient de garantir **la possibilité pour la faculté de juger de s'exercer**, grâce à une **information fiable** et à des **institutions** consacrées à préserver la vérité.

# QUATRIÈME PARTIE

## Faire croire
## dans les œuvres au programme

*par Jean-Damien Mazaré*

**Introduction** ............................................................................................ 195

**I. Faire croire : fonctionnement et modalités**........................ 196
**A. L'empire et l'emprise des signes**........................................... 196
   1. Les signes physiques ..................................................................... 196
   2. Le langage, instrument ambigu ................................................. 199
**B. Faire croire : quelles modalités logiques ?**......................... 201
   1. La nécessité de la vraisemblance............................................... 201
   2. Rationalité et rationalisation....................................................... 204
**C. Preuves à l'appui** ......................................................................... 207
   1. Sources et documents .................................................................. 207
   2. Le souci du détail .......................................................................... 210

**II. Pourquoi faire croire ? Questions d'éthique**................... 213
**A. Une entreprise de légitimation, par-delà le bien et le mal**..... 213
   1. Légitimer pouvoir et contre-pouvoir ....................................... 213
   2. La dérive : l'abus de pouvoir et la perversité ......................... 217
**B. Dans un monde d'illusions, jouer n'est pas tromper**................. 220
   1. Faire croire : un imaginaire constitutif de l'individu au sein du *theatrum mundi*.................................................................. 220
   2. Sociabilité du « faire croire » : une façon de faire liaison................. 224
**C. Faire croire : une manière de donner du sens**.......................... 227
   1. Répondre à un besoin de croire face au chaos du monde .............. 227
   2. Se faire des illusions : équilibre narcissique et question de survie ... 230

**III. Faire croire : un art sur le chemin de la vérité** ............. 233
**A. Trouble dans la certitude : du bénéfice au risque** .............. 234
   1. La vérité face à l'art, entre force et faiblesse ........................ 234
   2. Rompre l'illusion : danger et déception.................................. 237
**B. Les charmes de l'illusion, du plaisir au piège**..................... 239
   1. Un art de ménager (ou de déranger) les plaisirs du « faire croire » 239
   2. Faire croire : un art de disséminer la vérité ........................... 241
**C. Un art paradoxal**......................................................................... 244

**« Faire croire » en un coup d'œil**................................................ 249

# INTRODUCTION

L'expression « faire croire » est à distinguer de « tromper » et de « convaincre ». D'abord, tous les signes qui consistent à faire croire ne peuvent relever d'une intention malveillante ou d'une volonté malsaine. L'habitude de voir le soleil se lever le matin nous fait croire qu'il se lève tous les jours et qu'il se lèvera demain ; quand celui ou celle que nous courtisons se met à rougir, un tel signe nous fait croire en nos chances de séduction ; quand un journaliste relate un fait divers exceptionnel en en précisant les détails et les circonstances, le réalisme qu'il déploie ne relève pas de la tromperie, mais de son effort pour restituer, au moyen du langage, un événement qui resterait sinon incroyable.

Mais faire croire n'est pas non plus convaincre : le réalisateur d'une fiction ou l'acteur d'une pièce de théâtre veulent rendre celles-ci crédibles, et non pas nous convaincre qu'elles ont bel et bien lieu ; celui qui veut nous faire croire en un au-delà métaphysique ou en une divinité éternelle ne peut définitivement pas nous en convaincre ; quant à ceux qui veulent nous faire croire en l'existence de tel ou tel complot, dont ils sont persuadés – et souvent de bonne foi – et qu'ils pensent pouvoir prouver rationnellement, leur logique se heurte souvent à des lacunes ou des conclusions trop hâtives pour que leur auditeur soit résolument convaincu ; que dire enfin de ces mythes anciens, aux allures fantastiques et aux êtres merveilleux, sinon qu'ils ont engendré une croyance ferme en des valeurs ou des caractéristiques (individuelles ou collectives), sans pour autant nous convaincre que leur récit ou leurs personnages sont véridiques ?

Faire croire, comme nous le verrons à travers les œuvres au programme, bouleverse donc les catégories trop strictement délimitées, habituellement, de la morale comme de la logique ou de l'épistémologie. Nous prendrons soin de ne pas nous hâter de parler de duperie ou de manipulation, de ne pas nous hâter non plus d'exclure l'illusion de la sphère de la logique ou de la vérité ; nous veillerons à montrer que faire croire répond à un besoin de croire, besoin anthropologique, psychologique (parfois métapsychologique, c'est-à-dire inconscient) et esthétique, pour fonder, tout en le questionnant, notre lien à l'autre et à la vérité. Comme il arrive un âge où les enfants continuent de faire croire à leurs parents qu'ils croient au Père Noël alors qu'ils n'y croient plus, nous verrons que faire croire entre dans un jeu de désirs réciproques, qu'il soit pervers ou salutaire, qui permet de nous lier aux autres, à la réalité et à la vérité.

De fait, faire croire relève d'un jeu, à la fois intime et collectif, individuel et social, qui peut s'avérer vertueux et salutaire : l'imaginaire est constitutif de tout rapport au monde ; et en prendre conscience peut servir de remède à toutes les formes de dérives, intellectuelles, existentielles ou politiques. Face à l'absurde, à l'irrationnel ou aux tyrannies, ne faut-il pas faire ou refaire croire au sens de la vie, et à la vie elle-même ?

Nous prendrons en compte, dans *Les Liaisons dangereuses* de Laclos, toutes les ambiguïtés et les paradoxes du « faire croire », car le roman, avec son éclatement de voix et la multiplication des illusions et des masques, pose des questions qui nous mettent sur des chemins de vérité sans pouvoir l'atteindre définitivement. Nous verrons avec *Lorenzaccio* de Musset comment l'illusion appartient de plain-pied à la réalité, dans la mesure où les êtres finissent par être ce qu'ils voulaient faire croire qu'ils sont, mais aussi dans la mesure où ces illusions échouent, au bénéfice du principe de réalité, cynique et politique. Enfin, Hannah Arendt nous permettra de mesurer la différence qui existe entre vérité de fait et vérité rationnelle, différence majeure mais que nous avons tendance – malheureusement – à trop majeure comme ténue, oubliant la différence entre la transcendance et l'immanence, entre le nécessaire et le contingent : c'est en exploitant la porosité de cette frontière que le mensonge peut s'immiscer dans la politique et l'opinion publique.

## I. Faire croire : fonctionnement et modalités

Pour cerner à la fois l'activité et l'effet qui consistent à faire croire, il faut étudier les modalités de leur fonctionnement, et s'interroger sur le rôle qu'y jouent les signes et les symboles, mais aussi paradoxalement sur celui que joue la rationalité, et finalement se pencher sur la place qu'y occupent les détails et les preuves.

### A. L'empire et l'emprise des signes

#### 1. Les signes physiques

Faire croire ne doit pas être immédiatement considéré comme une intention de tromperie : le monde nous apparaît d'abord comme un univers de signes, qui nous laissent croire bien des choses. Rappelons simplement que l'astrologie a précédé l'astronomie : les Anciens ont vu les planètes comme des divinités avant de les considérer comme des objets de la physique. C'est pourquoi le corps et les phénomènes naturels sont les premiers à véhiculer des croyances.

L'amoureux le sait bien, lui qui scrute l'objet de son amour pour mesurer la réciprocité du désir : il est un interprète de ce que les signes peuvent lui faire croire, c'est-à-dire de ce qu'ils peuvent lui laisser entendre, penser et désirer. Un roman comme *Les Liaisons dangereuses* foisonne de ces signes du corps qui manifestent les troubles que cherche à provoquer le couple de libertins, ou dont ils savent eux-mêmes se rendre maîtres.

À travers les manifestations physiologiques – rougeurs, pâmoison, tremblements, sudation, palpitations, etc. –, le corps parle symboliquement, et fait croire que le désir, voire la passion, habite celles et ceux qui tombent dans les pièges amoureux. On peut le comprendre à la lumière de la philosophie empiriste de l'époque, qui se transforme au XVIII$^e$ siècle en philosophie sensualiste, notamment au sein de la pensée libertine, et selon laquelle l'observation des faits de la nature est le seul principe sur lequel fonder un savoir.

On trouverait par exemple des marques de ce que les signes physiques font croire dans la lettre que Cécile de Volanges écrit à Sophie Carnay, où elle évoque tous les symptômes que son corps traduit lorsqu'elle est en présence de Danceny.

> J'étais si troublée, que je n'osais le regarder. Il ne pouvait pas me parler, parce que maman était là. Je me doutais bien qu'il serait fâché, quand il verrait que je ne lui avais pas écrit. Je ne savais quelle contenance faire. Un instant après il me demanda si je voulais qu'il allât chercher ma harpe. Le cœur me battait si fort, que ce fut tout ce que je pus faire que de répondre qu'oui. Quand il revint, c'était bien pis. Je ne le regardai qu'un petit moment. Il ne me regardait pas, lui ; mais il avait un air qu'on aurait dit qu'il était malade.
> 
> (*Les Liaisons dangereuses*, lettre XVIII, p. 113)

Cécile semble ici réduite à une mécanique corporelle qui fait croire – c'est-à-dire qui laisse diagnostiquer – qu'elle est tombée amoureuse de Danceny. Même lorsqu'il lui faudra chanter, elle choisit un air qu'elle sait être incapable d'interpréter, de façon à dissimuler que sa voix, sous l'effet de l'émotion, lui fait défaut en présence du chevalier. Elle est sauvée par l'entrée impromptue d'une visiteuse :

> Pendant que maman et cette dame qui était venue causaient ensemble, je voulus le regarder encore un petit moment. Je rencontrai ses yeux, et il me fut impossible de détourner les miens. Un moment après je vis ses larmes couler, et il fut obligé de se retourner pour n'être pas vu. Pour le coup, je ne pus y tenir ; je sentis que j'allais pleurer aussi.
> 
> (*Les Liaisons dangereuses*, lettre XVIII, p. 114)

Les pièges de l'amour, qu'ils soient volontaires ou inconscients, font du corps une machine offerte à l'interprétation. « Faire croire » prend ici le sens de « laisser percevoir par l'extérieur ce qui se passe à l'intérieur » : l'âme se dessine sur le corps, y imprime la marque de ses tourments.

Les signes physiques appartiennent également, dans *Lorenzaccio*, à ce que veut faire croire Lorenzo, et à travers lui, bien entendu, Musset. Il est très significatif que la pièce s'ouvre sur une mention des signes à interpréter. Alors que le duc de Médicis, Alexandre, attend la femme qu'il convoite, Lorenzo lui rappelle tous les signes qui laissent croire qu'elle viendra nécessairement :

> LORENZO. – Nous n'avons avancé que moitié. Je réponds de la petite. Deux grands yeux languissants, cela ne trompe pas. Quoi de plus curieux pour le connaisseur que la débauche à la mamelle ? Voir dans une enfant de quinze ans la rouée à venir [...]. Et quel trésor que celle-ci ! tout ce qui peut faire passer une nuit délicieuse à Votre Altesse ! Tant de pudeur ! Une jeune chatte qui veut bien des confitures, mais qui ne veut pas se salir la patte.
>
> (*Lorenzaccio*, I, 1, p. 28)

Le « connaisseur » est celui qui sait interpréter par anticipation la jouissance que promet une jeune fille aux « grands yeux languissants » : réduite ici à un animal (« une jeune chatte »), la victime fait l'objet d'une analyse par Lorenzo de tout ce que son corps peut faire croire, c'est-à-dire, ici, laisser espérer. Celle qui appartient à ce qu'il nommera « [l]a médiocrité bourgeoise » (*ibid.*) est étudiée selon ce que la sociologie appelle aujourd'hui un *habitus*, une seconde nature et une manière de se tenir qui font croire, par anticipation, à la pratique sociale ou intime qu'aura tel ou tel individu.

Hannah Arendt ne prête pas la même forme d'attention aux signes manifestés par le corps, mais se penche sur la question des sciences physiques. Étudiant, dans *Vérité et politique*, la particularité de la science politique dans le domaine philosophique, elle distingue différentes formes de vérité et interroge leurs conséquences sur les vies humaines. La question de la physique y trouve une place singulière, entre la philosophie des sciences mathématiques ou géométriques, et l'activité politique qui repose sur la vérité historique, particulièrement vulnérable.

Arendt commence par citer Hobbes, dont le propos peut être résumé comme suit : après tout, même si l'on brûlait les livres de géométrie, l'esprit humain serait toujours capable de retrouver les vérités mathématiques car il s'agit de normes transcendantes que tout esprit, dès lors qu'il se met à raisonner, est susceptible de redécouvrir. À l'autre bout de l'échelle, se trouve la vérité de fait qui est, elle, de nature immanente : si les livres d'histoire venaient à disparaître, nul esprit ne pourrait retrouver de lui-même la vérité des faits qui se sont produits, et un pan entier de notre culture tomberait dans l'oubli. Les vérités physiques servent quant à elles d'exemple intermédiaire dans cette hypothèse de la disparition de la vérité, en étant plus proches de la vérité de fait que de la vérité mathématique :

[...] si l'histoire avait suivi un autre cours, tout le développement scientifique moderne depuis Galilée jusqu'à Einstein aurait pu ne pas avoir lieu. Et, certainement, dans cet ordre la vérité plus vulnérable serait celle de ces édifices de pensée hautement différenciés et toujours uniques [...] par lesquels, depuis des temps immémoriaux, les hommes ont essayé de penser rationnellement au-delà des limites de la connaissance humaine.

(*Vérité et politique*, p. 293)

Pour comprendre cette allusion aux sciences physiques, il faut se rappeler que celles-ci étaient considérablement encadrées par les autorités religieuses. Jusqu'à la révolution copernicienne, les objets du monde physique étaient là, dans l'espace, à nous faire croire que la Terre était bien au centre de l'univers, et qu'elle était le référentiel à partir duquel penser le reste de l'univers, organisé par Dieu pour mettre les hommes au cœur de tout le cosmos. Les découvertes de Copernic, et à sa suite de Galilée, ont ainsi produit une véritable rupture dans ce à quoi les objets physiques nous faisaient croire. La vie de Galilée a été mise en danger dès lors qu'il a cherché à fonder une science physique indépendante des institutions religieuses, qui l'ont condamné pour cela. Si nous perdons les traces et la mémoire de la vie de Galilée, nous revenons à ce que l'univers physique, en tant que monde de signes, nous fait croire : à savoir que l'interprétation transcendante serait plus importante que la construction d'une mémoire fondée sur les vérités de fait. La conséquence politique, par analogie, serait que nous ferions plus confiance aux idéologies des systèmes politiques (et donc aux totalitarismes) qu'aux données historiques et sociales.

## 2. Le langage, instrument ambigu

Si les signes physiques entrent dans le jeu du « faire croire », il faut cependant noter que c'est le langage qui participe de plain-pied et de façon primordiale à ce jeu.

Nous pouvons repartir du travail d'Hannah Arendt dans *Vérité et politique* pour montrer comment nous admettons finalement des vérités en politique par le filtre du langage, comme si – ce *comme si* étant une des modalités du « faire croire » – l'énonciation d'une donnée ou d'une notion politique pouvait suffire à la pérenniser comme une vérité mathématique. Arendt étudie ainsi une contradiction, ou un lapsus, formulé par Jefferson à propos de la Déclaration d'indépendance de 1776 ; celui-ci a tout d'abord avancé que « certaines vérités sont évidentes par elles-mêmes », avant de formuler différemment son propos, par une expression qu'Arendt souligne par l'italique :

> Mais, en disant « *Nous tenons* ces vérités pour évidentes », il concédait, sans s'en rendre compte, que l'affirmation « Tous les hommes sont créés égaux » n'est

pas évidente mais exige l'accord et l'assentiment – que l'égalité, si elle doit avoir une signification politique, est une affaire d'opinion, et non la « vérité ». [...] Que tous les hommes soient créés égaux n'est ni évident en soi ni démontrable. Nous faisons nôtre cette opinion parce que la liberté est possible seulement parmi les égaux, et nous croyons que les joies et les satisfactions de la libre compagnie doivent être préférées aux plaisirs douteux de l'existence de la domination.

(Vérité et politique, p. 314)

Ce que nous tenons comme vérité dans le domaine politique n'a donc rien d'évident et le langage y joue un rôle qui peut être ambigu, selon qu'il est employé à des fins de mensonge et de dissimulation (le versant sombre, qu'Arendt nomme « les sables mouvants des déclarations mensongères de toute espèce », *Du mensonge en politique*, p. 12), ou à des fins de fondation de valeurs, comme c'est le cas ici pour l'égalité (le versant lumineux). Certaines formes et certains espaces de langage doivent ainsi être protégés, à l'exemple du « judiciaire qui, soit comme branche du gouvernement, soit comme administration directe de la justice, est soigneusement protégé contre le pouvoir social et politique, aussi bien que toutes les institutions d'enseignement supérieur, auxquelles l'État confie l'éducation de ses futurs citoyens » (*Vérité et politique*, p. 331-332). Quant à la presse, elle « devrait être protégée contre le pouvoir du gouvernement et la pression sociale encore plus soigneusement que ne l'est le pouvoir judiciaire » (*ibid.*, p. 333). Parce que ce sont des espaces de langage extérieurs au pouvoir dont le discours consiste à faire croire à l'évidence, et parce qu'ils énoncent des vérités en les considérant comme des faits et non en voulant nous les faire prendre pour évidentes ou transcendantes, Arendt considère qu'ils servent de protection à toute forme de liberté.

Dans *Les Liaisons dangereuses*, le langage est l'instrument privilégié du « faire croire », car on parle et on écrit plus que l'on agit : si les signes physiques sont lucidement analysés, c'est bien le langage qui fait toujours l'objet d'interprétation... jusque dans les cris ou les silences, c'est-à-dire le langage non articulé. C'est le cas par exemple du dîner évoqué par Valmont dans la lettre LXXVI, où s'exprime une forme de double jouissance du langage, à la fois au moment où la scène a lieu, mais aussi lorsque Valmont en fait le récit : il s'agit pour lui de faire croire à la fois à Mme de Tourvel, présente au dîner, qu'il est amoureux d'elle, et à Mme de Merteuil, dans le récit qu'il en fait, qu'il jouit de la conquête de la prude présidente.

> [...] mais j'adressai la parole à madame de Rosemonde ; et au premier mot, la sensible dévote ayant reconnu ma voix, il lui échappa un cri, dans lequel je crus reconnaître plus d'amour que de surprise et d'effroi. Je m'étais alors assez avancé pour voir sa figure : le tumulte de son âme, le combat de ses idées et de ses sentiments, s'y peignirent de vingt façons différentes. Je me mis à table à côté d'elle ; elle ne savait exactement rien de ce qu'elle faisait ni de ce qu'elle disait.

Elle essaya de continuer de manger ; il n'y eut pas moyen : enfin, moins d'un quart d'heure après, son embarras et son plaisir devenant plus forts qu'elle, elle n'imagina rien de mieux, que de demander permission de sortir de table, et elle se sauva dans le parc, sous le prétexte d'avoir besoin de prendre l'air.

(*Les Liaisons dangereuses*, lettre LXXVI, p. 242-243)

Le langage non articulé – la voix, le cri, le silence – est transformé en langage épistolaire par Valmont pour redoubler le plaisir de faire croire, c'est-à-dire ici de rendre crédibles auprès de Merteuil ses progrès dans la conquête de la présidente. On peut dire de manière plus générale que *Les Liaisons dangereuses* sont un roman qui nous fait croire que le langage est plus jouissif que la passion et la sensualité elles-mêmes, *comme si* – dont on rappelle qu'il s'agit d'une modalité du « faire croire » – parler et écrire n'étaient pas seulement des instruments de manipulation, mais aussi d'excitation quasi sexuelle [1].

Dans *Lorenzaccio*, la scène 3 de l'acte I, qui représente le départ du marquis, et la conversation de sa femme, la marquise Cibo, avec son beau-frère, le cardinal, fait se côtoyer différents langages, qui instaurent des valeurs différentes auxquelles chacun des membres du trio croit et veut faire croire les autres. Le langage du marquis relève d'un certain réalisme, et veut faire croire à l'importance de la réalité ; le langage de la marquise se rattache au sentimentalisme, et veut faire croire à l'importance de la vertu et de la révolte ; le langage du cardinal est cynique, et veut faire croire à l'importance des désillusions et du pragmatisme.

Comme le dit la marquise, « [c]eux qui mettent les mots sur leur enclume, et qui les tordent avec un marteau et une lime, ne réfléchissent pas toujours que ces mots représentent des pensées, et ces pensées des actions » (*Lorenzaccio*, I, 3, p. 44). En d'autres termes, le langage tend à nous faire croire qu'il est innocent, qu'il ne s'agit « que de mots », mais c'est une mystification : à travers lui s'opère une force qui travestit ou veut transformer le monde.

## B. Faire croire : quelles modalités logiques ?

### 1. La nécessité de la vraisemblance

Même (et surtout) s'il s'agit de duperie, celui qui veut faire croire doit utiliser les moyens de la conviction, notamment la vraisemblance, qui se

---

1. Un exemple bien connu est celui de la lettre VI, où Valmont raconte à Mme de Merteuil sa promenade avec Mme de Tourvel : « quoique fort leste, elle est encore plus timide : vous jugez bien qu'une prude craint de sauter le fossé » (lettre VI, p. 91). L'expression « sauter le fossé » s'entend ici au propre comme au figuré (faire l'amour), et Laclos met une note pour dénigrer ce double sens qu'il a lui-même forgé : « *On reconnaît ici le mauvais goût des calembours, qui commençait à prendre, et qui depuis a fait tant de progrès* » (*ibid.*).

fonde sur la convention : il est vraisemblable que se produise ce qui se produit habituellement dans des circonstances similaires.

La vraisemblance pose véritablement problème dans *Lorenzaccio*. La pièce n'est au départ pas destinée à être jouée, mais à être lue ; elle a pourtant, depuis, fait l'objet de plusieurs mises en scène remarquables. D'où vient que Musset parvient à nous rendre vraisemblable une pièce qui rompt avec les conventions scéniques habituelles, multiplie les lieux, noue trois intrigues (l'intrigue Lorenzo, l'intrigue Cibo, l'intrigue Strozzi) et déroule des répliques trop littéraires pour la scène d'un théâtre ? Certaines scènes se caractérisent de fait par leurs longues digressions [1].

On pourrait parler d'une forme de paradoxe de la vraisemblance dans *Lorenzaccio*, qui serait le suivant : la pièce contient si peu d'indications visuelles que le lecteur (ou le metteur en scène) comble de son imagination tout ce qui manque de proprement scénique à la pièce. Les didascalies sont par exemple très peu présentes, et les décors se réduisent à des indications sommaires : le lecteur est alors contraint d'« habiller » lui-même le texte d'images qu'il a la liberté quasi entière de produire. Florence n'y apparaît pas selon une volonté de restitution pittoresque ni réaliste : l'espace est fragmenté en des lieux mentionnés avec une certaine banalité (un jardin, une rue, le bord d'un fleuve, la maison d'un marquis...) dont l'abstraction dispense de restituer la Florence des années 1530 et ouvre à une certaine universalité permettant à ceux qui ne connaissent pas l'iconographie de la ville à l'époque de croire cependant aux actions qui s'y déroulent.

D'autre part, il faut se rappeler que le lecteur de *Lorenzaccio* n'image pas simplement le texte avec l'univers iconographique de la Florence du XVI$^e$ siècle (s'il le connaît), mais aussi avec l'univers politique et social des années 1830 : Florence subit une tyrannie que veut conjurer une révolte républicaine, comme c'est le cas en France à la même époque. Le vraisemblable, sur lequel repose le « faire croire », tient alors en une analogie selon laquelle Florence est à la France ce que la situation des années 1530 est à celle des années 1830. L'analogie avec la contemporanéité sert alors de ressort à la vraisemblance pour nous faire croire à cette histoire : n'est-elle pas d'autant plus crédible que c'est celle que les Français de 1834 connaissent ?

*Les Liaisons dangereuses* ne cessent de jouer avec l'idée de vraisemblance. Valmont s'en fait même le théoricien lorsqu'il explique à Cécile le stratagème pour lui procurer une autre clé de sa chambre et la prévient de ce qu'elle pourrait dire si elle avait à se justifier :

> Si pourtant on s'en aperçoit, n'hésitez pas à dire que c'est le frotteur du château. Il faudrait, dans ce cas, spécifier le temps, même les discours qu'il vous aura

---

1. Comme la scène 2 de l'acte II qui nous fait entendre une conversation sur l'art entre Tebaldeo et Lorenzo, ou la scène 3 de l'acte III, entre Philippe Strozzi et Lorenzo, où le discours sur la justice dérive vers le projet et l'identité profonde de Lorenzo.

tenus [...]. Car vous sentez qu'il ne serait pas vraisemblable que vous eussiez été témoin de ce tracas sans en demander la cause. Ce sont ces petits détails qui donnent la vraisemblance, et la vraisemblance rend les mensonges sans conséquence, en ôtant le désir de les vérifier.

(*Les Liaisons dangereuses*, lettre LXXXIV, p. 278)

On pourrait considérer qu'ici Valmont parle de lui-même, puisqu'il manipule Cécile pour qu'elle obtienne son entretien avec Danceny, mais aussi que Laclos nous décrit sa propre pratique d'écrivain. Le procédé de vraisemblance qui sous-tend l'intention de faire croire est ici particulièrement fin – ou sournois : un discours aussi lucide sur les procédés et les effets de la vraisemblance, présenté de façon aussi catégorique, ne nous fait-il pas croire que son énonciateur connaît parfaitement les lois et les ressorts du discours et que, les ayant étudiés, il reste extérieur, voire « objectif » sur les mensonges qui seraient toujours ceux des autres ? Cette position d'extériorité est d'ailleurs celle du (faux) rédacteur qui préface le roman :

> On m'a objecté que c'étaient les lettres mêmes qu'on voulait faire connaître, et non pas seulement un ouvrage fait d'après ces lettres ; qu'il serait autant contre la vraisemblance que contre la vérité, que de huit à dix personnes qui ont concouru à cette correspondance, toutes eussent écrit avec une égale pureté.

(*Les Liaisons dangereuses*, Préface du rédacteur, p. 73)

C'est encore une fois en tenant un discours sur la vraisemblance que l'auteur peut prendre une position d'extériorité, d'objectivité : il anticipe les critiques d'invraisemblance et, montrant qu'il les a anticipées, les détruit. Il fait ainsi preuve d'une certaine perversité logique, car il ne laisse pas au lecteur la possibilité de juger de la possible invraisemblance de l'histoire et des lettres sans avoir au préalable détruit cette grille de lecture. Laclos est d'autant plus sournois qu'il avait distillé précédemment, dans l'Avertissement de l'éditeur, l'idée d'un manque de vraisemblance… mais en justifiant celui-ci par un propos invraisemblable :

> Il nous semble de plus que l'auteur, qui paraît pourtant avoir cherché la vraisemblance, l'a détruite lui-même, et bien maladroitement, par l'époque où il a placé les événements qu'il publie. En effet, plusieurs des personnages qu'il met en scène ont de si mauvaises mœurs, qu'il est impossible de supposer qu'ils aient vécu dans notre siècle [...].

(*Les Liaisons dangereuses*, Avertissement de l'éditeur, p. 70)

Le constat d'une pureté des mœurs est de fait un argument parfaitement invraisemblable : le libertinage gagne une certaine partie de la noblesse précisément à cette époque-là. Laclos, là encore, détruit donc la critique d'invraisemblance par un argument qui ne peut s'appuyer sur la convention – car il est convenu que les années 1780 sont celles d'une grande débauche, et que le « siècle » s'est ouvert avec la Régence, période pendant laquelle la Cour s'adonnait régulièrement à des pratiques libertines.

Quant à la vraisemblance dans les affaires politiques, elle est au cœur de la pensée critique d'Hannah Arendt lorsqu'elle se penche sur le rôle des chercheurs de solutions, spécialistes de probabilités et conseillers du pouvoir exécutif. Ceux-ci, oubliant le caractère contingent et inattendu de tout événement historique, ont légitimé les interventions au Vietnam en se référant à la théorie suivante :

> [...] la théorie des jeux et l'analyse des systèmes, les scénarios composés à l'intention d'« auditoires » imaginaires, et l'énumération méticuleuse d'« options », d'ordinaire au nombre de trois, A, B et C, A et C représentant les solutions extrêmes et opposées, et B constituant la « solution logique » des problèmes, celle de la voie moyenne. L'erreur, dans ce mode de pensée, consiste d'abord à imposer des choix entre des solutions qui paraissent mutuellement s'exclure ; jamais la réalité ne s'offre à nous sous cette forme de prémisses aboutissant à des conclusions logiques. Le mode de pensée, qui présente A et C comme des solutions indésirables et en conséquence s'arrête à B, ne peut guère servir qu'à détourner l'attention et empêcher les facultés de jugement de s'exercer sur le nombre très élevé des possibilités réelles.
>
> (*Du mensonge en politique*, p. 23-24)

On voit ici que le « faire croire » n'est pas une simple manipulation de l'opinion mais qu'il se fonde sur un principe de vraisemblance, relatif à la probabilité qu'une chose arrive lorsque des conditions similaires ont déjà vu la même chose se produire. Mais, comme nous le verrons, les événements relèvent de la contingence et de l'inattendu : contrairement à la théorie des probabilités ou à la littérature, où la convention joue un grand rôle, le réel peut *vraisemblablement* advenir comme on se le représente, mais dans les *faits* échappe à toute modélisation intellectuelle fondée sur la vraisemblance.

## 2. Rationalité et rationalisation

Avec Hannah Arendt, on peut même dire que l'intention de faire croire s'appuie, paradoxalement, sur un procédé d'hyper-rationalisation. Cette idée ne doit pas nous surprendre : si l'on prend l'exemple d'un jaloux excessif, on constate que, dans son discours paranoïaque, tous les faits semblent s'agencer de façon parfaitement *logique* pour le conduire à croire ce qu'il croit, pourtant avec fausseté. On touche alors à ce que dénonce Arendt dans *Du mensonge en politique* concernant les conseillers de l'exécutif, spécialistes de la solution des problèmes, qui se sont laissé abuser par leur amour de la raison (comme le jaloux est excessivement rationnel au point de voir des signes de tromperie partout) et de la théorie :

> Ils ne se contentaient donc pas de faire preuve d'intelligence, mais se targuaient en même temps de leur « rationalisme », et leur amour de la « théorie », de l'univers purement intellectuel, leur faisait rejeter tout « sentimentalisme » à un point assez effrayant. […] ils s'efforçaient de découvrir des *lois* permettant d'expliquer l'enchaînement des faits historiques et politiques et de le prévoir, comme s'il s'agissait d'une réalité aussi nécessaire et non moins certaine que les phénomènes naturels l'étaient autrefois pour les physiciens.
> 
> (*Du mensonge en politique*, p. 22)

Le problème des spécialistes de la solution des problèmes, pendant la guerre du Vietnam, est d'avoir cru davantage à leurs connaissances théoriques qu'à deux autres données : d'une part, les faits, qui étaient pourtant évoqués dans les comptes rendus des renseignements généraux (mais qui, lorsqu'ils n'étaient pas simplement ignorés, apparaissaient à l'état-major comme trop menus pour être pris en compte), et d'autre part le caractère contingent de tout fait ou événement, qui ne peut strictement entrer dans le cadre d'une théorie scientifique ou philosophique, car tout événement procède des choses humaines, donc d'une part imprévisible et inattendue.

Mentir ne s'oppose donc pas à un usage que l'on fait de la raison. Comme l'écrit Arendt :

> Le mensonge est souvent plus plausible, plus tentant pour la raison que la réalité, car le menteur possède le grand avantage de savoir d'avance ce que le public souhaite entendre ou s'attend à entendre. Sa version a été préparée à l'intention du public, en s'attachant tout particulièrement à la crédibilité, tandis que la réalité a cette habitude déconcertante de nous mettre en présence de l'inattendu, auquel nous n'étions nullement préparés.
> 
> (*Du mensonge en politique*, p. 16)

L'intention et l'activité qui consistent à faire croire reposent ainsi sur les mêmes principes que le raisonnement, à savoir la rationalité. C'est bien ce que montre la lettre de Mme de Tourvel à Valmont, dans *Les Liaisons dangereuses*, où la présidente veut lui faire croire, autant qu'elle veut se faire croire à elle-même, qu'ils doivent cesser tout échange et que le vicomte ne doit plus rien espérer. Son argumentation prend la forme d'une typologie redoutable – tellement redoutable qu'elle ne peut apparaître que passionnée ! Nous numérotons les arguments pour les mettre en valeur :

> Je m'en tiens, Monsieur, à vous déclarer que [1] vos sentiments m'offensent, [2] que leur aveu m'outrage, [3] et surtout que, loin d'en venir un jour à les partager, vous me forceriez à ne vous revoir jamais, si vous ne vous imposiez sur

cet objet un silence qu'il me semble avoir droit d'attendre, et même d'exiger de vous. [4] Je joins à cette lettre celle que vous m'avez écrite, et j'espère que vous voudrez bien de même me remettre celle-ci ; [5] je serais vraiment peinée qu'il restât aucune trace d'un événement qui n'eût jamais dû exister.

(*Les Liaisons dangereuses*, lettre XXVI, p. 132)

Alors même que Mme de Tourvel est sensible aux charmes de Valmont, elle déroule une série de raisons justifiant de rompre tout lien ; mais par cet excès d'arguments, elle révèle le caractère obsessionnel de ses pensées pour le vicomte. La petite pointe de regret finale (« un événement qui n'eût jamais dû exister ») peut se lire, surtout après cette accumulation d'arguments, comme la trace d'un sentiment de culpabilité montrant bien le désir naissant de la présidente.

Dans *Lorenzaccio*, Pierre et Philippe Strozzi, comploteurs républicains, font chacun un usage différent de la raison dans leur volonté de renversement d'Alexandre de Médicis. Pierre est le plus ardent et le plus virulent, tandis que Philippe occupe le rôle d'un chef de famille plus modéré. Pourtant, leurs prérogatives évoluent, et la raison finit par intervenir et modifier leur rapport au complot.

Ainsi, Pierre s'emporte lorsqu'il apprend que le débauché Salviati poursuit de ses ardeurs Louise Strozzi. Il s'adresse au prieur : « Diable de prêtre que tu es ! tu me vois hors de moi d'impatience, et tu cherches tes mots ! Dis les choses comme elles sont, parbleu ! un mot est un mot ; il n'y a pas de bon Dieu qui tienne » (II, 1, p. 70) ; alors que Philippe, lui, prône un discours plus mesuré et plus « rationnel » : « Quand l'éducation des basses classes sera-t-elle assez forte pour empêcher les petites filles de rire lorsque les parents pleurent ! La corruption est-elle donc une loi de nature ? Ce qu'on appelle la vertu, est-ce donc l'habit du dimanche qu'on met pour aller à la messe ? » (*ibid.*, p. 67).

Philippe continuera de mettre toute sa raison au service du complot des républicains (jusqu'à la mort de Louise), mais flanche peu à peu : c'est au cours de la scène centrale de la pièce que la compatibilité entre la raison et la trahison par mensonge de Lorenzo s'opère dans son discours. Philippe semble d'abord résister à Lorenzo : « Si tu n'as vu que le mal, je te plains, mais je ne puis te croire. Le mal existe, mais non pas sans le bien, comme l'ombre existe, mais non sans la lumière » (III, 3, p. 132), avant de lui demander, avec raison : « Si tu crois que c'est un meurtre inutile à ta patrie, pourquoi le commets-tu ? » (*ibid.*, p. 135), puis d'exprimer un aveu de faiblesse, où prédomine l'émotion :

PHILIPPE. – [...] Mais Pierre et Thomas sont en prison, et je ne saurais là-dessus m'en fier à personne qu'à moi-même. C'est en vain que ma colère voudrait ronger son frein ; mes entrailles sont émues trop vivement. Tu peux avoir raison, mais il faut que j'agisse ; je vais rassembler mes parents.

(*Lorenzaccio*, III, 3, p. 136)

Philippe laisse alors la passion l'emporter sur la raison. Il reçoit les républicains chez lui à l'acte III, avant finalement de se désengager du complot à la mort de Louise, comme Pierre l'apprend au banni dans la scène 8 de l'acte IV :

> PIERRE. – Mon père ne veut pas venir. Il m'a été impossible de lui faire entendre raison.
> PREMIER BANNI. – Je n'annoncerai pas cela à mes camarades. Il y a de quoi les mettre en déroute.
> PIERRE. – Pourquoi ? Montez à cheval ce soir, et allez bride abattue à Sestino ; j'y serai demain matin. Dites que Philippe a refusé, mais que Pierre ne refuse pas.
> PREMIER BANNI. – Les confédérés veulent le nom de Philippe ; nous ne ferons rien sans cela.
> PIERRE. – Le nom de famille est le même que le mien. Dites que Strozzi viendra, cela suffit.
> PREMIER BANNI. – On me demandera lequel des Strozzi, et si je ne réponds pas « Philippe » rien ne se fera.
>
> (*Lorenzaccio*, IV, 8, p. 173)

Toutes les ambiguïtés de la raison se lisent dans le complot mis en place par les Strozzi : Pierre, impulsif, montre de plus en plus de logique dans son projet (comme on le voit ci-dessus, où il avance un argument rationnel pour convaincre le banni), tandis que Philippe, qui raisonnait avec sagesse, achève un parcours complexe, qui va de l'usage vertueux de la raison vers un usage de celle-ci à des fins de ruse politique et de complot, avant d'abandonner la lutte pour des raisons irrationnelles. C'est par ces évolutions que Musset parvient à nous faire croire en l'humanité de ses personnages : Pierre et Philippe sont d'autant plus crédibles que passion et raison se mêlent en eux. De même, leur attitude à l'égard du complot, qui fait croire en un renversement du duc de Médicis, est d'autant plus crédible qu'elle est *variable*, portée par des personnages susceptibles de revirements.

## C. Preuves à l'appui

### 1. Sources et documents

L'intention de faire croire à l'histoire de *Lorenzaccio* est doublement structurée par les sources, anciennes et contemporaines, dont dispose Musset, notamment *Une conspiration en 1537*, texte que sa maîtresse, George Sand, lui a confié en 1833, peu après leur rencontre, et la *Storia fiorentina*, une chronique écrite par l'historien Benedetto Varchi (1502-1565) qui couvre la période des années 1530 à Florence et relate l'histoire des Médicis à la demande de Côme qui vient de prendre le pouvoir. Dans quelle mesure l'usage des documents et des sources participe-t-il à l'intention de crédibilité portée par Musset à l'égard de son intrigue ?

Il y a peut-être une triple réponse. La première tient en une forme de passion collective, à l'époque de Musset, pour l'univers italien, dans la mesure où les crises que connaissait l'aristocratie italienne ainsi que les révoltes républicaines qui tentaient de la renverser trouvaient un écho dans l'histoire contemporaine des années 1830. Plus que cela, le XIXe siècle français est en quelque sorte « l'inventeur » de la science historique – l'histoire jusqu'alors consistait principalement en une justification du pouvoir royal au nom du pouvoir divin, et représentait l'évolution des événements selon l'accomplissement et la réalisation du royaume de Dieu sur la terre. En se référant à une chronique, c'est-à-dire, un document historique qui évoque les différentes manœuvres des puissants dans le gouvernement des hommes, Musset exploite donc à la fois le goût du public pour l'Italie de la Renaissance, mais aussi sa passion naissante pour l'histoire en tant que liens (parfois secrets) entre des causes et des conséquences. S'ajoute à cela le texte de George Sand, caractéristique lui aussi du goût romantique pour l'italianisme et l'histoire républicaine. Faire croire suppose alors, dans ce cas, d'exploiter le goût et les sentiments du public à un moment donné de l'histoire.

La deuxième réponse tient à une forme de réalisme, voire de pragmatisme, qui fait que l'opinion publique n'est pas dupe, dans les années 1830, de la collusion et la connivence qui existent entre les différentes formes de pouvoir (et de la soumission du pouvoir local aux institutions religieuses et aux instances internationales). Comme le rappelle la marquise à son beau-frère le cardinal en l'interpellant :

> LA MARQUISE. – Et vous, son bras droit, cela vous est égal que le duc de Florence soit le préfet de Charles Quint, le commissaire civil du pape, comme Baccio est son commissaire religieux ? Cela vous est égal, à vous, frère de mon Laurent, que notre soleil, à nous, promène sur la citadelle des ombres allemandes ? que César parle ici dans toutes les bouches ?
>
> (*Lorenzaccio*, I, 3, p. 44)

Là encore, le « faire croire » s'appuie sur une idée de l'opinion publique contemporaine selon laquelle le pouvoir est lui-même manipulé par un autre pouvoir plus grand – argument qui aurait aujourd'hui la forme du complotisme, selon lequel les puissants sont toujours le jouet de puissances plus grandes qu'eux.

La troisième et dernière réponse tient au caractère inutile de l'assassinat du duc par Lorenzo. L'intrigue n'est-elle pas d'autant plus crédible du fait qu'il n'y a ni *happy end* ni fin grandiose (la mort de Lorenzo n'occupe que quelques phrases, p. 206-207), mais seulement une continuation du pouvoir, Côme de Médicis venant remplacer Alexandre ? Le personnage du cardinal est finalement le « vainqueur » de la pièce, puisque la marquise échoue dans son projet de ramener le duc à la vertu par l'amour. La pièce ne tend pas vers une modification radicale des rapports de pouvoir, ni vers une destinée singulière du personnage de Lorenzo : si Musset parvient à nous faire croire à son intrigue et à ces événements, c'est notamment parce qu'ils ne mènent à aucune transformation radicale des êtres ou des institutions. En convoquant un épisode historique qui n'a pas changé la face du monde, grâce à des sources et des documents d'époque anciens ou contemporains, Musset nous fait croire que l'histoire n'est pas faite d'événements extraordinaires aux conséquences notoires, mais bien plutôt constellée d'échecs.

Mais c'est grâce à Hannah Arendt, dans *Du mensonge en politique*, que nous pouvons prendre conscience du rôle que jouent les sources et les documents dans le mensonge en politique et, à rebours, dans la possibilité de restituer une vérité. Le texte est en effet une analyse d'une série d'autres textes, dont les plus importants sont les documents du Pentagone, publiés en 1971 par le *New York Times*. Les documents du Pentagone sont la source la plus citée d'Hannah Arendt, mais cette dernière se réfère aussi à un article de Leslie H. Gelb dans *Life* de 1971, et à l'ouvrage *Washington Plans an Aggressive War*, de Stavins, Barnet et Raskin, paru également en 1971.

L'enjeu de la mobilisation de ces documents est double : d'un côté, Arendt veut montrer que le pouvoir exécutif a négligé des documents, pourtant accessibles rédigés par les services de renseignement, pour faire croire à la théorie d'un danger d'expansion sino-soviétique au Vietnam ; de l'autre, elle veut elle-même faire croire en un bon sens commun, incarné par l'opinion publique opposée à la guerre du Vietnam, capable de se forger une idée critique de la manipulation opérée par les États-Unis qui ne redoutaient pas tant la défaite que l'image que cette défaite donnerait du pays.

Les documents chez Arendt ont donc une importance double : ils servent à sa démonstration, qui consiste à protéger tout ce qui peut faire croire au sens commun en matière de vérités de fait, mais aussi à mettre en valeur les lacunes, voire les manipulations des administrations états-uniennes, pour lesquelles ces documents étaient soit inconnus, soit sans importance, soit en contradiction avec les systèmes théoriques que les spécialistes de la solution des problèmes avaient bâtis au service des images que les États-Unis voulaient produire : celle de leur puissance et celle d'un risque de troisième guerre mondiale provoqué par l'effet domino de l'expansion communiste en Asie.

Quant aux *Liaisons dangereuses*, on pourra prendre la mesure de la preuve que constitue la lettre – en tant qu'objet – au sein de l'intrigue. Bien sûr, le fait que le rédacteur dise avoir collecté des lettres est pour le lecteur une garantie (ambiguë) qui fait croire à l'authenticité de l'intrigue. Mais la lettre joue elle-même un rôle au sein de l'intrigue, si bien qu'il faut tantôt la conserver et la protéger, tantôt la restituer pour la faire disparaître. Par exemple, dans la lettre XLIV de Valmont à la marquise de Merteuil, le vicomte use d'une pratique similaire aujourd'hui à celle du transfert de courriel : « Hier même, après vous avoir écrit ma lettre, j'en reçus une de la céleste dévote. Je vous l'envoie ; vous y verrez qu'elle me donne, le moins maladroitement qu'elle peut, la permission de lui écrire » (lettre XLIV, p. 169). S'ensuit tout le récit de la stratégie déployée par Valmont, auprès de la femme de chambre et de son amant le chasseur, pour s'emparer des lettres : « Mes conditions furent que je garderais fidèlement le secret, pourvu que le lendemain, à pareille heure à peu près, elle me livrât les poches de sa maîtresse » (*ibid.*, p. 171), ce qui est chose faite le lendemain.

La récupération, la dissimulation et la publicité des lettres jouent donc dans *Les Liaisons dangereuses* un rôle décisif (Mme de Merteuil en fera les frais). Aussi peut-on dire que, lorsqu'on a l'intention de faire croire, l'apport d'un document comme preuve matérielle constitue une véritable plus-value.

## 2. Le souci du détail

Qui veut faire croire quoi ce que soit doit s'appuyer sur des détails pour rendre son discours indubitable, comme nous l'a appris la citation de Laclos (lettre LXXXIV, p. 278). Parce que le détail attire l'attention et qu'il agit de manière symbolique, il constitue en effet une pièce indispensable de la machinerie libertine, et donc, par extension, du « faire croire ». Le vicomte et la marquise y ont donc particulièrement recours pour mener à bien leur entreprise de duperie. L'exemple le plus significatif est sans doute celui de Valmont qui, se sachant épié par un domestique de Mme de Tourvel, a « voulu que ce moyen scandaleux tournât à l'édification publique » (lettre XXI, p. 118). Le lecteur disposera donc des deux versions du stratagème du vicomte pour se faire passer pour un homme charitable et généreux : la lettre XXI, où il raconte comment il a saisi l'occasion d'une mendicité pour apparaître comme un sauveur aux yeux de l'espion, puis la lettre XXII de Mme de Tourvel qui, ayant appris par son espion les faits de générosité de Valmont, les rapporte à Mme de Volanges avec admiration – et déjà avec amour.

Les détails jouent dans ces lettres un rôle capital pour faire croire à la générosité de Valmont autant qu'à sa duplicité. Notons ceux qui nourrissent la lettre du vicomte : la somme qu'il verse pour la famille qui ne peut plus conserver sa demeure ; les larmes que verse le *pater familias* que Valmont vient de sauver ; l'arrivée d'une seconde famille qui vient profiter de la générosité de Valmont en le prenant pour un nouveau Dieu ; les larmes de Valmont et les remerciements. Mme de Tourvel reprendra ces éléments dans la lettre suivante, en les interprétant comme des preuves de la grandeur d'âme de Valmont.

Mais la lettre du vicomte avait fourni d'autres détails : pourquoi n'a-t-il pas tué l'espion qui le suivait ? Parce qu'il s'est « ressouvenu qu'il était utile et même nécessaire à [s]es projets » (lettre XXI, p. 119). Quant aux larmes que verse le *pater familias*, elles « embellissaient cette figure de patriarche, qu'un moment auparavant l'empreinte farouche du désespoir rendait vraiment hideuse ! » (*ibid.*). Pourquoi Valmont lui-même a-t-il pleuré ? Par amour-propre de s'être fait nommer « image de Dieu » (*ibid.*, p. 120). Pourquoi a-t-il donné de l'argent à une autre famille ? Parce que « j'ai trouvé juste de payer à ces pauvres gens le plaisir qu'ils venaient de me faire » (*ibid.*). Quant aux remerciements, ils n'avaient plus rien de « pathétique », ce « n'était qu'une simple expression de reconnaissance et d'étonnement pour des dons superflus » (*ibid.*).

Un dernier détail, qui clôt la lettre, a son importance : « J'oubliais de vous dire que pour mettre tout à profit, j'ai demandé à ces bonnes gens de prier Dieu pour le succès de mes projets » (*ibid.*). Comme on le voit, la double version de la scène d'aumône est intéressante à plus d'un titre : d'abord le détail vient étayer, dans les menus faits, une thèse (ici : Valmont est un homme charitable, ce que retiendra Mme de Tourvel) ; ensuite, le détail prouve l'intelligence rusée du stratège qui se sait espionné et doit jouer la scène dans ses moindres aspects ; enfin, les détails donnés par Valmont infirment cette thèse d'un homme au grand cœur.

Dans *Lorenzaccio*, le détail est à chercher du côté de la temporalité. Alors même que la pièce comprend très peu d'indications historiques et de notations calendaires – ce qui participe d'une certaine abstraction de la durée et de la temporalité des événements – le souci du détail réside dans le jeu des rythmes, qui s'éloignent de la régularité des scènes propre au théâtre classique, pour tisser un rapport plus affectif entre l'épisode, sa durée et le moment auquel il prend place.

Des scènes restent ainsi en suspens, et trouvent leur continuation un peu plus loin. La scène 4 de l'acte II, où Marie explique à Lorenzo l'avoir vu en rêve et avoir reconnu l'enfant qu'il était autrefois (p. 87), impose au spectateur de revenir en détail sur la dernière scène de l'acte I, où les deux femmes évoquaient la mélancolie et la débauche du jeune homme. Lorenzo répond à ce récit de rêve par ces mots : « Ma mère, asseyez-vous ce soir à la place où vous étiez cette nuit, et si mon spectre revient, dites-lui qu'il verra bientôt quelque chose qui l'étonnera » (*ibid.*, p. 88). De fait, le « vrai Lorenzo » semble surgir du masque du débauché et du couard lorsqu'il s'adresse à Bindo : « Je suis des vôtres, mon oncle. Ne voyez-vous pas à ma coiffure que je suis républicain dans l'âme ? Regardez comme ma barbe est coupée. N'en doutez pas un seul instant ; l'amour de la patrie respire dans mes vêtements les plus cachés » (*ibid.*, p. 91).

On voit ainsi comment Musset a su fragmenter son intrigue et rendre le lecteur/spectateur sensible aux détails qui font croire à la fois à l'effet de vérité mais aussi à l'intensité de l'action dans la pièce.

Chez Hannah Arendt, le souci du détail, comme composante du « faire croire » qu'elle cherche à démystifier, prend deux formes. Elle insiste d'abord sur la manipulation du détail à des fins idéologiques. Par exemple, dans le totalitarisme soviétique, « ils prouveront que, dans un système d'économie socialiste, il n'existe pas de chômage en refusant de reconnaître son existence ; dès lors, un chômeur n'est plus qu'une entité non existante » (*Du mensonge en politique*, p. 16). Pour le dire autrement, le pouvoir en place doit choisir quel détail il mettra en valeur ou, au contraire, considérera comme nul et non advenu, pour faire croire en sa « vérité ». Le pouvoir politique travaille ainsi comme un publicitaire, ce que souligne Arendt en écrivant que « [l]es relations publiques ne sont qu'une variété de la publicité » (*ibid.*, p. 17). Que fait le publicitaire en effet, sinon s'appuyer sur le détail pour promouvoir son produit et faire croire à sa supériorité de ce dernier ?

Mais les détails peuvent aussi être salutaires, lorsqu'ils servent de preuves pour dénoncer l'entreprise de mensonge à laquelle s'est livré le gouvernement des États-Unis : c'est par exemple le télégramme du diplomate stipulant qu'Hô Chi Minh avait pris contact avec le président Truman en 1945-1946 pour qu'il garantisse la paix mondiale en soutenant l'indépendance des Vietnamiens (*ibid.*, p. 44) ; c'est aussi l'exemple du souhait de Mao et Chou En-lai de dialoguer avec les États-Unis pour éviter un impérialisme soviétique (*ibid*, p. 45) ; c'est aussi le détail du rapport McNamara de 1964, déclarant : « Nous *ne* demandons *pas* qu'il [le Vietnam du Sud] serve de base occidentale ou qu'il participe à une alliance occidentale » (*ibid.*, p. 43-44). Finalement, si les rapports avaient été lus *en détail*, jamais le gouvernement n'aurait été contraint de faire croire *en détail* à la légitimité de la guerre du Vietnam.

## II. Pourquoi faire croire ? Questions d'éthique

Faire croire ne revient pas simplement à mentir : nous verrons dans cette partie qu'il s'agit bel et bien d'une entreprise qui légitime à la fois les pouvoirs, leur abus, mais aussi les contre-pouvoirs ; nous verrons ensuite que faire croire n'est pas tromper sur le théâtre du monde, où jouer peut vouloir dire être joué. Finalement, nous nous demanderons si faire croire n'est pas apporter une réponse à un besoin de croire, face à un monde privé de sens et menacé par le chaos.

### A. Une entreprise de légitimation, par-delà le bien et le mal

#### 1. Légitimer pouvoir et contre-pouvoir

L'ensemble de signes que nous avons décrit prend une certaine fonction, au sein de l'univers social, que l'on peut qualifier de *légitimation*. En effet, tout pouvoir a besoin de faire croire à son autorité pour asseoir sa légitimité, tout autant que les contre-pouvoirs, dont la relation au « faire croire » est plus ambiguë, puisque leur intention est de faire croire (d'un point de vue moral et salutaire) au caractère immoral du « faire croire », c'est-à-dire à l'abus de pouvoir, de certaines autorités.

Comment cet effet de légitimation se marque-t-il ? Dans *Lorenzaccio*, la question des signes politiques institutionnels et de leur effet est posée dès la conversation entre le marchand et l'orfèvre, qui porte sur le palais du duc et ses marques de richesses :

> LE MARCHAND. – […] J'avoue que ces fêtes-là me font plaisir, à moi. On est dans son lit bien tranquille, avec un coin de ses rideaux retroussé ; on regarde de temps en temps les lumières qui vont et viennent dans le palais : on attrape un petit air de danse sans rien payer, et on se dit : Hé, hé, ce sont mes étoffes qui dansent, mes belles étoffes du bon Dieu, sur le cher corps de tous ces braves et loyaux seigneurs.
>
> (*Lorenzaccio*, I, 2, p. 33)

Les fêtes données par le duc ne sont pas vues comme un déversoir de débauche par le marchand de soiries : fastueuses, elles sont au contraire un moyen de faire croire en un système de puissance, mais aussi au rôle que les bourgeois, dont le marchand fait partie, peuvent jouer dans ce système. Au contraire, l'orfèvre répond : « les murailles de tous ces palais-là n'ont jamais mieux prouvé leur solidité. Il leur fallait moins de force pour défendre les aïeux de l'eau du ciel, qu'il ne leur en faut pour soutenir les fils quand ils ont trop pris de leur vin » (*ibid.*). L'orfèvre donnera plus loin une analyse politique de cette délégitimation de l'autorité florentine : le peuple croit à la puissance du duc en raison de tous les signes qui font croire à son autorité, mais c'est en réalité le pape et Charles Quint qui tirent les ficelles :

> L'ORFÈVRE. – [...] il y a de par le monde deux architectes malavisés qui ont gâté l'affaire ; je vous le dis en confidence, c'est le pape et l'empereur Charles. L'empereur a commencé par entrer par une assez bonne brèche dans la susdite maison. Après quoi, ils ont jugé à propos de prendre une des colonnes dont je vous parle, à savoir celle de la famille des Médicis et d'en faire un clocher, lequel clocher a poussé comme un champignon de malheur dans l'espace d'une nuit.
> (*Lorenzaccio*, I, 2, p. 35)

L'empereur a donc réussi un tour de force : faire croire que Florence était restée indépendante et puissante (image que les fêtes viennent en quelque sorte légitimer), alors que ses figures d'autorité ne sont en réalité que des hommes de paille. On remarquera d'ailleurs qu'à la fin de la pièce, le pouvoir a changé sans avoir changé : Côme de Médicis est placé à la tête de Florence, mais le cardinal, jouet du pape et de l'empereur, le couronne au nom de ces derniers, et reste finalement une autorité plus importante que les Médicis dans leur propre ville.

Mais comme nous l'avons dit, faire croire peut aussi être un moyen de déjouer les pouvoirs en place qui font eux-mêmes croire à leur autorité naturelle. On peut le mesurer dans *Les Liaisons dangereuses* en avançant qu'il s'agit d'un roman non pas féministe, mais tout du moins féminin, dans la mesure où il subvertit l'idée que la femme est un être soumis à l'homme. Certains personnages féminins dérangent en effet l'imaginaire genré, en exerçant sur les hommes une puissance qui les déstabilise : la marquise de Merteuil, dont le caractère ne manque pas de prérogatives traditionnellement phalliques, et la présidente de Tourvel, qui instaure un trouble car elle séduit Valmont autant qu'elle est séduite par lui. Toutes deux bouleversent l'autorité masculine à laquelle la société veut faire croire, justement parce qu'elles entrent elles-mêmes, de manière différente, dans le jeu du « faire croire ».

La première, Mme de Merteuil, jeune veuve, fait son autoportrait dans la célèbre lettre LXXXI en insistant sur le rapport aux hommes qui lui a permis « d'acquérir le renom d'invincible » (p. 268). À côté du personnage qu'elle compose, son art est de chercher le secret que chaque homme redoute de voir dévoiler : « Nouvelle Dalila, j'ai toujours, comme elle, employé ma puissance à surprendre ce secret important. Hé ! de combien de nos Samsons modernes, ne tiens-je pas la chevelure sous le ciseau ! et ceux-là, j'ai cessé de les craindre » (*ibid.*, p. 268-269). La marquise est donc prête à tout pour faire croire qu'elle connaît le secret de chaque homme dont elle veut se rendre maîtresse, cela pour « ôter aux uns la volonté, aux autres la puissance de [lui] nuire » (*ibid.*, p. 262). Elle poursuit ainsi la description de sa maîtrise sur les hommes :

> [...] si j'ai su tour à tour, et suivant mes goûts mobiles, attacher à ma suite ou rejeter loin de moi
>
> Ces tyrans détrônés devenus mes esclaves ;
>
> si, au milieu de ces révolutions fréquentes, ma réputation s'est pourtant conservée pure ; n'avez-vous pas dû en conclure que, née pour venger mon sexe et maîtriser le vôtre, j'avais su me créer des moyens inconnus jusqu'à moi ?
>
> (*Les Liaisons dangereuses*, lettre LXXXI, p. 262)

Pourtant, Mme de Merteuil n'est pas la seule à venger son sexe. En un sens, Mme de Tourvel, même si elle apparaît d'abord comme le stéréotype (ou la caricature) de la femme faible, ébranle l'édifice construit par Valmont et Merteuil et venge, paradoxalement et contrairement à Mme de Merteuil, par sa tendresse, les femmes que Valmont a séduites et humiliées. Si la présidente représente également une forme de subversion, c'est qu'elle déroge à un principe du roman qui voudrait nous faire croire que la société des années 1780 est corrompue et que l'idée de plaisir a remplacé celle de bonheur. Alors que les libertins nous montrent que la vertu n'est pas compatible avec le plaisir, encore moins avec une vie heureuse, Mme de Tourvel, parce qu'elle croit à un bonheur vertueux, trouble Valmont, comme on le voit dans la lettre CXXV, où il semble se débattre entre le bonheur ressenti auprès de sa présidente et son arrogance de libertin :

> Je suis encore trop plein de mon bonheur, pour pouvoir l'apprécier, mais je m'étonne du charme inconnu que j'ai ressenti. Serait-il donc vrai que la vertu augmentât le prix d'une femme, jusque dans le moment même de sa faiblesse ? Mais reléguons cette idée puérile avec les contes de bonnes femmes.
>
> (*Les Liaisons dangereuses*, lettre CXXV, p. 399)

Mme de Tourvel et Mme de Merteuil ont ainsi un point commun : elles savent lire, chacune à leur manière, le secret des hommes qui ne doit pas être dévoilé. C'est ce qu'exprimera la présidente à Mme de Rosemonde un peu plus loin :

> Mais puis-je mériter encore une amitié qui ne suffit plus à mon bonheur ? [...] Et comment ne croirais-je pas à un bonheur parfait, quand je l'éprouve en ce moment ? Oui, si les hommes sont tels que vous le dites, il faut les fuir, ils sont haïssables ; mais qu'alors Valmont est loin de leur ressembler ! S'il a comme

eux cette violence de passion, que vous nommez emportement, combien n'est-elle pas surpassée en lui par l'excès de sa délicatesse !

(*Les Liaisons dangereuses*, lettre CXXXII, p. 422)

Parce qu'elle *croit* à un bonheur parfait, parce qu'elle a percé le secret de la délicatesse de Valmont comme Mme de Merteuil sait percer le secret des hommes pour les faire chanter, Mme de Tourvel délégitime le code libertin, qui voudrait nous faire croire à un monde où seuls existent le plaisir et la mascarade.

On retrouve chez Hannah Arendt cette dualité entre un pouvoir qui fait croire à son autorité (mais dont le peuple n'est pas dupe) et des contre-pouvoirs qui veulent faire croire, de façon indépendante et sincère, à la tromperie dont sont capables les gouvernements. Face aux faits et aux vérités de fait, le pouvoir est sur une voie étroite :

> L'attitude politique envers les faits doit, en effet, emprunter le chemin très étroit qu'il y a entre le danger de les prendre comme résultat de quelque développement nécessaire que les hommes ne peuvent empêcher, et sur lequel ils ne peuvent donc avoir aucune influence, et le danger de les nier, ou de tenter des éliminer du monde en les manipulant.

(*Vérité et politique*, p. 330)

Selon Arendt, « les faits ne sont pas en sécurité » (*ibid.*) entre les mains du pouvoir, qui peut être tenté de faire croire soit à leur nécessité (« il était indubitable que ces faits arrivent », pourrait dire le pouvoir, alors même que les faits ne sont pas d'ordre nécessaire mais contingent), soit à leur nullité (les faits n'entrent pas dans le système que le pouvoir a organisé et sur lequel il est fondé, il faut donc les dissimuler). Les êtres ou les institutions qui sont des diseurs de vérité semblent ainsi condamnés à rester à l'écart des sphères du pouvoir et de sa stratégie du « faire croire » : « Éminents parmi les modes existentiels du dire-la-vérité sont la solitude du philosophe, l'isolement du savant et de l'artiste, l'impartialité de l'historien et du juge, et l'indépendance du découvreur de fait, du témoin et du reporter » (*ibid.*, p. 331). Aucun engagement politique même « n'est possible » (*ibid.*).

Pourtant, on ne doit pas désespérer de ces figures qui, en tant que contre-pouvoir, peuvent nous faire croire qu'une autre voie est possible à l'égard des faits. C'est déjà le cas des services de renseignement (« Il serait d'un très grand intérêt de savoir comment les services de renseignement sont parvenus à serrer d'aussi près la réalité, dans cette "atmosphère digne d'Alice au pays des merveilles" », *Du mensonge en politique*, p. 34) ou du Sénat (dont le rôle est de « protéger les organes de décision du pouvoir des influences et des humeurs passagères qui agitent la société dans son ensemble – en l'espèce, des foucades de notre société de consommation et des spécialistes de relations publiques qui se chargent d'y pourvoir », *ibid.*, p. 19).

## 2. La dérive : l'abus de pouvoir et la perversité

Si les contre-pouvoirs peuvent nous faire croire en une autre voie que celle de l'indubitable ou du dissimulé, force est cependant de constater que le « faire croire » du pouvoir mène bien souvent à des abus, notamment lorsque l'image de celui-ci est en jeu.

C'est chez Hannah Arendt que l'on trouve les pages les plus fortes à ce sujet, dans la mesure où, montre-t-elle, les États-Unis ne se préoccupaient pas tant de gagner ou perdre la bataille du Vietnam, que de gommer l'image de la défaite – cette image de la défaite étant plus importante que la défaite elle-même. En effet, aux décideurs politiques se sont agrégés, dans l'administration états-unienne, les publicitaires (ou tout du moins leurs procédés) et les théoriciens spécialistes de solutions, deux catégories d'individus qui ne cherchent pas à montrer les faits, mais à faire croire en des *représentations*. Comme elle l'écrit à propos des nouveaux menteurs, « [l]es relations publiques ne sont qu'une variété de la publicité ; elles proviennent donc de la société de consommation » (*Du mensonge en politique*, p. 17).

On voit ainsi que la dérive, l'abus de pouvoir, ne se caractérisent pas tant par des faits de violence que par une *intoxication*, consistant à faire croire l'opinion publique à une certaine image des puissances en place : « la prémisse psychologique de la possibilité de manipuler les hommes est devenue l'un des principaux produits en vente sur le marché de l'opinion, l'opinion publique ou celle des spécialistes » (*ibid.*, p. 18). Les spécialistes abusent eux aussi du pouvoir de faire croire, à un niveau théorique et scientifique : ils font fi de la contingence des faits pour faire croire à leur nécessité. C'est ce que dénonce Arendt, lorsqu'elle résume le projet global des hommes de pouvoir états-uniens en citant les documents du Pentagone : « prouver que "les États-Unis étaient un 'bon médecin', soucieux de tenir ses promesses, sachant prendre des risques [...]" » (*ibid.*, p. 29). Pour « sauvegarder l'image de la toute-puissance » (*ibid.*), il fallait le concours des spécialistes de solutions théoriques qui montreraient scientifiquement que les choses ne pouvaient se passer autrement que de la manière dont le gouvernement les présente (au détriment de la vérité des faits) :

> Ils seront tentés, par contre, de faire concorder la réalité envisagée par eux – qui, après tout, est un produit de l'action humaine et aurait donc pu prendre une autre forme – avec leurs théories, écartant ainsi mentalement sa *contingence* déconcertante.
>
> (*Du mensonge en politique*, p. 23)

L'abus de pouvoir consiste à faire croire en la nécessité des choses, comme si l'ensemble des phénomènes pouvait entrer dans un cadre théorique. L'*intoxication* relève ainsi d'une volonté de préserver une image, alors même que, d'une part, les opérations militaires n'étaient d'aucune nécessité (les États-Unis n'avaient pas à craindre l'instauration d'un pouvoir sino-soviétique, pas plus qu'ils n'avaient d'intérêt économique à faire entrer le Vietnam dans leur clientèle), et que, d'autre part, l'opinion publique était parfaitement lucide sur les artifices employés par le gouvernement pour préserver l'image du pays.

Dans *Lorenzaccio*, l'intoxication provient des jeux de débauche du duc de Médicis et de sa cour, comme en témoigne le dialogue entre Philippe et Pierre Strozzi, au cours duquel ce dernier reconnaît que l'air de Florence est devenu irrespirable, et ce particulièrement depuis qu'il a échoué à tuer le débauché Salviati, qui a manqué de respect à sa sœur Louise Strozzi au cours du carnaval.

> PHILIPPE. – Que t'importe qu'il vive ? ta vengeance n'en est que plus complète. On le dit blessé de telle manière, qu'il s'en souviendra toute sa vie.
> PIERRE. – Oui, je le sais bien, voilà comme vous voyez les choses. Tenez, mon père, vous êtes bon patriote, mais encore meilleur père de famille ; ne vous mêlez pas de tout cela.
> PHILIPPE. – Qu'as-tu encore en tête ? Ne saurais-tu vivre un quart d'heure sans penser à mal ?
> PIERRE. – Non, par l'enfer ! je ne saurais vivre un quart d'heure tranquille dans cet air empoisonné. Le ciel me pèse sur la tête comme une voûte de prison, et il me semble que je respire dans les rues des quolibets et des hoquets d'ivrognes.
>
> (*Lorenzaccio*, III, 2, p. 112-113)

Cet extrait et les différentes images qu'il mobilise montrent bien comment faire croire donne lieu à une intoxication par les représentations : d'abord parce que le cardinal, et à travers lui le pape, a protégé, sous couvert de la période de carnaval, la mascarade de Médicis et de sa cour de mignons, parmi eux Salviati, en faisant croire que cette débauche était compatible avec la piété (« On peut respecter les choses saintes, et, dans un jour de folie, prendre le costume de certains couvents, sans aucune intention hostile à la sainte Église catholique », I, 3, p. 43) ; mais il faut ajouter que Pierre Strozzi, ennemi du duc, est tout autant intoxiqué par l'air vicié de Florence que par ce qu'il cherche à *se* faire croire, à savoir qu'il peut prendre la tête d'une conjuration de républicains pour renverser le duc et redonner à Florence une atmosphère respirable. Là encore, ce sont les représentations que se fait chacun et ce qu'elles lui font croire qui représentent le véritable danger de l'abus de pouvoir.

Dans *Les Liaisons dangereuses*, les abus de pouvoir dus à la fausseté délibérée du « faire croire » ne manquent pas, mais c'est peut-être la conquête de Prévan par la marquise de Merteuil qui témoigne le mieux de la capacité presque démoniaque de celle-ci à faire croire à sa vertu tout en employant des ruses de guerre, notamment lorsqu'elle repère les moments où Prévan fréquente l'Opéra et où elle planifie sa conquête :

> Savez-vous que s'il n'y vient pas, j'aurai de l'humeur toute la soirée ? Vous voyez qu'il ne trouvera pas tant de difficulté à *me suivre* ; et ce qui vous étonnera davantage, c'est qu'il en trouvera moins encore à *me plaire*. Il veut, dit-il, crever six chevaux à me faire sa cour ! Oh ! je sauverai la vie à ces chevaux-là. Je n'aurai jamais la patience d'attendre si longtemps. Vous savez qu'il n'est pas dans mes principes de faire languir, quand une fois je suis décidée, et je le suis pour lui.
> (*Les Liaisons dangereuses*, lettre LXXIV, p. 236)

La marquise est donc décidée à faire de Prévan son jouet : fait-elle croire à Valmont qu'il en sera jaloux ou se fait-elle croire à elle-même, par orgueil de mondaine, que son complice et rival en sera affecté ? Faire croire relève en tout cas ici d'une forme d'abus de l'amour-propre ou du désir de reconnaissance. Mais la marquise ira plus loin dans son jeu, précisément lors d'une soirée où l'on joue à la macédoine : faisant mine de vouloir coucher avec Prévan qui l'attendait dans sa chambre, elle appelle ses domestiques à l'aide comme s'il allait porter atteinte à sa vertu :

> Ses droits étaient doublés, et ses prétentions revinrent : mais alors : « Écoutez-moi, lui dis-je ; vous aurez jusqu'ici un assez agréable récit à faire aux deux comtesses de P***, et à mille autres : mais je suis curieuse de savoir comment vous raconterez la fin de l'aventure. » En parlant ainsi, je sonnais de toutes mes forces. Pour le coup j'eus mon tour, et mon action fut plus vive que sa parole. Il n'avait encore que balbutié, quand j'entendis Victoire accourir, et appeler *les gens* qu'elle avait gardés chez elle, comme je le lui avais ordonné. Là, prenant mon ton de reine, et élevant la voix : « Sortez, Monsieur, continuai-je, et ne reparaissez jamais devant moi. » Là-dessus, la foule de mes gens entra.
> (*Les Liaisons dangereuses*, lettre LXXXV, p. 287)

Encore une fois, l'abus de pouvoir, lorsqu'il s'agit de faire croire, tient en une manipulation, par amour-propre, des *représentations* : la marquise a laissé Prévan se représenter qu'elle coucherait avec lui, elle a laissé Valmont se représenter cette relation sexuelle comme un déclencheur de jalousie, mais elle a aussi organisé une représentation qui fait croire que Prévan a voulu abuser d'elle. Le jeu est sournois, car il s'agit d'abuser Prévan en faisant croire qu'il a cherché à abuser d'elle...

## B. Dans un monde d'illusions, jouer n'est pas tromper

### 1. Faire croire : un imaginaire constitutif de l'individu au sein du *theatrum mundi*

La métaphore théâtrale a son importance dans le thème « faire croire » pour plusieurs raisons : parce que le monde est lui-même une scène (un *theatrum mundi*, selon l'expression latine convenue depuis l'époque baroque [1]) où l'on est conduit à jouer un rôle que l'on finit parfois par devenir – selon un phénomène d'autosuggestion qui conduit à adhérer aux croyances que l'on a soi-même délibérément provoquées ; mais aussi parce que jouer revient avant tout à accepter les règles d'un jeu, qui veulent que celui qui joue peut aussi être joué (rappelons ici l'humiliation de Prévan, qui a lieu en marge d'un jeu de cartes, la macédoine).

Dans *Les Liaisons dangereuses*, le théâtre occupe une double fonction : c'est d'abord au sens propre le lieu où l'on vient se montrer, voire où l'on vient séduire, comme nous l'avons vu pour l'Opéra avec Prévan ; c'est ensuite une manière générale pour les libertins d'exister, de mener leur vie, en se construisant un masque et en se mettant en scène. Comme l'avait annoncé l'Avertissement de l'éditeur au sujet du roman, « plusieurs des personnages qu'il *met en scène* ont de si mauvaises mœurs, qu'il est impossible de supposer qu'ils aient vécu dans notre siècle » (p. 70, nous soulignons).

L'image du théâtre devient alors structurante de l'ensemble du texte, comme le montre d'emblée la lettre X, dans laquelle la marquise de Merteuil évoque la mise en scène de son rendez-vous amoureux avec le chevalier Belleroche :

> J'appelle ma fidèle *Victoire*. J'ai ma migraine ; je me couche pour tous mes gens ; et, restée enfin seule avec *la véritable*, tandis qu'elle se travestit en laquais, je fais une toilette de femme de chambre. Elle fait ensuite venir un fiacre à la porte de mon jardin, et nous voilà parties. Arrivée dans ce temple de l'amour, je choisis le déshabillé le plus galant. Celui-ci est délicieux ; il est de mon invention : il ne laisse rien voir, et pourtant fait tout deviner. Je vous en promets un modèle pour votre Présidente, quand vous l'aurez rendue digne de le porter.
>
> Après ces préparatifs, pendant que Victoire s'occupe des autres détails, je lis un chapitre du *Sopha*, une lettre d'Héloïse et deux contes de La Fontaine, pour recorder les différents tons que je voulais prendre. Cependant mon chevalier arrive à ma porte, avec l'empressement qu'il a toujours. Mon Suisse la lui refuse, et lui apprend que je suis malade : premier incident. Il lui remet en même temps un billet de moi, mais non de mon écriture, suivant ma prudente règle. Il l'ouvre, et y trouve de la main de Victoire : « À neuf heures précises, au Boulevard, devant

---

1. Voir l'encadré « Le théâtre du monde », p. 80.

les cafés. » Il s'y rend ; et là, un petit laquais qu'il ne connaît pas, qu'il croit au moins ne pas connaître, car c'était toujours Victoire, vient lui annoncer qu'il faut renvoyer sa voiture et le suivre. Toute cette marche romanesque lui échauffait la tête d'autant, et la tête échauffée ne nuit à rien. Il arrive enfin, et la surprise et l'amour causaient en lui un véritable enchantement.

(*Les Liaisons dangereuses*, lettre X, p. 100-101)

On retrouve là non seulement tous les ingrédients propres au théâtre (le décor, le costume, les répétitions, le travestissement, l'effet de déception puis le dénouement), mais aussi une référence au Boulevard, espace parisien réputé pour ses théâtres. La vie est ainsi vécue, pour les libertins, comme une pièce de théâtre qui finit par devenir une seconde nature, de même que le masque que choisit de prendre Merteuil (lettre LXXXI) finit par lui coller à la peau et ne sera détruit que par la vérole qui la défigurera à la fin du roman.

La relation de Mme de Tourvel à l'égard de Valmont complexifie cependant ce mode théâtral de la duperie. La présidente est mise en garde contre le vicomte par Mme de Volanges avec des formules qu'il est important de repérer :

Quand il ne serait, comme vous le dites, qu'un exemple du danger des liaisons, en serait-il moins lui-même une liaison dangereuse ? Vous le supposez susceptible d'un retour heureux ? allons plus loin ; supposons ce miracle arrivé. Ne resterait-il pas contre lui l'opinion publique, et ne suffit-elle pas pour régler votre conduite ? Dieu seul peut absoudre au moment du repentir ; il lit dans les cœurs : mais les hommes ne peuvent juger les pensées que par les actions […].

(*Les Liaisons dangereuses*, lettre XXXII, p. 141)

C'est le caractère public de sa réputation, sur la scène du monde, qui discrédite Valmont aux yeux de Mme de Volanges ; pourtant, l'épisode de la générosité à l'égard des pauvres, où il confie le plaisir inconnu qu'il a ressenti à faire le bien (lettre XXI, p. 120), est peut-être le premier d'une transformation dans le jeu du « faire croire » de Valmont, et l'on remarquera que Mme de Tourvel occupera (ou *se fera croire* qu'elle occupe) une position similaire à celle de Dieu en apprenant à déceler, dans le cœur de Valmont, un amour qui n'était au départ qu'un défi. Les déclarations de Mme de Volanges acquièrent donc de la profondeur à mesure qu'évolue la relation de Mme de Tourvel avec le vicomte. Par sa piété, la présidente a peut-être la capacité de percer la nature de l'être qui se cache sous le comédien.

Que l'individu finisse par devenir le rôle qu'il jouait en tant que comédien est caractéristique du personnage de Lorenzo dans *Lorenzaccio*, comme le montre, dans la scène centrale de la pièce, son dialogue paradoxal avec Philippe : d'un côté Lorenzo est démasqué, de l'autre il dit n'être plus que son masque. Cette thématique du masque (présente dès le début de la pièce avec la fête et le travestissement, I, 2, p. 38-40) est introduite par Lorenzo : « Quel changement va donc s'opérer dans le monde, et quelle robe nouvelle va revêtir la nature, si le masque de la colère s'est posé sur le visage auguste et paisible du vieux Philippe ? » (III, 3, p. 120), allusion qui appelle Philippe à répliquer :

> PHILIPPE. – Il faut nous délivrer des Médicis, Lorenzo. Tu es un Médicis toi-même, mais seulement par ton nom. Si je t'ai bien connu, si la hideuse comédie que tu joues m'a trouvé impassible et fidèle spectateur, que l'homme sorte de l'histrion ! Si tu as jamais été quelque chose d'honnête, sois-le aujourd'hui.
> (*Lorenzaccio*, III, 3, p. 121)

Le paradoxe de Lorenzo est ainsi qu'il prend un masque pour dissimuler son honnêteté : il fait croire à son manque de vertu pour mieux préparer un acte de vengeance. Philippe est bien conscient de cette dualité : « Ne m'as-tu pas parlé d'un homme qui s'appelle aussi Lorenzo, et qui se cache derrière le Lorenzo que voilà ? » (*ibid.*). Mais peut-être le masque ne fait-il que révéler ce qu'est véritablement Lorenzo, comme le dit Philippe : « Es-tu dedans comme au-dehors une vapeur infecte ? Toi qui m'as parlé d'une liqueur précieuse dont tu étais le flacon, est-ce là ce que tu renfermes ? » (*ibid.*, p. 125). Il y a donc une part de vérité dans la mascarade de Lorenzo qui est fondamentalement un hypocrite (en grec ancien, *hupo-kritès* veut littéralement dire « celui sous le masque »). Face aux questions de sa tante Catherine, Lorenzo s'interroge :

> LORENZO. – [...] Le Vice, comme la robe de Déjanire, s'est-il si profondément incorporé à mes fibres, que je ne puisse plus répondre de ma langue, et que l'air qui sort de mes lèvres se fasse ruffian malgré moi ? [...] Dieu sait quelle corde et quel arc les dieux ont tendus dans ma tête, et quelle force ont les flèches qui en partent ! [...] Quel bourbier doit donc être l'espèce humaine, qui se rue ainsi dans les tavernes avec des lèvres affamées de débauche, quand, moi, qui n'ai voulu prendre qu'un masque pareil à leurs visages, et qui ai été aux mauvais lieux avec une résolution inébranlable de rester pur sous mes vêtements souillés, je ne puis ni me retrouver moi-même ni laver mes mains, même avec du sang !
> (*Lorenzaccio*, IV, 5, p. 166)

Une équivalence est posée entre la réalité et le « faire croire », sans que l'on sache si Lorenzo n'a fait que prendre le masque de celui qu'il était vraiment ou s'il est devenu le masque qu'il a choisi de prendre.

Cette modalité théâtrale du « faire croire » ne se limite pas à l'individu : Hannah Arendt remarque que les structures de pouvoir ont, elles aussi, recours à la dramaturgie pour représenter leur image aux yeux de l'opinion publique. D'abord, « [l]a falsification délibérée porte sur une réalité *contingente*, c'est-à-dire sur une matière qui n'est pas porteuse d'une vérité intrinsèque et intangible, qui pourrait être autre qu'elle n'est » (*Du mensonge en politique*, p. 15). Autrement dit, le pouvoir – cela dans la mesure où l'homme est capable d'imaginer les choses autrement qu'elles ne sont – peut transformer la réalité en machinerie de théâtre comme le feraient un dramaturge ou un metteur en scène, et filtrer les événements à travers un scénario ou ce que nous nommerions aujourd'hui un *storytelling* qui, de la part du pouvoir, serait une manière d'écrire l'histoire sous la forme d'une narration qui plaise à l'opinion publique. Arendt l'a bien perçu lorsqu'elle écrit que les États-Unis redoutaient moins la défaite au Vietnam que l'image que représenterait cette défaite aux yeux du monde :

> L'objectif était désormais la formation même de cette image, comme cela ressort à l'évidence du langage utilisé par les spécialistes de la solution des problèmes, avec ses termes de « scénarios » et de « publics », empruntés au vocabulaire du théâtre […], jusqu'à ce que, en fin de compte, les signes annonciateurs de la défaite commençant à apparaître dans cette longue guerre d'usure, l'objectif ne fut plus alors d'éviter l'humiliation de la défaite, mais de découvrir les moyens permettant d'éviter de la reconnaître et de « sauver la face ».
>
> (*Du mensonge en politique*, p. 30)

Il ne s'agissait alors pas tant de tromper que de réorganiser les événements (voire les anticiper) selon un récit, c'est-à-dire de *jouer*. À ce titre, il est important pour Arendt de souligner que l'on a fait appel à des « spécialistes de la solution des problèmes », rompus à l'utilisation de

> […] cet arsenal utilisé par la théorie politique moderne – la théorie des jeux et l'analyse des systèmes, les scénarios composés à l'intention d'« auditoires » imaginaires, et l'énumération méticuleuse d'« options », d'ordinaire au nombre de trois, A, B et C, A et C représentant les solutions extrêmes et opposées, et B constituant la « solution logique » des problèmes, celle de la voie moyenne.
>
> (*Du mensonge en politique*, p. 23)

En recourant aux services de ces spécialistes, le pouvoir a traité les événements comme le ferait un dramaturge, en envisageant plusieurs scénarios et en choisissant celui qui paraissait le plus vraisemblable et le plus logique pour des « auditoires imaginaires », cela au détriment des vérités de fait, qui n'ont rien d'optionnel ni de nécessaire, mais représentent simplement l'irruption de l'accidentel et du contingent – ce qui ne paraîtrait pas crédible dans le scénario d'une pièce ou d'un film.

## 2. Sociabilité du « faire croire » : une façon de faire liaison

Malgré l'image du Mal et de l'amour-propre que véhiculent les personnages principaux, *Les Liaisons dangereuses* restent un roman de la sociabilité et de la civilité. Il existe en effet des règles du libertinage, dont la politesse fait partie. Pour les libertins, qu'ils écrivent des lettres d'analyse, de séduction ou des lettres vouées à donner des ordres, le plus important est de conserver la face, et ils ont besoin pour cela d'une reconnaissance réciproque qui passe par la civilité. Ici, le « faire croire » qui permet de faire alliance – on peut penser à l'alliance du Mal entre la marquise et le vicomte, mais aussi aux alliances sexuelles ou sentimentales qui sont recherchées dans le roman – s'appuie sur le caractère polissé du langage. Même les ordres donnés de manière directe à Valmont par la marquise dans la lettre II sont contrebalancés par les tournures élégantes qu'elle emploie pour évoquer son projet de vengeance à l'égard de Gercourt :

> Revenez, mon cher Vicomte, revenez : que faites-vous, que pouvez-vous faire chez une vieille tante dont tous les biens vous sont substitués ? Partez sur-le-champ ! j'ai besoin de vous. Il m'est venu une excellente idée, et je veux bien vous en confier l'exécution. Ce peu de mots devrait suffire ; et, trop honoré de mon choix, vous devriez venir, avec empressement, prendre mes ordres à genoux : mais vous abusez de mes bontés, même depuis que vous n'en usez plus ; et dans l'alternative d'une haine éternelle ou d'une excessive indulgence, votre bonheur veut que ma bonté l'emporte. Je veux donc bien vous instruire de mes projets : mais jurez-moi qu'en fidèle chevalier, vous ne courrez aucune aventure que vous n'ayez mis celle-ci à fin. Elle est digne d'un héros : vous servirez l'amour et la vengeance [...].
>
> (*Les Liaisons dangereuses*, lettre II, p. 81-82)

La lettre s'ouvre sur une série d'impératifs, qui expriment la position de supériorité et d'autorité de la marquise. Mais le discours se polit, passe au conditionnel de civilité lorsqu'il s'agit d'ordonner (« vous devriez venir »), mobilise une image de courtoisie chevaleresque et une rhétorique qui place le « bonheur » du vicomte, en même temps que la « bonté » de Mme de Merteuil, au cœur de la réalisation du projet, reconstruisant l'alliance d'anciens amants dont on comprend qu'ils se sont éloignés. Pour la marquise, l'enjeu est de faire croire à Valmont que séduire Cécile relève de l'héroïsme, quand la vérité est avant tout qu'elle veut se venger de Gercourt. Valmont n'est pas dupe, comme le montre sa réponse :

> Vos ordres sont charmants ; votre façon de les donner est plus aimable encore ; vous feriez chérir le despotisme. Ce n'est pas la première fois, comme vous savez, que je regrette de ne plus être votre esclave ; et tout *monstre* que vous dites que je suis, je ne me rappelle jamais sans plaisir le temps où vous m'honoriez de

noms plus doux. Souvent même je désire de les mériter de nouveau, et de finir par donner, avec vous, un exemple de constance au monde. Mais de plus grands intérêts nous appellent ; conquérir est notre destin ; il faut le suivre : peut-être au bout de la carrière nous rencontrerons-nous encore [...].

(*Les Liaisons dangereuses*, lettre IV, p. 84-85)

Valmont accepte pourtant, malgré sa rancœur d'amant blessé, une forme d'association avec la marquise. Pour lui, le tour de force est de faire passer un défi pour une alliance, et de faire croire qu'un exploit plus grand (séduire la prude et honnête Mme de Tourvel) sera l'occasion de retrouver les « bontés » de Mme de Merteuil comme au temps où ils étaient amants.

Dans *Lorenzaccio*, les alliances se nouent autour de deux modalités du « faire croire », à savoir l'*illusion* et le *crédit*. La première modalité concerne le lien entre Lorenzo et le duc : qui pourrait croire, en lisant le début de la pièce, que Lorenzo n'est pas l'allié d'Alexandre, son entremetteur et fidèle « mignon », mais qu'il lui prépare une trahison mortelle ? Les indices de la trahison de Lorenzo sont minces, comme le montre la conversation sur la cotte de maille faite de « fil d'acier » (II, 6, p. 103) dont Lorenzo s'inquiète d'abord de la qualité.

LORENZO. – C'est très léger, mais très solide. Croyez-vous cela à l'épreuve du stylet ?
LE DUC. – Assurément.
LORENZO. – Au fait, j'y réfléchis à présent, vous la portez toujours sous votre pourpoint. L'autre jour, à la chasse, j'étais en croupe derrière vous, et en vous tenant à bras-le-corps, je la sentais très bien. C'est une prudente habitude.

(*Lorenzaccio*, II, 6, p. 103)

Lorenzo dérobe alors cette cotte de mailles, et au duc qui s'inquiète de sa disparition, ce dernier répond :

LORENZO. – Laissez donc, laissez donc. N'allez-vous pas faire un valet de chambre d'un fils de pape ? Vos gens la trouveront.
LE DUC. – Que le diable t'emporte ! c'est toi qui l'as égarée.
LORENZO. – Si j'étais duc de Florence, je m'inquiéterais d'autre chose que de mes cottes. À propos, j'ai parlé de vous à ma chère tante. Tout est au mieux ; venez donc un peu ici que je vous parle à l'oreille.

(*Lorenzaccio*, II, 6, p. 105-106)

Non seulement Lorenzo fait croire au duc qu'il n'a pas perdu sa cotte de mailles, mais il fait diversion en amenant la conversation vers un autre sujet : la prochaine rencontre d'Alexandre avec Catherine Ginori, la tante de Lorenzo. Pour entretenir le lien de confiance qui l'unit au duc, Lorenzo use ici de deux façons de faire croire : mentir et promettre, deux actes de langage qui permettent de faire lien entre un personnage et son interlocuteur. Il s'agit dans les deux cas d'un usage de l'*illusion*, étymologiquement « l'entrée dans un jeu », d'abord en effaçant les soupçons à l'égard d'une réalité, ensuite en faisant miroiter une entrevue avec la prude Catherine que le duc est pressé de rencontrer.

Il existe une deuxième manière de tisser du lien à travers le « faire croire », cela en accordant son crédit à celui qui veut faire croire, sans savoir exactement quel objet la croyance met en jeu. En témoigne la relation qui unit Lorenzo et Scoronconcolo, ce dernier ayant compris le désir de vengeance de Lorenzo à l'égard d'un individu dont il ne connaît pas l'identité :

LORENZO. – Qu'importe ? m'es-tu dévoué ?
SCORONCONCOLO. – Pour toi, je remettrais le Christ en croix.
LORENZO. – Je te le dis en confidence, – je ferai le coup dans cette chambre […]. Écoute bien, et ne te trompe pas. Si je l'abats du premier coup, ne t'avise pas de le toucher. Mais je ne suis pas plus gros qu'une puce, et c'est un sanglier. S'il se défend, je compte sur toi pour lui tenir les mains ; rien de plus, entends-tu ? c'est à moi qu'il appartient. Je t'avertirai en temps et lieu.
SCORONCONCOLO. – Amen.

(*Lorenzaccio*, III, 1, p. 111-112)

Les allusions religieuses (le « Christ en croix » et le « Amen » final, terme qui dérive de l'hébreu « amn », qui signifie « être fidèle », « être établi » et… « croire ») illustrent la manière dont Lorenzo est capable de créer une croyance quasi mystique chez Scoronconcolo. Faire croire prend alors le sens de *faire adhérer sans concession ni question à un projet ou une motivation imprécise*. De la même manière que saint Paul a pu dire « J'ai cru, c'est pourquoi j'ai parlé [1] », discours qui ne s'élabore sur rien d'autre que sur la croyance (« Amen »), Scoronconcolo n'a besoin que de croire, c'est-à-dire d'accorder son crédit – et non de savoir – pour accepter d'agir et conserver sa fidélité, en acte, à Lorenzo.

Que les individus soient d'autant plus unis qu'ils partagent une croyance commune est mis en valeur par Hannah Arendt lorsqu'elle évoque le partage de sensibilité, à l'égard de la vérité de fait, que peuvent produire l'historien ou le romancier. Raconter *ce qui est* revient à créer un partage d'expérience intime et sensible par la parole, le récit, la mise en écho : « Il est parfaitement vrai que "tous les chagrins peuvent être supportés si on les transforme en histoire ou si l'on raconte une histoire sur eux", selon les mots de Karen Blixen » (*Vérité et politique*, p. 333). Des récits de poètes, qui ne cherchent jamais qu'à faire croire, peut naître un partage de réalité qui fait que le diseur de vérité, sorti de sa solitude, est capable de faire communion. C'est le cas d'Homère :

---

1. Deuxième lettre de saint Paul apôtre aux Corinthiens.

> Homère choisit de chanter les actions des Troyens non moins que celles des Achéens, et de célébrer la gloire d'Hector, l'adversaire et le vaincu, non moins que la gloire d'Achille, le héros de son peuple. Cela ne s'était produit nulle part auparavant ; aucune autre civilisation, quelle que fût sa splendeur, n'avait été capable de considérer d'un œil égal l'ami et l'ennemi, le succès et la défaite – qui, depuis Homère, n'ont pas été reconnus comme des critères décisifs du jugement des hommes, même s'ils sont décisifs pour les destinées humaines. L'impartialité homérique fait écho à travers toute l'histoire grecque, et elle a inspiré le premier grand raconteur de la vérité de fait, qui devint le père de l'histoire : Hérodote […].
>
> (*Vérité et politique*, p. 335)

Une autre forme d'alliance ou de liaison s'instaure ainsi grâce au « faire croire » propre à la littérature. Avec sa capacité à multiplier les points de vue et, par là, à créer un partage de l'expérience de la réalité et de la vérité à partir d'un travail poétique de réorganisation, la littérature se fait porteuse d'une vérité indépendamment du pouvoir. On comprend mieux pourquoi Arendt mobilise la notion de *catharsis* (*ibid.*, p. 334) : alors que le pouvoir arrange les faits selon ce qu'il considère comme une vérité, et pour cela les dissimule ou fait croire au contraire à leur caractère inéluctable et prévisible, la littérature (poésie ou histoire) génère un discours de vérité qui, en racontant les événements sous leur forme significative pour chacun, en faisant lien entre ceux pour qui telle bataille est une victoire et ceux pour qui elle est une défaite, peut produire une purgation (*catharsis*) des versions officielles construites par le pouvoir. L'œuvre du poète fait qu'il n'existe pas de version transcendante de la vérité de fait, mais seulement une expérience intérieure de la vérité. C'est en ce sens que le « faire croire » de l'imagination littéraire ou de l'agencement historique n'est pas l'expression d'une fausseté délibérée, mais l'occasion de faire résonner la vérité des événements chez différents groupes humains, et de créer entre eux une égalité face à cette vérité.

## C. Faire croire : une manière de donner du sens

### 1. Répondre à un besoin de croire face au chaos du monde

Faire croire peut apparaître comme une réponse à un *besoin de croire*, dans un monde privé de sens. Rappelons encore une fois l'analogie opérée par Musset entre la Florence des années 1530 et la France des années 1830. Lorenzo a tout du jeune homme traversé par « le mal du siècle », cette mélancolie qui, à l'époque de Musset, touche toute une génération ayant connu le bouleversement de la Révolution française, la Terreur, l'Empire, les révolutions nationales, la Restauration, les Trois Glorieuses… génération qui ne sait plus à quel idéal ni à quel absolu se vouer. Il faut aussi rappeler qu'en France, sous le règne de Charles X, comme dans la Florence du XVI$^e$ siècle, les liens entre l'Église et l'État sont si puissants qu'ils font l'objet de scandales et poussent certains à des idées de régicide. Le pouvoir, lui, s'appuie de plus en plus sur la bourgeoisie d'affaires pour faire face aux oppositions libérale et républicaine. Les journées de juillet 1830, organisées contre le roi Charles X et qui font des milliers de victimes au sein du peuple, entraînent de grandes désillusions. Le nouveau pouvoir de Louis-Philippe reste instable, contesté à sa gauche par les républicains et à sa droite par les ultraroyalistes, et la société souffre à la fois de la baisse des salaires, du chômage et de l'augmentation du prix du pain.

La Florence des années 1530 connaît une situation similaire, comme l'exprime la marquise Cibo à son beau-frère le cardinal :

> LA MARQUISE. – [...] Cela vous est égal, à vous, frère de mon Laurent, que notre soleil, à nous, promène sur la citadelle des ombres allemandes ? que César parle ici dans toutes les bouches ? que la débauche serve d'entremetteuse à l'esclavage, et secoue ses grelots sur les sanglots du peuple ? Ah ! le clergé sonnerait au besoin toutes ses cloches pour en étouffer le bruit et pour réveiller l'aigle impérial, s'il s'endormait sur nos pauvres toits.
>
> (*Lorenzaccio*, I, 3, p. 44)

On comprend mieux en quoi le personnage de Lorenzo représente l'hésitation propre à la génération de Musset entre, d'un côté, sensibilité et espoir, et de l'autre, cynisme et désillusion. Face au chaos qui règne dans la France des années 1830 ou dans la Florence des années 1530, comment ne pas se rattacher à celui qui fait croire en un espoir ou un absolu, même au prix d'un assassinat ? Lorenzo trahit son désir de passer à l'action dans la scène 2 de l'acte II, alors que Tebaldeo avance l'idée qu'il faut de la souffrance pour provoquer l'inspiration et l'enthousiasme artistiques. Lorenzo lui répond avec ironie :

> LORENZO. – C'est-à-dire qu'un peuple malheureux fait les grands artistes. Je me ferai volontiers l'alchimiste de ton alambic ; les larmes des peuples y retombent en perles. Par la mort du diable ! tu me plais. Les familles peuvent se désoler, les nations mourir de misère, cela échauffe la cervelle de monsieur. Admirable poète ! comment arranges-tu tout cela avec ta piété ?
>
> (*Lorenzaccio*, II, 2, p. 76)

Ce dialogue montre qu'il existe deux réponses au besoin de croire : d'un côté, l'artiste, Tebaldeo, qui croit qu'il faut du malheur pour que naisse un art idéal... mais qui finit par se faire acheter pour réaliser le portrait du duc et tremblera au moment de la seule séance de pose (II, 6, p. 102) ; d'un autre côté, Lorenzo, que l'on peut prendre pour un mélancolique aux idées semblables à celles de Tebaldeo, mais qui refuse que l'idéal ne soit pas prolongé par l'action.

Selon Hannah Arendt, il est assez illusoire de chercher à dire la vérité en politique, car on ne peut se rapporter à aucune norme transcendante, les vérités de fait étant purement contingentes ; il existe un « conflit entre la vérité de fait et la politique, qui se produit aujourd'hui sous nos yeux à une si vaste échelle [et qui] a – à certains égards, du moins – des traits fort semblables [à ceux du conflit entre vérité rationnelle et opinion] » (*Vérité et politique*, p. 300). Le pouvoir, lorsqu'il s'exerce dans le cadre d'un régime totalitaire, impose un silence sur les vérités de fait, mais il peut aussi faire passer ces vérités de fait pour des opinions :

> (Même dans l'Allemagne hitlérienne et la Russie stalinienne, il était plus dangereux de parler des camps de concentration et d'extermination, dont l'existence n'était pas un secret, que d'avoir et d'exprimer des vues « hérétiques » sur l'antisémitisme, le racisme et le communisme.) Ce qui semble encore plus troublant, c'est que dans la mesure où des vérités de fait malvenues sont tolérées dans les pays libres, elles sont souvent consciemment ou inconsciemment transformées en opinions – comme si des faits tels que le soutien de Hitler par l'Allemagne ou l'effondrement de la France devant les armées allemandes en 1940, ou la politique du Vatican pendant la Seconde Guerre mondiale, n'étaient pas de l'ordre de l'histoire mais de l'ordre de l'opinion.
>
> (*Vérité et politique*, p. 301)

Ce passage permet de mesurer combien faire croire est une réponse à un besoin proprement humain. Le pouvoir fait croire à son caractère inoffensif en taisant les vérités de fait, comme l'existence des camps de concentration, et en interdisant d'en parler. Comment s'y prend-il ? En donnant aux hommes l'illusion qu'il ne s'agit que d'opinions, celles-ci étant moins dangereuses à énoncer, en raison de leur caractère relatif, que les vérités de fait. Le pouvoir peut mentir par omission, mais il ne pousse pas les populations à mentir : à la place, il leur fait croire en une certaine possibilité de parler de la réalité, par le biais de l'opinion, et il satisfait par là, à défaut de leur volonté de savoir, leur besoin de croire.

L'idée d'une corruption des mœurs est bien entendu présente dans *Les Liaisons dangereuses*. Le thème du danger des liaisons est à l'époque un leitmotiv pour préserver les jeunes gens du chaos vers lequel les entraîne cette fin de siècle où la bourgeoisie triomphe par l'argent tandis que l'aristocratie sombre dans la débauche. Lorsque Mme de Volanges sollicite Mme de Merteuil sur le mariage de Cécile, la réponse de Merteuil – qu'il faut comprendre avec distance, dans la mesure où elle poursuit toujours un stratagème de vengeance à l'égard de Gercourt – reflète le besoin de croire en certaines valeurs (l'amour maternel, le refus de l'amour éphémère, l'importance du mariage comme institution…) que le libertinage de cette fin de siècle met à mal, tandis que l'univers personnel de Mme de Volanges, en raison de la conduite de sa fille, est en train de se fissurer. Même si les arguments de la marquise sont parodiques, ils reflètent ce à quoi l'on cherche en croire pour se garantir du libertinage :

[1] L'amour maternel : « Si pourtant, et pour cette seule fois, mon avis se trouvait préférable, il faudrait en chercher la cause dans les illusions de l'amour maternel. Puisque ce sentiment est louable, il doit se trouver en vous » (lettre CIV, p. 338).

[2] Le mariage : « un lien indissoluble et sacré » (*ibid.*).

[3] Le refus de la frivolité : « Ne serait-ce donc pas avilir l'autorité maternelle, ne serait-ce pas l'anéantir, que de la subordonner à un goût frivole […] ? » (*ibid.*, p. 339).

[4] La valorisation de la vertu : « Je ne conçois point comment un goût, qu'un moment voit naître et qu'un autre voit mourir, peut avoir plus de force que les principes inaltérables de pudeur, d'honnêteté et de modestie » (*ibid.*).

[5] La condamnation des débauchés : « Ces vérités ne peuvent être niées que par ceux qui ont intérêt de les méconnaître ; et qui, déjà dépravés, espèrent faire un moment d'illusion, en essayant de justifier leur mauvaise conduite par de mauvaises raisons » (*ibid.*).

[6] La valeur de l'argent : « J'avoue bien que l'argent ne fait pas le bonheur ; mais il faut avouer aussi qu'il le facilite beaucoup » (*ibid.*, p. 340).

[7] La remise en question de la fausse vertu : « Il est vrai qu'il [Danceny] a paru jusqu'ici exempt de défauts de son âge, et que malgré le ton du jour il montre un goût pour la bonne compagnie qui fait augurer favorablement de lui : mais qui sait, si cette sagesse apparente, il ne la doit pas à la médiocrité de sa fortune ? » (*ibid.*).

Dans son machiavélisme, la marquise de Merteuil a bien compris ce qu'attend (même inconsciemment) Mme de Volanges : lui faire croire, c'est répondre à son besoin de restaurer des valeurs en crise.

## 2. Se faire des illusions : équilibre narcissique et question de survie

*Se faire croire* est aussi un moyen pour la conscience de ne pas succomber face au principe de réalité, qui entraîne de la désillusion voire la mise en péril de la vie. Ce principe d'*autosuggestion*, qui consiste à croire soi-même aux illusions que l'on avait d'abord cherché à faire croire aux autres, peut mener à ce que la philosophie anglo-saxonne, représentée notamment par Donald Davidson, désigne comme le paradoxe de la duperie de soi (*paradox of self-deception*), à savoir une manière d'être à la fois l'origine mais aussi la victime de la tromperie :

La duperie de soi est notoirement problématique, dans la mesure où dans certaines de ses manifestations, elle semble nous enjoindre non seulement de dire de quelqu'un qu'il croit à la fois une proposition et sa négation, mais encore de considérer que la première croyance est au principe de la seconde [1].

Hannah Arendt décrit ce type de phénomène, à la fois quand elle évoque le sort que réservent les hommes de la caverne (dans l'allégorie de Platon) à celui qui dérange l'harmonie de leur communauté en leur signifiant qu'ils ne voient que les ombres d'un monde réel et extérieur (*Vérité et politique*, p. 292), mais surtout quand elle considère l'autosuggestion à laquelle ont pu se livrer les gouvernants et les experts états-uniens, qui ont fini par croire eux-mêmes à ce qu'ils voulaient d'abord faire croire aux autres par ignorance de certaines données. Elle illustre ce fait par

> [...] une anecdote datant de l'époque médiévale : un guetteur, chargé de surveiller et de signaler l'approche de l'ennemi aux habitants d'une cité, sonna faussement l'alarme, et fut le dernier à courir lui-même aux créneaux afin de défendre la ville contre l'ennemi imaginaire. On peut en conclure que plus un trompeur est convaincant et réussit à convaincre, plus il a de chances de croire lui-même à ses propres mensonges.
>
> (*Du mensonge en politique*, p. 51)

Mais la particularité des experts et des gouvernants, au-delà de la puissance d'autoconviction de leurs mensonges, est qu'ils se sont leurrés eux-mêmes *avant* de s'employer à construire le mensonge public :

> Les trompeurs ont commencé par s'illusionner eux-mêmes. [...] ils étaient tellement convaincus de pouvoir remporter un succès total, non pas sur le champ de bataille, mais dans le domaine des relations publiques, et si fermement assurés de la valeur de leurs postulats psychologiques quant aux possibilités illimitées de manipuler l'opinion, qu'ils ont *anticipé*, et sur la conviction généralisée, et sur la victoire dans cette bataille dont l'opinion publique était l'enjeu.
>
> (*Du mensonge en politique*, p. 52-53)

L'autosuggestion est ici un phénomène de la conscience (ou de l'inconscient à travers elle) qui cherche à perpétuer la légitimation d'une position de supériorité : il faut d'abord aux experts, d'un point de vue narcissique, s'être laissé persuader pour ensuite chercher à faire croire aux autres ce qu'ils voulaient.

Mais l'autosuggestion peut aussi apparaître comme un substitut de la violence réelle, une manière de la sublimer et de ne pas y céder. C'est le cas

---

1. Donald Davidson, « Deception and Division », in *The Multiple Self*, Cambridge University Press, 1985, p. 79. Cité dans *L'Illusion*, textes choisis et présentés par J.-P. Narboux, GF-Flammarion, 2000, p. 237-238.

dans *Lorenzaccio*, où Lorenzo chancelle (ou feint de chanceler) à la vue d'une épée, ce dont se moque le duc : « Regardez Renzo je vous en prie ; ses genoux tremblent, il serait devenu pâle, s'il pouvait le devenir » (I, 4, p. 52). Pourtant, sa tante, la vertueuse Catherine, ne le condamne pas : « la lâcheté n'est point un crime, le courage n'est pas une vertu ; pourquoi la faiblesse serait-elle blâmable ? [...] Et pourquoi cet enfant n'aurait-il pas le droit que nous avons toutes, nous autres femmes ? Une femme qui n'a peur de rien n'est pas aimable, dit-on » (I, 6, p. 61).

On peut opposer cette attitude de faiblesse feinte (ou conséquente à une feinte généralisée) au rapport que Pierre Strozzi entretient avec son épée, dont témoigne Philippe : « À la manière dont mon Pierre est sorti, je suis sûr qu'on ne le reverra que vengé ou mort. Je l'ai vu décrocher son épée en fronçant le sourcil » (II, 5, p. 98). Pierre lui-même fera par la suite référence à son arme (« Je me promènerais volontiers l'épée nue, et sans en essuyer une goutte de sang », *ibid.*, p. 101), qu'il tirera d'ailleurs lorsqu'on viendra l'arrêter (III, 3, p. 118). Au contraire, lorsque Philippe apprend à Lorenzo que Pierre est traîné en justice, il lui parle ainsi : « Est-ce là ton visage, homme sans épée ? » (*ibid.*, p. 121). Ce n'est que lorsqu'il raconte son projet d'assassinat du duc que Lorenzo se décrit en capacité de porter une arme : « Je voulais arriver à l'homme, me prendre corps à corps avec la tyrannie vivante, la tuer, porter mon épée sanglante sur la tribune, et laisser la fumée du sang d'Alexandre monter au nez des harangueurs, pour réchauffer leur cervelle ampoulée » (*ibid.*, p. 128).

Tout se passe comme si Lorenzo, à l'inverse de Pierre qui agit sans se poser de questions, ne cessait de se questionner sur le caractère effectif ou absurde du meurtre d'Alexandre. Comme s'il savait que son acte n'aurait aucune conséquence déterminante sur Florence – il ne le mettra pas sur le trône, et ce sont de toute façon Charles Quint et le pape qui tiennent le pouvoir florentin par l'intermédiaire du cardinal –, sa crainte devant le maniement d'une épée et sa répétition de la scène du meurtre comme un comédien (IV, 9, p. 175-176) sont symboliques de cette hésitation et du compromis que Lorenzo recherche entre une action sans doute vaine et sans conséquence (le meurtre) et une vie passée à vivre en comédien qui ferait du cheminement vers l'assassinat d'Alexandre une action plus glorieuse et plus grandiose que l'assassinat lui-même.

Mais c'est sans doute au sein du couple formé par Valmont et Mme de Tourvel dans *Les Liaisons dangereuses*, que l'autosuggestion devient la plus problématique. La présidente ne cesse de réclamer que Valmont arrête de lui écrire, mais il est assez évident qu'elle cherche à se persuader elle-même de la conduite irrespectueuse de Valmont (qui ne l'est peut-être pas) avant de lui faire croire qu'elle est outragée par ses avances. Elle lui écrit ainsi pour lui demander de faire cesser leur correspondance :

> Votre obstination à vouloir m'entretenir, sans cesse, d'un sentiment que je ne veux ni ne dois écouter, l'abus que vous n'avez pas craint de faire de ma bonne foi ou de ma timidité, pour me remettre vos lettres ; le moyen surtout, j'ose dire peu délicat, dont vous vous êtes servi pour me faire parvenir la dernière, sans craindre au moins l'effet d'une surprise qui pouvait me compromettre ; tout devrait donner lieu de ma part à des reproches aussi vifs que justement mérités.
> (*Les Liaisons dangereuses*, lettre XLI, p. 161-162)

Un peu plus loin, la présidente, qui commence à fléchir, entame une négociation selon laquelle Valmont pourra continuer à lui écrire du moment qu'il quitte le château :

> Encore si j'étais assurée que vos lettres fussent telles que je n'eusse jamais à m'en plaindre, que je pusse toujours me justifier à mes yeux de les avoir reçues ! peut-être alors le désir de vous prouver que c'est la raison et non la haine qui me guide, me ferait passer par-dessus ces considérations puissantes […]. »
> (*Les Liaisons dangereuses*, lettre XLIII, p. 167-168)

Un compromis semble ici s'établir entre le principe de réalité et l'idéal à travers lequel la présidente commence à percevoir Valmont : il s'agit de sauver la face, mais aussi simplement de *se* sauver, tout en poursuivant les échanges de lettres ; elle essaie en fait de se faire croire à elle-même qu'elle peut à la fois satisfaire son narcissisme, flatté par l'entreprise de Valmont, et respecter sa réputation de vertu. Quant à Valmont, il est possible qu'il cède lui aussi à un véritable amour pour Mme de Tourvel, mais dans la mesure où les lettres d'amour qu'il lui adresse sont aussi destinées à être lues par Mme de Merteuil, on ne peut trancher de façon certaine sur la véridicité de cet amour.

## III. Faire croire : un art sur le chemin de la vérité

Il est habituel d'opposer *croyance* et *vérité* : la première relèverait d'une forme de superstition, fondée sur l'opinion, que la philosophie traditionnelle oppose à la vérité rationnelle. Il est tout aussi courant d'opposer *croyance* et *réalité*, la première relevant de l'illusion, la deuxième des phénomènes physiques et de la vérité de fait. Pourtant, nous verrons dans cette partie que faire croire peut relever d'un jeu de l'art qu'il ne faut pas trop vite discréditer. Faire croire serait ainsi une esthétique, un art de dévoiler le monde dans son opacité, et de montrer qu'une pluralité de regards ou une pluralité de voix sont susceptibles de rendre compte de la multiplicité des facettes de la réalité.

## A. Trouble dans la certitude : du bénéfice au risque

### 1. La vérité face à l'art, entre force et faiblesse

Il existe selon Hannah Arendt une forme de paradoxe de la vérité de fait : alors que celle-ci peut sembler très tangible, en tant que forme prise par l'événement à l'instant $t$ du temps, elle reste, selon la première partie de *Vérité et politique*, particulièrement fragile et vulnérable. Hannah Arendt n'a de cesse de revenir sur ce caractère impuissant de la vérité en politique, domaine quasi consubstantiel du mensonge :

> Est-il de l'essence même de la vérité d'être impuissante et de l'essence même du pouvoir d'être trompeur ? Et quelle espèce de réalité la vérité possède-t-elle si elle est sans pouvoir dans le domaine public, lequel, plus qu'aucune autre sphère de la vie humaine, garantit la réalité de l'existence aux hommes qui naissent et meurent – c'est-à-dire à des êtres qui savent qu'ils ont surgi du non-être et qu'ils y retourneront après un court moment ? Finalement la vérité impuissante n'est-elle pas aussi méprisable que le pouvoir insoucieux de la vérité ?
> (*Vérité et politique*, p. 290)

Dans le domaine politique, la vérité, malgré tout son poids de réalité, semble bien impuissante face à l'art du mensonge. Le problème, selon Arendt, provient de la manière dont la philosophie a quelque part inversé les prérogatives de la vérité et du mensonge ; elle a fait du mensonge une affaire individuelle, et de la vérité une affaire de transcendance : « personne apparemment n'a jamais cru que le mensonge organisé, tel que nous le connaissons aujourd'hui, pourrait être une arme appropriée contre la vérité » (*ibid.*, p. 295). Arendt pose ainsi la question : « Est-ce parce que le mensonge organisé, qui domine la chose publique, à la différence du menteur privé qui tente sa chance pour son propre compte, était encore inconnu ? (*ibid.*, p. 296).

Or Arendt veut en quelque sorte inverser ces prérogatives : le mensonge peut avoir une dimension collective, il peut émaner d'une communauté de menteurs et donc d'une structure politique. En outre, il faut cesser d'associer la vérité de fait à la force, sous prétexte qu'elle serait *évidente*. Au contraire, la vérité de fait est particulièrement fragile. Pour prouver cela, Arendt a recours à une fiction – ou plutôt à une hypothèse fictionnelle : celle selon laquelle on viendrait à faire disparaître les témoins d'une vérité de fait, et même à brûler les livres qui mentionneraient ces vérités de fait, comme dans les autodafés nazis où l'on brûlait Marx et Freud. Ces vérités de fait seraient alors définitivement perdues, la raison ne pouvant suffire à les retrouver (contrairement aux vérités mathématiques qui, même si leurs traces venaient à disparaître, seraient possibles à restituer grâce à la raison, *ibid.*, p. 293 et 295). Ce qui est notable ici, c'est qu'Arendt use de la fiction, d'une *dystopie*, pour défendre cette inversion des prérogatives entre vérité et mensonge qu'instaurerait une nouvelle philosophie politique.

Faire croire peut s'avérer bien plus puissant que simplement transmettre du savoir : les romans et les pièces de théâtre, en tant que fictions, auraient ainsi plus d'influence que la vérité et la réalité des faits. C'est l'une des leçons des *Liaisons dangereuses*, dont il est important de repérer les aspects que l'on nomme « intertextuels », c'est-à-dire l'ensemble des livres auxquels il est fait mention de manière directe ou indirecte dans le roman. On peut en relever deux grands groupes, qui deviennent éclairants pour montrer la puissance du « faire croire » des fictions face aux événements « réels » (nous mettons des guillemets car il existe une ambiguïté volontaire sur le fait que les événements des *Liaisons dangereuses* ont eu lieu). Le premier comprend *Julie ou la Nouvelle Héloïse*, roman de Jean-Jacques Rousseau paru en 1761 où une femme, Julie, sacrifie son amour de jeunesse à la vie conjugale, et *Clarisse Harlowe*, roman épistolaire de Richardson traduit en français en 1751, où une jeune femme est abusée par un séducteur, Lovelace. Le second groupe concerne les tragédies d'inspiration janséniste de Racine (1639-1699), c'est-à-dire des œuvres où, même sans que le héros ou l'héroïne n'ait commis, dans les faits, de faute, il ou elle peut être condamné(e) à une punition tragique.

Valmont raconte ainsi le stratagème auquel la vicomtesse et lui ont eu recours pour passer la nuit ensemble :

> Elle me dit que logée entre son mari et son amant elle avait trouvé plus prudent d'aller chez Vressac, que de le recevoir dans son appartement ; et que, puisque je logeais vis-à-vis d'elle, elle croyait plus sûr aussi de venir chez moi ; qu'elle s'y rendrait aussitôt que sa femme de chambre l'aurait laissée seule ; que je n'avais qu'à tenir ma porte entrouverte, et l'attendre.
>
> Tout s'exécuta comme nous en étions convenus ; et elle arriva chez moi vers une heure du matin.
>
> *... dans le simple appareil*
> *D'une beauté qu'on vient d'arracher au sommeil*
>
> Comme je n'ai point de vanité, je ne m'arrête pas aux détails de la nuit : mais vous me connaissez, et j'ai été content de moi.
>
> (*Les Liaisons dangereuses*, lettre LXXI, p. 231)

Valmont mobilise ici deux vers de *Britannicus*, la tragédie de Racine, faisant de lui-même un nouveau Néron, c'est-à-dire un être cruel prêt à tout pour apparaître comme le détenteur du pouvoir mais aussi pour faire tomber amoureuse de lui Junie (et donc Mme de Tourvel), dont la fin sera tragique. L'événement importe moins ici que la manière avec laquelle la mémoire littéraire est convoquée. Le « faire croire » du théâtre vient apporter un élément plus puissant dans l'autoportrait du vicomte que l'anecdote que celui-ci raconte.

Mme de Tourvel lit quant à elle *Clarisse* en même temps que les *Pensées chrétiennes* (lettre CVII, p. 353). Cette allusion au roman de Richardson sera reprise par Valmont dans une lettre où il affirme à Merteuil que son projet n'est pas de faire de Mme de Tourvel une nouvelle Clarisse (une femme violée, donc), mais d'obtenir d'elle des lettres qui montrent qu'elle a cédé volontairement au vice :

> La difficulté ne serait pas de m'introduire chez elle, même la nuit, même encore de l'endormir, et d'en faire une nouvelle Clarisse : mais après plus de deux mois de soins et de peines, recourir à des moyens qui me soient étrangers ! me traîner servilement sur la trace des autres, et triompher sans gloire !... Non, elle n'aura pas *les plaisirs du vice et les honneurs de la vertu*. Ce n'est pas assez pour moi de la posséder, je veux qu'elle se livre.
>
> (*Les Liaisons dangereuses*, lettre CX, p. 360)

Là encore, le recours aux fictions vient éclairer la réalité ou la vérité : il s'agit pour Valmont de dépasser ce qui a lieu dans *Clarisse Harlowe* et de ne pas laisser à Mme de Tourvel l'innocence ou le prétexte de la vertu. « [L]es plaisirs du vice et les honneurs de la vertu » est en outre une citation de *Julie ou la Nouvelle Héloïse*, que Valmont avait déjà citée au début de sa lettre :

> *Puissances du Ciel, j'avais une âme pour la douleur ; donnez-m'en une pour la félicité !* C'est, je crois, le tendre Saint-Preux qui s'exprime ainsi. Mieux partagé que lui, je possède à la fois les deux existences. Oui, mon amie, je suis, en même temps, très heureux et très malheureux ; et puisque vous avez mon entière confiance, je vous dois le double récit de mes peines et de mes plaisirs.
>
> (*Les Liaisons dangereuses*, Lettre CX, p. 359)

Les romans cités sont ainsi plus susceptibles de dire l'état des choses, dans toute la complexité des faits de vérité ou de réalité, que la simple narration de ces faits. Parce que Valmont mesure son action et ses émotions à ce que racontent ces romans, il tend à nous faire croire que ces livres présentent des filtres à travers lesquels considérer le monde, et qu'ils en sont la norme de vérité par rapport à laquelle se placer.

Dans *Lorenzaccio*, les visions oniriques de Marie, la mère de Lorenzo, servent elles aussi de référence au reste de l'action. À Catherine, Marie raconte que l'enfance de Lorenzo n'a pas été marquée par le vice, mais portée par la lecture de livres moraux. Cette enfance vertueuse résonne désormais comme une illusion pour elle :

MARIE. – Sa naissance ne l'appelait-elle pas au trône ? […] Ah ! Cattina, pour dormir tranquille, il faut n'avoir jamais fait certains rêves. Cela est trop cruel d'avoir vécu dans un palais de fées, où murmuraient les cantiques des anges, de s'y être endormie, bercée par son fils, et de se réveiller dans une masure ensanglantée, pleine de débris d'orgie et de restes humains, dans les bras d'un spectre hideux qui vous tue en vous appelant encore du nom de mère.

(*Lorenzaccio*, I, 6, p. 63)

L'image hallucinatoire convoquée par Marie oppose l'idyllique « palais de fées » de l'enfance, dans lequel elle pourrait retrouver l'enfant d'autrefois rentrant du collège avec ses livres sous le bras, et la « masure ensanglantée » du présent. L'hallucination de Marie semble ici plus forte que la réalité dans la mesure où elle est à la fois nostalgie de ce que fut Lorenzo et anticipation de ce qu'il redeviendra : sa vision trouvera en effet une sorte de confirmation, même si ce n'est pas sous la forme d'un « docteur » (*ibid.*) que Lorenzo renversera le pouvoir, mais sous celle d'un comédien qui utilise les ressources de l'art pour tuer Alexandre. Les rêveries et les visions ne sont donc peut-être pas si secondaires qu'on pourrait le penser, mais impriment leur marque sur la réalité.

## 2. Rompre l'illusion : danger et déception

Le « faire croire » est si puissant dans l'esprit des hommes qu'il existe un danger à dissiper leurs illusions. C'est ce que met en lumière Hannah Arendt lorsqu'elle évoque le fameux mythe de la caverne selon Platon. Sa thèse met en parallèle deux figures, celle, platonicienne, qui vient dévoiler une vérité de nature philosophique et épistémologique, et celle, arendtienne, qui vient dévoiler une vérité de fait :

Car, du point de vue du diseur de vérité, la tendance à transformer le fait en opinion, à effacer la ligne de démarcation qui les sépare, n'est pas moins embarrassante que la situation difficile et plus ancienne du diseur de vérité si vigoureusement exprimée dans l'allégorie de la caverne, où le philosophe, au retour de son voyage solitaire au ciel des idées éternelles, tente de communiquer sa vérité à la multitude, avec ce résultat qu'elle disparaît dans la diversité des vues qui pour lui sont des illusions, et qu'elle est rabaissée au niveau incertain de l'opinion […].

(*Vérité et politique*, p. 301-302)

Le philosophe qui est sorti de la caverne et qui y revient pour prévenir ceux qui y sont enchaînés qu'ils ne perçoivent que des ombres de réalité et de vérité, court certes un danger, mais celui-ci est bien moins grand dans la mesure où le philosophe ne vient apporter que ce qui apparaît comme une opinion aux hommes enchaînés. S'il vient à mourir, cela n'empêchera pas un autre prisonnier de s'échapper de la caverne et de se confronter lui-même à la vérité et à la réalité. Cette vérité et cette réalité ne changent pas selon qu'Untel est sorti de la caverne et n'a pas été cru lorsqu'il y est revenu, car cette vérité est d'ordre transcendante : elle existe comme norme quand bien même certains hommes n'existeraient plus pour la dire.

Il n'en va pas de même pour le diseur de vérité de fait : « la situation de celui qui rapporte la vérité de fait est encore pire [que celle du philosophe sorti de la caverne]. Il ne rentre pas d'un voyage dans des régions situées par-delà le domaine des affaires humaines » (*ibid.*, p. 302). Car non seulement la vérité de fait est définitivement perdue si celui qui la dit n'est pas cru, mais il est lui-même voué au silence et à la solitude, voire à la mort, si la vérité qu'il apporte est jugée contradictoire avec la structure idéologique que le pouvoir a mise en place.

Dans *Les Liaisons dangereuses*, l'illusion est dissipée par deux moyens : les commentaires de l'imprimeur en notes de bas de pages, et le fait que les lettres soient souvent à double destination et susceptibles en tout cas de tomber entre d'autres mains que celles de leur destinataire premier. La lettre CLIV pose la question essentielle du roman, qui taraude aussi le lecteur : Valmont est-il vraiment tombé amoureux de la présidente de Tourvel ? Mme de Volanges demande ainsi à Mme de Rosemonde : « Mais que direz-vous de ce désespoir de M. de Valmont ? D'abord faut-il y croire, ou veut-il seulement tromper tout le monde, et jusqu'à la fin ? Si pour cette fois il est sincère, il peut bien dire qu'il a lui-même fait son malheur » (lettre CLIV, p. 472-473). À cette interrogation, Laclos a ajouté une note très significative : « C'est parce qu'on n'a rien trouvé dans la suite de cette correspondance qui pût résoudre ce doute, qu'on a pris le parti de supprimer la lettre de M. de Valmont » (*ibid*, p. 473). La suppression de la lettre est ici symbolique : alors que celle-ci pourrait apporter une réponse à la question de l'authenticité des sentiments de Valmont, Laclos préfère la supprimer pour maintenir le doute, comme s'il y avait un danger à donner le fin mot de l'histoire. La vérité serait-elle dangereuse à connaître ? Remettrait-elle en question tout ce que Valmont et Merteuil ont voulu nous faire croire jusqu'à présent ?

Dans *Lorenzaccio*, personne ne veut croire Lorenzo lorsqu'il se met à dire la vérité :

> LORENZO. – Je viens vous avertir que le duc doit être tué cette nuit. Prenez vos mesures pour demain avec vos amis, si vous aimez la liberté.
> ALAMANNO. – Par qui doit être tué Alexandre ?
> LORENZO. – Par Lorenzo de Médicis.
> ALAMANNO. – C'est toi, Renzinaccio ? Eh ! entre donc souper avec de bons vivants qui sont dans mon salon.
> LORENZO. – Je n'ai pas le temps ; préparez-vous à agir demain.
> ALAMANNO. – Tu veux tuer le duc, toi ? Allons donc ! tu as un coup de vin dans la tête.

(*Lorenzaccio*, IV, 7, p. 171)

Tout se passe comme si la rupture de l'illusion ne pouvait mener qu'à la déception ou à l'indifférence : personne ne s'intéresse plus à la vérité une fois que la communauté des hommes a pris l'illusion pour la réalité. Même la scène du meurtre a quelque chose de décevant par rapport à ce que laissait imaginer Lorenzo dans son monologue de répétition (IV, 9). Ses paroles et l'illusion de la scène à venir qu'elles provoquaient, avec leur élan lyrique et leur mystère macabre, semblent très éloignées de l'assassinat lui-même, perpétré de façon extrêmement sommaire :

> *Il se couche.*
> *Lorenzo entre l'épée à la main.*
>
> LORENZO. – Dormez-vous, seigneur ?
>
> *Il le frappe.*
>
> LE DUC. – C'est toi, Renzo ?
> LORENZO. – Seigneur, n'en doutez pas.
>
> *Il le frappe de nouveau.*
> *Entre Scoronconcolo.*
>
> SCORONCONCOLO. – Est-ce fait ?
>
> (*Lorenzaccio*, IV, 11, p. 181)

Le caractère expéditif de cet assassinat, que Lorenzo préparait depuis des années, vient en quelque sorte souligner son inefficacité politique : Florence est certes débarrassée du vicieux Alexandre, mais l'empereur et le pape ont toujours la main sur le pouvoir.

## B. Les charmes de l'illusion, du plaisir au piège

### 1. Un art de ménager (ou de déranger) les plaisirs du « faire croire »

On se souvient que *Lorenzaccio* n'est pas une pièce écrite pour être jouée, mais pour être lue. De là vient sans doute une manière particulière de prendre le lecteur au piège de l'illusion théâtrale, à savoir par la digression. Par exemple lorsque Lorenzo demande à voir la toile de Tebaldeo :

LORENZO. – Pourquoi remettre vos offres de service ? Vous avez, il me semble, un cadre dans les mains.
TEBALDEO. – Il est vrai ; mais je n'ose le montrer à de si grands connaisseurs. C'est une esquisse bien pauvre d'un rêve magnifique.
LORENZO. – Vous faites le portrait de vos rêves ? Je ferai poser pour vous quelques-uns des miens.
TEBALDEO. – Réaliser des rêves, voilà la vie du peintre. Les plus grands ont représenté les leurs dans toute leur force, et sans y rien changer. Leur imagination était un arbre plein de sève ; les bourgeons s'y métamorphosaient sans

> peine en fleurs, et les fleurs en fruits ; bientôt ces fruits mûrissaient à un soleil bienfaisant, et, quand ils étaient mûrs, ils se détachaient d'eux-mêmes et tombaient sur la terre, sans perdre un seul grain de leur poussière virginale. Hélas ! les rêves des artistes médiocres sont des plantes difficiles à nourrir, et qu'on arrose de larmes bien amères pour les faire bien peu prospérer.
>
> (*Lorenzaccio*, II, 2, p. 72-73)

La digression appartient ici aux pièges de l'illusion : il s'agit de faire croire que ne se tient là qu'un débat sur l'idéal de l'artiste par rapport aux réalisations de l'homme d'action. Mais l'enjeu est plus profond, puisque l'objectif de réaliser son rêve et de mettre en scène ses illusions est finalement commun aux deux hommes. Mais si Tebaldeo est prisonnier des charmes de l'illusion, qui pour lui n'a rien de politique (l'artiste n'a pas de lien avec la cité), au contraire, pour Lorenzo, l'illusion n'est pas un piège de surface : faire croire doit être, par-delà le bien et le mal, une possibilité d'action et de réalisation. Alors même qu'on ne connaîtra vraiment l'intention de Lorenzo que dans son dialogue avec Philippe (III, 3), on perçoit dans cette digression un aspect important du personnage : son caractère de visionnaire idéaliste, qui ne peut pas se laisser aller à rester spectateur ; l'art est pour lui une exécution – au sens propre comme au sens dérivé –, une possibilité de passer à l'acte, de changer les choses véritablement.

Dans *Les Liaisons dangereuses*, le « faire croire » est à la fois un plaisir et un piège, comme on peut le voir dans une formule qui fit scandale, dans la célèbre lettre LXXXI. Merteuil y évoque son enfance et la manière dont elle parvient à obtenir des renseignements sur la masturbation en faisant croire qu'elle s'adonne à un plaisir auquel toutes les femmes se livreraient :

> Je sentis que le seul homme avec qui je pouvais parler sur cet objet, sans me compromettre, était mon confesseur. Aussitôt je pris mon parti ; je surmontai ma petite honte ; et me vantant d'une faute que je n'avais pas commise, je m'accusai d'avoir fait *tout ce que font les femmes*. Ce fut mon expression ; mais en parlant ainsi je ne savais en vérité, quelle idée j'exprimais. Mon espoir ne fut ni tout à fait trompé, ni entièrement rempli ; la crainte de me trahir m'empêchait de m'éclairer : mais le bon père me fit le mal si grand, que j'en conclus que le plaisir devait être extrême ; et au désir de le connaître succéda celui de le goûter.
>
> (*Les Liaisons dangereuses*, lettre LXXXI, p. 265)

En soulignant la périphrase mystérieuse (« *tout ce que font les femmes* »), la marquise montre que sa jouissance vient d'abord non de s'être adonnée à la masturbation, dont elle n'avait en fait aucune idée, mais d'avoir obtenu des informations sur le plaisir solitaire en usant d'un discours qui consiste à faire croire qu'elle le pratiquait. Le « faire croire » est à la fois jouissance en soi pour la marquise, et piège pour son confesseur qui, en lui dépeignant la masturbation comme un péché, l'encourage malgré lui à s'y intéresser.

Quant aux hommes de la caverne platonicienne, dont nous avons parlé précédemment à propos des textes d'Hannah Arendt, comment ne pas croire qu'ils vivent en bonne entente dans leur illusion et leur « faire croire » collectifs ? En effet, ils n'ont pas d'ennemi, donc la réalité que vient leur rapporter celui qui a pu sortir de la caverne est d'autant plus nulle et non avenue qu'elle ne concerne pas leur *sécurité*. Mais il existe une différence entre les vérités philosophiques et les vérités politiques : le diseur de vérité, selon le cas, ne vient pas perturber de la même manière la communauté qui vit dans le bien-être de ce à quoi elle croit. Les hommes de la caverne platonicienne vivent dans la sérénité :

> Il n'est fait mention d'aucun ennemi dans l'histoire de Platon ; tous vivent entre eux paisiblement, simples spectateurs d'images ; ils ne sont engagés dans aucune action et, de ce fait, menacés par personne. Les membres de cette communauté n'ont aucune raison de considérer la vérité et les diseurs de vérité comme leurs pires ennemis et Platon ne fournit aucune explication de leur amour pervers pour l'erreur et la fausseté.
>
> (*Vérité et politique*, p. 292)

Il n'en va pas de même pour une communauté politique prise dans un conflit comme la guerre froide, la guerre du Vietnam, ou dans une structure idéologique totalitaire comme le nazisme ou le stalinisme. Le diseur de vérité devient alors une véritable menace car il représente un point de vue qui pourrait être celui d'un ennemi :

> Tandis que probablement aucune époque passée n'a toléré autant d'opinions diverses sur les questions religieuses ou philosophiques, la vérité de fait, s'il lui arrive de s'opposer au profit et au plaisir d'un groupe donné, est accueillie aujourd'hui avec une hostilité plus grande qu'elle ne le fut jamais. Assurément les secrets d'État ont toujours existé ; tout gouvernement doit classer certaines informations, les soustraire à la connaissance du public, et celui qui révèle d'authentiques secrets a toujours été traité comme un traître.
>
> (*Vérité et politique*, p. 300)

Le diseur de vérité, en matière de philosophie politique, apparaît d'autant plus dangereux pour le pouvoir qu'il vient, de façon quasi hostile, fissurer l'illusion et le charme des idées politiques qui ont été mises en place.

## 2. Faire croire : un art de disséminer la vérité

Lorenzo n'est pas que Lorenzo : il peut aussi être « Renzo » ou, comme le titre l'indique, « Lorenzaccio », voire une « Lorenzetta » dévirilisée. On notera qu'il est parfois nommé « Lorenzo de Médicis », « Lorenzino » ou

« Renzinaccio ». Cette multiplication des noms nous montre d'abord comment les interlocuteurs perçoivent le personnage : de façon plus ou moins affectueuse (« Renzo »), plus ou moins condescendante (« Lorenzaccio ») et plus ou moins dévalorisante (« Lorenzetta ») ; mais elle signale aussi que l'identité du personnage est opaque, et que Lorenzo est peut-être lui-même en quête de cette identité qui ne peut se manifester que sur le mode de ce qu'il fait croire aux uns et aux autres. Il est notable que, dans la scène centrale de la pièce, Philippe n'utilise jamais « Lorenzaccio » tandis que Lorenzo, sur le point de dévoiler ses projets de meurtre, mentionne son surnom quand il s'agit d'évoquer la manière dont on le perçoit : « Et me voilà dans la rue, moi, Lorenzaccio ? et les enfants ne me jettent pas de la boue ? Les lits des filles sont encore chauds de ma sueur, et les pères ne prennent pas, quand je passe, leurs couteaux et leurs balais pour m'assommer ? » (III, 3, p. 130-131).

On notera que le suffixe -*accio* n'est pas si clair que cela en italien : il peut simplement signifier « le petit » ; attacher une nuance dévalorisante, péjorative au nom qu'il accompagne (en ce sens, il s'agirait de quelque chose comme « ce sale type » de Lorenzo) ; mais nous savons aussi, par une source de Musset, la *Storia fiorentina*, que « Lorenzaccio » pouvait aussi vouloir dire « le redoutable Laurent ». Où se trouve donc la vérité ? Nous serions tentés de dire : partout à la fois. Que veut nous faire croire la multiplicité de ces noms et surnoms, sinon qu'il n'existe rien d'autre que des opinions ou illusions multiples, tandis que la vérité, elle, est disséminée à travers la pluralité de ce à quoi Lorenzo, et à travers lui Musset, veut nous faire croire ?

Ce caractère disséminé de la vérité se retrouve dans *Les Liaisons dangereuses*, à travers les multiples versions qui nous sont données de la scène de l'Opéra – moment où la voiture de Mme de Tourvel se retrouve à côté de celle de Valmont. La première version est donnée par Mme de Tourvel à Mme de Rosemonde :

> Malheureusement mon cocher me fit passer devant l'Opéra, et je me trouvai dans l'embarras de la sortie ; j'aperçus à quatre pas devant moi, et dans la file à côté de la mienne, la voiture de Valmont. Le cœur me battit aussitôt, mais ce n'était pas de crainte ; et la seule idée qui m'occupait, était le désir que ma voiture avançât. Au lieu de cela, ce fut la sienne qui fut forcée de reculer, et qui se trouva à côté de la mienne. Je m'avançai sur-le-champ : quel fut mon étonnement, de trouver à ses côtés une fille, bien connue pour telle ! Je me retirai, comme vous pouvez penser, et c'en était déjà bien assez pour navrer mon cœur : mais ce que vous aurez peine à croire, c'est que cette même fille, apparemment instruite par une odieuse confidence, n'a pas quitté la portière de la voiture, ni cessé de me regarder, avec des éclats de rire à faire scène.
>
> (*Les Liaisons dangereuses*, lettre CXXXV, p. 431-432)

Valmont répond au billet accusateur de Mme de Tourvel en niant absolument que la présidente fût la victime des rires d'Émilie, et en affirmant qu'il en était lui-même la cible : « Plus [Émilie] voyait mon embarras s'accroître, plus elle affectait de se montrer ; et sa folle gaieté, dont je rougis que vous ayez pu un moment vous croire l'objet, n'avait de cause que la peine cruelle que je ressentais, qui elle-même venait encore de mon respect et de mon amour » (lettre CXXXVII, p. 435). Selon lui, Émilie se serait moquée de son désordre d'émotions à être vu par la présidente avec une femme de mauvaise réputation.

Valmont donnera enfin une autre version de cette scène à Mme de Merteuil :

> [...] vous saurez que j'étais à peine à quatre maisons de l'Opéra, et ayant Émilie dans ma voiture, que celle de l'austère dévote vint exactement ranger la mienne, et qu'un embarras survenu nous laissa près d'un demi-quart d'heure à côté l'un de l'autre. On se voyait comme à midi, et il n'y avait pas moyen d'échapper.
> Mais ce n'est pas tout ; je m'avisai de confier à Émilie que c'était la femme à la lettre. (Vous vous rappellerez peut-être cette folie-là, et qu'Émilie était le pupitre.) Elle qui ne l'avait pas oubliée, et qui est rieuse, n'eut de cesse qu'elle n'eût considéré tout à son aise *cette vertu*, disait-elle, et cela, avec des éclats de rire d'un scandale à en donner de l'humeur.
> (*Les Liaisons dangereuses*, lettre CXXXVIII, p. 437-438)

On pourrait croire, à lire cette lettre, qu'Émilie s'est bel et bien moquée de la prude présidente. Mais pourquoi mettre en doute ce que Valmont veut faire croire à Mme de Tourvel ? Il n'y a pas plus de vérité dans l'une que dans l'autre de ces versions car le destinataire de la lettre est toujours différent. Ce à quoi l'on veut faire croire, dans *Les Liaisons dangereuses*, dépend toujours de la *dissémination des destinataires*, qui rend palpable la *dissémination de la vérité* : impossible de trancher en faveur de l'une ou l'autre des versions. La vérité factuelle sur laquelle les lettres s'accordent (les deux carrosses se sont croisés, Émilie a ri) importe moins que l'autre vérité présentée dans les lettres, celle à laquelle chaque rédacteur veut nous faire croire, sans que nous sachions quelle valeur de certitude lui accorder.

Chez Hannah Arendt, l'opinion possède, en matière politique, un caractère fondamentalement dispersé, multiple et pluriel, ce qui l'oppose d'emblée à la vérité : « L'ennuyeux est que la vérité de fait, comme toute autre vérité, exige péremptoirement d'être reconnue et refuse la discussion alors que la discussion constitue l'essence même de la vie politique » (*Vérité et politique*, p. 307). La pensée politique, et l'opinion sur laquelle elle s'appuie, impliquent de fait une « aptitude à une "mentalité élargie" » (*ibid.*). La question de la vérité et de l'opinion en politique est relative au nombre ; elle est quantitative plus que qualitative :

> Dans ce contexte, la question du nombre mentionnée par Madison, est d'une importance particulière. Le passage de la vérité rationnelle à l'opinion implique

un passage de l'homme au singulier aux hommes au pluriel [...]. Madison distingue encore cette vie au pluriel, qui est la vie du citoyen, de la vie du philosophe par qui de telles considérations « doivent être négligées », mais cette distinction n'a pas de conséquences pratiques car une nation de philosophes est aussi peu vraisemblable que la race philosophique des rois souhaitées par Platon. [...] l'idée même d'une nation de philosophes aurait été une contradiction dans les termes pour Platon dont toute la philosophie politique, avec ses aspects franchement tyranniques, repose sur la conviction que la vérité ne peut venir de la masse, ni lui être communiquée.

(*Vérité et politique*, p. 299)

L'espace politique – c'est bien là son problème (mais ce peut être aussi la solution, dès lors que les diseurs de vérité s'assemblent) – est celui de la confrontation des opinions d'une multiplicité d'êtres qui ne sont même pas forcément en accord avec eux-mêmes (l'être humain étant traversé d'opinions contradictoires). Au sein de l'espace public, *les conditions de possibilité d'une énonciation de la vérité* ne sont donc pas remplies, au contraire de celles du mensonge :

> Alors que le menteur est un homme d'action, le diseur de vérité, qu'il dise la vérité rationnelle ou la vérité de fait, n'en est jamais un. Si le diseur de vérité de fait veut jouer un rôle politique, et donc être persuasif, il ira, presque toujours, à de considérables détours pour expliquer pourquoi sa vérité à lui sert au mieux les intérêts de quelque groupe. [...] le diseur de vérité de fait, quand il pénètre dans le domaine politique et s'identifie à quelque intérêt particulier et à quelque groupe de pouvoir, compromet la seule qualité qui aurait rendu sa vérité plausible, à sa savoir sa bonne foi personnelle, dont la garantie est l'impartialité, l'intégrité et l'indépendance.

(*Vérité et politique*, p. 318)

L'espace politique est par prédilection celui du menteur qui estompe « la ligne de démarcation qui sépare la vérité de fait et l'opinion » (*ibid.*). Au contraire, un homme qui serait porteur d'un discours vrai et qui voudrait engager une action politique, n'aurait d'autre solution que d'adapter son discours au public qu'il veut persuader, au risque de tordre la vérité et de perdre l'indépendance qui en est garante. L'espace politique est donc un lieu de dissémination de la vérité : celle-ci ne peut pas apparaître dans tout son éclat, au risque de faire du diseur de vérité un tyran.

## C. Un art paradoxal

Il existe dans l'art de faire croire une dimension artificielle, fabriquée, selon laquelle le « faire croire » peut s'autodésigner comme art. Qui croirait en effet, sans distanciation aucune, que *Les Liaisons dangereuses* sont des lettres authentiques, alors même que Laclos nous donne tant d'indices de leur artificialité ? Si Valmont était un parfait tartufe, jamais nous ne prendrions conscience qu'il cherche à nous faire croire qu'il est ce qu'il n'est pas. On en produira pour preuve la lettre d'amour de Valmont à Mme de Tourvel écrite sur le dos d'Émilie, avec qui le vicomte a couché et qui lui sert de pupitre. Destinée à plusieurs lectrices (Mme de Tourvel, mais aussi Merteuil et Émilie), cette lettre est bien sûr à double sens ; mais ces doubles sens y sont présents de façon si excessive qu'on peut aussi être tenté de voir dans la missive une autodénonciation de son caractère artificiel :

> C'est après une nuit orageuse, et pendant laquelle je n'ai pas fermé l'œil ; c'est après avoir été sans cesse ou dans l'agitation d'une ardeur dévorante, ou dans l'entier anéantissement de toutes les facultés de mon âme, que je viens chercher auprès de vous, Madame, un calme dont j'ai besoin, et dont pourtant je n'espère pas jouir encore. En effet, la situation où je suis en vous écrivant, me fait connaître plus que jamais, la puissance irrésistible de l'amour ; j'ai peine à conserver assez d'empire sur moi pour mettre quelque ordre dans mes idées ; et déjà je prévois que je ne finirai pas cette lettre, sans être obligé de l'interrompre.
>
> (*Les Liaisons dangereuses*, lettre XLVIII, p. 179-180)

En effet, tout fait « trop » double sens pour que la lettre ne devienne pas comique : la nuit a été « orageuse » à cause des pratiques sexuelles, l'« anéantissement » des facultés provient de la « petite mort » de la jouissance ; l'expression « jouir encore » délivre clairement une allusion sexuelle ; la « situation » est équivoque (Valmont écrit sur le dos de sa partenaire), et la lettre ne sera peut-être pas terminée car Valmont et Émilie n'ont pas achevé leurs ébats. Les conditions d'écriture de la lettre avaient été clairement expliquées par Valmont à Merteuil dans la lettre précédente :

> Cette complaisance de ma part est le prix de celle qu'elle vient d'avoir, de me servir de pupitre pour écrire à ma belle dévote, à qui j'ai trouvé plaisant d'envoyer une lettre écrite du lit et presque d'entre les bras d'une fille, interrompue même pour une infidélité complète, et dans laquelle je lui rends un compte exact de ma situation et de ma conduite. Émilie, qui a lu l'épître, en a ri comme une folle, et j'espère que vous en rirez aussi.
>
> (*Les Liaisons dangereuses*, lettre XLVII, p. 178-179)

Dans ce dispositif complexe, les témoins, Émilie et Merteuil, ne sont pas dupes, ce qui rajoute une forme de perversité sexuelle (voyeuriste) à ce qui est déjà une scène sexuelle. Mais cela pose aussi une question, comme l'écrit Pierre Bayard dans *Le Paradoxe du menteur* : Valmont jouit de ce qu'il fait croire, à savoir qu'une scène érotique est une scène d'écriture, mais ne jouit-il pas aussi inconsciemment de ne pas voir qu'il y a un véritable plaisir à écrire à Mme de Tourvel, une certaine forme de jouissance, qui le met sur la voie d'un amour encore à naître [1] ?

*Lorenzaccio* comporte des phénomènes similaires d'autodésignation du masque que porte Lorenzo, à travers ce que l'on peut appeler l'*amphibologie* ou l'*ironie romantique*, à savoir que le personnage prononce lui-même certaines formules à double entente. Marie a déjà perçu l'ironie qui pointait chez son fils :

> MARIE. – [...] Que mon fils eût été un débauché vulgaire, que le sang des Soderini eût été pâle dans cette faible goutte tombée de mes veines, je ne me désespérerais pas ; mais j'ai espéré et j'ai eu raison de le faire. Ah ! Catherine, il n'est même plus beau ; comme une fumée malfaisante, la souillure de son cœur lui est montée au visage. Le sourire, ce doux épanouissement qui rend la jeunesse semblable aux fleurs, s'est enfui de ses joues couleur de soufre, pour y laisser grommeler une ironie ignoble et le mépris de tout.
> 
> (*Lorenzaccio*, I, 6, p. 63)

C'est à juste titre que Marie décèle l'ironie dans le visage de son fils, tout comme elle a des raisons d'espérer : Lorenzo joue un rôle qui appellera Florence – personnage peut-être central de la pièce – à être purgée des vices d'Alexandre. Mais c'est Lorenzo lui-même, bien avant qu'il ne délivre la vérité à Philippe Strozzi, qui nous fournit des indices de son projet de meurtre lors de son dialogue avec le peintre Tebaldeo. Il lui demande ainsi : « Vous faites le portrait de vos rêves ? Je ferai poser pour vous quelques-uns des miens » (II, 2, p. 93). La formule est ambiguë, dans la mesure où elle peut faire référence à une peinture du vice, qui pourrait être celle d'une courtisane, mais aussi celle d'Alexandre, qui occupe les rêves de Lorenzo et qu'il envisage déjà de tuer.

De même, Lorenzo demande à Tebaldeo, lorsque le peintre lui montre une vue du cimetière de Florence : « Combien y a-t-il d'ici à l'immortalité ? » (*Ibid.*, p. 74). Si la formule est ambiguë, elle laisse cependant percevoir un autre visage de Lorenzo, non celui du jouisseur, mais celui d'un être déjà obsédé par la mort. Que veut-il dire et que veut-il nous faire croire ? Que le duc, qui règne sur Florence, est loin d'être immortel ? Ou que lui-même est susceptible de gagner une certaine immortalité dans la mémoire collective en l'assassinant ? Le « faire croire » doit ainsi contenir en lui-même quelque chose d'artificiel ou d'opaque pour mettre lectorat ou auditoire sur la piste d'un questionnement : le « faire croire » maintient la vie de l'esprit dans une hésitation et un trouble dont il ne peut s'extraire. Lorenzo, d'ailleurs, ne contredit pas Tebaldeo lorsque celui-ci dit : « L'art, cette fleur divine, a quelquefois besoin du fumier pour engraisser le sol et le féconder » (*ibid.*,

---

1. Pierre Bayard, *Le Paradoxe du menteur : sur Laclos*, Éditions de Minuit, 1993, p. 73.

p. 75). En effet, Lorenzo n'a-t-il pas besoin d'être un artiste (un être de mascarade) et de jouer proprement le « fumier » pour sauver Florence ?

Une formule latine, qu'employa d'ailleurs le philosophe Descartes, explicite bien cette dimension du « faire croire » : *larvatus prodeo*, « je m'avance en portant un masque », manière de dire que l'on veut tromper, mais de reconnaître paradoxalement que l'on porte un masque en s'avançant pour tromper. Cette formule décrit bien le jeu du comédien, qui fait que l'on ne peut pas complètement croire à l'illusion qu'il cherche à provoquer. Elle pourrait également désigner la façon dont les gouvernants américains (assortis de leurs experts en solution des problèmes et des publicitaires qui les influençaient) ont cherché pendant la guerre du Vietnam à maintenir une version des faits absolument fausse, alors même que la bataille de l'opinion était déjà perdue.

Dans un univers où « l'on enseigne que la politique est faite, pour une part, de la fabrication d'une certaine "image" et, pour l'autre, de l'art de faire croire en la réalité de cette image » (*Du mensonge en politique*, p. 18) et où « la défaite paraissait beaucoup moins redoutable que la reconnaissance de la défaite » (*ibid.*, p. 53), le public percevait très bien que les gouvernants et leurs sbires étaient loin de connaître les réalités consignées dans les papiers des renseignements généraux, et ne vivaient donc que de paroles ou d'idées artificielles :

> [...] je pense qu'il est tout à fait possible qu'ils aient pu ignorer ces premiers documents, qui étaient susceptibles de détruire les bases de leurs raisonnements avant qu'elles soient devenues une théorie capable d'entraîner le pays à sa ruine. [...] ceux que cette étude aurait dû concerner au premier chef n'y avaient jamais prêté la moindre attention.
>
> (*Du mensonge en politique*, p. 46)

Ces documents étaient pourtant parfaitement accessibles aux gouvernants et à leurs experts : ceux-ci se sont donc avancés masqués, tout en désignant le masque de leur méconnaissance des relations conflictuelles entre Moscou et Pékin ou du caractère local du conflit au Vietnam Sud, alors même que les historiens, les journalistes et ceux qui s'intéressaient aux réalités de la guerre froide savaient pertinemment qu'il n'y avait aucun risque de théorie des dominos – une union sino-soviétique qui ferait tomber les pays d'Asie les uns après les autres. Aucune menace de troisième guerre mondiale n'était mentionnée dans les rapports (*ibid.*, p. 25). Surtout, l'opinion publique, cette *agora* du bon sens, le sens commun, percevait très bien que l'enlisement au Vietnam provoquait sur le sol états-unien une flambée des prix, une augmentation du chômage et de manière générale une précarisation de la vie, tout cela pour un territoire dont on savait bien qu'il ne rapporterait rien aux États-Unis, que ce soit idéologiquement ou économiquement. En d'autres termes, les gouvernants, experts ou intellectuels qui ont voulu faire croire à la nécessité de poursuivre la guerre au Vietnam l'ont fait de manière paradoxale : ils ont eu l'art de faire croire en cette nécessité tout en montrant, par leurs actes politiques et économiques, qu'il ne s'agissait que d'une illusion.

## « FAIRE CROIRE » EN UN COUP D'ŒIL

Au terme de ce parcours, nous pouvons conclure qu'il existe quatre aspects problématiques dans l'entreprise, l'intention ou l'activité du « faire croire » :

• Le premier est **herméneutique** : il consiste à mesurer le fonctionnement du « faire croire » à partir de **signes**, et notamment du langage, qui contribuent au crédit ou à la croyance accordée à un phénomène, que ce dernier soit vrai ou faux ; il y faut la **vraisemblance**, et une **nécessité** qui s'apparente à celle de la logique.

• Le deuxième est **éthique** : faire croire revient à **légitimer un crédit, un pouvoir ou une autorité**, et cela par-delà le bien et le mal ; mais cette entreprise de légitimation peut dériver vers un **abus de pouvoir, de mensonge et de perversité**. Dès lors qu'il y a manipulation des signes ou du langage, l'autorité n'exerce plus seulement une tentative de conviction, mais une perversion des faits de vérité, qui sont impuissants face à la rhétorique mise en place par celui ou celle qui veut faire croire.

• Le troisième est **heuristique** : il concerne le rôle du « faire croire » sur le chemin de la **vérité**. Il n'y a pas de véritable antagonisme entre vérité et croyance, mais au contraire, une manière de dévoiler une vérité cachée ou disséminée, par l'intermédiaire d'un « faire croire » qui rend l'expérience vécue plus **sensible** avant d'être considérée comme plus **vraie**.

• Le dernier est **esthétique** : faire croire est un art, mais un **art paradoxal**. En tant qu'il se distingue de la conviction, il laisse place à une opacité et une artificialité qui le désignent lui-même comme **artifice**. Tout le monde n'est pas dupe de ce en quoi l'un ou l'autre cherche à nous faire croire, mais ce jeu de dupes peut provoquer à la fois un **plaisir** et un véritablement **questionnement** sur la nature, profonde et insondable, de la vérité.

# CINQUIÈME PARTIE

## Méthodologie : épreuves d'écrit et d'oral aux concours d'entrée des grandes écoles scientifiques

*par Corinne von Kymmel*

**Les clés pour bien s'exprimer à l'écrit** .......... 254

**I. Généralités concernant les épreuves écrites** .......... 255

**II. Le résumé à l'écrit des concours Centrale-Supélec et CCINP** .......... 255
  A. Quels textes pour quels résumés ? .......... 255
  B. Les enjeux de l'exercice .......... 256
    1. Un exercice technique .......... 256
    2. Un exercice de communication .......... 256
  C. Méthode de travail .......... 257
    1. La première lecture .......... 257
    2. Étapes de travail .......... 257
    3. Quelques décisions à prendre .......... 258
  D. Rédaction et vérification .......... 259

**III. La dissertation** .......... 259
  A. Enjeux de l'exercice .......... 259
    1. Une dissertation sur programme .......... 259
    2. Une dissertation de philosophie .......... 260
    3. Une dissertation de français .......... 260
  B. Le travail au brouillon : du sujet au problème .......... 260
    1. Le sujet .......... 260
    2. La problématisation .......... 261
  C. Le plan .......... 262
  D. Rédaction de la dissertation .......... 263
    1. Un préalable indispensable : bien écrire .......... 263
    2. L'introduction .......... 263
    3. La conclusion .......... 264
    4. Le développement .......... 264

**IV. Préparer les épreuves de l'oral** .......... 266
**Les clés pour bien s'exprimer à l'oral** .......... 267
  A. Concours Mines-Télécom .......... 268
  B. Concours commun Mines-Ponts .......... 268
  C. Concours X (Polytechnique) et ESPCI .......... 269
  D. Quelle préparation pour les oraux ? .......... 270

## Les clés pour bien s'exprimer à l'écrit

### Présenter une copie (soin et lisibilité)

– S'entraîner toute l'année à écrire à la main (les concours sont manuscrits), avec une encre foncée et non effaçable.
– Travailler la calligraphie : « dessin » des lettres, des majuscules, guillemets français.
– Respecter les règles typographiques en vigueur (utiliser des guillemets français, souligner les titres).
– Matérialiser convenablement les paragraphes (passage à la ligne et retrait en début de ligne).

### Rédiger des phrases correctes

– Utiliser les majuscules et la ponctuation à bon escient.
– Rédiger des phrases brèves mais complètes (pas de phrases nominales ou construites à partir de simples subordonnées) ; veiller à la bonne utilisation des connecteurs logiques (« car », « également »…)
– Réviser les fiches de grammaire de lycée pour savoir rédiger une phrase interrogative et une négation.

### Lexique et orthographe

– Choisir des mots appropriés, un niveau et un registre de langue adaptés, éviter les anglicismes et le vocabulaire trop contemporain (« de base », « impacter », « le ressenti », etc.).
– Améliorer d'abord l'orthographe grammaticale (les accords), puis l'orthographe d'usage (écriture des noms propres, doubles consonnes…).

### Dans le cadre des exercices des concours

– Le résumé : bien matérialiser les paragraphes, choisir judicieusement les éventuels synonymes.
– La dissertation : faire des paragraphes de taille convenable (tailles standardisées pour l'introduction, la conclusion et les sous-parties : soyez très attentif aux consignes données en cours d'année), séparer visiblement les paragraphes, penser à placer les transitions en fin de partie plutôt que dans un paragraphe isolé.

# I. Généralités concernant les épreuves écrites

Les grandes écoles publient chaque année non seulement une « notice » qui récapitule le fonctionnement et le contenu de chaque épreuve, mais aussi les rapports des jurys portant sur les épreuves des années précédentes. Vous pouvez consulter la plupart de ces documents officiels à partir des liens proposés sur le site http://www.scei-concours.fr.

| Banque d'épreuves | Durée | Exercices | Coefficient de français le plus élevé à l'écrit | Coefficient de mathématiques le plus élevé à l'écrit |
|---|---|---|---|---|
| ENS/X (Polytechnique)/ ESPCI | 4 heures | Dissertation | 6 (X) 8 (ENS) | 9 (X) 6 (ENS) |
| Concours commun Mines-Ponts/ Mines-Télécom | 3 heures | Dissertation | 5 | 5 |
| Centrale-Supélec | 4 heures | Résumé (1200 mots → 200 mots) + Dissertation (1800 mots maximum) | 17 | 19 |
| CCINP/E3A | 4 heures | Résumé (de 700 à 900 mots → 100 mots), + Dissertation | 9 | 14 |
| A-BCPST | 3 heures | Dissertation | 4 | 4 |
| G2E (BCPST) | 3 heures 30 | Dissertation | 5 | 5 |
| PT (Français A) | 4 heures | Dissertation | 5 | 8 |

# II. Le résumé à l'écrit des concours Centrale-Supélec et CCINP

## A. Quels textes pour quels résumés ?

Les supports textuels sont issus de textes généralement argumentatifs organisés autour d'une thèse, mais des textes explicatifs ou descriptifs sont parfois également proposés : ces textes sont rarement neutres, et présentent un point de vue à prendre en compte. Votre premier travail consistera donc à qualifier l'enjeu du texte, son énonciation globale et son lien avec le thème de l'année, « faire croire » : la structure du résumé en dépend.

Les textes du concours Centrale-Supélec (MP/PC/PSI) contiennent environ 1200 mots : vous devez les résumer en 200, ±10 % ; ceux de la banque CCINP en contiennent entre 700 et 900 : vous devez les résumer en 100 mots, ±10 %. D'autres concours présentent des formats différents mais sachez que les jurys de tous ces concours, très attentifs, sanctionnent sévèrement toute forme de non-respect du nombre de mots attendus dans les résumés.

## B. Les enjeux de l'exercice

### 1. Un exercice technique

Grâce au résumé, le jury mesure votre aptitude à rendre compte de la pensée d'autrui. Formuler celle-ci de manière personnelle, sans modifier ni interpréter le texte, sans le tronquer ni le compléter, voilà l'enjeu principal de cette épreuve. Il s'agit en effet de proposer une réduction du propos de l'auteur du texte, sans aucune mention de ce que vous pensez de ce contenu, même s'il est subjectif. Cette réduction reformulée doit se plier à ce que dit l'auteur : s'il utilise la première personne du singulier, vous devez l'utiliser ; si son texte est polémique, le vôtre doit l'être ; s'il sollicite des exemples concrets, votre texte doit les rappeler ; s'il emploie des images ou des métaphores, vous devez les retranscrire… Le jury examine ainsi votre capacité de reproduire l'esprit du texte, mais aussi sa progression et son équilibre.

> ✓ **LE MOT DU JURY (CCINP)**
>
> « Il s'agit de saisir la thèse et le raisonnement d'un texte – en s'appuyant sur ses liens logiques […] afin de mieux appréhender la pensée de l'auteur – et de restituer de manière fidèle l'essentiel de son argumentation dans une langue correcte. »

### 2. Un exercice de communication

Le résumé est aussi une épreuve de français : pour restituer correctement et brièvement un texte écrit par un autre que soi, il faut savoir parfaitement manier la langue. Reformuler le texte avec vos propres mots, c'est ainsi veiller à rendre compte aussi précisément que possible des idées développées par l'auteur : il faut donc éviter de procéder par extraction, raccourci, choix d'une information au détriment d'une autre… Plus largement, le jury est très attentif à vos compétences en matière d'expression et de syntaxe, et les correcteurs valorisent l'usage d'un lexique dense et précis : considérez que le jury doit pouvoir extrapoler le texte de départ en lisant votre résumé.

## C. Méthode de travail

### 1. La première lecture

– La première lecture du texte peut se faire sans prendre de notes : il s'agit de vous concentrer sur le propos que tient l'auteur, sur le contenu comme sur l'enjeu global du texte.

– Une fois cette lecture achevée, vous devez pouvoir formuler en une ou deux phrases tout au plus un résumé synthétique du texte, au brouillon. Cette reformulation minimale vous permet de rendre compte de la thèse proposée par l'auteur ou du point principal qu'il développe, ainsi que de la structure générale du texte. Vous pourrez ensuite revenir régulièrement à ce premier compte rendu, afin de garder à l'esprit l'essentiel du texte et de vérifier au fur et à mesure la validité des étapes du résumé que vous construirez.

### 2. Étapes de travail

Avec les deux points de départ que constituent le texte et le résumé synthétique, vous allez progressivement construire votre propre résumé.

– Lisez une deuxième fois le texte pour dégager les étapes de la pensée développée par l'auteur. Repérez les connecteurs logiques et les techniques d'enchaînement (l'opposition, l'addition, la concession…), et examinez la valeur relative de chaque passage du texte : s'agit-il de la thèse, d'un argument, d'un exemple, d'une digression ? L'enjeu est ici de cerner la dynamique et la hiérarchie argumentative du propos.

– Après cette deuxième lecture, examinez la place qu'occupe chaque étape dans le texte en veillant à respecter l'équilibre du cheminement proposé par l'auteur. Cette mise en évidence de la structure fine du propos deviendra le plan de votre résumé. Autrement dit, la progression du texte de départ délimite le résumé à construire, par l'intermédiaire d'un schéma qui s'organise en fonction des idées du texte et non en fonction des paragraphes choisis par l'auteur. Une étape de votre résumé pourra ainsi reproduire plusieurs paragraphes ; et, à l'inverse, il est parfois nécessaire de scinder un long paragraphe de l'auteur en plusieurs étapes du résumé.

> ✓ **LE MOT DU JURY (Centrale-Supélec)**
> « La copie, destinée au lecteur particulier qu'est le correcteur, ne doit pas être le lieu de l'élaboration de la pensée mais celui de la mise en forme. Le résumé […] devrait être entièrement rédigé au brouillon puis, le nombre de mots une fois vérifié, recopié. »

– Il ne vous reste alors plus qu'à élaborer vos propres phrases pour transformer ce parcours raisonné en résumé rédigé. Pour ce faire, appuyez-vous sur le texte, mais aussi sur votre schématisation et votre premier résumé synthétique : l'exercice d'écriture des phrases du résumé résulte d'un va-et-vient constructif entre le texte de départ et votre compte rendu technique. La construction du résumé doit en outre proposer un texte dont la structure reproduit celle du texte initial sans la calquer, et un lexique qui témoigne de votre aptitude à reformuler élégamment la pensée de l'auteur sans la trahir : comme le rappelle le jury de Centrale : « le résumé doit reformuler la pensée de l'auteur pour pouvoir, sans l'appauvrir, la restituer de façon claire et plus économique. »

## 3. Quelques décisions à prendre

– **La subjectivité :** l'auteur du texte apparaît parfois dans les choix énonciatifs. Comme vous devez vous substituer à lui, vous ferez les mêmes choix (première personne du singulier, utilisation des temps verbaux, lexique plus ou moins orienté par l'émotion ou l'idéologie…).

– **L'équilibre :** votre résumé doit exactement reproduire le mouvement du texte initial. Si l'auteur répète plusieurs fois une idée, vous devez la répéter. S'il fait une digression, vous devez la reproduire. S'il se contente d'une allusion, vous devez rendre compte de l'allusion. S'il accorde beaucoup d'importance à un exemple, vous devez lui accorder la même importance, etc.

– **Les exemples :** les exemples n'ont pas tous une importance similaire dans le texte. C'est la dimension relative de chaque ensemble qui doit vous guider : si l'exemple n'existe qu'au détour d'une phrase, vous pouvez ne pas en parler dans le résumé ; en revanche, si l'exemple structure le texte ou s'il est une étape nécessaire de l'argumentation, vous devez le restituer. Enfin, si l'auteur propose une citation, vous devez examiner son intérêt dans le propos général. Quoi qu'il en soit, ne choisissez pas de reproduire arbitrairement un exemple plutôt qu'un autre : choisir, c'est rompre avec la neutralité exigée par l'exercice. Encore une fois, c'est l'équilibre de votre propos qui sera mesuré par le jury.

> ✓ **LE MOT DU JURY (CCINP)**
> « Le candidat ne doit pas simplifier les contenus de l'extrait mais tenter d'en rendre les nuances. Il lui appartient néanmoins de savoir distinguer l'important – et d'abord l'indispensable – de l'accessoire et surtout d'expliciter de façon neuve – sans reprise littérale, montage de citations, traduction synonymique ou démarquage syntaxique – les idées principales et leur enchaînement. »

– **La reformulation :** reformuler le texte peut sembler difficile. Tous les synonymes ne se valent pas, et il n'est pas question de remplacer artificiellement un mot par un autre. C'est le bon sens qui doit ici vous orienter : choisissez des termes génériques pour remplacer des énumérations, utilisez des synonymes pour montrer que vous avez compris le texte en profondeur, mais conservez les mots irremplaçables. Cette année, par exemple, « faire croire » est un concept complexe, multiforme, qui exige de très nombreuses précisions (« manipuler », « convaincre », « persuader », « prétendre », ne sont que quelques-uns des verbes qui rendent compte de cette galaxie de sens).

## D. Rédaction et vérification

Après le travail au brouillon, il faut recopier le résumé en choisissant une progression en plusieurs paragraphes. Dans un texte de 100 mots environ, on attend ainsi généralement deux paragraphes (trois au maximum), tandis qu'un résumé de 200 mots environ pourra contenir trois ou quatre paragraphes (mais pas davantage, même si le texte initial en contient parfois sept ou huit) : chaque passage à la ligne doit être motivé par la progression logique du résumé proposé.

> ✓ **Le mot du jury (Centrale-Supélec)**
> « Les paragraphes doivent apparaître sans aucune ambiguïté sur la copie [...]. Toutefois, ce découpage n'a pas de sens s'il n'est soutenu, de paragraphe en paragraphe et à l'intérieur de ceux-ci, par des articulations logiques explicites et appropriées. »

Enfin, veillez à respecter sur votre copie les consignes liées à la présentation du résumé : remplissez lisiblement le document préimprimé au concours CCINP, insérez une barre oblique tous les cinquante mots à Centrale, indiquez le total de mots utilisés. Évitez surtout une erreur de comptage des mots : le jury reste perplexe face à des scientifiques qui ne savent pas calculer et se montre sévère à leur égard.

## III. La dissertation

### A. Enjeux de l'exercice

#### 1. Une dissertation sur programme

Entièrement rédigée, la dissertation est un exercice codifié et spécifique. Elle s'appuie sur le programme : vous devez montrer que vous avez compris les enjeux soulevés par le thème général qui a été étudié en classe (« faire croire » cette année), les liens entre ce thème et les œuvres, ainsi que les éléments de convergence entre ces ouvrages du programme. Par conséquent, la dissertation doit être envisagée comme l'art

> ✓ **Le mot du jury (CCINP)**
> « Le candidat doit conduire une démonstration qui l'amène à formuler une réponse à la question posée par le libellé du sujet. Il est attendu que la copie dialogue constamment avec ledit sujet, qu'elle s'explique avec la thèse de l'énoncé, qu'elle se positionne clairement par rapport au problème. Il faut nécessairement "arriver quelque part". »

d'organiser votre lecture comparée des œuvres à partir d'un problème donné – elle est moins le lieu d'une récitation de connaissances que celui d'une réflexion méthodique ordonnée à partir de savoirs attendus.

## 2. Une dissertation de philosophie

La dissertation vous demande également une réflexion d'ordre philosophique, puisqu'elle s'appuie sur un thème particulier et sur au moins une œuvre philosophique (cette année, les deux textes d'Hannah Arendt). Le thème convoque des concepts précis que vous devez maîtriser et reconnaître dans le sujet proposé. D'ailleurs, c'est la connaissance des concepts qui conduit à interroger correctement le sujet, à en trouver les nuances, les limites mais aussi les prolongements : « Il s'agit bien de défendre une idée, et non de traiter un thème » (A-BCPST) dans cette composition rédigée.

## 3. Une dissertation de français

Au-delà de sa dimension philosophique, la dissertation s'appuie sur une lecture extrêmement précise des œuvres qui figurent au programme de l'année, et ce corpus constitue la base de données servant à illustrer les arguments conceptuels. Autrement dit, les idées développées dans la dissertation sont accompagnées d'exemples extraits des œuvres au programme, et aucune référence extérieure n'est automatiquement valorisée

> ✓ **LE MOT DU JURY (ENS/X)**
> « Le jury ne saurait […] trop insister sur l'importance que revêt l'analyse du sujet et la construction de l'introduction pour donner des fondations solides à la dissertation et montrer d'emblée au correcteur que l'on accepte le principe de l'exercice et les efforts qu'il requiert. »

(il est même recommandé de les éviter complètement dans le cadre de la dissertation du concours Centrale) : dans les concours qui les acceptent, notez bien que seules les références jugées très pertinentes dans le cadre du traitement du sujet proposé seront appréciées.

## B. Le travail au brouillon : du sujet au problème

Le brouillon est essentiel, même si le temps de travail est bref. C'est au brouillon que vous vérifierez l'équilibre de votre propos et du recours aux œuvres, comme la logique progressive de la démonstration mise en place. Un tiers du temps de travail au moins doit donc être consacré à ce seul brouillon à la condition de n'y rédiger totalement que l'introduction et la conclusion.

### 1. Le sujet

Le sujet se compose d'une citation suivie d'une consigne. Ce sont les concepts soulevés par la citation qu'il faut mettre au service de la réflexion menée à partir du programme ; et la consigne vous demande généralement d'examiner en quoi la citation éclaire votre lecture des œuvres, même s'il arrive qu'elle soit plus précise et qu'elle propose une piste de travail. L'erreur serait évidemment de la confondre avec une problématique livrée clé en main. Quoi qu'il en soit, il faut *a priori* considérer que le propos tenu dans la citation est toujours au moins partiellement validé dans les œuvres – avant de réfuter éventuellement un aspect du sujet, il faut l'explorer à l'aide du programme. Enfin,

> ✓ **LE MOT DU JURY (ENS/X)**
> Les candidats doivent « viser un développement nerveux qui va à l'essentiel après avoir pris tout le temps et l'espace nécessaires pour analyser le sujet ».

chaque sujet est unique : il ne faut jamais plaquer artificiellement sur une citation nouvelle un cours ou un corrigé de devoir fait en classe à partir d'une autre citation.

Pour mieux cerner le contenu et l'enjeu de ce sujet, procédez par étapes successives, avec rigueur. D'abord, vous devez repérer les mots clés qui vous paraissent importants en ce qu'ils structurent la citation et vous renvoient au thème de l'année – c'est une phase d'analyse, pendant laquelle vous allez définir et délimiter ces termes essentiels en utilisant le programme. Ensuite, il faut examiner les liens logiques et conceptuels qui font jouer ces termes clés les uns par rapport aux autres : y a-t-il opposition ? addition ? nuance ? complémentarité ? etc. Enfin – c'est la phase de synthèse indispensable –, vous devez reformuler le sujet en une ou deux phrases : cette reformulation permet de montrer l'enjeu principal du sujet et met en valeur les relations établies entre les termes clés.

## 2. La problématisation

À partir de la citation et de sa reformulation, il faut trouver ce qui pose problème dans le sujet, autrement dit ce que l'auteur de la citation considère comme évident, et qui ne correspond pas nécessairement à votre lecture précise des œuvres au programme.

> ✓ **LE MOT DU JURY (A-BCPST)**
> La « construction de la problématique s'appuie sur le repérage de discordances, entre l'énoncé et le programme, et entre les notions clés de l'énoncé ».

Dans cette phase essentielle, vous devez donc poser une question à partir de laquelle pourra se déployer la réflexion de la dissertation ; cette problématique unique rassemble des interrogations diverses auxquelles le sujet peut inviter à penser, et doit être formulée de manière à induire une réponse du type : « Oui... jusqu'à un certain point. » Enfin, cette problématique doit prendre en compte non seulement les termes clés, mais aussi les relations entre les termes que l'étude

> ✓ **LE MOT DU JURY (Centrale-Supélec)**
> « Une problématique a pour but de centrer et cerner le problème, non de le délayer ; elle doit donc se formuler en une question, non en une série de questions. »

du sujet a mis en évidence durant la phase d'exploration et de reformulation de la citation. Si la citation oppose deux notions liées au programme (par exemple, cette année, la vérité et le mensonge), c'est l'ensemble {termes clés + opposition entre ces termes} face au thème « faire croire » qu'il faut prendre en considération pour formuler une seule problématique.

> ✓ **LE MOT DU JURY (Centrale-Supélec)**
> « Une problématique a pour but de centrer et cerner le problème, non de le délayer ; elle doit donc se formuler en une question, non en une série de questions. »

## C. Le plan

La phase de reformulation du sujet débouche sur la problématique à résoudre. Pour construire le plan de résolution de ce problème, vous disposez d'une base de données unique mais riche : les œuvres de Laclos, Musset et Arendt qui figurent au programme. Cet ensemble constitue un réservoir de preuves pour votre démonstration. Concrètement, vous allez résoudre le problème posé à l'aide d'arguments issus de votre connaissance du thème, arguments eux-mêmes illustrés par des exemples tirés des œuvres.

Quel plan choisir ? Les jurys de concours acceptent toute démonstration efficace en deux ou trois étapes – même si le développement en trois parties est clairement valorisé par rapport à celui qui oppose de façon brutale deux blocs apparemment contradictoires. Pour travailler, il est donc dans un premier temps utile de valider la citation par un recours organisé aux œuvres. Ce n'est qu'ensuite que vous pourrez montrer que la citation proposée n'est que partiellement confirmée dans les œuvres au programme : la deuxième, puis la très recommandée troisième partie, vous conduiront à apporter des nuances ainsi que des compléments afin d'explorer la totalité du sujet face à toutes les possibilités du programme sans, vous limiter à la seule condition nécessaire à une validation du sujet. C'est pourquoi d'ailleurs chaque grande partie explore la totalité du sujet.

> ✓ **LE MOT DU JURY (CCMP)**
> « Le développement comporte idéalement trois grandes parties (si un plan en deux grandes parties est possible, il parvient rarement à proposer un tour complet de la question, en dépassant l'aporie liée au débat entre la thèse et l'antithèse), elles-mêmes divisées en deux ou trois sous-parties. Ces parties et sous-parties doivent être visibles dès le premier coup d'œil de votre correcteur. »

En fin de compte, il faut considérer que le sujet pose un problème que le développement de la dissertation résout. Le développement est donc une démonstration cohérente qui conduit d'un problème posé en introduction à sa résolution présentée en conclusion.

## D. Rédaction de la dissertation

### 1. Un préalable indispensable : bien écrire

Une dissertation est entièrement rédigée, et ne comporte pas de titres ou de sous-titres destinés à mettre le plan en évidence : il faut donc maîtriser la langue française et les subtilités des termes liés au programme pour proposer un travail efficace. Par ailleurs, la calligraphie et l'orthographe comptent dans l'appréciation – un devoir agréable à lire et qui manie correctement la langue sera valorisé, alors qu'un devoir illisible, rempli d'erreurs d'orthographe, de syntaxe ou de lexique sera pénalisé (Voir « Les clés pour bien s'exprimer », p. 254).

> ✓ **LE MOT DU JURY (G2E)**
> « Maintenir un niveau de langue soutenu permet de gagner en précision pour cerner les notions […]. Veiller à la correction grammaticale, notamment la ponctuation qui en fait partie, permet de mieux maîtriser l'enchaînement logique des idées. »

### 2. L'introduction

L'introduction comporte des étapes quasi immuables qu'il convient de respecter : elle est une accroche qui doit mettre en valeur le développement à venir.

– L'amorce générale, très brève (deux à trois lignes) permet d'introduire le thème et la citation. Elle doit être précise, efficace, mais moins ancrée dans l'actualité éphémère présentée par les médias que dans une pensée globale liée aux concepts. Il est également inutile de remonter à une préhistoire mythique (« De tout temps, tous les hommes… »), de même qu'il est souvent peu judicieux de commenter une citation-prétexte uniquement destinée à valoriser votre culture générale.

– Accompagnée de sa source, la citation doit ensuite être intégralement reproduite, en une ou plusieurs étapes : recopiez-la sans en omettre aucun élément et proposez sa reformulation pour montrer au jury que vous avez compris de quoi il est question.

> ✓ **LE MOT DU JURY (CCMP)**
> « L'introduction est un moment très important du devoir. C'est elle qui donne sens et raison d'être à tout le développement. Elle a pour rôle de faire la jonction entre le sujet (la citation) et les œuvres. »

– La reformulation est suivie de la problématique, présentée sous forme de phrase affirmative ou sous la forme d'une question. Attention ici : de nombreux candidats aux concours ne savent pas construire une phrase interrogative indirecte. Entraînez-vous donc pour éviter les erreurs syntaxiques ou privilégiez la phrase interrogative directe, beaucoup plus simple à élaborer (Voir « Les clés pour bien s'exprimer », p. 254). Cela est d'autant plus important que la problématisation est une étape essentielle dans la dissertation.

— Il faut ensuite rappeler les œuvres au programme, dans l'ordre chronologique si vous vous contentez de les énumérer, ou dans un ordre logique si vous les accompagnez d'une brève proposition indiquant leur principale relation avec le sujet.

> **VERS LA RÉUSSITE : les étapes de l'introduction**
> Une amorce, le sujet et sa reformulation, une problématique, le rappel des œuvres et l'annonce des grandes parties du développement.

— L'introduction se termine par l'indispensable annonce du plan : de manière très claire, vous y indiquez les pistes que vous allez explorer, sans entrer toutefois dans le détail des sous-parties. Cette étape doit être affirmative : l'annonce de plan ne comporte pas de question.

## 3. La conclusion

La conclusion répond clairement au problème posé en introduction. Pour ce faire, elle reprend les résultats intermédiaires de la démonstration, sans résumer longuement le développement ni se contenter de reproduire les titres des grandes parties. Cette reprise s'achève par une ou deux phrases générales qui énoncent la réponse apportée par le programme à la question soulevée par le sujet.

> **VERS LA RÉUSSITE : la conclusion est un bilan**
> Comme un C.Q.F.D. mathématique, elle matérialise l'aboutissement de votre démonstration.

Autrement dit, la « conclusion doit permettre, après avoir dressé un bilan de la démonstration, de répondre à la problématique dégagée en introduction » (CCMP).

Notez qu'il est souvent utile de rédiger au brouillon la conclusion juste après l'introduction : ainsi, on évite les répétitions et surtout, on prépare le projet de résolution du problème posé. Lorsque la conclusion est rédigée avant la mise au propre, on peut en effet éviter les digressions dangereuses, et il est possible de mieux travailler ensuite la progression du propos dans le développement. Enfin, une conclusion rédigée à l'avance peut toujours être modifiée à la dernière minute, ou être recopiée très rapidement si le temps vient à manquer à la fin de l'épreuve.

## 4. Le développement

Le développement doit être bien rédigé et construit. Alliant étroitement les arguments et les exemples, une grande partie se présente généralement de la façon suivante :

— § 1 : une annonce rapide de l'axe développé (il n'est pas nécessaire d'annoncer les sous-parties) ;

> ✓ **LE MOT DU JURY (Centrale-Supélec)**
> « La rigueur doit régner également au sein des parties, qui ne sauraient en aucun cas développer des idées contradictoires, mêler thèse et antithèse. À leur échelle se reproduit une démarche argumentative ordonnée, à laquelle la distribution thématique des idées est rarement propice. Chaque paragraphe doit être clairement, explicitement rattaché au sujet, comme une étape de sa discussion. »

– § 2 : sous-partie 1 : un argument, un ensemble d'exemples exploités (tirés d'au moins deux œuvres), un bilan partiel ;

– § 3 : sous-partie 2 : transition avec la sous-partie précédente, puis construction identique au § 2 ;

– § 4 (s'il y a trois sous-parties) ;

– § final : un bilan intermédiaire qui facilitera la transition vers la grande partie suivante. Ce bilan, indispensable, utilise les mots du sujet et les relie à l'étape du problème que la grande partie vient de développer.

Chaque étape du développement doit être travaillée selon trois niveaux : elle doit être complète, elle doit permettre de faire progresser la réflexion à l'intérieur d'une grande partie, et elle doit faire référence au sujet que traite l'ensemble de la dissertation.

Les arguments proposés doivent être très précisément induits par le sujet et par le thème au programme. Pour ce qui est des exemples, il faut penser à confronter systématiquement les œuvres les unes aux autres. Autrement dit, chaque argument est suivi de références aux textes, constituées de citations ou du rappel d'un épisode précis : les citations « confèrent à la copie une indéniable valeur ajoutée, lorsqu'elles sont pertinentes, contextualisées et analysées pour êtres mises en rapport avec l'argument et le sujet » (A-BCPST). D'ailleurs, les citations comme les allusions doivent toujours être commentées afin de montrer comment elles servent l'argument. S'il n'est pas nécessaire de convoquer toutes les œuvres du programme pour chaque argument, il est en revanche utile de faire dialoguer les ouvrages aussi régulièrement que possible : par exemple, différentes manières de « faire croire » apparaissent dans les œuvres au programme, mais elles dépendent souvent d'un contexte : la portée idéologique de la persuasion n'est pas la même dans le cadre de l'histoire du XX$^e$ siècle et dans un roman épistolaire fictif de la fin du XVIII$^e$ siècle, de même que Lorenzo joue sa vie sur sa capacité à « faire croire », tandis que Merteuil et Valmont confrontent plutôt l'efficacité de leurs manigances. Autant dire qu'il faut recourir à des exemples extraits de deux œuvres au moins pour chaque argument. Et, corrélativement, « une copie ne doit jamais oublier d'articuler précisément et clairement l'exemple et l'argument » (X-ENS) : il s'agit de faire progresser le raisonnement d'un argument à l'autre, et non d'une œuvre à l'autre : chaque argument doit convoquer des œuvres différentes en montrant leur convergence relative, et il n'est pas question de consacrer un paragraphe à chaque œuvre.

De fait, le programme est à la fois riche et vaste : il faut choisir les exemples dans les œuvres recommandées, et non dans d'autres œuvres,

> ✓ **LE MOT DU JURY (CCMP)**
> « A la fin d'un paragraphe (argument + exemples analysés), n'hésitez pas à revenir à l'argument sous la forme d'un bilan, à retrouver des termes de la citation. Gardez en tête que votre dissertation est un dialogue entre un sujet donné et des œuvres étudiées. »

qu'elles soient des mêmes auteurs ou qu'elles soient issues de votre culture générale – il n'est pas attendu que vous fassiez des références à *Hamlet* de Shakespeare, à *Dom Juan* de Molière ou à la réflexion du XXI<sup>e</sup> siècle sur la post-vérité ou les *fake news* en politique et dans les médias. En outre, à Centrale, l'« argumentation doit obligatoirement reposer sur les œuvres du programme, prises comme cadre de la réflexion ; elle ne doit pas faire appel à d'autres références qui seraient, par définition, hors sujet. D'autre part, aucune œuvre ne doit être laissée de côté, chacune doit être prise en compte dans l'argumentation » : l'exercice ne consiste ni en une rédaction de culture générale ni en une accumulation d'opinions individuelles subjectives, mais en une circulation signifiante entre arguments et exemples au service d'une thèse.

> ✓ **LE MOT DU JURY (CCINP)**
> « La confrontation des œuvres entre elles est indispensable. Mais plutôt que de faire référence de façon systématique et fatalement allusive aux trois textes étudiés durant l'année, le candidat peut exploiter avec grande efficacité des couples ou paires d'œuvres dans chaque argument, pourvu que ces couples soient renouvelés de façon vivante et pertinente. Ainsi, une douzaine d'exemples sur l'ensemble de la copie pourraient nourrir la réflexion, pourvu que ces exemples soient réellement analysés, qu'ils étayent, expliquent, approfondissent l'argument ou l'idée. »

Enfin, les grandes parties doivent s'enchaîner logiquement : elles constituent des étapes successives de la résolution du problème, et doivent par conséquent approfondir progressivement la réflexion pour aboutir à une conclusion précise et définitive. Il faut donc soigner la rigueur des enchaînements logiques et valider chaque idée par un retour systématique au sujet. De même, le bilan d'une grande partie gagne à être formulé à l'aide de la citation-sujet – vous montrez ainsi que vous êtes *en train de* résoudre le problème posé.

> **VERS LA RÉUSSITE : un sujet, un programme, des œuvres**
> La parfaite connaissance du contenu des œuvres et votre aisance à circuler d'un ouvrage à l'autre en établissant des liens signifiants en fonction du thème au programme sont les préalables indispensables à la réflexion déployée dans la dissertation.

## IV. PRÉPARER LES ÉPREUVES DE L'ORAL

De nombreux concours ne proposent pas d'oral de « français ». Toutefois, au-delà de certaines épreuves spécifiques qui s'appuient notamment sur des entretiens de motivation construits à partir de dossiers, on peut considérer globalement trois formes d'épreuves que vous pouvez rencontrer et qu'il faut avoir préparées durant les deux années de CPGE pour espérer les réussir convenablement.

# Les clés pour bien s'exprimer à l'oral

## Présentation

– Apprendre à se tenir convenablement (posture dynamique mais pas désinvolte).
– Travailler l'élocution : il faut communiquer avec le jury, être compris et convaincant, mais pas théâtral.
– Choisir une expression adaptée : un lexique courant, mais très précis, des mots et des constructions maîtrisés.
– Comprendre l'enjeu de l'oral : loin d'être un monologue ou une pensée intérieure, l'exposé sert de support à un dialogue entre l'examinateur et le candidat.

## Contenu

– Expliquer : penser à donner des définitions, des exemples précis et complets, et à proposer des bilans intermédiaires réguliers.
– Démontrer : rappeler les observations, les hypothèses ; présenter des preuves précises, complètes, qui s'appuient sur des connaissances de qualité (une plateforme médiatique ne vaut pas un article scientifique).
– Structurer : toujours introduire et toujours conclure un propos (l'annonce et le bilan sont indispensables).
– Échanger : répondre simplement et complètement aux questions. Il n'y a pas toujours de bonne ou de mauvaise réponse – le jury juge surtout votre aptitude à penser, à expliquer, à proposer.

## A. Concours Mines-Télécom

D'une durée totale de 25 minutes, cette épreuve, qui mesure « les motivations et compétences pour le métier d'ingénieur » des candidats,

✓ **LE MOT DU JURY (Mines-Télécom)**
« Le jury appréciera particulièrement l'authenticité du candidat, sa spontanéité et sa force de conviction. »

enchaîne deux exercices : d'abord, le candidat examine 2 « cartes » iconographiques (3 minutes de préparation puis 3 minutes d'exposé) : il s'agit d'évaluer « les possibilités qu'une technologie spécifique [1ère carte] peut offrir afin de répondre [...] à un grand enjeu du monde contemporain [2e carte] ». La suite de l'entretien (19 minutes) permet au candidat de développer ses idées et d'évoquer « son parcours, ses centres d'intérêt, ses projets professionnels ».

## B. Concours commun Mines-Ponts

L'épreuve est composée d'environ 30 minutes de préparation et 30 minutes de passage : ce passage comporte 5 à 7/8 minutes pour l'analyse, 12 à 15 minutes pour le commentaire (afin d'atteindre environ 20 minutes d'exposé) et environ 10 minutes d'entretien.

Vous construirez votre exposé à partir d'un texte d'idées récent (postérieur à 1950) de 650 à 750 mots : il s'agit non seulement d'en présenter le contenu par le biais d'une reformulation habile, mais surtout d'en matérialiser la structure et la progression. Comme le souligne le jury, il faut « dégager les moyens qui dans le texte permettent à l'auteur de défendre sa position, de soutenir un point de vue, d'initier une réflexion, ou de soulever un débat. Le candidat devra néanmoins rester neutre et rendre compte de la pensée d'autrui sans la juger. »

Puis, dans un deuxième moment, il faut extraire l'un des thèmes essentiels du texte (qu'il s'agisse d'une phrase saillante ou d'une idée structurante), le problématiser, et construire pour proposer sa résolution une démonstration sous la forme d'un « commentaire personnel » (ou « développement per-

✓ **LE MOT DU JURY (Mines-Ponts)**
« Pour penser par soi-même, il faut savoir s'appuyer sur la pensée des autres. Les références culturelles nombreuses et variées permettent de ne pas rester prisonnier de l'actualité ou de préjugés, de donner de la profondeur à sa réflexion, de mettre en perspective les positions des uns et des autres. »

sonnel ») qui tient de la dissertation : une progression en deux ou préférentiellement trois parties dynamiques permet alors de résoudre le problème posé en introduction et de compléter ainsi la réflexion initiée par le texte. Les exemples peuvent quant à eux être issus de l'actualité, mais il est nécessaire de choisir également plusieurs exemples culturels, à présenter précisément et à exploiter judicieusement. L'élaboration d'une conclusion est ensuite essentielle pour préciser l'aboutissement auquel la réflexion est parvenue.

Enfin, un entretien d'une dizaine de minutes permet au jury d'apprécier la justesse de l'argumentation, en invitant le candidat à préciser sa pensée ou à la poursuivre en l'approfondissant.

## C. Concours X (Polytechnique) et ESPCI

La durée de l'épreuve est répartie en une préparation de 45 minutes et un passage d'une trentaine de minutes (2 à 3 minutes pour le résumé, 12 à 13 minutes pour la réflexion articulée et 10 à 15 minutes pour l'entretien).

Le candidat doit d'abord procéder au résumé d'un texte d'une page, issu d'époques extrêmement variées, de l'Antiquité à nos jours, et posant des réflexions sur la littérature, la philosophie, la science, l'économie, la sociologie… Ce texte en prose est choisi pour « sa capacité de provoquer la réflexion », comme le rappellent les rapports du jury. Le résumé à construire (pensez à le rédiger autant que possible au brouillon !) adopte les codes du résumé de l'écrit (voir *supra*, II), dure entre deux et trois minutes, et reproduit la pensée de l'auteur en conservant les particularités de son énonciation. Il est précédé d'une brève introduction de moins d'une minute, visant à rappeler le nom de l'auteur ou de l'autrice, la source du texte, son thème et ses enjeux ainsi que certaines particularités de ton ou de construction.

Ensuite, le candidat présente une réflexion articulée en une douzaine de minutes (1 minute pour l'introduction, 3 minutes pour chaque partie, 1 minute pour la conclusion), sous la forme d'une brève dissertation orale qui prend

> ✓ **LE MOT DU JURY (X/Polytechnique)**
> « Les meilleures notes ont […] pu saluer des résumés fidèles au texte mais finement reformulés, ainsi que des réflexions structurées et nourries de références pertinentes, ayant fait l'objet d'une réelle appropriation, réflexions qui débouchaient enfin sur des véritables échanges. »

appui sur les thèmes essentiels du texte (qu'il s'agisse d'une phrase particulièrement importante ou d'un thème aisément identifiable), problématise cette pensée puis résout ce problème posé dans le cadre d'un plan dialectique et rigoureux : les exemples doivent y servir judicieusement les arguments, et doivent rapidement dépasser les simples références à une actualité contingente – cette épreuve valorise en effet non seulement la capacité d'organiser sa pensée, mais également la culture du candidat, puisque les exemples à exploiter doivent être essentiellement culturels : il faut montrer que les connaissances permettent de renforcer la solidité et l'efficacité de l'argumentation. Notez que, comme dans le cadre de l'oral Mines-Ponts, les exemples issus des programmes sont absolument prohibés (donc, en 2024, vous ne construirez pas d'arguments importants autour de « faire croire », du « travail », ou de « l'enfance ».) De même vous ne vous référerez pas aux ouvrages et aux auteurs de ces différents programmes.

Enfin, la dernière phase de cette épreuve consiste en un entretien au cours duquel le candidat est appelé à préciser et à développer sa compréhension du texte résumé ainsi que sa démarche dissertative.

## D. Quelle préparation pour les oraux ?

Outre le travail que vous effectuez avec vos professeurs durant les deux années de CPGE, il est judicieux de poursuivre votre formation culturelle personnelle : documentez-vous très régulièrement sur l'actualité, nationale et internationale, générale mais aussi scientifique et technique, lisez le plus possible d'ouvrages variés ou d'articles de revues (on trouve aujourd'hui sur Internet des articles signés par des universitaires et des spécialistes renommés), intéressez-vous au monde dans lequel vous vivez, aux idées qui circulent, aux innovations de tous ordres, et pensez à conserver vos cours d'histoire, de français et de philosophie du lycée pour vous les approprier. Face au flux d'informations dont vous êtes les destinataires au quotidien, interrogez-vous sur la valeur de la pensée, apprenez à construire des réflexions qui se dégagent des banalités et des opinions communes, dépassez les simples points de vue qui se contentent de suivre les idées générales ou de les combattre sans arrière-plan, et fuyez le prêt-à-penser des réseaux sociaux qui ne s'appuient que sur la subjectivité de communications peu fiables. Il s'agit finalement d'apprendre à prendre position de façon raisonnée et consciente face à ce monde dans lequel vous allez vous épanouir dans l'ingénierie ou la recherche : si vous vous impliquez dans l'acquisition de vos connaissances et si vous circulez aisément dans ce que le monde vous offre, vous aurez à votre portée les atouts de la réussite.

# SIXIÈME PARTIE

## Corrigés de dissertations et de résumés

*par Henri Portal*

# I. Dissertation rédigée

*[Le plan, les titres ainsi que les éléments entre crochets n'apparaissent que pour indiquer les différentes étapes de la rédaction du devoir : ils ne doivent pas figurer dans une copie.]*

### Sujet 1

« Comment s'y prendra donc ce conteur-ci pour vous tromper ? Le voici : il parsèmera son récit de petites circonstances si liées à la chose, de traits si simples, si naturels, et toutefois si difficiles à imaginer, que vous serez forcé de vous dire en vous-même : Ma foi, cela est vrai ; on n'invente pas ces choses-là. » (Denis Diderot, *Les Deux Amis de Bourbonne*, dans *Contes et Romans*, éd. Michel Delon, Gallimard, « Bibliothèque de la Pléiade », 2004, p. 449).

Dans quelle mesure votre lecture des œuvres au programme éclaire-t-elle ce propos ?

## Plan

**I. Le succès de la tromperie repose d'abord sur le talent intrinsèque du trompeur**
  a. Le trompeur s'appuie sur sa parole pour nous faire croire à sa fable
  b. Le trompeur se comporte aussi comme un dramaturge pour rendre son propos vraisemblable
  c. Le trompeur est un conteur en mesure de nous faire croire en son récit

**II. Néanmoins, le succès de la tromperie implique aussi une participation de la part du trompé**
  a. Le trompé a au départ le désir de l'être
  b. Le trompé tend même à s'aveugler lui-même
  c. Le trompé a sans doute intérêt à se laisser envoûter par le trompeur

**III. La complexité du phénomène de tromperie empêche de distinguer clairement le trompeur du trompé**
  a. La tromperie suppose toujours une forme d'autopersuasion chez le trompeur
  b. La tromperie suppose donc une collaboration du trompeur et du trompé
  c. La tromperie, pour être comprise, nous oblige à envisager la complexité des situations dans lesquelles elle s'opère

## Introduction

*[Amorce.]* Dans le Livre X de *La République*, Platon opère une critique vigoureuse de la représentation artistique, coupable à ses yeux de contribuer à notre égarement. À la différence des philosophes, les artistes élaborent une image fallacieuse de la réalité qui nous détourne du chemin de la vérité.

*[Citation du sujet.]* En s'exprimant en ces termes, le philosophe grec rejoint ceux de Denis Diderot, qui, à la fin des *Deux Amis de Bourbonne*, définit l'art du conteur comme celui du trompeur, nous invitant dans cette perspective à réfléchir plus largement à la question de l'illusion et de la manipulation : « Comment s'y prendra donc ce conteur-ci pour vous tromper ? Le voici : il parsèmera son récit de petites circonstances si liées à la chose, de traits si simples, si naturels, et toutefois si difficiles à imaginer, que vous serez forcé de vous dire en vous-même : Ma foi, cela est vrai ; on n'invente pas ces choses-là. »

*[Analyse des termes du sujet.]* Selon Diderot, la tromperie repose essentiellement sur le talent du trompeur qui, conscient des attentes de sa victime, élabore une illusion susceptible de déjouer sa résistance. S'agissant du conteur, ce dernier peut tout particulièrement compter sur la mobilisation de détails, « de traits si simples, si naturels, et toutefois si difficiles à imaginer », qui ont pour fonction de garantir la solidité et la crédibilité du mensonge. Le recours au verbe « forcer » n'est en ce sens nullement anodin ; il permet à Diderot de définir la duperie comme un processus qui, entraînant nécessairement l'adhésion, empêche le dupé de faire un usage éclairé de sa liberté et l'oblige à croire en la fiction que lui présente le trompeur. *[Problématisation.]* C'est pourquoi on peut s'interroger sur le rôle exact du manipulé. Si Diderot insiste à raison sur les dons du manipulateur, la tromperie apparaît sans doute comme un phénomène plus complexe qui ne saurait avoir lieu sans la participation du trompé.

*[Problématique.]* L'art du trompeur n'implique-t-il pas aussi la participation, même inconsciente, du trompé ?

*[Rappel des œuvres au programme.]* En nous appuyant sur *Les Liaisons dangereuses* de Laclos, sur *Lorenzaccio* d'Alfred de Musset, sur *Vérité et politique* et sur *Du mensonge en politique* d'Hannah Arendt, *[Annonce du plan. Première partie.]* nous verrons tout d'abord que, certes, le succès de la tromperie repose sur les talents intrinsèques du trompeur, *[Deuxième partie.]* mais qu'il implique également la participation du trompé. *[Troisième partie.]* Nous montrerons alors que la tromperie s'apparente à un processus ambigu dans lequel les rôles de trompeur et trompé sont difficilement discernables.

## [I. LE SUCCÈS DE LA TROMPERIE REPOSE D'ABORD SUR LE TALENT INTRINSÈQUE DU TROMPEUR]

*[Rappel de la partie I.]* À première vue, il semblerait que l'analyse de Diderot trouve aisément confirmation. La tromperie suppose d'abord un manipulateur capable de rendre ses mensonges crédibles.

### *[a. Le trompeur s'appuie sur sa parole pour nous faire croire à sa fable]*

*[Argument 1.]* Comme le conteur diderotien, le trompeur s'appuie d'abord sur la parole pour susciter l'adhésion de sa victime. *[Exemple 1.]* Dans *Les Liaisons dangereuses*, Valmont fait croire en la fiction de sa conversion lorsqu'il écrit au père Anselme pour que ce dernier lui obtienne un rendez-vous auprès de la présidente de Tourvel. En s'appuyant sur un vocabulaire pieux, le vicomte reconnaît avec de visibles remords ses « longs égarements », et souhaite s'orienter « dans un sentier nouveau » (lettre CXX, p. 386). Or, la suite de l'intrigue suffit à indiquer que ce discours n'a pour unique objectif que celui de lui assurer la conquête de la belle dévote. *[Exemple 2.]* Lorenzo, dans la pièce de Musset, n'agit pas différemment. Soucieux de se présenter au duc Alexandre sous l'aspect d'un débauché voluptueux, il élabore au début de la pièce un tableau saisissant de la corruption de l'innocence. L'éloquence avec laquelle il développe son propos semble aisément traduire le plaisir qu'il prendrait à « [v]oir dans un enfant de quinze ans la rouée à venir » et à « infiltrer paternellement le filon mystérieux du vice » (I, 1, p. 28). La crédulité d'Alexandre révèle bien l'efficacité du stratagème de Lorenzo. *[Exemple 3.]* Cette entreprise de manipulation permet de vérifier l'analyse d'Hannah Arendt qui, dans *Du mensonge en politique*, souligne la force paradoxale de la parole mensongère. Le mensonge apparaît « souvent plus plausible, plus tentant pour la raison que la réalité » (p. 16). Le trompeur sait d'avance ce que son auditoire s'attend à entendre. Pour cette raison, « [s]a version a été préparée à l'intention du public, en s'attachant tout particulièrement à la crédibilité » (*ibid.*), à la différence de la réalité qui « nous me[t] en présence de l'inattendu, auquel nous n'étions nullement préparés » (*ibid.*).

### *[b. Le trompeur se comporte aussi comme un dramaturge pour rendre son propos vraisemblable]*

*[Argument 2.]* En outre, pour se rendre maître de notre imagination, le trompeur est libre de se comporter comme un véritable dramaturge, qui, mobilisant de « petites circonstances », ou des « traits si simples, si naturels », saura se jouer de notre esprit critique. *[Exemple 1.]* Lorenzo se présente clairement comme un homme de théâtre. Il veille par exemple à se mettre en scène sous les apparences d'un homme chétif, feignant de s'évanouir à la vue d'une

épée tirée du fourreau (I, 4, p. 52). De même, dans la seconde partie de la pièce, il organise le meurtre du duc avec son valet Scoronconcolo comme un dramaturge qui prépare une représentation théâtrale (III, 1, p. 110). Les deux hommes ont pris l'habitude de s'entraîner aux armes ; si bien que lors du meurtre les voisins ne sont pas surpris d'entendre des cris. Lorenzo le rappelle d'ailleurs à son complice, et partant au spectateur : « Ne te souviens-tu pas qu'ils sont habitués à notre tapage ? » (IV, 11, p. 182). *[Exemple 2.]* Proches du héros de Musset sur ce point, Valmont et Merteuil agissent eux aussi comme de véritables dramaturges. Pour séduire la présidente de Tourvel, le premier n'hésite pas à élaborer une scène émouvante dans laquelle il porte secours à une famille de paysans dans le besoin. Après avoir remarqué que la belle dévote a demandé à un valet de le suivre, le vicomte se présente sous l'aspect du « héros d'un drame, dans la scène de dénouement » (lettre XXI, p. 120), espérant ainsi séduire le bon cœur de la jeune femme. On notera à cet égard que le libertin, fidèle aux remarques de Diderot, sait se rendre attentif aux détails. Par exemple, il s'assure qu'il n'y a « dans cette maison, aucune fille ou femme dont l'âge ou la figure pu[i]ssent rendre [s]on action suspecte » (*ibid.*, p. 118). *[Exemple 3.]* Cette dramaturgie, selon Hannah Arendt, prend néanmoins une ampleur particulière dans le cadre de la « manipulation de masse » (*Vérité et politique*, p. 320-321). La philosophe différencie « le mensonge politique traditionnel » et « les mensonges politiques modernes » : le premier porte sur « des données qui n'avaient jamais été rendues publiques », alors que les seconds ont des répercussions sur des faits connus de tous. Le développement des « techniques modernes » et des « mass media » a pour conséquence de faire émerger « la fabrication d'images de toutes sortes » où « tout fait connu et établi peut être nié et négligé s'il est susceptible de porter atteinte à l'image » (*ibid.*).

## [c. Le trompeur est un conteur en mesure de nous faire croire en son récit]

*[Argument 3.]* C'est pourquoi, conformément à l'analyse de Diderot, le trompeur est comparable à un conteur capable d'imposer sa version des faits. *[Exemple 1.]* L'étude des documents du Pentagone permet ainsi à Hannah Arendt de montrer que les préoccupations derrière l'intervention au Vietnam portaient essentiellement sur la conservation de l'image des États-Unis. Il s'agissait en effet de construire un récit dans lequel les États-Unis faisaient figure d'un « bon médecin », soucieux de se comporter « comme la plus grande puissance du monde » (*Du mensonge en politique*, p. 29). Le Vietnam apparaissait alors comme une occasion idéale pour tester « la capacité des États-Unis à aider une nation à affronter une guerre communiste de "libération" » (*ibid.*). *[Exemple 2.]* Les libertins de Laclos, de leur côté, se plaisent à rapporter les faits sur le mode d'une héroïsation ironique. Par exemple, Merteuil s'amuse à détourner les codes du roman de chevalerie et à faire de Valmont son « fidèle chevalier » (lettre II, p. 81). Mais cette réécriture romanesque des événements

est parfois plus difficilement discernable. Ainsi, lorsque le vicomte raconte comment il a su résister aux charmes de la chambrière de la présidente de Tourvel, il ne manque pas de vanter son « sang-froid » qui « eût fait honneur à la continence de Scipion » (lettre XLIV, p. 171). Mais en s'empressant quelques pages plus loin de passer la nuit avec une ancienne maîtresse (lettre XLVII, p. 178-179), le libertin laisse penser qu'il n'est sans doute pas aussi stoïque qu'il le prétend. *[Exemple 3.]* La marquise Cibo, dans la pièce de Musset, vérifie à ses dépens l'importance de s'inspirer des talents du conteur. En effet, ses grands discours républicains sont incapables de capter l'attention d'Alexandre, davantage intéressé par la beauté de la jeune femme (« Tu as une jolie jambe », III, 6, p. 142). Nulle raison de s'étonner si son beau-frère, le cardinal Cibo, lui conseille de s'inspirer d'un auteur de fiction, l'Arétin, et de délaisser ses accents déclamatoires pour « [se] glisser dans l'alcôve du duc » (IV, 4, p. 160). Car, pour séduire sa victime, le manipulateur, comme le suggère l'usage du verbe « glisser », doit se montrer subtil, insinuant, exactement comme un conteur sait se rendre maître de son auditoire.

*[Conclusion partielle.]* La manipulation trouve sa force dans les talents du trompeur, qui, à la manière du conteur de Diderot, doit s'efforcer de rendre ses ruses et ses mensonges convaincants. *[Connecteur et annonce de la partie II.]* Toutefois, il semblerait que la tromperie ne puisse réussir que dans la mesure où le trompé est amené à participer à la mystification.

## [II. Néanmoins, le succès de la tromperie implique aussi une participation de la part du trompé]

### *[a. Le trompé a au départ le désir de l'être]*

*[Argument 1.]* Le dupé éprouve sans doute un désir, même inconscient, de se laisser manipuler par le trompeur, contrairement à ce que laisse entendre Diderot. *[Exemple 1.]* Ainsi, lorsque Merteuil veut empêcher Mme de Volanges de se rapprocher de sa fille à l'occasion du dévoilement des lettres, la marquise reconnaît d'elle-même qu'elle n'a pratiquement rien eu à faire, sinon laisser la mère de famille prendre d'elle-même le rôle correspondant aux attentes de la manipulatrice, comme si Mme de Volanges contribuait inconsciemment aux abus de sa fille : « Par bonheur, elle s'est armée de sévérité ; elle s'est enfin si mal conduite, que je n'ai eu qu'à applaudir » (lettre LXIII, p. 211). *[Exemple 2.]* Dans *Lorenzaccio*, le duc n'est sans doute pas si différent. Il semble en effet difficile de penser que personne n'a pu soupçonner le stratagème de Lorenzo. Des voix, notamment celle du cardinal Cibo, s'élèvent à ce titre pour prévenir Alexandre (I, 4, p. 49). Mais ce dernier ne veut rien entendre. Le dramaturge, dès la première réplique, semble en fait suggérer que le caractère pusillanime du duc (« Qu'elle se fasse

attendre encore un quart d'heure, et je m'en vais », I, 1, p. 27) explique sa crédulité et son aveuglement à l'égard de Lorenzo. Ce dernier garantit à Alexandre des plaisirs qu'il serait sans doute trop lâche pour se procurer lui-même. *[Exemple 3.]* Quant à Hannah Arendt, elle va même jusqu'à estimer que la présence d'un manipulateur n'est pas forcément nécessaire. S'interrogeant sur l'ignorance du personnel de la Maison-Blanche à l'égard des documents du Pentagone, elle ne pense pas « que quelqu'un ait voulu ainsi délibérément les abuser » (*Du mensonge en politique*, p. 47). Au contraire, écrit-elle, ce sont simplement « leurs conditions de travail et leurs habitudes de pensée [qui] ne leur laiss[ent] ni le temps, ni le désir de rechercher quelques faits utilisables parmi des montagnes de documents » (*ibid.*).

### [b. Le trompé tend même à s'aveugler lui-même]

*[Argument 2.]* Le crédule, afin de croire en la fable du manipulateur et de se dire qu'« on n'invente pas ces choses-là », doit pour cette raison consentir à s'aveugler lui-même. *[Exemple 1.]* Le duc refuse effectivement de voir l'évidence au sujet de Lorenzo. Lorsque ce dernier subtilise la cotte de mailles pour rendre vulnérable sa victime, la manœuvre est facile à éventer. Mais Alexandre croit plutôt en l'étourderie de son compagnon qui a sans doute égaré l'habit de protection « selon sa louable coutume de paresseux » (II, 6, p. 104). Certes, le trompeur détourne l'attention de sa future victime en faisant miroiter la venue de Catherine, « [s]a chère tante » (*ibid.*, p. 105-106). Néanmoins, la ruse, somme toute assez grossière, n'aurait pu réussir sans la complaisance d'Alexandre qui refuse de voir Lorenzo autrement que comme son favori. *[Exemple 2.]* Cet aveuglement de soi apparaît aussi comme un thème important chez Hannah Arendt. S'intéressant aux méthodes des anciennes générations, la philosophe estime qu'elles sont particulièrement efficaces « pour protéger des réalités les responsables et pour ruiner l'aptitude de l'esprit à juger et à apprendre » (*Du mensonge en politique*, p. 59). La tendance à comparer perpétuellement l'événement présent à un événement passé est ainsi particulièrement préjudiciable. Elle amène les stratèges états-uniens à tout examiner à l'aune d'un imaginaire issu de la Seconde Guerre mondiale. Selon le parallèle établi entre les politiques stalinienne et hitlérienne, « tout geste de conciliation ne pouvait être qu'un "second Munich" » (*ibid.*). La réalité tend ainsi à n'être plus envisagée dans sa singularité, mais uniquement à travers le biais déformant du passé qui occulte les événements présents. *[Exemple 3.]* Les ruses et stratagèmes de Merteuil s'appuient sur des dispositifs comparables. Lorsqu'elle fait le récit de son entrée dans le monde, la marquise explique « qu'on [la] croyait étourdie ou distraite » (lettre LXXXI, p. 263), ce qui lui a permis de développer ses talents d'observatrice. La discrétion avec laquelle elle agit repose essentiellement sur un préjugé, et donc sur un aveuglement de la société mondaine,

qui, associant les femmes « au silence et à l'inaction », leur laisse en réalité de la latitude pour agir en secret (*ibid.*).

### [c. Le trompé a sans doute intérêt à se laisser envoûter par le trompeur]

[*Argument 3.*] Le trompé trouve des avantages à se laisser abuser par le trompeur. [*Exemple 1.*] On peut citer cette formule de Valmont au sujet de la présidente de Tourvel : « Toute sa lettre annonce le désir d'être trompée » (lettre LXX, p. 227). En effet, il est difficile de ne pas se rendre compte que la présidente tombe dès le début du roman sous le charme du libertin : « Je ne le connaissais que de réputation, et elle me faisait peu désirer de le connaître davantage : mais il me semble qu'il vaut mieux qu'elle » (lettre VIII, p. 95). Lorsque la jeune femme accepte de revoir le vicomte au moment de sa prétendue conversion, tout indique qu'elle se laisse volontiers duper par sa tartufferie en raison de la passion qu'elle nourrit à son égard. Sa lettre à ce sujet fait davantage penser à celle d'une amante malheureuse qu'à celle d'une chrétienne se félicitant de la conversion d'une brebis égarée : « Enfin, je le verrai s'éloigner... s'éloigner pour jamais, et mes regards qui le suivront, ne verront pas les siens se retourner sur moi ! » (lettre CXXIV, p. 395). [*Exemple 2.*] Cette analyse trouve un écho éclairant sous la plume d'Hannah Arendt, qui explique que le mensonge rencontre plus souvent que la vérité une oreille complaisante. En effet, la parole fausse est pensée pour s'accommoder aux « espérances » du manipulé, alors que la réalité, indifférente à notre volonté, a souvent pour conséquence de « dérange[r] l'intérêt et le plaisir » (*Vérité et politique*, p. 320). On conçoit dès lors que le manipulé se refuse parfois à prêter attention à ce qui pourrait le sortir de son aveuglement. [*Exemple 3.*] La pièce de Musset illustre cette observation. Lorsque Lorenzo est sur le point d'assassiner Alexandre, il ne manque pas de prévenir les familles florentines, mais en vain : « Tu veux tuer le duc, toi ? Allons donc ! tu as un coup de vin dans la tête » (IV, 7, p. 171). Quoique explicable par la réputation sulfureuse de Lorenzaccio, une telle cécité trouve peut-être aussi son origine dans une certaine paresse politique. Les ennemis d'Alexandre préfèrent s'en « retourn[er] à leurs dîners, à leurs cornets et à leurs femmes » (V, 2, p. 192), plutôt que de profiter du geste héroïque de Lorenzo pour libérer Florence.

[*Conclusion partielle.*] La duperie implique fréquemment la participation du dupé qui, pour différentes raisons, consent à se laisser abuser et à croire en la fiction que lui présente le trompeur. [*Transition et annonce de la partie III.*] C'est pourquoi la tromperie, à la différence de la conception que semble s'en faire Diderot, s'apparente à un phénomène ambigu dans lequel trompeur et trompé ne sont pas toujours aisés à distinguer.

## [III. LA COMPLEXITÉ DU PHÉNOMÈNE DE TROMPERIE EMPÊCHE DE DISTINGUER CLAIREMENT LE TROMPEUR DU TROMPÉ]

*[a. La tromperie suppose toujours une forme d'autopersuasion chez le trompeur]*

*[Argument 1.]* Loin d'apparaître uniquement comme un habile conteur conscient de son mensonge, le trompeur est en fait obligé de croire lui-même en sa fable pour la rendre convaincante, et donc d'occuper le rôle du trompé. *[Exemple 1.]* C'est le sens de l'analyse que mène Hannah Arendt dans *Vérité et politique*. Estimant difficile de « mentir aux autres sans se mentir à soi-même » (p. 323), l'autrice illustre son propos en s'appuyant sur une parabole. Une sentinelle, « homme enclin aux mauvaises plaisanteries », s'amuse à effrayer les habitants d'une ville en sonnant l'alarme sans aucune raison. La farce connaît « un succès foudroyant » ; toute la population affolée se précipite sur les remparts pour voir d'où vient l'ennemi, y compris la sentinelle, victime elle aussi de son propre mensonge. Arendt en conclut que « plus un menteur réussit, plus il est vraisemblable qu'il sera victime de ses propres inventions » (*ibid.*). *[Exemple 2.]* Cette anecdote n'est pas sans rappeler le destin mélancolique de Lorenzo, dont le masque plus vrai que nature a permis d'endormir la méfiance d'Alexandre et de l'assassiner. Néanmoins, il semblerait qu'il ait pris goût à cette existence de débauche, comme il le confesse lui-même à Philippe Strozzi : « J'aime encore le vin et les femmes » (V, 7, p. 205). Le personnage n'a pu jouer son rôle de façon si convaincante que dans la mesure où il a laissé « [l]e Vice, comme la robe de Déjanire, [...] [s']incorpore[r] à [s]es fibres » (IV, 5, p. 166) et le corrompre. La comparaison mythologique vient souligner la façon dont Lorenzo et Lorenzaccio ont fini par ne former plus qu'un. *[Exemple 3.]* Valmont, dans *Les Liaisons dangereuses*, a parfois des accents de sincérité qui le rendent d'autant plus convaincant. Par exemple, lorsqu'il vient en aide à la famille de paysans, il semble profondément ému par leur reconnaissance, s'étonnant lui-même « du plaisir qu'on éprouve en faisant le bien » (lettre XXI, p. 120), quand bien même c'est la découverte d'une nouvelle source de plaisirs qui l'émeut ici plus que le sort de ces pauvres gens. Mais c'est surtout lorsqu'il parvient enfin à l'emporter sur le cœur de la présidente de Tourvel qu'il paraît le plus authentiquement ému, à la grande colère de Merteuil. En racontant qu'il « tomb[e] à ses genoux, pour lui jurer un amour éternel » (lettre CXXV, p. 408), il n'apparaît pas comme un comédien cynique, mais comme lui-même envahi par l'émotion : « il faut tout avouer, je pensais ce que je disais » (*ibid.*).

*[b. La tromperie suppose donc une collaboration du trompeur et du trompé]*

*[Argument 2.]* Le trompeur et le trompé, contrairement à ce qu'on supposerait, se trouvent liés par une forme paradoxale de complicité. *[Exemple 1.]*

Par exemple, dans le roman de Laclos, lorsque la marquise expose à Valmont ses talents de manipulatrice, elle n'hésite pas à expliquer qu'elle a su rendre le parti dévot complice de ses actions libertines, en comptant sur l'aveuglement de celui-ci pour pouvoir agir en toute impunité : « Ces reconnaissantes duègnes s'établirent mes apologistes ; et leur zèle aveugle, pour ce qu'elles appelaient leur ouvrage, fut porté au point qu'au moindre propos qu'on se permettait sur moi, tout le parti prude criait au scandale et à l'injure » (lettre LXXXI, p. 267-268). *[Exemple 2.]* La mort d'Alexandre, dans l'œuvre de Musset, se distingue par son caractère fortement ambigu. Déjà complaisant envers le mensonge peu vraisemblable de son compagnon justifiant son départ (« Pour aller voir mon frère, qui est très malade », IV, 11, p. 180), le duc ne semble en effet guère surpris lorsqu'il constate que son assassin n'est autre que Lorenzo : « C'est toi, Renzo ? » (*ibid.*, p. 181). Quant à la scène de meurtre elle-même, elle s'apparente à une véritable nuit de noces, où les deux hommes apparaissent liés par une étrange complicité amoureuse. D'abord, la mort du duc réunit les deux hommes dans un même lit ; ensuite, Lorenzo compare la morsure à son doigt que lui a laissée Alexandre à une alliance de mariage, expliquant qu'il gardera « jusqu'à la mort cette bague sanglante » (*ibid.*). La symbolique nuptiale permet ainsi à l'auteur de suggérer le lien qui unit trompeur et trompé. *[Exemple 3.]* Les analyses d'Arendt nous permettent de retrouver ce mécanisme à une autre échelle. Traditionnellement, le mensonge politique visait d'abord à duper un ennemi extérieur. À l'époque moderne, la tromperie, soutenue par des techniques de communication inspirées « des méthodes de Madison Avenue » (*Vérité et politique*, p. 325), a davantage tendance à favoriser des phénomènes d'illusion collective autoentretenus. La philosophe explique alors que « [l]'effort principal à la fois du groupe trompé et des trompeurs eux-mêmes visera à la conservation intacte de l'image de propagande » (*ibid.*).

*[c. La tromperie, pour être comprise, nous oblige à envisager la complexité des situations dans lesquelles elle s'opère]*

*[Argument 3.]* Le phénomène de tromperie ne saurait donc être envisagé de façon schématique ; il suppose de prendre en compte la complexité inhérente à toute réalité humaine. *[Exemple 1.]* Hannah Arendt, par exemple, ne manque pas de faire la critique des experts. Habitués à fonder leurs observations « sur une vérité purement rationnelle et mathématique » (*Du mensonge en politique*, p. 55), ils ont eu tendance à se fourvoyer, « parce qu'ils s'étaient fiés aux facultés calculatrices de la pensée au détriment de l'aptitude de l'esprit à profiter des enseignements de l'expérience » (*ibid.*, p. 58). À l'inverse, la philosophe, à partir d'un examen attentif de la documentation à sa disposition, cherche à élaborer une analyse qui rende justice à la complexité de la tromperie. *[Exemple 2.]* Ce souci se manifeste également chez nos deux auteurs de fiction, qui nous invitent à poser un regard attentif sur

le processus de manipulation. D'une part, l'issue des *Liaisons dangereuses* semble morale. La cruelle Merteuil perd sa fortune, et se trouve mise au ban de la société aristocratique (lettre CLXXIII, p. 508). Mais les dernières paroles de Mme de Volanges empêchent le lecteur d'applaudir à cette condamnation univoque de la marquise : « Je vois bien dans tout cela les méchants punis ; mais je n'y trouve nulle consolation pour leurs malheureuses victimes » (*ibid.*, p. 509). Le romancier semble souligner l'hypocrisie de la société aristocratique : l'indignation avec laquelle celle-ci réprouve fermement la scélérate ne doit pas faire oublier la complaisance avec laquelle elle s'était laissé aveugler sur ses agissements. *[Exemple 3.]* D'autre part, Musset nous enjoint lui aussi à adopter un point de vue subtil sur l'aveuglement dont font preuve les différentes familles florentines au sujet de l'entreprise de Lorenzo. Lorsque, à la fin de la pièce, le personnage principal déplore de n'avoir pas été suivi, Philippe n'a pas tort de lui faire remarquer qu'il aurait pu « sorti[r] la tête du duc à la main » : « Le peuple [l]'aurait suivi comme son sauveur et son chef » (V, 2, p. 193). En réalité, tout indique que le geste de Lorenzo a d'abord une teneur individuelle. Si les grandes familles de Florence se sont laissé aveugler par le masque de Lorenzaccio, c'est bien sûr en raison de leur faiblesse ou de leur irrésolution, mais c'est aussi parce que Lorenzo s'est isolé, conservant à son action une dimension strictement personnelle.

## Conclusion

Le roman de Laclos et la pièce de Musset paraissent tous deux fournir une illustration éloquente à l'analyse de Diderot. À l'image de Valmont séduisant la présidente de Tourvel, ou de Lorenzo se jouant de la crédulité d'Alexandre, le trompeur s'apparente à un conteur talentueux qui sait donner vie à ses mensonges et susciter l'adhésion de ceux qui l'écoutent. Les analyses d'Hannah Arendt, quant à elles, nous invitent à penser que le mensonge politique repose sur des ressorts qui ne sont au fond guère différents. Néanmoins, si habile soit-il, le trompeur ne peut rien si le trompé ne consent pas à se laisser aveugler par paresse, intérêt ou plaisir. Ainsi la duperie ne saurait-elle se réduire à un processus dans lequel le manipulateur se rend parfaitement maître de la volonté de sa victime. Au contraire, les œuvres de notre corpus nous encouragent à envisager dans toute leur complexité les phénomènes de manipulation, qui, dans une certaine mesure, supposent toujours une forme de collaboration entre le trompeur et le trompé. C'est pourquoi l'étude de la tromperie a sans doute pour principal intérêt de nous rendre sensibles à la complexité des rapports humains, ceux-ci résistant à toute interprétation trop schématique. En s'emparant de cette problématique, la littérature, et tout particulièrement l'art romanesque, peut ainsi recevoir une mission singulière, celle consistant, comme l'écrit Milan Kundera, à transmettre un « esprit de complexité » (*L'Art du roman*, 1986).

## II. Plans de dissertations

> **Sujet 2**
>
> « Peu à peu, la croyance s'est polluée, comme l'air ou l'eau. Cette énergie motrice, toujours résistante mais traitable, vient à manquer. […] Aujourd'hui, il ne suffit plus de manipuler, transporter et raffiner la croyance, il faut en analyser la composition puisqu'on veut la produire artificiellement » (Michel de Certeau, *L'Invention du quotidien (I)*, Gallimard, « Folio essais », 1990, p. 260).
>
> Dans quelle mesure votre lecture des œuvres au programme éclaire-t-elle ce propos ?

**Analyse des termes du sujet :** Prenant le contrepied du projet rationaliste des Lumières, Michel de Certeau souligne que la croyance n'est pas uniquement un phénomène dont il faudrait limiter la portée ; elle n'est pas inépuisable et peut venir « à manquer », exactement comme les ressources naturelles si on les exploite sans limites. Ainsi la modernité, qui se place sous le signe de l'esprit critique, a-t-elle eu pour conséquence de mettre en danger la possibilité même de croire, comme l'indique la comparaison avec le phénomène de pollution : « la croyance s'est polluée, comme l'air ou l'eau ». Parce que celle-ci reste indispensable aux sociétés humaines, il nous faut à présent réfléchir aux moyens de « la produire artificiellement ». Ce que suggère l'analyse de Michel de Certeau, c'est donc que le problème, à l'époque contemporaine, ne consiste plus tant à lutter contre la croyance qu'à en maintenir la possibilité. Une telle appréciation trouve facilement à se vérifier ; mais on peut sans doute la nuancer en soulignant que, même au sein de nos sociétés, la crédulité, l'illusion et la tromperie continuent de jouer un rôle déterminant qui nécessite de faire usage de notre esprit critique.

**Problématique :** Comment élaborer un usage équilibré de notre esprit critique, qui permette en même temps de maintenir les vertus de la croyance ?

### [I. Certes, la croyance « vient à manquer »]

#### [a. La croyance est devenue une ressource rare]

Dans la pièce de Musset, la difficulté qu'il y a à croire est constamment soulignée. On ne croit pas Lorenzo lorsqu'il annonce qu'il s'apprête à assassiner le duc (IV, 7, p. 171) ; ce dernier refuse de croire les avertissements que lui adresse le cardinal Cibo (I, 4, p. 49). De façon générale, les personnages refusent souvent d'en croire leurs yeux, par exemple Maffio qui, lorsqu'il voit sa sœur rejoindre le duc, se demande s'il ne rêve pas : « Suis-je éveillé ? » (I, 1, p. 29), comme si la parole aussi bien que les faits ne suscitaient plus aucune adhésion. On retrouve cette difficulté à croire dans le roman de Laclos : le lecteur, ayant accès à toutes les lettres, est enjoint à ne pas se laisser duper par les manipulations des deux libertins, dont il voit clairement les ficelles, contrairement aux dupes que sont Cécile et la présidente de Tourvel, entre autres. Les accents dévots (lettre CXX, p. 386) ou vertueux (lettre XXI, p. 120) que prend Valmont apparaissent systématiquement comme des leurres auxquels il ne faut pas se fier. Quant à la marquise, sa complice, « le langage de la douceur et de l'amitié » qu'elle tient (lettre LXIII, p. 211) se présente uniquement comme un subterfuge destiné à berner Mme de Volanges. Cette méfiance semble se réactiver sous la plume d'Hannah Arendt, qui ouvre *Vérité et politique* en exposant qu'en politique « [l]es mensonges ont toujours été considérés comme des outils nécessaires et légitimes » (p. 289). En expliquant que le développement « des techniques modernes et des mass media » a permis à de nombreux « hommes d'État hautement respectés », comme de Gaulle et Adenauer, de construire leur action sur de véritables « non-faits » (*ibid.*, p. 321), la philosophe présente l'univers politique comme un permanent jeu de dupes dans lequel l'adhésion naïve n'a plus droit de cité.

### [b. La croyance doit donc être entretenue, plus que combattue]

Dans la préface aux *Liaisons dangereuses*, le « rédacteur » défend longuement l'authenticité du recueil de lettres. Il en donne pour preuves la longueur de certaines missives ou la perte de certaines, qui indiqueraient qu'il s'agit d'une correspondance réelle (p. 73). Si le lecteur n'est pas dupe d'un tel processus, très conventionnel au XVIII$^e$ siècle, l'objectif d'une telle préface est en réalité tout autre. Il consiste à nous faire prendre conscience de la difficulté que nous avons à croire, et de l'art qu'il faut déployer pour emporter notre adhésion. Le personnage de Lorenzo permet de s'en rendre également compte. La complexité de la machination qu'il met en place pour endormir la vigilance d'Alexandre indique combien la croyance ne va plus de soi. Le sacrifice de sa pureté (« j'ai commis bien des crimes », IV, 5, p. 166) et même de sa vie (V, 7, p. 207) est en effet le prix à payer pour la réussite de son entreprise de mystification. Cette implication personnelle du trompeur pour susciter l'adhésion est également abordée par Hannah Arendt. Loin d'estimer que l'illusion est susceptible de s'imposer d'elle-même, l'autrice note qu'elle implique au préalable que le trompeur soit lui aussi persuadé de son mensonge : « Seule la duperie de soi est susceptible de créer un semblant de crédibilité » (*Vérité et politique*, p. 324).

### [c. La croyance apparaît comme nécessaire]

Se différenciant des moralistes classiques, Laclos semble suggérer que l'homme éprouve du plaisir à croire aux fictions qu'il invente. Lorsqu'il vient en aide aux paysans dans le besoin, Valmont prend un plaisir évident, non seulement à rendre son intervention crédible, par exemple en s'assurant que la famille ne compte pas de jolie femme susceptible de « rendre [s]on action suspecte » (lettre XXI, p. 118), mais également à y croire lui-même : « mes yeux se sont mouillés de larmes, et j'ai senti en moi un mouvement involontaire, mais délicieux » (*ibid.*, p. 120). De façon plus profonde, c'est bien parce que Lorenzo croit en son destin – assassiner le duc et devenir un autre Brutus (III, 3, p. 126-127) – qu'il trouve encore un sens à son existence : « Tu me demandes pourquoi je tue Alexandre ? Veux-tu donc que je m'empoisonne, ou que je saute dans l'Arno ? » (*ibid.*, p. 135). En ce qui concerne Hannah Arendt, elle précise que la capacité de l'homme à s'illusionner ou à mentir sur les faits est consubstantielle à la liberté humaine, qui en tire la possibilité « de changer le monde et d'y introduire de la nouveauté » (*Du mensonge en politique*, p. 14). On conçoit en ce sens que le fait de croire indépendamment des contraintes du réel puisse être le moteur de toute action politique.

**TRANSITION :** Cependant, si l'on peut constater à certains égards un déficit de croyance, il semblerait que la crédulité continue malgré tout de prospérer.

## [II. MAIS NOTRE CRÉDULITÉ EST TOUJOURS SUSCEPTIBLE DE NOUS ÉGARER]

### [a. Les croyances continuent en effet d'affecter de façon déterminante la réalité]

Laclos montre bien comment les croyances parviennent aisément à l'emporter dans l'imagination des hommes. La marquise de Merteuil, lorsqu'elle raconte comment elle s'est jouée de Prévan, s'impose comme une manipulatrice virtuose. Elle se joue, d'une part, de Prévan, qui s'attendait à passer la nuit avec elle et se voit finalement humilié ; d'autre part, de ses gens, persuadés que leur maîtresse a été agressée ; et enfin de Mme de Volanges, à qui elle raconte l'histoire de façon extrêmement partiale pour protéger sa réputation (lettre LXXXVII, p. 290-292). Dans *Lorenzaccio*, le cardinal Cibo, qui place sur le trône son pantin Côme de Médicis, apparaît finalement comme le grand vainqueur de la pièce. Si les propos anticléricaux sont abondamment présents dans l'œuvre (« Une insulte de prêtre doit se faire en latin », I, 4, p. 50), le fait que le nouveau duc prête serment sur les Évangiles (V, 8, p. 208) invite à penser que le poids politique des croyances religieuses reste conséquent. De même, les thèses d'Hannah Arendt sur la débâcle au Vietnam montrent à quel point cet événement est lié à l'aveuglement de la bureaucratie états-unienne. C'est bien leur croyance inébranlable en leurs compétences (« leur imperturbable confiance en eux-mêmes », *Du mensonge en politique*, p. 52) et au caractère illimité de la toute-puissance du pays (« le mythe périlleux de l'omnipotence », *ibid.*, p. 56) qui a conduit les bureaucrates à mener les États-Unis au fiasco.

### [b. Le mensonge a même tendance à être préféré à la vérité]

Dans *Vérité et politique*, Hannah Arendt explique que nous avons tendance à préférer croire en un mensonge, plus conforme à nos attentes, qu'en une vérité, toujours déconcertante (p. 320). Cette analyse est susceptible d'éclairer l'attitude des personnages de Laclos. Par exemple, Mme de Volanges, sensible à la rumeur publique, n'a pas de mots assez sévères contre les « scandaleuses aventures » (lettre IX, p. 96) de Valmont, mais Merteuil n'a aucun effort à fournir pour l'abuser (lettre LXIII, p. 211). Le romancier semble suggérer que la mère de Cécile se conforme à l'opinion générale s'agissant du vicomte, mais se refuse par confort à ouvrir les yeux sur la personne qu'est réellement la marquise. Dans *Lorenzaccio*, Alexandre se fait grossièrement manipuler par Lorenzo, par exemple lorsque celui-ci subtilise sa cotte de mailles (II, 6, p. 104-106). Se riant des avertissements, le duc semble ainsi rechigner à remettre en cause l'image rassurante et habituelle qu'il s'était faite de Lorenzo, quitte à courir à sa perte.

### [c. Nos croyances doivent faire l'objet d'un regard critique]

Au moment de la mort d'Alexandre, Lorenzo semble s'égarer dans une rêverie poétique : « Que le vent du soir est doux et embaumé ! » (IV, 11, p. 182). Les remarques ironiques de Scoronconcolo (« Son âme se dilate singulièrement » (*ibid.*) et l'issue funèbre qui clôt le parcours du héros (V, 7, p. 207) invitent toutefois à adopter un recul à l'égard de ces effusions romantiques proférées au moment où l'action se précipite. De même, dans de nombreux passages des *Liaisons dangereuses*, le lecteur est incité à porter sur les récits des différents personnages un regard critique. Par exemple, alors qu'il a réussi à séduire la présidente de Tourvel, Valmont se présente comme un libertin insensible : « La voilà donc vaincue, cette femme superbe qui avait osé croire qu'elle pourrait me résister ! » (lettre CXXV, p. 399). Mais il reconnaît également qu'il a eu, « auprès de cette femme étonnante, des moments de faiblesse » (*ibid.*). Achevant de raconter la scène, il admet même : « Je ne sortis de ses bras que pour tomber à ses genoux, pour lui jurer un amour éternel ; et, il faut tout avouer, je pensais ce que je disais » (*ibid.*, p. 408). Cette vigilance critique est aussi essentielle chez Hannah Arendt, qui montre que les hommes, y compris ceux qui semblent les plus compétents, sont capables de « s'illusionner eux-mêmes » et de « vivre à l'écart des réalités » (*Du mensonge en politique*, p. 52-53), quand bien même les enjeux de leurs actes et de leurs décisions sont essentiels.

**Transition :** Il nous faut donc réfléchir à établir avec nos croyances un rapport équilibré qui consiste à les encadrer et non à les éradiquer, comme le redoute Michel de Certeau.

## [III. Il est nécessaire d'entretenir un rapport équilibré avec la croyance]

### [a. Faire croire, une manipulation inévitable]

Les personnages de Laclos ne cessent de s'abuser les uns les autres. Le romancier semble ainsi suggérer que croire et faire croire sont inhérents aux relations humaines, et qu'il ne faut pas nécessairement aborder l'illusion sous le prisme unique de l'inquiétude. On peut citer l'aventure où Valmont, pour sauver la mise à la vicomtesse de M…, invente une plaisante comédie (lettre LXXI, p. 231). Il est clair qu'il prend plaisir à élaborer cette supercherie qui lui donne l'occasion de montrer ses talents de metteur en scène : « j'en profitai pour aller éteindre une veilleuse qui brûlait encore et la renverser par terre ; car jugez combien il eût été ridicule de feindre cette terreur panique, en ayant de la lumière dans sa chambre » (*ibid.*, p. 232). On peut réserver un commentaire comparable à la pièce de Musset, dans laquelle les personnages, comme la marquise Cibo, enfermés dans leurs convictions, n'arrivent à rien. Lorsque le cardinal demande si le duc avait bien revêtu un habit de religieuse pour le bal, il envisage avec légèreté le fait que cette information puisse être fausse : « il se peut qu'on m'ait trompé » (I, 3, p. 43). Cette attitude est celle d'un homme qui, précisément parce qu'il accepte le caractère incertain de la vérité, l'emporte à la fin de l'œuvre. Hannah Arendt pourrait également confirmer une telle idée, notamment lorsqu'elle procède à l'étude des documents du Pentagone. Elle refuse de se faire naïvement moralisatrice, rappelant que « la véracité n'a jamais figuré au nombre des vertus politiques » (*Du mensonge en politique*, p. 13). Le lecteur se trouve invité par ce biais à considérer que l'action politique suppose pragmatisme et incertitude, et qu'elle repose donc essentiellement sur la croyance.

### [b. L'art de faire croire mérite donc d'être encadré, plus que combattu]

Le dénouement de *Lorenzaccio* est certes très sombre ; mais la réplique de Philippe, indiquant que « l'éclair d'une seule épée peut illuminer tout un siècle » (V, 2, p. 194), semble dessiner une autre fin possible pour la pièce. La réussite de l'action politique dépend ainsi de la capacité d'un individu à inviter les hommes à avoir foi en son action : « tous les hommes ne sont pas capables de grandes choses, mais tous sont sensibles aux grandes choses » (*ibid.*). De même, l'issue pessimiste des *Liaisons dangereuses* (la mort de Valmont et de la présidente, la ruine de Merteuil et la détresse de Cécile) invite à porter un regard ambivalent sur les personnages. D'un côté, le lecteur ne peut s'empêcher de penser que toute cette énergie investie dans des jeux de séduction est gâchée ; de l'autre, la virtuosité des héros libertins laisse envisager un autre emploi de cette capacité à manipuler et à susciter la croyance. Ainsi, les métaphores militaires employées par Valmont pour parler de séduction (« Jugez-moi donc comme Turenne ou Frédéric », lettre CXXV, p. 406) prêtent naturellement à sourire, mais, en suggérant d'autres domaines où il pourrait utiliser ses talents, rappellent au lecteur le caractère stérile des stratégies libertines. Les textes d'Hannah Arendt semblent corroborer cette affirmation. À la fin de *Vérité et politique*, elle rappelle que le domaine politique, loin de se réduire à « un champ de bataille pour des intérêts partiaux et adverses », comporte aussi « [s]a grandeur et [s]a dignité » (p. 335). Dès lors, il semblerait que l'art de l'illusion puisse être employé dans une perspective différente du mensonge. Faire croire en la justesse de son point de vue est en effet le socle du débat politique.

### [c. La littérature peut nous aider à développer un rapport équilibré à la croyance]

Hannah Arendt insiste sur « [l]a fonction politique du raconteur d'histoire » qui, en opérant « la transfiguration de la douleur en lamentation », permet de donner sens aux événements, et donc d'« enseigner l'acceptation des choses telles qu'elles sont » (*Vérité et politique*, p. 334). Ainsi la littérature romanesque, qui nous invite à suspendre volontairement notre incrédulité, peut-elle à la fois satisfaire notre imagination et nous rappeler à la réalité. Par exemple, *Les Liaisons dangereuses* ne cessent de solliciter notre imagination par un propos érotique voilé. Toutefois, nous n'avons accès aux événements que par l'intermédiaire des lettres qu'écrivent les personnages. Le romancier semble d'ailleurs nous inviter à relire les différentes missives (« Relisez votre lettre », lettre XXXIII, p. 144), comme pour mieux en identifier le caractère artificiel. L'épisode de Valmont écrivant à Tourvel sur le dos d'Émilie utilisé comme « pupitre » (lettre XLVII, p. 178) est particulièrement piquant, mais on peut tout à fait imaginer qu'il s'agit en partie d'une invention de Valmont soucieux d'impressionner Merteuil. Le roman de Laclos donne ainsi à croire, mais il nous enjoint aussi à prendre du recul sur ces croyances. On retrouve un processus comparable sous la plume de Musset. Si le dramaturge s'efforce de nous faire croire à la reconstitution de Florence au XVI$^e$ siècle (I, 2, p. 31-40), il s'emploie également à briser l'illusion théâtrale. Le marchand dit ainsi malicieusement à l'orfèvre : « Vous avez l'air de savoir tout cela par cœur » (*ibid.*, p. 36), rappelant qu'il s'agit d'une pièce de théâtre.

> **SUJET 3**
>
> « Si l'on met sa sincérité avant tout, on ne pourra s'engager nulle part, ni dans une Église, ni dans un parti, ni dans un amour ou dans une amitié, ni même dans une tâche quelconque. Car l'engagement suppose toujours que l'on affirme au-delà de ce que l'on sait, que l'on croie par ouï-dire, que l'on quitte la règle de sincérité pour la règle de responsabilité. » (Maurice Merleau-Ponty, « Foi et bonne foi », *Sens et non-sens*, Gallimard, 1996, p. 217).
> Dans quelle mesure votre lecture des œuvres au programme éclaire-t-elle ce propos ?

**ANALYSE DES TERMES DU SUJET :** Contrairement à ce que suggèrent de nombreux philosophes rationalistes, la croyance, selon Merleau-Ponty, n'est pas uniquement une source d'égarement ; elle apparaît plutôt comme un préalable indispensable à toute action humaine. En effet, l'engagement suppose toujours une part d'ignorance : nous ne savons pas si notre investissement possède de réelles chances de succès, si nous avons entièrement raison, ou si nous allons rencontrer une approbation collective. Il nous faut « affirme[r] au-delà de ce que [nous] sa[vons] ». C'est pourquoi, sans la croyance, sans la foi, il est impossible de s'engager dans l'existence ; le philosophe sous-entend même qu'il nous faut cultiver cette capacité à croire qui, davantage qu'une « sincérité » potentiellement stérile, est véritablement le socle sur lequel se baser pour agir sur le monde. C'est bien la croyance qui nous permet, non seulement d'agir malgré les doutes et les inquiétudes, mais également d'inspirer et de mobiliser les autres à notre suite. L'analyse de Merleau-Ponty a sans doute pour principal mérite de venir rendre justice à l'importance de la croyance dans nos existences. Mais on peut s'interroger sur les potentiels excès de celle-ci : quoique nécessaire, elle peut aussi prendre la forme plus inquiétante d'un aveuglement de soi, et nous égarer. Il semble alors essentiel de rappeler le rôle de la rationalité et de l'esprit critique dans toutes les entreprises humaines.

**PROBLÉMATIQUE :** Si la croyance est indispensable à toute action humaine, quelle place laisser à l'usage de notre rationalité ?

## [I. LA CROYANCE EST ESSENTIELLE À L'ENGAGEMENT ET DOIT ÊTRE CULTIVÉE]

### [a. L'action implique toujours une croyance initiale]

Lorenzo s'engage dans une action folle, qui consiste à mettre fin à la tyrannie d'Alexandre : « la Providence m'a poussé à la résolution de tuer un tyran » (III, 3, p. 127). C'est cette croyance en son destin qui l'amène à s'engager dans une voie pourtant extrêmement périlleuse. Valmont, refusant de faire la conquête trop facile de Cécile, préfère entreprendre celle de la présidente de Tourvel, bien plus incertaine en raison de la vertu de la jeune femme (lettre IV, p. 85). Valmont n'est en effet pas certain de réussir ; et c'est sa croyance en son talent de séducteur qui le pousse dans cette entreprise : « Je reconnais bien là votre mauvaise tête qui ne sait désirer que ce qu'elle croit ne pas pouvoir obtenir » (lettre V, p. 87), écrit Merteuil. Quant à Hannah Arendt, elle insiste sur notre capacité à nous illusionner nous-mêmes, ou à nous tromper nous-mêmes, par exemple s'agissant des experts dans le cas de l'affaire des documents du Pentagone (*Du mensonge en politique*, p. 53-56), ou dans le cas de la fable de la sentinelle (*Vérité et politique*, p. 323-324). Cependant l'issue du second article (où elle explique que la politique ne se réduit pas à la tromperie, mais implique aussi « de commencer quelque chose d'entièrement neuf », *ibid.*, p. 336) invite à envisager une vision plus positive de la croyance, comme force en mesure d'agir sur le monde.

*[b. La croyance permet d'agir sur les autres et de les inciter à nous croire]*

Lorenzo croit lui-même en son personnage de Lorenzaccio : « Je suis devenu vicieux, lâche, un objet de honte et d'opprobre » (III, 3, p. 128). C'est par ce biais qu'il a réussi à tromper la vigilance d'Alexandre, jusqu'à parvenir à l'assassiner. Développant une analyse du mensonge et de son efficacité, Hannah Arendt insiste aussi sur la nécessité pour le menteur de se tromper lui-même pour arriver à ses fins : « En d'autres termes, plus un menteur réussit, plus il est vraisemblable qu'il sera victime de ses propres inventions » (*Vérité et politique*, p. 323). De même, en ce qui concerne le personnage de Valmont, il est très clair que c'est en croyant lui-même en son amour pour la présidente de Tourvel qu'il parvient à la séduire : « Je suis encore trop plein de mon bonheur, pour pouvoir l'apprécier, mais je m'étonne du charme inconnu que j'ai ressenti » (lettre CXXV, p. 399).

*[c. La littérature et la philosophie nous invitent à cultiver notre capacité à croire]*

En dépit de la lucidité critique dont elle fait preuve dans son étude des défaillances de la bureaucratie états-unienne, Hannah Arendt défend aussi un certain optimisme, invitant son lecteur à cultiver la vertu d'espérance. Elle rappelle que « cet effort gigantesque et systématique d'analyse interne fut entrepris à la demande d'un des principaux responsables » (*Du mensonge en politique*, p. 64) et que les différentes manœuvres contre la vérité « n'ont pas suffi et ne suffiront probablement pas à détruire un régime démocratique » (*ibid.*, p. 67). En ce qui concerne les œuvres de fiction, elles ne se contentent pas de mobiliser notre esprit critique ; elles nous permettent aussi de faire travailler notre imagination. Dans *Les Liaisons dangereuses*, le romancier délègue à ses personnages des dons d'invention qui leur sont propres. Tel est le cas des ruses de Valmont, par exemple lorsqu'il parvient à retrouver Émilie (lettre XLVII, p. 178). D'une part, il enivre le bourgmestre pour « le mettre ainsi hors de combat pour toute la nuit » (*ibid.*) ; et, d'autre part, il écrit à la présidente en se faisant passer pour un amant transi, alors qu'il écrit depuis le lit d'Émilie (*ibid.*). De même, dans *Lorenzaccio*, le désenchantement est omniprésent ; mais les tirades de Lorenzo sont pour le moins émouvantes. Musset délègue ses talents de poète à son personnage, qui suscite ainsi la fascination du lecteur : « Ma jeunesse a été pure comme l'or. Pendant vingt ans de silence, la foudre s'est amoncelée dans ma poitrine » (III, 3, p. 126).

**TRANSITION :** Pourtant, même si Maurice Merleau-Ponty insiste à raison sur le caractère déterminant de la croyance, le fait de s'illusionner soi-même peut aussi amener à la ruine de nos projets et de nos espérances.

## [II. MAIS IL FAUT SAVOIR GARDER UN REGARD CRITIQUE SUR NOTRE CAPACITÉ À NOUS ILLUSIONNER NOUS-MÊMES]

### [a. La croyance peut être improductive]

Dans *Lorenzaccio*, le personnage de Philippe possède des convictions républicaines, mais, comme il le reconnaît lui-même, elles sont restées improductives : « Je me suis courbé sur des livres, et j'ai rêvé pour ma patrie ce que j'admirais dans l'antiquité » (II, 5, p. 99). Hannah Arendt montre que les services de propagande, même s'ils peuvent être convaincus eux-mêmes de l'image qu'ils élaborent, ne parviennent jamais à concurrencer le réel : « Aussi les images ont-elles une espérance de vie relativement courte » (*Vérité et politique*, p. 326). Dans *Les Liaisons dangereuses*, Cécile, alors qu'elle s'ennuie dans sa chambre, raconte à son amie de couvent qu'elle a pris son cordonnier pour son futur époux : « Comme tu vas te moquer de la pauvre Cécile ! » (lettre I, p. 80). Croyance vaine qui, tournée en récit plaisant, demeure une façon d'occuper des journées un peu trop longues au goût de la jeune fille.

### [b. Le fait de se tromper soi-même peut aussi mener au désastre]

La fin tragique de Lorenzo est particulièrement spectaculaire. Massacré par la foule (« Ne voyez-vous pas tout ce monde ? Le peuple s'est jeté sur lui », V, 7, p. 207), il symbolise l'impuissance des rêves et des convictions, qui échouent à changer le réel. De même, Hannah Arendt explique bien que les experts de la bureaucratie états-unienne, du fait de « leur imperturbable confiance en eux-mêmes » (*Du mensonge en politique*, p. 52), ont surestimé la puissance des États-Unis, ce qui a mené le pays à la catastrophe : « À l'arrière-plan de ce cliché, constamment repris, de "la plus grande puissance mondiale", se profilait le mythe périlleux de l'omnipotence » (*ibid.*, p. 56). Dans ce sens, on peut noter que Merteuil, persuadée de ses talents, finit par aller à sa perte, jusqu'à connaître une humiliation publique et à tomber malade de la petite vérole : « En vérité, ce serait, je crois, un bonheur pour elle d'en mourir », écrit Mme de Volanges à ce sujet (lettre CLXXIII, p. 509).

*[c. L'illusion dont on se berce doit donc susciter un examen critique]*

La pièce de Musset nous invite à porter un regard distancié sur les croyances qui animent les différents personnages. Par exemple, Philippe Strozzi accueille Lorenzo comme un héros après la mort du duc : « Ô notre nouveau Brutus ! je te crois et je t'embrasse. – La liberté est donc sauvée ! » (V, 2, p. 191). Mais le fait que le tribunal des Huit ait déjà réfléchi à la succession d'Alexandre dans la scène précédente amène le spectateur à se montrer circonspect à l'égard de ces accents enthousiastes. Dans *Les Liaisons dangereuses*, Valmont fait croire à Cécile que sa mère a eu de nombreuses aventures amoureuses dans sa jeunesse (lettre CX, p. 362). Toutefois, Cécile ne semble pas vraiment être dupe de ces histoires, comme elle l'explique à Merteuil : « Vous me feriez bien plaisir de me mander si tout ça est vrai » (lettre CIX, p. 357). Ainsi est-ce le fabulateur, Valmont, qui croit sans doute un peu trop en l'efficacité de ses inventions et en la naïveté de Cécile. De façon comparable, Hannah Arendt nous invite à porter un regard critique sur les croyances des experts états-uniens qui, à trop compter sur leurs qualités de manipulateurs, étaient persuadés de pouvoir se jouer de l'opinion publique, exactement comme des hommes politiques « croient en la toute-puissance de la manipulation sur l'esprit des hommes » (*Du mensonge en politique*, p. 31).

**TRANSITION :** C'est pourquoi il semble nécessaire de maintenir nos croyances à une certaine distance et de travailler à les maîtriser à l'aide d'une approche pragmatique du réel.

## [III. EN DÉFINITIVE, L'ACTION DEVRAIT S'APPUYER SUR UNE CROYANCE ÉCLAIRÉE PAR LA RAISON]

*[a. Le fait de croire n'exclut pas la remise en question et la lucidité]*

Dans *Les Liaisons dangereuses*, la présidente de Tourvel, tombée amoureuse de Valmont, n'en est pas pour autant aveugle sur le cœur de son amant : « Si quelque jour il en juge autrement… il n'entendra de ma part ni plainte ni reproche. J'ai déjà osé fixer les yeux sur ce moment fatal et mon parti est pris » (lettre CXXVIII, p. 414). De même, dans *Lorenzaccio*, le personnage principal est constamment écartelé entre doute et conviction. Persuadé qu'il possède un destin unique, il n'en demeure pas moins taraudé par l'inquiétude, même peu de temps avant le moment fatidique du meurtre : « Suis-je le bras de Dieu ? Y a-t-il une nuée au-dessus de ma tête ? » (IV, 3, p. 158). Hannah Arendt mentionne quant à elle le rôle politique des universités, et tout particulièrement des « sciences historiques » et des « humanités » qui « sont censées établir, prendre en garde et interpréter la vérité de fait et les documents humains » (*Vérité et politique*, p. 333). L'autopersuasion qu'implique l'engagement politique trouve ainsi une source de rééquilibrage dans ces institutions.

### [b. Il faut savoir prendre du recul sur nos propres croyances pour affiner notre perception de la réalité]

Le cardinal Cibo donne l'exemple d'un homme qui sait se jouer des croyances, notamment religieuses, pour arriver à ses fins, par exemple lorsqu'il se sert de son habit de religieux : « Rien n'est un péché quand on obéit à un prêtre de l'Église romaine » (I, 3, p. 45). Certes, le cardinal n'est pas un personnage positif, mais le dramaturge semble ici suggérer la nécessité pour le camp républicain de s'inspirer de ce pragmatisme et de ne pas en rester à une exaltation finalement peu productive. Dans *Les Liaisons dangereuses*, le lecteur est ainsi constamment invité à revoir ses propres croyances s'agissant des personnages. Par exemple, on pourrait penser que la présidente de Tourvel n'a strictement rien à voir avec les libertins. Pourtant, elle aussi sait taire la vérité quand cela l'arrange. Par exemple, elle n'ose pas dire à Mme de Volanges qu'elle fait suivre Valmont, se contentant d'écrire : « un de mes gens devait aller du même côté que lui » (lettre XXII, p. 121). De la même manière, Hannah Arendt, analysant les raisons de la débâcle états-unienne, veille aussi à mettre à distance ses propres croyances (par exemple en ce qui concerne le caractère impérialiste de la politique du pays, *Du mensonge en politique*, p. 65).

### [c. L'art permet sans doute de concilier croyance et lucidité]

Le peintre Tebaldeo nous en donne un bon exemple : « L'art, cette fleur divine, a quelquefois besoin du fumier pour engraisser le sol et le féconder » (II, 2, p. 75). Cette métaphore est essentielle car elle s'applique sans doute à l'art de Musset, qui s'empare de la laideur du monde (la débauche, la corruption, la mort…) pour en faire une œuvre d'art. Ainsi, tout en nous incitant à croire en la fiction qu'il invente, Musset nous donne-t-il la possibilité de regarder le monde tel qu'il est. Hannah Arendt donne aux « raconteurs d'histoire » (*Vérité et politique*, p. 334) une fonction comparable. En effet, elle montre bien comment la fiction est en mesure, non seulement de susciter notre croyance, mais également de nous « enseigner l'acceptation des choses telles qu'elles sont » (*ibid.*). C'est aussi cet objectif que poursuit Laclos, lorsqu'il explique que « [l']utilité de l'ouvrage » n'est autre que de « dévoiler les moyens qu'emploient ceux qui […] ont de mauvaises [mœurs] pour corrompre ceux qui en ont de bonnes » (Préface du rédacteur, p. 74). Le rôle de la création romanesque n'est donc pas uniquement de faire croire à l'histoire racontée ; mais de révéler les noirceurs de la société aristocratique de la fin du XVIIIe siècle.

> **Sujet 4**
>
> « Car, enfin, un homme qui est pénétré de ce qu'il dit en pénètre ordinairement les autres : un passionné émeut toujours ; et, quoique sa rhétorique soit souvent irrégulière, elle ne laisse pas d'être très persuasive ; parce que l'air et la manière se font sentir et agissent ainsi dans l'imagination des hommes plus vivement que dans les discours les plus forts qui sont prononcés de sang-froid » (Nicolas Malebranche, *De la recherche de la vérité* (II, III, I), dans *Œuvres* (t. I), éd. Geneviève Rodis-Lewis, Gallimard, « Bibliothèque de la Pléiade », 1979, p. 250-251).
>
> Dans quelle mesure votre lecture des œuvres au programme éclaire-t-elle ce propos ?

**ANALYSE DES TERMES DU SUJET :** Selon Malebranche, le processus de persuasion ne tient pas tant à la qualité de l'argumentation de l'orateur qu'à l'apparence de celui-ci, et surtout à sa capacité à adopter un air convaincu. Plus l'orateur sera persuadé de la justesse de ses vues, plus son discours sera vivant, animé, puissant : « un passionné émeut toujours ». En d'autres termes, pour faire croire à son auditoire que l'on a raison, il est indispensable d'être soi-même persuadé que c'est le cas. L'autopersuasion semble donc constituer une phase indispensable avant de pouvoir susciter l'adhésion. Les remarques de Malebranche comportent des éléments pertinents qui éclairent la nature de l'éloquence ; mais il est possible d'en interroger les limites, par exemple en soulignant qu'une confiance excessive en ses propres convictions comporte aussi des risques d'aveuglement et d'échec. Le bon orateur est aussi celui qui sait prendre du recul à l'égard de son propre discours, et qui sait anticiper les résistances qu'il pourra rencontrer chez son interlocuteur.

**PROBLÉMATIQUE :** S'il est indispensable pour l'orateur de croire lui-même en son discours, comment concilier cet impératif avec une nécessaire lucidité ?

## [I. Certes, il est nécessaire d'être soi-même persuadé pour persuader les autres]

### [a. L'éloquence suppose d'être soi-même persuadé de ce que l'on veut dire]

La marquise de Merteuil explique à Valmont « qu'il n'y a rien de si difficile en amour, que d'écrire ce qu'on ne sent pas » ; tout l'enjeu est d'« écrire d'une façon vraisemblable » (lettre XXXIII, p. 144). Lorenzo, pour justifier le fait qu'il n'ait pas pris la tête du soulèvement à la mort d'Alexandre, affirme qu'il se désespère des hommes : « Je ne les méprise point, je les connais » (V, 2, p. 193). C'est cette incrédulité qui l'empêche d'adopter le rôle de meneur et de guider le peuple de Florence vers la liberté. Hannah

Arendt décrit quant à elle l'importance de l'autopersuasion pour convaincre : « le plaisantin pris à son propre mensonge, qui se révèle embarqué dans le même bateau que ses victimes, paraîtra infiniment plus digne de confiance que le menteur de sang-froid qui se permet de goûter sa farce de l'extérieur » (*Vérité et politique*, p. 323-324).

### [b. L'éloquence, pour arriver à ses fins, nécessite ainsi de s'illusionner soi-même]

Lorenzo est obligé de recourir au masque de Lorenzaccio pour s'approcher du duc ; et s'il parvient à être aussi convaincant, c'est précisément parce qu'il est véritablement devenu son personnage : « Le vice a été pour moi un vêtement, maintenant il est collé à ma peau » (III, 3, p. 133). Valmont, pour émouvoir la présidente de Tourvel, se fait passer pour un homme exposé à « la puissance irrésistible de l'amour » (lettre XLVIII, p. 180). Mais, à lire les lettres qu'il écrit à Merteuil, le lecteur est enclin à se demander si le vicomte n'est pas sincèrement épris de Tourvel, indépendamment du plaisir libertin de séduire une femme vertueuse : « Mais que dis-je ? Madame de Tourvel a-t-elle besoin d'illusion ? non ; pour être adorable il lui suffit d'être elle-même » (lettre VI, p. 90). Hannah Arendt prend l'exemple d'une sentinelle qui a cru en son propre mensonge pour illustrer la maxime suivante : « plus un menteur réussit, plus il est vraisemblable qu'il sera victime de ses propres inventions » (*Vérité et politique*, p. 323).

### [c. L'autopersuasion implique néanmoins des conditions spécifiques]

La marquise de Merteuil, se préparant à accueillir son amant, travaille à se mettre dans les dispositions qui la rendront séduisante : « je lis un chapitre du *Sopha*, une lettre d'Héloïse et deux contes de La Fontaine, pour recorder les différents tons que je voulais prendre » (lettre X, p. 100). Lorenzo révèle quant à lui que devenir Lorenzaccio a exigé le sacrifice de sa vertu : « J'étais pur comme un lis, et cependant je n'ai pas reculé devant cette tâche » (III, 3, p. 128). Il a fallu qu'il accepte de laisser sa réputation se ternir, jusqu'à devenir « un objet de honte et d'opprobre » (*ibid.*). Arendt, dans son étude des documents du Pentagone, explique que le mécanisme d'« autosuggestion interne » (*Du mensonge en politique*, p. 52) nécessite, pour être compris, que l'on tienne compte de « l'infrastructure de toute la politique intérieure et étrangère des États-Unis depuis près de dix années » (*ibid.*, p. 12). En effet, selon la philosophe, « [l]e monde interne des services officiels, avec d'une part sa bureaucratie, de l'autre sa vie de société, a rendu l'autosuggestion relativement aisée » (*ibid.*, p. 53).

**TRANSITION :** Néanmoins, le fait d'être soi-même convaincu de son discours n'est sans doute pas le seul moyen d'emporter l'adhésion de son auditoire.

## [II. Mais il ne suffit sans doute pas d'être soi-même persuadé pour que notre auditoire croie en nous]

### [a. L'autopersuasion n'est pas toujours un gage de réussite]

Analysant l'échec états-unien au Vietnam, Arendt montre que les experts, en dépit du fait qu'ils étaient convaincus du bien-fondé de leur action, ont échoué « à créer un public convaincu auquel eux-mêmes seraient venus se joindre » (*Du mensonge en politique*, p. 52). En effet, selon la philosophe, « l'efficacité de la tromperie et du mensonge dépend entièrement de la notion claire de la vérité que le menteur et le trompeur entendent dissimuler » (*ibid.*, p. 48). Chez Musset, la marquise Cibo, qui va « à un rendez-vous d'amour avec le cher tyran, toute baignée de larmes républicaines » (I, 3, p. 45), est peut-être convaincue, mais force est de constater que ses tirades morales n'atteignent guère leur cible : « Je vois que tu t'ennuies auprès de moi », dit-elle au duc (III, 6, p. 144). De façon comparable, *Les Liaisons dangereuses* montrent que l'éloquence, même sincère, n'est pas toujours certaine d'emporter l'adhésion. En témoignent de façon exemplaire les avertissements de Mme de Volanges au sujet de Valmont, qui ne paraissent nullement effrayer la présidente de Tourvel : « Votre lettre sévère m'aurait effrayée, Madame, si, par bonheur, je n'avais trouvé ici plus de motifs de sécurité que vous ne m'en donnez de crainte » (lettre XI, p. 102).

### [b. L'autopersuasion peut nous égarer]

Lorenzo est assurément convaincu de la grandeur intrinsèque de son action : « je tendis vers le ciel mes bras trempés de rosée, et je jurai qu'un des tyrans de ma patrie mourrait de ma main » (III, 3, p. 126). Un tel élan l'a sans doute amené à ses fins ; mais, trop centré sur son action, Lorenzo n'a pas su, ou n'a pas voulu donner à son geste individuel une force mobilisatrice auprès du peuple de Florence. Sa désillusion (« je suis plus creux et plus vide qu'une statue de fer blanc », V, 7, p. 204) et sa mort pathétique en donnent une nette confirmation. Hannah Arendt, de son côté, montre bien comment les experts états-uniens ont eu tendance à s'enfermer dans leurs certitudes, et à oublier que « le pouvoir, même celui d'une très grande puissance, comporte toujours des *limites* » (*Du mensonge en politique*, p. 56). Le personnage de Prévan semble certain de conquérir Merteuil, mais sa confiance excessive est mise à mal lorsque la marquise « sonn[e] de toutes [s]es forces » (lettre LXXXV, p. 287) pour appeler ses gens. L'illusion est sévèrement sanctionnée par un retour brutal à la réalité que symbolise à merveille la rudesse avec laquelle le valet, « brave et vigoureux », humilie l'aristocrate (*ibid.*, p. 288).

*[c. La persuasion nécessite avant tout de tenir compte de la psychologie de celui que l'on veut persuader]*

Merteuil, racontant de façon mensongère à Mme de Volanges sa mésaventure avec Prévan, use de flatteries : « C'est toujours de vous que j'ai reçu les consolations les plus douces et les avis les plus sages » (lettre LXXXVII, p. 292) et d'un ton faussement humble : « il est toujours si pénible pour une femme honnête et qui conserve la modestie convenable à son sexe, de fixer sur elle l'attention publique » (*ibid.*, p. 290), dont elle sait qu'ils porteront auprès de la femme respectueuse qu'est Mme de Volanges. Ce faisant, Merteuil se garantit aussi que sa destinataire propagera la version de l'événement qui la favorise et non celle de Prévan. Lorenzo se présente quant à lui comme un fin connaisseur de l'âme humaine, par exemple, lorsqu'il expose la façon dont il convient de corrompre une jeune fille (I, 1, p. 28). Mais, de façon plus générale, c'est bien parce qu'il connaît Alexandre, sa faiblesse, son besoin de débauche, qu'il peut se jouer de sa vigilance et le conduire à la mort : « Si vous saviez comme cela est aisé de mentir impudemment au nez d'un butor ! » (II, 4, p. 95). Selon Hannah Arendt, le menteur doit anticiper les attentes de sa dupe, afin d'« accommoder » son discours « au plaisir, ou même aux simples espérances de son public » (*Vérité et politique*, p. 320). La tromperie repose donc toujours sur une prise en compte des attentes et des désirs de celui qui en fait l'objet.

**Transition :** C'est pourquoi l'orateur talentueux est aussi celui qui saura remettre en question ses propres convictions.

**[III. Il nous faut conserver un certain recul à l'égard de nos convictions, si nous voulons arriver à emporter l'adhésion de ceux qui nous écoutent]**

*[a. Nos croyances ne sauraient prétendre à la vérité absolue]*

La structure polyphonique du roman épistolaire, utilisée avec brio par Laclos, montre combien notre point de vue est toujours parcellaire, incapable de rendre compte du réel dans toute sa complexité. Par exemple, Cécile ne parvient pas à savoir qui a révélé à sa mère sa « liaison dangereuse » avec Danceny (« Je ne sais pas qui est-ce qui nous a trahis ; ce ne peut être que ma femme de chambre ou mon confesseur », lettre LXIX, p. 225), alors que le lecteur sait que c'est la marquise de Merteuil (lettre LXIII, p. 209). Musset ne cesse de mettre en scène des personnages qui se trompent, ou qui doutent, à l'instar des républicains qui ne savent pas quoi penser de Lorenzo : « Cela est-il vrai ou faux ? Êtes-vous des nôtres, ou n'en êtes-vous pas ? » (II, 4, p. 90). Hannah Arendt nous invite également à la prudence à l'égard de nos certitudes, lorsqu'elle nous rappelle à quel point les faits sont fragiles, et sujets à la déformation : « L'historien sait à quel point est vulnérable la trame des réalités parmi lesquelles nous vivons notre existence quotidienne » (*Du mensonge en politique*, p. 15).

### [b. Loin de nous desservir, une telle prise de conscience est un préalable indispensable à la réussite de toute action de persuasion]

Soucieux d'arriver à ses fins et d'assassiner Alexandre, Lorenzo n'en est pas pour autant amené à se croire définitivement au-dessus de tout soupçon. Son inquiétude l'incite à se montrer particulièrement prudent, et à ne pas éveiller les doutes d'Alexandre, par exemple en feignant de s'inquiéter pour la disparition de la cotte de mailles (« Avez-vous retrouvé votre cotte de mailles ? », IV, 1, p. 152), ou de se préoccuper de la sécurité du duc juste avant le meurtre (« Il est bon d'avoir toujours une arme sous la main », IV, 11, p. 180). Dans le roman de Laclos, les personnages sont eux aussi attentifs à ne pas surestimer leurs forces. Conscient de la difficulté à conquérir la présidente de Tourvel, Valmont dit ne devoir sa victoire, dans cette « campagne pénible », qu'à « de savantes manœuvres » (lettre CXXV, p. 400), par exemple lorsqu'il veille à ce que le regard de la présidente ne tombe pas sur le portrait de son époux (*ibid.*, p. 402). De même, si l'on prête attention à l'argumentation d'Hannah Arendt, on remarque qu'elle adopte un certain recul à l'égard de ses propres croyances. Elle explique ainsi être revenue sur son idée selon laquelle les États-Unis mèneraient une politique impérialiste (*Du mensonge en politique*, p. 66). Un tel aveu, loin de fragiliser son raisonnement, donne au contraire des preuves de son honnêteté intellectuelle, et rend son propos d'autant plus convaincant.

### [c. Aucune action humaine ne saurait faire l'économie d'une prise en compte du réel, indépendamment de nos croyances]

Hannah Arendt achève *Vérité et politique* en soulignant que le domaine politique « n'enveloppe pas le tout de l'existence de l'homme et du monde » (p. 336). Il y a des choses que nous ne pouvons pas changer, et sur lesquelles nous ne pouvons pas agir ; et c'est uniquement en tenant compte de ces limites que le politique est à même de « conserver son intégrité et tenir ses promesses » (*ibid.*). Le pragmatisme du cardinal Cibo est constamment souligné dans la pièce de Musset. Il s'oppose à l'idéalisme de la marquise et de Lorenzo, qui, tous deux, échouent dans leur entreprise, pour des raisons certes différentes. Son triomphe final (V, 8, p. 207-208) est celui du réalisme politique, comme le symbolise bien la dernière scène où Côme de Médicis remplace Alexandre. Laclos, dans *Les Liaisons dangereuses*, semble également suggérer la nécessité d'une prise en compte du réel et d'une mise à distance de nos croyances. C'est précisément parce qu'elle tend à se prendre pour une divinité toute-puissante (« Me voilà comme la Divinité », lettre LXIII, p. 211) que la marquise de Merteuil finit par aller à sa perte. On notera à cet égard qu'elle refuse de voir l'imminence de sa ruine : « Ce n'est pas que je sois inquiète de l'événement ; d'abord j'ai raison, tous mes avocats me l'assurent » (lettre CXIII, p. 371).

## Sujet 5

« Qui posséda jusqu'à aujourd'hui l'éloquence la plus convaincante ? Le roulement du tambour : et aussi longtemps que les rois le tiendront en leur pouvoir, ils demeureront toujours les meilleurs orateurs et fomenteurs de soulèvements populaires » (Friedrich Nietzsche, *Le Gai Savoir* (V, 175), trad. Patrick Wotling, GF-Flammarion, 2007, p. 201).
Votre lecture des trois œuvres au programme vous permet-elle de souscrire à ce propos ?

**ANALYSE DES TERMES DU SUJET :** S'interrogeant de façon impertinente sur l'éloquence politique, Nietzsche estime que le meilleur moyen d'agir sur les foules n'est autre que « le roulement du tambour ». Peut-être le philosophe pense-t-il ici à l'exécution publique, qui permet de régner par la peur du châtiment ; mais, de façon plus essentielle, Nietzsche souligne l'importance de la mise en scène du pouvoir par lui-même, qui permettrait aux dirigeants d'impressionner les foules et d'obtenir d'elles des actions. Bien sûr, la réflexion nietzschéenne est pour le moins provocatrice. Elle suggère qu'un exercice efficace du pouvoir repose essentiellement sur la mystification : il s'agirait, pour celui-ci, de déployer à travers des cérémonies et des rituels une véritable dramaturgie, grâce à laquelle il ferait croire en sa légitimité et en son infaillibilité. En d'autres termes, l'adhésion des collectivités humaines au pouvoir s'appuierait moins sur la rationalité que sur la croyance et sur une sorte de sidération pour les artifices de la mise en scène. Toutefois, si séduisante soit-elle, une telle conception du pouvoir demeure réductrice, Nietzsche semblant faire de celui-ci un dispositif théâtral n'ayant pour but que de manipuler les imaginations. Or, les détenteurs du pouvoir ont d'abord vocation à agir sur la réalité, dont ils ne peuvent s'affranchir sans que leur discours ne tourne à vide.

**PROBLÉMATIQUE :** Si le « roulement du tambour » est l'arme principale du pouvoir, quelle place celui-ci peut-il donner à la prise en compte de la réalité ?

## [I. CERTES, LA THÉÂTRALITÉ PERMET AUX « ROIS » DE FAIRE CROIRE EN LEUR POUVOIR]

### [a. Le pouvoir n'a de cesse de se mettre en scène]

Alexandre de Médicis, dans la pièce de Musset, apparaît fréquemment entouré d'une cour de personnages, comme le montrent les didascalies : « *Une cour du palais du duc.* LE DUC ALEXANDRE, *sur une terrasse ; des pages exercent des chevaux dans la cour* » (I, 4, p. 46) ; « *On sonne à la porte d'entrée. La cour se remplit de pages et de chevaux* » (II, 4, p. 91). La présence d'un public semble ainsi nécessaire à l'expression de la puissance ducale. Hannah

Arendt, dans *Vérité et politique*, écrit quant à elle que le pouvoir politique a besoin de s'appuyer sur l'opinion : « même le plus autocratique des souverains ou des tyrans ne pourrait jamais accéder au pouvoir [...] sans l'appui de ceux qui sont du même avis » (p. 296). C'est ce qui permet de comprendre l'intégration des méthodes issues de la publicité dans la propagande gouvernementale (*ibid.*, p. 325). Dans le roman de Laclos, la question du pouvoir est omniprésente à travers les jeux de manipulation auxquels se livrent les libertins. La marquise de Merteuil manifeste notamment avec Valmont un sens aigu de la mise en scène de soi pour obtenir ce qu'elle veut. Au début du roman, elle se présente sous l'aspect d'une gente dame qui envoie le vicomte en mission (« jurez-moi qu'en fidèle chevalier... », lettre II, p. 81). Un tel discours fait aussitôt son effet, sans que Valmont n'en soit dupe : « Vos ordres sont charmants ; votre façon de les donner est plus aimable encore ; vous feriez chérir le despotisme » (lettre IV, p. 84).

*[b. La théâtralité constitue un moyen pour le pouvoir de faire croire en son infaillibilité]*

La fin de *Lorenzaccio* est à cet égard exemplaire. L'intronisation de Côme de Médicis s'opère selon les codes d'une cérémonie religieuse : le nouveau duc prononce son serment « [s]ur l'Évangile » (V, 8, p. 208), et apparaît face au peuple avec le cardinal Cibo. Cette mise en scène a aussi pour fonction de faire oublier le geste de Lorenzo et de réaffirmer la mainmise de Charles Quint et du pape sur Florence. Hannah Arendt, de même, souligne que les préoccupations de la bureaucratie états-unienne lors de la débâcle ne portaient pas sur des objectifs concrets, mais « relevaient essentiellement d'une réalité subjective » (*Du mensonge en politique*, p. 54). En ce sens, l'idée était de soigner la réputation des États-Unis et de convaincre la communauté internationale qu'il s'agissait toujours de « la plus grande puissance du monde » (*ibid.*, p. 29) : « L'objectif était désormais la formation même de cette image, comme cela ressort à l'évidence du langage utilisé par les spécialistes de la solution des problèmes, avec ses termes de "scénarios" et de "publics", empruntés au vocabulaire du théâtre » (*ibid.*, p. 30). En ce qui concerne Merteuil, elle explique bien que son pouvoir tient au double jeu qui lui vaut les bonnes grâces du parti dévot en même temps que le respect des « femmes à prétentions » (lettre LXXXI, p. 268), ce qui l'autorise à se vanter de ses succès et de sa puissance face à Valmont : « Et qu'avez-vous donc fait, que je n'aie surpassé mille fois ? » (*ibid.*, p. 261).

*[c. La force du pouvoir apparaît donc comme un objet de croyance, plus que comme une réalité objective]*

La pièce de Musset met en scène un pouvoir affaibli ; le duc Alexandre apparaît en effet comme un être velléitaire, débauché et s'en remettant entièrement à Lorenzo (I, 1, p. 27-31). Le rétablissement du pouvoir ne tient finalement qu'aux manœuvres du cardinal Cibo qui sait user de sa fonction religieuse pour arriver à ses fins et faire de Côme de Médicis le nouveau duc, sous les acclamations : « Vive Médicis ! Il est duc, duc ! il est duc » (V, 8, p. 207). Dans *Les Liaisons dangereuses*, le pouvoir dont bénéficie la marquise ne tient qu'à la croyance qu'ont les autres personnages en sa vertu, indépendamment de toute réalité. Au moment de l'affaire Prévan, elle joue le rôle de la vertu outragée aussi bien devant les membres de l'aristocratie (lettre LXXXVI, p. 289-290) que devant ses domestiques qui « s'indign[e]nt qu'on [ait] osé manquer à *leur vertueuse maîtresse* » (lettre LXXXV, p. 288). Décrivant la défaite états-unienne au Vietnam, Hannah Arendt rappelle que les États-Unis disposent « d'une supériorité en puissance de feu équivalant à 1 000 contre 1 », ce qui invite à voir dans ce conflit une « reprise, spectaculaire et inattendue, du triomphe de David sur Goliath » (*Du mensonge en politique*, p. 50-51). Le mythe de la plus grande puissance mondiale en est fragilisé ; et la défaite laisse penser que la toute-puissance états-unienne n'existe en réalité que dans l'imagination des « spécialistes de la solution des problèmes » (*ibid.*, p. 56), qui ont oublié que « même [les États-Unis] ne pouvai[ent] pas se permettre de dépasser certaines limites de dépenses sans courir à la faillite » (*ibid.*, p. 57).

**TRANSITION :** Même si la théâtralisation est assurément un élément essentiel du pouvoir, la conception nietzschéenne de la politique apparaît ici réductrice.

## [II. MAIS LE POUVOIR NE SAURAIT S'APPUYER UNIQUEMENT SUR SA CAPACITÉ À SE METTRE EN SCÈNE]

### [a. Le pouvoir ne saurait faire l'économie de la prise en compte des faits et de moyens concrets]

Le cardinal Cibo compte évidemment sur le déploiement d'une mise en scène religieuse pour affirmer le pouvoir de Côme. Mais il prend également soin de mobiliser une grande force militaire afin d'étouffer de potentielles révoltes : « Le cardinal a écrit pareillement à Pise, à Arezzo, et à Pistoie, aux commandants militaires » (V, 1, p. 188). De même, Laclos montre bien comment les libertins tirent parti des circonstances matérielles pour triompher. Par exemple, Valmont, pour se jouer de l'amant d'Émilie avec l'aide de cette dernière, veille à l'enivrer : « Elle se prêta pourtant, après quelques façons, au projet que je donnai, de remplir de vin ce petit tonneau à bière, et de le mettre ainsi hors de combat pour toute la nuit » (lettre XLVII, p. 178). Arendt rappelle que l'échec états-unien au Vietnam tient au « refus délibéré et obstiné, depuis plus de vingt-cinq ans, de toutes les réalités, historiques, politiques et géographiques » (*Du mensonge en politique*, p. 49).

*[b. Pour être crédible, le pouvoir doit s'appuyer sur la vérité]*

Hannah Arendt note que « la vérité [...] jouit d'un statut plutôt précaire aux yeux des gouvernements qui reposent sur le consentement et qui abhorrent la coercition » (*Vérité et politique*, p. 306-307). Toutefois, la prise en compte de la réalité permet aussi de guider et d'orienter l'action politique pour qu'elle ne quitte pas le domaine du réalisable : « Conceptuellement, nous pouvons appeler la vérité ce que l'on ne peut pas changer ; métaphoriquement, elle est le sol sur lequel nous nous tenons et le ciel qui s'étend au-dessus de nous » (*ibid.*, p. 336). Dans *Les Liaisons dangereuses*, une mise en scène trop contradictoire avec la réalité échoue à convaincre. Valmont, qui a réussi à se faire surprendre avec Émilie par la présidente de Tourvel (lettre CXXXVIII, p. 437), estime que l'événement suffit à convaincre la marquise de Merteuil qu'il n'est pas amoureux. Or cette scène ne parvient pas à faire oublier l'attachement qu'il éprouve pour la présidente de Tourvel et qu'il confie lui-même (« L'ivresse fut complète et réciproque », lettre CXXV, p. 408). Dès lors, on comprend que la marquise lui rétorque : « vous faites-vous illusion à vous-même, ou cherchez-vous à me tromper ? » (lettre CXLI, p. 443). Lorenzo échoue car il finit par dilapider ses capacités de persuasion à force de se mentir à lui-même et aux autres. Ainsi, au lieu d'inviter les républicains à se tenir prêts, le héros de Musset met un point d'honneur à tourner en dérision leur combat : « Je suis des vôtres, mon oncle. Ne voyez-vous pas à ma coiffure que je suis républicain dans l'âme ? » (II, 4, p. 91).

*[c. L'unique préoccupation de la théâtralité peut égarer le pouvoir]*

Hannah Arendt nous invite à prendre nos distances avec le mythe de la toute-puissance de la communication. Elle se moque ainsi des politiciens qui « croient en la toute-puissance de la manipulation sur l'esprit des hommes et pensent qu'elle peut permettre de dominer réellement le monde » (*Du mensonge en politique*, p. 31). Pour susciter l'adhésion de la collectivité, il est nécessaire de s'appuyer sur la vérité. Dans le cas contraire, selon Arendt, « l'ensemble de l'opération destinée à tromper ne manquera pas de tomber à plat » (*ibid.*, p. 48). Dans la pièce de Musset, les confédérés tiennent absolument à ce que Philippe Strozzi prenne la tête de l'opération, mais ce dernier perd courage au dernier moment. L'attachement des républicains pour les symboles cause ainsi leur perte, comme le dit Pierre Strozzi : « Ce qui fait bien pour la cause, ce sont vos femmes et vos enfants qui meurent de faim, entendez-vous ? Le nom de Philippe leur remplira la bouche, mais il ne leur remplira pas le ventre » (IV, 8, p. 174). On peut enfin noter que la marquise rechigne à prendre au sérieux son procès. Elle refuse de perdre la face devant le vicomte, au point de s'aveugler sur ce qui la menace : « Ce n'est pas que je sois inquiète de l'événement » (lettre CXIII, p. 371).

**Transition :** Le discours politique qui souhaite engendrer l'action ne peut faire l'économie d'une recherche d'équilibre. Il s'agit de susciter l'adhésion de la collectivité, et en même temps de ménager une place pour l'esprit critique.

## [III. L'EXERCICE VERTUEUX DU POUVOIR REPOSE SUR UN ÉQUILIBRE ENTRE PRISE EN COMPTE DE LA RÉALITÉ ET THÉÂTRALITÉ]

### [a. La mise en scène du pouvoir a des vertus]

Hannah Arendt rappelle à la fin de son propos la noblesse de « la vie politique », qui consiste aussi à nous mettre en scène, à « apparaître en public », de façon à « nous insérer dans le monde par la parole et par l'action » (*Vérité et politique*, p. 336). Dès lors, la mise en scène n'est pas qu'une façon de subjuguer l'opinion ; elle est aussi un moyen pour le pouvoir d'emporter l'adhésion au cœur du débat. Cela se vérifie dans *Lorenzaccio*, où Philippe Strozzi ne comprend pas pourquoi Lorenzo ne s'est pas fait connaître après son geste : « Pourquoi n'es-tu pas sorti la tête du duc à la main ? Le peuple t'aurait suivi comme son sauveur et son chef » (V, 2, p. 193). On retrouve aussi cette idée chez Laclos, lorsque Valmont, venant en aide à la famille de paysans, insiste sur la manière dont il fédère son assistance autour de lui : « Après cette action si simple, vous n'imaginez pas quel chœur de bénédictions retentit autour de moi de la part des assistants ! » (lettre XXI, p. 119). Certes, il s'agit ici d'une mystification destinée à attendrir la présidente de Tourvel ; mais le romancier nous invite aussi à imaginer un autre Valmont qui, au lieu d'utiliser vainement ses richesses à des fins manipulatrices, s'en servirait pour aider sincèrement les plus pauvres.

### [b. L'incapacité de susciter la croyance est pour cette raison le meilleur moyen d'aller droit à l'échec]

Le fiasco de la marquise Cibo le révèle amplement : à trop compter sur la seule vérité, elle finit par lasser Alexandre (III, 6, p. 140-145). Mais on peut aussi le dire de Lorenzo qui refuse de susciter l'espoir, soit par sa mélancolie (« Ta tristesse me fend le cœur », III, 3, p. 129), soit par désillusion : « Allons, calme-toi. – Il n'y a rien de sauvé que moi, qui ai les reins brisés par les chevaux de l'évêque de Marzi », rétorque-t-il à Philippe qui s'exclame que la liberté est sauvée (V, 2, p. 192). De même, Hannah Arendt explique que les experts états-uniens, ayant échoué à se rendre crédibles auprès du plus grand nombre, ont eu tendance à s'enfermer dans une « tour d'ivoire » et à « ne pas prêter attention au fait que leur public refusait de se laisser convaincre » (*Du mensonge en politique*, p. 53). De même, le roman de Laclos indique bien que la mise en scène de soi est essentielle dans le cadre des rapports sociaux. Merteuil conseille ainsi à Cécile de corriger son style et de dissimuler davantage sa pensée : « Vous écrivez toujours comme un enfant. Je vois bien d'où cela vient ; c'est que vous dites tout ce que vous pensez, et rien de ce que vous ne pensez pas » (lettre CV, p. 347). Incapable de feindre, Cécile est une proie facile pour les libertins.

*[c. La croyance en la théâtralité n'implique pas de renoncer à l'esprit critique]*

Selon Hannah Arendt, l'Académie possède une fonction politique essentielle qui est d'abriter des « refuges de la vérité » (*Vérité et politique*, p. 332). On comprend que de tels lieux, en ménageant les conditions d'une recherche de la vérité indépendante du pouvoir politique, apportent un équilibre aux procédés de théâtralisation. De même, dans *Lorenzaccio*, à travers son personnage principal extrêmement ambigu, Musset nous enjoint à concilier esprit critique et adhésion empathique. La souffrance née de la duplicité de Lorenzo suscite l'empathie du lecteur ; mais sa mauvaise foi après son meurtre (« J'ai laissé le cerf aux chiens – qu'ils fassent eux-mêmes la curée », V, 2, p. 193) nous distancie de lui. Quant au roman de Laclos, il concilie le plaisir du romanesque et l'esprit critique. D'un côté, le lecteur est incité à croire en la réalité de cette correspondance (voir la « Préface du rédacteur », p. 72-73) ; mais, d'un autre, le romancier, en nous donnant accès à l'ensemble de la correspondance, nous laisse juges des actions des personnages, inscrivant ainsi sa création romanesque dans la perspective rationaliste des Lumières.

## III. Résumés corrigés

### Résumé de type Centrale-Supélec

*S'acheter une vie*, Zygmunt Bauman

Alors que la société de consommation fonde son argumentation sur la promesse de satisfaire les désirs humains à un niveau qu'aucune société antérieure n'a jamais pu atteindre, ni même rêvé d'atteindre, cette promesse de satisfaction ne garde son charme que tant que le désir demeure *insatisfait* ; plus important encore, tant qu'on n'est pas « *entièrement* satisfait » ; autrement dit, tant que le client ne croira pas que les désirs qui ont motivé et mis en mouvement la quête de satisfaction et provoquèrent les expérimentations consuméristes auront été véritablement et pleinement satisfaits.

Les « ouvriers traditionnels » faciles à satisfaire – qui refusaient de travailler plus qu'il n'était nécessaire pour assurer la pérennité du mode de vie courant – étaient le cauchemar de la société naissante des producteurs. La société des consommateurs, l'industrie de la consommation et les Bourses de marchandises ont quant à elles tout à craindre des « consommateurs traditionnels ». Ceux-ci sont en effet guidés par les besoins familiers d'hier, ravis de rester aveugles et sourds aux flatteries et aux appâts de la Bourse de marchandises, pour mieux s'en tenir à leurs vieilles habitudes. Un seuil de rêves peu élevé, un accès facile aux biens permettant d'atteindre ce seuil, et une croyance en des limites objectives, difficiles ou impossibles à négocier, aux besoins « authentiques » et aux désirs « réalistes » : voilà les plus redoutables adversaires de l'économie axée sur la consommation. Adversaires qu'il convient de pousser dans l'oubli. Quant aux véritables volants de l'économie axée sur le consommateur, ils sont au nombre de deux : la *non*-satisfaction des désirs ; la conviction inébranlable, constamment renouvelée et renforcée de ce que chaque tentative visant leur satisfaction a échoué (entièrement ou non), laisse beaucoup à désirer, et pourrait être améliorée.

Le gouffre béant qui sépare la promesse de l'exécution n'est ni un signe de dysfonctionnement, ni l'effet secondaire d'une négligence ou le résultat d'une erreur de calcul. *Le domaine de l'hypocrisie s'étendant entre les croyances populaires et les réalités de la vie des consommateurs est une condition nécessaire au bon fonctionnement de la société des consommateurs.* Si l'on veut poursuivre la quête de satisfactions, et si de nouvelles promesses veulent avoir du charme, alors les promesses déjà faites doivent être trahies et les espoirs de satisfaction frustrés. Chaque promesse *doit* être fourbe, ou du moins exagérée, au risque que la quête s'interrompe, ou bien que son zèle (mais aussi son intensité) passe en dessous du niveau nécessaire à la circulation des marchandises de l'usine au magasin et du magasin à la poubelle. Sans cette frustration répétitive des désirs, la demande de consommation s'assécherait bien vite, et l'économie axée sur le consommateur s'essoufflerait. C'est

l'excès du total des promesses qui neutralise la frustration née des imperfections ou des défauts de chacune. C'est lui aussi qui empêche les frustrations accumulées de saper la confiance en l'efficacité ultime de la quête.

En plus d'être une économie de l'excès et du déchet, le consumérisme est aussi, pour cette raison-là, une *économie de la tromperie*. Il parie sur l'*irrationalité* des consommateurs, et non sur leurs évaluations motivées et pondérées. Il parie sur la provocation d'*émotions* consuméristes, et non sur la culture de la *raison*. À l'instar de l'excès et du déchet, la tromperie n'est pas le signe d'un dysfonctionnement de l'économie de consommation. Au contraire, elle est un symptôme de sa bonne santé, un signe qu'elle se maintient sur la bonne voie. C'est la marque distinctive du seul régime sous lequel une société des consommateurs peut voir sa survie garantie.

La mise au rebut des offres de consommation successives dont on espérait (d'après leur promesse) qu'elles satisferaient les désirs existants et à venir laisse après elle des montagnes d'attentes déçues. Le taux de mortalité des attentes est élevé ; dans une société de consommation en bon état de marche, il doit augmenter régulièrement. L'espérance de vie des espoirs est minuscule ; seul un décuplement intense de leur fertilité, allié à un taux de natalité incroyablement élevé, peut leur épargner le dépeuplement et l'extinction. Si l'on veut maintenir en vie de nouvelles attentes, et si l'on tient à ce que de nouveaux espoirs viennent vite remplir le vide laissé par les espoirs déjà discrédités et rejetés, il convient de raccourcir le trajet menant du magasin à la poubelle. Le raccourcir et le faciliter.

Un autre trait crucial de la société des consommateurs la distingue de toutes les autres dispositions connues visant au « maintien des modèles culturels » et à la « gestion des tensions » (pour reprendre les conditions préalables que Talcott Parsons affectait à un système auto-équilibrant). Y compris les plus ingénieuses parmi celles-là.

La société des consommateurs a développé, à un degré sans précédent, la capacité d'absorber toutes les dissensions qu'elle engendre inévitablement (au même titre que d'autres types de société). Elle les absorbe, puis elle les recycle pour en faire une ressource majeure de ses propres reproduction, renforcement et expansion.

La société des consommateurs tire son hostilité et sa vitesse du mécontentement qu'elle produit avec maestria. Elle fournit un bel exemple d'un processus que Thomas Mathiesen décrivait récemment : la « silencieuse réduction au silence ». Mathiesen désigne ainsi l'utilisation du stratagème d'« absorption » pour tuer dans l'œuf le dissentiment et la protestation générés et répandus par le système. En d'autres termes, « les attitudes et les actions qui, à l'origine, sont transcendantes » – qui menacent le système d'explosion ou d'implosion – « sont intégrées dans l'ordre dominant, de telle sorte que les intérêts dominants soient toujours servis. C'est ainsi qu'on les rend inoffensives vis-à-vis de l'ordre dominant ». J'ajouterai qu'on les convertit en ressource capitale du renforcement et de la reproduction continue de cet ordre.

La principale manière par laquelle on a coutume de réaliser cela serait inconcevable en l'absence du cadre moderne liquide de la société et de la culture consuméristes. Cadre qui se caractérise par un dérèglement et une déroutinisation très avancés de la conduite humaine, en relation directe avec un affaiblissement et/ou un effondrement des liens entre les hommes – souvent désignés par l'expression « individualisation ».

La « vie de shopping » a pour principal attrait d'offrir une profusion de nouveaux départs et de résurrections (des occasions de « renaître »). Pour frauduleuse et au final frustrante que cette offre puisse paraître, la stratégie qui consiste à porter une attention continue à la fabrication et à la refabrication de l'auto-identité, à l'aide de kits d'identité fournis par le marché, demeure la seule stratégie crédible ou « raisonnable » dans un cadre instable, de type kaléidoscopique. Cadre au sein duquel les « projets de toute une vie » et les planifications à long terme ne constituent pas des propositions réalistes, et sont perçus comme insensés et malavisés. En même temps, l'excès, potentiellement handicapant, d'informations « objectivement disponibles » par rapport à la capacité d'absorption et de recyclage de l'esprit se traduit par un excès permanent de choix de vie par rapport au nombre de réincarnations testées en pratique et disponibles à l'examen et à l'évaluation.

Zygmunt Bauman, S'acheter une vie, trad. Christophe Rosson, Arles, Chambon, 2008, p. 65-68.

## Observation préalable

Le texte de Zygmunt Bauman n'est pas d'une lecture aisée. Si les mécanismes du consumérisme sont assez connus, le sociologue, soucieux de dépasser la seule condamnation morale, les aborde ici avec une grande précision. La densité du texte, mais aussi le caractère parfois très synthétique, voire allusif, de certains concepts et raisonnements (paragraphes 9 et 10), sont également des facteurs de complexité.

## Résumé synthétique

La frustration que génère la société de consommation, loin d'être une menace pour cette dernière, est au contraire l'un de ses mécanismes de fonctionnement ; si bien que l'on peut parler à son propos d'une économie de la tromperie.

## Construction du texte

### I. La société de consommation repose sur l'insatisfaction permanente des consommateurs.

(§ 1) La société de consommation promet à ses membres un bonheur qui n'a sans doute jamais connu d'équivalent dans l'histoire humaine. **Pourtant**, force est de reconnaître que ces promesses ne sont pas faites pour être tenues, et que les consommateurs sont laissés dans une frustration permanente. (§ 2) Pour fonctionner, **la société de consommation nécessite un certain type** d'individus. Les consommateurs traditionnels, ceux dont les désirs sont limités, sont pour cette raison les ennemis principaux de la société de consommation, qui ne cesse d'élargir le champ de notre désir. Ils doivent **donc** être écartés, de façon à permettre la bonne application de deux principes : ***d'une part***, ne pas satisfaire les désirs des individus et ne pas mettre un terme à leur frustration ; ***d'autre part***, leur laisser croire que la prochaine tentative pour les satisfaire sera plus concluante.

**II. Cette insatisfaction n'est cependant pas une anomalie mais un véritable mode de fonctionnement.**

(§ 3) L'écart entre la promesse et la réalisation est le principe même sur lequel repose la société de consommation, qui a besoin que les désirs soient constamment frustrés pour les renouveler à coup de nouvelles promesses. (§ 4) Le consumérisme est **ainsi** une économie de la tromperie, qui ne mobilise pas l'intelligence des êtres humains, mais leur irrationalité. Cette tromperie est la condition *sine qua non* de la perpétuation de la société de consommation. (§ 5) Tout l'intérêt de celle-ci est d'accélérer le cycle des attentes et des désirs.

**III. La grande force de la société de consommation est aussi sa capacité à neutraliser les tensions qu'elle engendre nécessairement et à les utiliser à son profit.**

(§ 6 à 8) Cette opération n'est rendue possible que par le cadre de vie des consommateurs, marqué par l'éclatement des repères et la perte du lien avec les autres. (§ 9-10) Face à l'incertitude des projets sur le long terme, la meilleure option, pour les consommateurs, semble être de s'abandonner au tourbillon incessant de choix de vie offert par la société de consommation, qui donne l'illusion d'un nouveau départ renouvelable à l'infini. Une offre pléthorique qui dépasse, de fait, les capacités pratiques et critiques des consommateurs.

> #### Conseils méthodologiques
>
> ▪ L'auteur procède parfois à des détours qui lui permettent de clarifier au mieux sa pensée. Par exemple, il évoque, dans le deuxième paragraphe, les « ouvriers traditionnels » pour les comparer avec les « consommateurs traditionnels ». Nous devons naturellement en tenir compte dans notre lecture ; mais, dans le cadre de l'épreuve de résumé, il vaut mieux aller directement à l'essentiel.
>
> ▪ Le résumé ne doit pas reconduire les dix paragraphes du texte, conformément aux exigences de l'exercice type Centrale-Supélec qui n'en admet que quatre au maximum.

### Résumé en 203 mots

La civilisation consumériste ne cesse de susciter en nous des rêves de bonheur qui, dans les faits, ne se réalisent jamais, provoquant alors d'autres rêves qui sont à leur tour déçus. Les individus aux désirs de consommation limités sont pour elle des ennemis.

L'écart entre les espérances et / leur concrétisation n'est donc pas une anomalie. Il est la base du consumérisme, qui repose sur la relance permanente du désir. Décevoir les attentes, c'est inciter les consommateurs à se tourner continuellement vers de nouvelles sources de satisfaction. Ce mode de vie dépend, non de leurs capacités à / faire usage de leur entendement, mais de leur propension à se laisser guider par leurs pulsions.

La force de ce modèle réside aussi dans l'efficacité avec laquelle il déjoue sa propre contestation. Loin de provoquer des sentiments de révolte, la frustration vient nourrir la logique consumériste. Ce mécanisme est / rendu possible par l'instabilité et l'incertitude qui caractérisent l'existence contemporaine. Avoir l'illusion de toujours pouvoir recommencer sa vie, comme nous le promet le consumérisme, semble ainsi la stratégie la plus pertinente pour laquelle opter, même si l'excès de l'offre dépasse de fait nos capacités / pratiques et critiques.

## Résumé de type CCINP

### *Le Principe de cruauté*, Clément Rosset

Peu importe en somme qu'une certitude renseigne sur quoi que ce soit de réel : on lui demande seulement d'être certaine. C'est pourquoi l'adhérent fanatique à une cause quelconque se reconnaît principalement à ceci qu'il est au fond totalement indifférent à cette cause et seulement fasciné par le fait que cette cause lui paraît, à un moment donné, pouvoir être tenue pour certaine. Un marxiste convaincu prête peu d'attention aux thèses énoncées par Marx, un stalinien convaincu peu d'attention à la réalité historique et psychologique de Staline : ce qui compte pour eux est l'idée purement abstraite que le marxisme est vrai ou que Staline a raison, idées tout à fait indépendantes de ce qu'écrit Marx ou de ce que fait Staline. L'adoration d'une vérité se double ainsi toujours d'une indifférence à l'égard du contenu de cette vérité même. Il arrive parfois à de tels fanatiques, lorsqu'ils en viennent à douter de leur idole ou de leurs idoles successives, de ne trouver l'apaisement que dans une dévotion envers une cause humble mais indiscutable, par exemple la vérité arithmétique. Celui qui a cru en tout mais aussi douté de tout peut très bien faire, en fin de carrière, un excellent expert-comptable : l'établissement d'additions justes et de comptes exacts lui offrant enfin l'occasion d'une indubitable et interminable jouissance du vrai. Ainsi Bouvard et Pécuchet, après avoir tâté de tout, devaient-ils en revenir, selon le projet de Flaubert, à leur métier initial de copistes et scrupuleux et irréprochables.

La jouissance de nuire à ses proches, souvent ressentie comme prioritaire par rapport à celle de se faire plaisir à soi-même, procède peut-être de cette même idolâtrie de la certitude : du sentiment confus que l'autre éprouvera du déplaisir à coup sûr, alors qu'on n'est pas toujours certain du plaisir qu'on pourrait éprouver quant à soi.

L'indifférence du fanatique à l'égard de son propre fanatisme explique le fait, apparemment paradoxal, que l'entêtement à soutenir une cause se double toujours d'une totale versatilité, qu'il entre dans la nature de la crédulité humaine d'être nécessairement capricieuse et changeante. Car c'est en somme une seule et même chose que d'être crédule et incrédule, fanatique et versatile : puisque l'acte de foi n'est le plus souvent qu'une compensation provisoire de l'incapacité à croire et qu'il est ainsi impossible de distinguer réellement le crédule de l'incrédule ou le fanatique du versatile. En bref, tout fanatique est un sceptique malheureux et honteux de l'être. Ou encore : l'homme est généralement crédule *parce qu'*incrédule, fanatique *parce que* versatile. Spinoza, après Machiavel et Hobbes, remarque bien ce lien entre la crédulité et l'incapacité à croire vraiment, incapacité qui entraîne le crédule à passer perpétuellement d'un objet de croyance à un autre, sans jamais réussir à s'en rassasier : « De la cause que je viens d'assigner à la superstition, il suit clairement que les hommes y sont sujets par nature. [...] On voit en outre qu'elle doit être extrêmement diverse et inconstante, comme sont diverses et inconstantes les illusions qui flattent l'âme humaine et les folies où elle se laisse entraîner ; qu'enfin l'espoir, la haine, la colère et la fraude peuvent seuls en assurer le maintien, attendu qu'elle ne tire pas son origine de la Raison, mais de la Passion seule et de la plus agissante de toutes. Autant par suite les hommes se laissent facilement prendre par tout genre de superstition, autant il est difficile de faire qu'ils persistent dans la même ; bien plus, le vulgaire demeurant toujours également misérable, il ne peut jamais trouver d'apaisement, et cela seul lui plaît qui est nouveau et ne l'a pas encore trompé. »

Je remarquerai en terminant que le goût de la certitude est souvent associé à un goût de la servitude. Ce goût de la servitude, très étrange mais aussi universellement observable depuis qu'il y a des hommes et qu'ils pensent trop, dirais-je pour parodier La Bruyère, s'explique probablement moins par une propension incompréhensible à la servitude pour elle-même que par l'espoir du gain d'un peu de certitude obtenu en échange d'un aveu de soumission à l'égard de celui qui déclare se porter garant de la vérité (sans pour autant, il va de soi, en rien révéler). Incapables de tenir quoi que ce soit pour certain, mais également incapables de s'accommoder de cette incertitude, les hommes préfèrent le plus souvent s'en remettre à un maître qui affirme être dépositaire de la vérité à laquelle ils n'ont pas accès eux-mêmes : tels Moïse face aux Hébreux, Jacques Lacan face à ses fidèles, le prétendu fils du gardien de prison face aux prisonniers, dans l'aphorisme 84 du *Voyageur et son ombre* de Nietzsche, ou encore un autre gardien, celui qui veille sur la loi dans une parabole célèbre de Kafka et accepte tous les pots-de-vin sans pour autant permettre à quiconque d'en percer le secret, face à l'« homme de la campagne ». Plutôt que d'assumer leur ignorance, ils préfèrent troquer leur liberté contre l'illusion que quelqu'un est là qui pense pour eux et sait ce qu'ils ne réussissent pas à savoir.

Clément Rosset, *Le Principe de cruauté*,<br>© Éditions de Minuit, 1988, p. 45-49.

## OBSERVATION PRÉALABLE

La pensée de Clément Rosset, souvent provocatrice, se caractérise par un grand souci de clarté. Cependant, la présence de paradoxes, comme au début du troisième paragraphe, peut désarçonner. Partant d'un constat simple – les hommes supportent mal l'inconfort du scepticisme –, le philosophe éclaire différents aspects de la psychologie humaine.

## RÉSUMÉ SYNTHÉTIQUE

Ne pouvant supporter l'inconfort de l'incertitude, les hommes adhèrent à des articles de foi, moins pour leur contenu, qui peut être faux, que dans l'espoir d'y trouver la certitude dont ils ont besoin.

## CONSTRUCTION DU TEXTE

**I. La certitude offre aux hommes un sentiment de stabilité et de confort.**

(§ 1) Spontanément, on pourrait penser que la certitude permet d'éclairer le réel. ***Mais*** sa fonction première est ***bien plutôt*** de rassurer en offrant une vision certaine de la réalité. ***C'est pourquoi*** l'important n'est pas tant ce sur quoi porte la certitude, que la certitude elle-même, si nécessaire aux hommes que certains fanatiques, au moment où ils perdent foi en leurs certitudes, se reportent sur des articles de foi variés et modestes, à l'instar de l'arithmétique. (§ 2) C'est ***aussi*** le besoin de certitude qui explique, peut-être, le plaisir que l'on éprouve à faire du mal aux autres, acte qui nous garantit un résultat certain (l'autre souffrira), ***alors que*** rechercher notre propre plaisir se prête davantage à l'incertitude.

**II. Le paradoxe de la certitude est toutefois qu'elle implique une certaine inconstance.**

(§ 3) Le fait de croire aveuglément est paradoxalement une réponse à un scepticisme qui nous est insupportable. Le fanatisme est ***donc*** une réponse au scepticisme, ou plus exactement à l'inconfort du scepticisme que les hommes supportent mal ; ***si bien que*** le fanatisme se conjugue aisément avec une certaine versatilité. Croyant puis doutant tout aussi vite de leur objet de croyance, les hommes circulent d'un article de foi à un autre, dans l'espoir vain qu'ils apaiseront leur inquiétude.

**III. *Prolongement* : ce besoin de certitude explique le goût de la servitude.**

(§ 4) Le goût des hommes pour la servitude n'a rien de masochiste ; il s'explique par la puissance du besoin de certitude. On peut ***pour cette raison*** définir la propension des hommes à se plier à la servitude comme résultant d'un échange : ils acceptent de croire celui qui se déclare porteur de la vérité dans la mesure où celui-ci les délivre de l'inconfort de l'incertitude, indépendamment de savoir si ce qu'il dit est vrai ou non.

> **CONSEILS MÉTHODOLOGIQUES**
>
> ■ Le deuxième paragraphe n'apporte pas spécifiquement d'élément nouveau à l'argumentation ; il permet l'introduction d'une comparaison destinée à étayer davantage le propos.
> ■ La difficulté de ce texte est que Clément Rosset, sans doute par plaisir et goût de l'érudition, s'appuie sur de nombreux exemples, souvent littéraires et philosophiques. Dans le cadre du résumé, très bref, il vaut mieux se concentrer sur l'argumentation, et exposer les grandes lignes de la thèse développée par l'auteur.

## Résumé en 98 mots

Être convaincu d'une vérité délivre les hommes de l'incertitude. La nature de cette vérité n'a pas d'importance, l'essentiel étant qu'elle apaise leur besoin de certitude.

L'adhésion exaltée n'est en cela pas incompatible avec l'inconstance. Comme les hommes ne supportent pas l'incertain, ils sont amenés à circuler de croyance en croyance, dans l'espoir de trouver satisfaction.

Ce besoin de certitude éclaire enfin le goût des hommes pour la soumission. Ils acceptent de prêter allégeance à un individu pourvu qu'il mette un terme à l'inconfort du scepticisme.

> **RAPPEL**
>
> On appelle *mot* toute unité typographique signifiante séparée d'une autre par un espace ou un tiret.
> Exemples :
> — *c'est-à-dire* = 4 mots ;
> — *j'espère* = 2 mots ;
> — *après-midi* = 2 mots, mais *aujourd'hui* = 1 mot ;
> — *socio-économique* = 1 mot, puisque les deux unités typographiques n'ont pas de sens à elles seules ;
> — *a-t-il* = 2 mots, car *t* n'a pas une signification propre.
> Attention : un pourcentage, une date, un sigle = 1 mot.

# SEPTIÈME PARTIE

**Répertoire de citations**

*par Nicolas Fréry*

Ce chapitre vise à proposer un répertoire structuré et problématisé de citations susceptibles d'entrer en résonance d'une œuvre du programme à l'autre. Les axes rendent compte des principaux enjeux de l'intitulé « faire croire » : rhétorique, politique, anthropologique, esthétique. Chaque ensemble de trois citations est accompagné d'un bref commentaire qui explicite le rapprochement. Dans la mesure où les œuvres et le thème sont étudiés tout au long de ce manuel, le contexte des citations n'est volontairement pas rappelé. Il va toutefois de soi que dans une dissertation, les citations doivent être restituées dans leur contexte, afin que leur analyse approfondie, à la lumière des termes du sujet, soit partie prenante de la démonstration. Nous ne saurions trop encourager les candidats à s'exercer à établir, sur ce modèle, d'autres parallèles entre les œuvres au programme – sans jamais perdre de vue la question de la croyance et des moyens de la susciter, l'entretenir et l'exploiter.

# I. DE L'ART D'ÊTRE CRU : LA MAÎTRISE RHÉTORIQUE

## A. Discours trompeurs

### 1. Falsifier la réalité

> ■ [...] la négation délibérée de la réalité – la capacité de mentir – et la possibilité de modifier les faits – celle d'agir – sont intimement liées ; elles procèdent l'une et l'autre de la même source : l'imagination. Car il ne va pas de soi que nous soyons capables de *dire* : « le soleil brille », à l'instant même où il pleut [...].
> (*Du mensonge en politique*, p. 14)
>
> ■ J'[...]écrirai une [lettre] à madame de Volanges, dont sûrement elle fera lecture publique et où vous verrez cette histoire telle qu'il faut la raconter.
> (*Les Liaisons dangereuses*, lettre LXXXV, de Merteuil à Valmont, p. 289)
>
> ■ LORENZO. – Avez-vous retrouvé votre cotte de mailles ?
> LE DUC. – Non, en vérité ; j'en suis plus mécontent que je ne puis le dire.
> LORENZO. – Méfiez-vous de Giomo ; c'est lui qui vous l'a volée.
> (*Lorenzaccio*, IV, 1, p. 152-153)

Le locuteur peut trahir le réel en le dissimulant, le travestissant ou le désavouant. Arendt, qui associe l'altération de la réalité par le langage à la transformation des faits par l'action, souligne que ce divorce entre le mot et la chose est une manifestation de la liberté humaine. L'écart entre le discours et le réel trouve à s'exprimer diversement chez un romancier, Laclos, qui juxtapose avec ironie deux récits concurrents du même événement (l'aventure de Prévan contée fidèlement à Valmont et mensongèrement à Mme de Volanges), et chez un dramaturge, Musset, qui fait tenir à Lorenzo un discours en contradiction avec ce qu'a observé le public.

## 2. Langage double

> ■ Selon les documents du Pentagone, [la théorie des dominos] ne semble avoir été acceptée dans son sens littéral que par le comité des chefs d'état-major [...], mais le point important ici est que ceux-là mêmes qui ne l'acceptaient pas l'utilisaient cependant, non seulement dans des déclarations publiques, mais également dans la réflexion préliminaire à leurs décisions.
> (*Du mensonge en politique*, p. 39)
>
> ■ Eh ! peut-être l'action dont vous me louez aujourd'hui perdrait-elle tout son prix à vos yeux, si vous en connaissiez le véritable motif ! (Vous voyez, ma belle amie, combien j'étais près de la vérité.)
> (*Les Liaisons dangereuses*, lettre XXIII, de Valmont à Merteuil, p. 125)
>
> ■ LORENZO [à Alexandre]. – Bon ! Si vous saviez comme cela est aisé de mentir impudemment au nez d'un butor ! Cela prouve bien que vous n'avez jamais essayé.
> (*Lorenzaccio*, II, 4, p. 95)

Si la duplicité triomphe, ce n'est pas seulement parce que l'écart se creuse entre le discours et les convictions réelles (Arendt), c'est parce qu'une même déclaration est susceptible de plusieurs niveaux d'interprétation. Ainsi, quand Valmont reconnaît que sa générosité prétendue avait des motifs intéressés, la présidente ne peut comprendre la portée de ses paroles – au contraire de la marquise qu'il apostrophe dans une parenthèse complice. Quant à Lorenzo, c'est à Alexandre que sa réflexion sur la crédulité des « butors » s'applique : l'énonciation se dédouble, à l'image de l'identité instable du personnage de Musset.

## 3. Quand les mots tournent à vide

> ■ LORENZO. – Pas un mot ? pas un beau petit mot bien sonore ? Vous ne connaissez pas la véritable éloquence. On tourne une grande période autour d'un beau petit mot, pas trop court ni trop long, et rond comme une toupie. On rejette son bras gauche en arrière de manière à faire faire à son manteau des plis pleins d'une dignité tempérée par la grâce ; on lâche sa période qui se déroule comme une corde ronflante, et la petite toupie s'échappe avec un murmure délicieux.
> (*Lorenzaccio*, II, 4, p. 91)

> ■ Il y a déjà quelques jours que nous sommes d'accord, madame de Tourvel et moi, sur nos sentiments ; nous ne disputons plus que sur les mots. C'était toujours, à la vérité, *son amitié* qui répondait à *mon amour* : mais ce langage de convention ne changeait pas le fond des choses [...].
> (*Les Liaisons dangereuses*, lettre XCIX, de Valmont à Merteuil, p. 322)
>
> ■ [...] pour ces spécialistes de la solution des problèmes, accoutumés à transcrire, partout où cela est possible, les éléments de la réalité dans le froid langage des chiffres et des pourcentages, il peut être tout naturel de ne pas avoir conscience de l'effroyable et silencieuse misère que leurs « solutions » – la pacification et les transferts de populations, la défoliation, l'emploi du napalm et des projectiles anti-personnel – réservaient à un peuple « ami » qu'il leur fallait « sauver » [...].
> (*Du mensonge en politique*, p. 31)

« *Words, words, words* » : la célèbre réplique d'*Hamlet* de Shakespeare (II, 2) trouve de nombreux échos dans *Lorenzaccio*, où le héros ne cesse de railler l'universel verbiage, la vanité d'une parole qui s'alimente elle-même sans la moindre incidence sur le réel. Dans *Les Liaisons dangereuses*, Valmont ironise sur le mot trompeur d'*amitié*, qui permet de préserver les apparences de la bienséance. Arendt souligne combien un langage euphémisant dissimule la brutalité de décisions arbitraires. Coupé de la réalité – factuelle, sentimentale, politique –, le langage s'autonomise et tourne à vide, à l'image de la « toupie » qui sert de comparant à Lorenzo.

## B. Emporter l'adhésion

### 1. Détours et alibis

> ■ Convaincu d'ailleurs par la sincérité de mes sentiments, que pour les justifier à vos yeux il me suffit de vous les faire bien connaître, j'ai cru pouvoir me permettre ce léger détour.
> (*Les Liaisons dangereuses*, lettre XXXVI, de Valmont à Mme de Tourvel, p. 151-152)
>
> ■ LE DUC. – Que le diable t'emporte ! C'est toi qui l'as égarée.
> LORENZO. – Si j'étais duc de Florence, je m'inquiéterais d'autre chose que de mes cottes. À propos, j'ai parlé de vous à ma chère tante. Tout est au mieux ; venez donc un peu ici que je vous parle à l'oreille.
> (*Lorenzaccio*, II, 6, p. 105-106)
>
> ■ Étaient invoquées finalement, venant immédiatement après la théorie des dominos, les grandioses motivations stratégiques, basées sur le postulat d'une conspiration communiste monolithique mondiale et celui de l'existence d'un bloc sino-soviétique, et en outre sur l'hypothèse de visées expansionnistes chinoises.
> (*Du mensonge en politique*, p. 41)

Pour convaincre, le locuteur manie le langage oblique et les circonvolutions plus ou moins habiles. Il en va ainsi des explications fallacieuses de Valmont, ou de Lorenzo qui recourt à des transitions abruptes (« à propos [...] ») pour détourner l'attention du duc. Arendt montre combien la prolifération de prétextes spécieux sert à masquer l'arbitraire de l'invasion. Ainsi, la rhétorique de la justification devient-elle un art de la tromperie.

## 2. Prouver : le fait, la raison, le sentiment

> ■ Par hasard, espérez-vous prouver à cette femme qu'elle doit se rendre ? Il me semble que ce ne peut être là qu'une vérité de sentiment, et non de démonstration ; et que pour la faire recevoir, il s'agit d'attendrir et non de raisonner [...].
> (*Les Liaisons dangereuses*, lettre XXXIII, de Merteuil à Valmont, p. 143-144)
>
> ■ LA MARQUISE. – Mais n'as-tu rien, dis-moi – dis-moi donc, toi ! voyons ! n'as-tu donc rien, rien là ? *Elle lui frappe le cœur.*
> (*Lorenzaccio*, III, 6, p. 143)
>
> ■ Et si nous songeons à présent aux vérités de fait [...], nous voyons immédiatement combien elles sont plus vulnérables que toutes les espèces de vérités rationnelles prises ensemble.
> (*Vérité et politique*, p. 294)

Pour emporter l'adhésion du destinataire, plusieurs types de preuves peuvent être mobilisés. Merteuil met ainsi en garde Valmont contre la confusion entre la vérité de sentiment, qui se découvre par le cœur, et la vérité de démonstration, établie rationnellement. Chez Musset, l'appel au cœur échoue autant à persuader le duc que les raisonnements politiques à le convaincre. Plutôt que d'opposer l'ordre de la raison à l'ordre du sentiment, Arendt s'appuie sur la distinction, héritée de Leibniz, entre la vérité de raison et la vérité de fait, qui ne résistent pas de la même façon aux assauts du pouvoir.

## C. Échouer à faire croire

### 1. Interlocuteurs incrédules

> ■ Vous voulez donc, Madame, que je croie à la vertu de M. de Valmont ? J'avoue que je ne puis m'y résoudre, et que j'aurais autant de peine à le juger honnête, d'après le seul fait que vous me racontez, qu'à croire vicieux un homme de bien reconnu, dont j'apprendrais une faute.
> (*Les Liaisons dangereuses*, lettre XXXII, de Mme de Volanges à Mme de Tourvel, p. 140)

> ■ LE DUC. — Allons donc ! je vous dis que j'ai de bonnes raisons pour savoir que cela ne se peut pas.
> LE CARDINAL. — Me faire croire est peut-être impossible ; je remplis mon devoir en vous avertissant.
>
> (*Lorenzaccio*, IV, 10, p. 178)
>
> ■ Les dialogues de Platon nous disent bien souvent combien la thèse socratique [...] se trouvait facilement réfutée sur la place du marché où l'opinion se dressait contre l'opinion et combien Socrate était incapable de la prouver et de la démontrer de manière à satisfaire non seulement ses adversaires, mais aussi ses amis et disciples.
>
> (*Vérité et politique*, p. 311)

Si des interlocuteurs se laissent aisément éblouir, d'autres résistent aux tentatives de persuasion. En la personne de Mme de Volanges, Laclos imagine une incrédule paradoxale qui se défie autant de Valmont qu'elle se fie naïvement à Merteuil. À l'acte IV de *Lorenzaccio*, le duc prête aussi peu attention aux mises en garde du cardinal que Jules César aux présages qui annonçaient son assassinat. Chez Arendt, les obstacles à l'adhésion sont étudiés à partir de l'exemple du dialogue platonicien, où Socrate échoue à convaincre certains de ses adversaires (tel Calliclès dans le *Gorgias*).

## 2. Défaut de crédibilité

> ■ LORENZO. — Peut-être que j'ai tort de leur dire que c'est moi qui tuerai Alexandre, car tout le monde refuse de me croire.
>
> (*Lorenzaccio*, IV, 7, p. 171)
>
> ■ Le fait que les documents du Pentagone n'ont guère apporté de révélations spectaculaires témoigne de l'échec des menteurs à créer un public convaincu auquel eux-mêmes seraient venus se joindre.
>
> (*Du mensonge en politique*, p. 52)
>
> ■ Elle sait donc que j'ai son sort entre les mains ; et quand, par impossible, ces moyens puissants ne l'arrêteraient point, n'est-il pas évident que sa conduite dévoilée et sa punition authentique ôteraient bientôt toute créance à ses discours ?
>
> (*Les Liaisons dangereuses*, lettre LXXXI, de Merteuil à Valmont, p. 270)

L'absence de crédibilité est thématisée selon trois modes différents dans ces textes. Alors que chez Musset, c'est la vérité qui échoue à être reconnue comme vérité (à cause du discrédit dont est frappé Lorenzo), Arendt souligne qu'il est des mensonges qui, en dépit de leur sophistication, sont impuissants à emporter l'adhésion. Quant à Laclos, il montre comment le dupeur peut *ôter créance* à autrui, Merteuil étant prête à déposséder sa servante de tout pouvoir sur elle.

### 3. La revanche des faits ?

> ■ Les faits s'affirment eux-mêmes par leur obstination, et leur fragilité est étrangement combinée avec une grande résistance à la torsion [...].
> (*Vérité et politique*, p. 329)
>
> ■ Pour que rien ne manquât à son humiliation, son malheur voulut que M. de Prévan, qui ne s'était montré nulle part depuis son aventure, entrât dans le même moment dans le petit salon. Dès qu'on l'aperçut, tout le monde, hommes et femmes, l'entoura et l'applaudit [...].
> (*Les Liaisons dangereuses*, lettre CLXXIII, de Mme de Volanges à Mme de Rosemonde, p. 508)
>
> ■ LORENZO. – Eh bien, Philippe, vous ne vouliez pas croire tout à l'heure que j'avais tué Alexandre ? Vous voyez bien que je l'ai tué.
> (*Lorenzaccio*, V, 2, p. 195)

Après avoir étudié méthodiquement l'art de travestir les faits, Arendt montre selon quelles modalités la réalité « prend sa revanche sur ceux qui osent la mettre au défi » (*Vérité et politique*, p. 326). À la fin des *Liaisons dangereuses*, l'humiliation de Merteuil est ainsi symétrique de la réhabilitation de Prévan, dont l'innocence éclate au grand jour. Au dernier acte de *Lorenzaccio*, Lorenzo peut quant à lui révéler triomphalement son – vrai ? – visage, même si la situation politique reste inchangée.

## II. CROYANCE ET EMPRISE : DE LA PERSUASION À LA DOMINATION

### A. Puissance du mystificateur

#### 1. Convaincre et vaincre

> ■ [...] vous m'avez vue, disposant des événements et des opinions, faire de ces hommes si redoutables le jouet de mes caprices ou de mes fantaisies ; ôter aux uns la volonté, aux autres la puissance de me nuire [...].
> (*Les Liaisons dangereuses*, lettre LXXXI, de Merteuil à Valmont, p. 262)
>
> ■ LORENZO. – Ce cœur, jusques auquel une armée ne serait pas parvenue en un an, il est maintenant à nu sous ma main ; je n'ai qu'à laisser tomber mon stylet pour qu'il y entre.
> (*Lorenzaccio*, III, 3, p. 129)

> ■ Il est peut-être naturel que les dirigeants élus – qui doivent tant, ou sont *persuadés* qu'ils doivent tant, aux animateurs de leur campagne électorale – croient en la toute-puissance de la manipulation sur l'esprit des hommes et pensent qu'elle peut permettre de dominer réellement le monde.
> (*Du mensonge en politique*, p. 30-31)

Emporter l'adhésion d'autrui, est-ce l'emporter sur lui ? Les trois œuvres invitent à interroger les continuités entre art d'être cru et emprise sur autrui. Les différents sens du mot *autorité* – « pouvoir de se faire obéir » et « créance qu'inspire un homme, une chose » (*Littré*) – seraient ainsi liés. En dupant les hommes, Merteuil acquiert un pouvoir réel sur eux ; Lorenzo parvient par la ruse à un résultat inatteignable par la force des armes ; Arendt montre que les dirigeants entendent en imposer à autrui pour imposer leurs vues.

### 2. Légitimité du mensonge ?

> ■ La véracité n'a jamais figuré au nombre des vertus politiques, et le mensonge a toujours été considéré comme un moyen parfaitement justifié dans les affaires politiques.
> (*Du mensonge en politique*, p. 13)
>
> ■ LORENZO. – Il fallait donc entamer par la ruse un combat singulier avec mon ennemi. […] Je voulais arriver à l'homme, me prendre corps à corps avec la tyrannie vivante, la tuer, porter mon épée sanglante sur la tribune […].
> (*Lorenzaccio*, III, 3, p. 127-128)
>
> ■ […] n'avez-vous pas dû en conclure que, née pour venger mon sexe et maîtriser le vôtre, j'avais su me créer des moyens inconnus jusqu'à moi ?
> (*Les Liaisons dangereuses*, lettre LXXXI, de Merteuil à Valmont, p. 262)

La traditionnelle question de l'axiologie du mensonge – peut-il y avoir légitimité à trahir la vérité ? – se pose différemment dans les trois œuvres. Le réalisme politique, qui justifierait les moyens par la fin, fait l'objet d'une discussion approfondie chez Arendt. Dans *Lorenzaccio*, c'est en devenant un virtuose de la simulation que Lorenzo projette de libérer Florence, la ville-mère, d'un tyran qui l'asservit. Quant à Merteuil, elle interprète sa plongée dans le mal comme une revanche individuelle sur une société dominée par les hommes.

## B. Manipuler l'opinion

### 1. Maîtriser son image

> ■ [...] je me montrai comme une femme sensible, mais difficile, à qui l'excès de sa délicatesse fournissait des armes contre l'amour.
> (*Les Liaisons dangereuses*, lettre LXXXI, de Merteuil à Valmont, p. 268)
>
> ■ LORENZO. – Je suis devenu vicieux, lâche, un objet de honte et d'opprobre – qu'importe ? ce n'est pas de cela qu'il s'agit.
> (*Lorenzaccio*, III, 3, p. 128)
>
> ■ Faire de la présentation d'une certaine image la base de toute une politique – chercher, non pas la conquête du monde, mais à l'emporter dans une bataille dont l'enjeu est « l'esprit des gens » – voilà bien quelque chose de nouveau dans cet immense amas de folies humaines enregistré par l'histoire.
> (*Du mensonge en politique*, p. 30)

La force de conviction tient à l'*ethos*, l'image de soi construite dans le discours. Moins que leur moi réel, les dupeurs cultivent un moi imaginaire. L'image que Merteuil se construit d'elle est valorisante, alors que Lorenzo œuvre sciemment à renvoyer une image dégradante de sa personne. Arendt montre comment, pendant la guerre froide, le principal champ de bataille a pu en venir à être celui de l'imagination.

### 2. Hantise de la réputation

> ■ [...] car il ne faut pas fâcher les vieilles femmes ; ce sont elles qui font la réputation des jeunes.
> (*Les Liaisons dangereuses*, lettre LI, de Merteuil à Valmont, p. 187)
>
> ■ Ce qu'indiquent bien les documents du Pentagone, c'est la hantise de la défaite et de ses conséquences, non sur le bien-être de la nation, mais « sur la *réputation* des États-Unis et de leur Président ».
> (*Du mensonge en politique*, p. 27)
>
> ■ PHILIPPE. – [...] j'ai laissé l'ombre de ta mauvaise réputation passer sur mon honneur, et mes enfants ont douté de moi en trouvant sur ma main la trace hideuse du contact de la tienne.
> (*Lorenzaccio*, III, 3, p. 122)

Le pouvoir d'un individu dépend des discours qui circulent sur lui dans le monde. Dans un énoncé sous forme de maxime, Merteuil insiste sur la puissance des aînées, qui règnent sur l'opinion mondaine. Arendt montre comment préserver sa propre réputation est devenu la priorité du gouvernement des États-Unis au détriment de toute considération morale. Dans *Lorenzaccio*, Philippe est l'un des rares personnages à ne pas être leurré par la réputation infamante de Lorenzo.

## C. Usages du secret

### 1. Arcana imperii

■ LE CARDINAL. – Je voulais dire que le duc est puissant, qu'une rupture avec lui peut nuire aux plus riches familles ; mais qu'un secret d'importance entre des mains expérimentées peut devenir une source de biens abondante.
(*Lorenzaccio*, II, 3, p. 84)

■ Descendue dans mon cœur, j'y ai étudié celui des autres. J'y ai vu qu'il n'est personne qui n'y conserve un secret qu'il lui importe qui ne soit point dévoilé : vérité que l'antiquité paraît avoir mieux connue que nous, et dont l'histoire de Samson pourrait n'être qu'un ingénieux emblème. Nouvelle Dalila, j'ai toujours, comme elle, employé ma puissance à surprendre ce secret important.
(*Les Liaisons dangereuses*, lettre LXXXI, de Merteuil à Valmont, p. 268-269)

■ Ce qu'il y a de plus remarquable dans toute cette affaire c'est que [...] « ceux qui ont pu lire ces documents dans le *Times* ont été les premiers à les étudier sérieusement », ce qui peut nous laisser rêveurs à propos de la notion des *arcana imperii*, du secret d'État, prétendument indispensable au fonctionnement de l'appareil gouvernemental.
(*Du mensonge en politique*, p. 47)

Le secret (étymologiquement : ce qui est mis à l'écart) est au cœur de l'exercice du pouvoir et des stratégies de persuasion. Le cardinal Cibo entend percer les secrets du duc pour mieux parvenir à ses fins. Merteuil se compare à la figure biblique de Dalila pour montrer quelle toute-puissance elle acquiert sur les hommes en accédant à un savoir dérobé. Arendt insiste sur les paradoxes de l'argument du « secret d'État » lorsque les responsables politiques ignorent eux-mêmes les documents qui ont été soustraits à la connaissance des citoyens.

### 2. Pouvoir politique, pouvoir clérical

■ Ni la vérité de la religion révélée, que les penseurs politiques du XVII$^e$ siècle traitaient encore comme un embarras majeur, ni la vérité du philosophe dévoilée à l'homme dans la solitude n'interviennent plus dans les affaires du monde.
(*Vérité et politique*, p. 299-300)

> ■ AGNOLO. – Hélas ! Éminence, c'est un péché.
> LE CARDINAL. – Rien n'est un péché quand on obéit à un prêtre de l'Église romaine.
> (*Lorenzaccio*, I, 3, p. 45)
>
> ■ Je sentis que le seul homme avec qui je pouvais parler sur cet objet, sans me compromettre, était mon confesseur. Aussitôt je pris mon parti ; je surmontai ma petite honte ; et me vantant d'une faute que je n'avais pas commise, je m'accusai d'avoir fait *tout ce que font les femmes*.
> (*Les Liaisons dangereuses*, lettre LXXXI, de Merteuil à Valmont, p. 265)

Si la croyance religieuse n'est pas un sujet d'investigation majeur dans les trois œuvres, Arendt relève néanmoins le bouleversement induit par la séparation du pouvoir religieux et du pouvoir politique. L'anticléricalisme de Musset et des libéraux des années 1830 transparaît dans le portrait du machiavélique cardinal Cibo. Dans *Les Liaisons dangereuses*, où « la Religion se montre avec trop peu de puissance » (Préface du rédacteur, p. 75), Laclos multiplie les effets d'ironie : le confesseur de Merteuil l'aide à son insu sur le chemin du vice, de même que, plus tard, le père Anselme précipite malgré lui la « chute » de Mme de Tourvel.

## III. LE JEU DES APPARENCES : THÉÂTRALITÉ ET TROMPE-L'ŒIL

### A. Simulation de l'acteur

#### 1. Jouer un rôle

> ■ Cependant, au milieu des bénédictions bavardes de cette famille, je ne ressemblais pas mal au héros d'un drame, dans la scène du dénouement.
> (*Les Liaisons dangereuses*, lettre XXI, de Valmont à Merteuil, p. 120)
>
> ■ LORENZO. – Quand j'ai commencé à jouer mon rôle de Brutus moderne, je marchais dans mes habits neufs de la grande confrérie du vice, comme un enfant de dix ans dans l'armure d'un géant de la fable.
> (*Lorenzaccio*, III, 3, p. 131)
>
> ■ [...] en résumé, « nous *comporter* (c'est nous qui soulignons) comme la plus grande puissance du monde » pour la seule raison qu'il nous faut convaincre le monde de ce « simple fait » (comme le déclarait Walt Rostow), tel fut le seul objectif poursuivi en permanence [...].
> (*Du mensonge en politique*, p. 29)

Faire croire revient, pour le dupeur, à se faire comédien. Valmont, se sachant épié par un spectateur indiscret, se complaît dans une théâtralité appuyée et parodie les codes du drame bourgeois. La mise en abyme est constante dans *Lorenzaccio*, où le personnage éponyme se peint comme un acteur tour à tour grisé et désenchanté par un rôle dont il ne parvient plus à s'émanciper. Arendt analyse la place cruciale de la simulation au sein de la stratégie du gouvernement des États-Unis : la politique se révèle être un univers de masques.

## 2. Être et *paraître*

> ■ [...] je cherchai même dans les moralistes les plus sévères ce qu'ils exigeaient de nous, et je m'assurai ainsi de ce qu'on pouvait faire, de ce qu'on devait penser, et de ce qu'il fallait paraître. Une fois fixée sur ces trois objets, le dernier seul présentait quelques difficultés dans son exécution ; j'espérai les vaincre, et j'en méditai les moyens.
> (*Les Liaisons dangereuses*, lettre LXXXI, de Merteuil à Valmont, p. 266)
>
> ■ PHILIPPE. – Ne m'as-tu pas parlé d'un homme qui s'appelle aussi Lorenzo, et qui se cache derrière le Lorenzo que voilà ?
> (*Lorenzaccio*, III, 3, p. 121)
>
> ■ [...] l'objectif ne fut plus alors d'éviter l'humiliation de la défaite, mais de découvrir les moyens permettant d'éviter de la reconnaître et de « sauver la face ».
> (*Du mensonge en politique*, p. 30)

La dialectique de l'essence et de l'apparence gouverne le monde social. Parmi les trois termes d'une triade – *faire, penser, paraître* –, c'est sur le dernier que Merteuil concentre ses efforts. Chez Musset, le règne du paraître provoque une dissociation pathétique entre deux identités. Arendt montre comment le gouvernement des États-Unis s'est moins efforcé d'éviter un état de fait que d'avoir à en admettre la réalité.

## 3. Theatrum mundi

> ■ Alors je commençai à déployer sur le grand théâtre, les talents que je m'étais donnés. Mon premier soin fut d'acquérir le renom d'invincible.
> (*Les Liaisons dangereuses*, lettre LXXXI, de Merteuil à Valmont, p. 268)
>
> ■ LORENZO. – S'il y a quelqu'un là-haut, il doit bien rire de nous tous ; cela est très comique, très comique, vraiment.
> (*Lorenzaccio*, IV, 9, p. 175)

> ■ L'objectif était désormais la formation même de cette image, comme cela ressort à l'évidence du langage utilisé par les spécialistes de la solution des problèmes, avec ses termes de « scénarios » et de « publics », empruntés au vocabulaire du théâtre.
> (*Du mensonge en politique*, p. 30)

Le topos du *theatrum mundi*, qui remonte à la pensée stoïcienne, imprègne ces œuvres qui insistent sur la théâtralisation des rapports sociaux. Dans la lettre autobiographique de Merteuil, la société est identifiée comme « le grand théâtre » où chacun tâche de paraître à son avantage. Lorenzo imagine avec sarcasme un Dieu qui serait le spectateur des comiques errances des hommes. Dans les documents du Pentagone, l'interférence entre le lexique stratégique et le lexique théâtral témoigne d'une carnavalisation du monde politique.

## B. S'exercer à la feinte

### 1. Le zèle du dupeur

> ■ Ressentais-je quelque chagrin, je m'étudiais à prendre l'air de la sérénité, même celui de la joie ; j'ai porté le zèle jusqu'à me causer des douleurs volontaires, pour chercher pendant ce temps l'expression du plaisir. Je me suis travaillée avec le même soin et plus de peine, pour réprimer les symptômes d'une joie inattendue.
> (*Les Liaisons dangereuses*, lettre LXXXI, de Merteuil à Valmont, p. 264)
>
> ■ LORENZO. – [...] pour devenir son ami, et acquérir sa confiance, il fallait baiser sur ses lèvres épaisses tous les restes des orgies. J'étais pur comme un lis, et cependant je n'ai pas reculé devant cette tâche.
> (*Lorenzaccio*, III, 3, p. 128)
>
> ■ Ce qui surprend, c'est l'ardeur avec laquelle des douzaines d'« intellectuels » apportèrent leur soutien enthousiaste à cette entreprise axée sur l'imaginaire, peut-être parce qu'ils étaient fascinés par l'ampleur des exercices intellectuels qu'elle paraissait exiger.
> (*Du mensonge en politique*, p. 31)

L'art de la dissimulation suppose un travail sur soi approfondi. Merteuil, en s'astreignant à une sévère discipline, parvient à être à elle-même son propre chef-d'œuvre (« je puis dire que je suis mon ouvrage », p. 263). L'entreprise d'avilissement que s'impose Lorenzo le force à renoncer à son moi passé. Arendt analyse le zèle des « spécialistes de la solution des problèmes » (*Du mensonge en politique*, p. 31), enthousiasmés par une opération de négation de la vérité qu'ils tiennent pour un défi intellectuel.

## 2. Excès de l'artifice ?

▪ Je fais venir le collecteur ; et, cédant à ma généreuse compassion, je paie noblement cinquante-six livres, pour lesquelles on réduisait cinq personnes à la paille et au désespoir.
(*Les Liaisons dangereuses*, lettre XXI, de Valmont à Merteuil, p. 119)

▪ LE CARDINAL, *resté seul avec le duc*. – Vous croyez à cela, Monseigneur ?
LE DUC. – Je voudrais bien savoir comment je n'y croirais pas.
LE CARDINAL. – Hum ! c'est bien fort.
LE DUC. – C'est justement pour cela que j'y crois.
(*Lorenzaccio*, I, 4, p. 53)

▪ [...] si bien organisé qu'ait été ce « marathon de campagnes d'information », comme dirait M. Rusk, et quelles qu'en soient les formes sophistiquées, dignes de Madison Avenue, l'ensemble de l'opération destinée à tromper ne manquera pas de tomber à plat ou d'avoir un effet contraire au but recherché, c'est-à-dire de répandre la confusion au lieu de convaincre.
(*Du mensonge en politique*, p. 47-48)

L'acteur qui surjoue peut soit d'autant mieux emporter l'adhésion, soit s'exposer à briser l'illusion. Valmont se plaît à singer jusqu'à l'outrance son personnage de bienfaiteur désintéressé. Le jeu excessif de Lorenzo, au lieu d'attirer les soupçons du duc, achève de le convaincre (« C'est justement pour cela que j'y crois »). Arendt montre au contraire comment la débauche de moyens de propagande suscite la défiance des citoyens.

## 3. Enseigner la duplicité

▪ Cette ruse qu'elle veut employer contre vous, il faut la combattre par une autre. Commencez donc, en lui montrant moins de tristesse, à lui faire croire que vous songez moins à Danceny.
(*Les Liaisons dangereuses*, lettre CV, de Merteuil à Cécile de Volanges, p. 345)

▪ LORENZO. – Voir dans un enfant de quinze ans la rouée à venir ; étudier, ensemencer, infiltrer paternellement le filon mystérieux du vice dans un conseil d'ami, dans une caresse au menton [...]. Cela va plus vite qu'on ne pense [...].
(*Lorenzaccio*, I, 1, p. 28)

▪ Une seconde variété nouvelle de l'art de mentir [...] intéresse aussi des hommes ayant reçu la meilleure formation, ceux que l'on trouve, par exemple, aux échelons les plus élevés de l'administration.
(*Du mensonge en politique*, p. 19-20)

Qu'advient-il quand le dupeur, se faisant metteur en scène, *enseigne* à faire croire ? L'art de la tromperie peut faire l'objet de leçons dispensées par un personnage corrupteur. Le topos de l'ingénue pervertie est au cœur des *Liaisons dangereuses* et affleure dès la première scène de *Lorenzaccio*. Arendt montre comment les spécialistes de la solution des problèmes sont devenus des professionnels du leurre, inculquant aux gouvernants l'art de mentir.

## C. Le masque et le visage

### 1. Quand l'acteur se prend au jeu

> ■ LORENZO. – Il est trop tard – je me suis fait à mon métier. Le vice a été pour moi un vêtement, maintenant il est collé à ma peau. [...] Brutus a fait le fou pour tuer Tarquin, et ce qui m'étonne en lui, c'est qu'il n'y ait pas laissé sa raison.
> (*Lorenzaccio*, III, 3, p. 133)
>
> ■ Je dis l'amour ; car vous êtes amoureux. Vous parler autrement, ce serait vous trahir, ce serait vous cacher votre mal.
> (*Les Liaisons dangereuses*, lettre X, de Merteuil à Valmont, p. 98)
>
> ■ Du reste, le plaisantin pris à son propre mensonge, qui se révèle embarqué dans le même bateau que ses victimes, paraîtra infiniment plus digne de confiance que le menteur de sang-froid qui se permet de goûter sa farce de l'extérieur.
> (*Vérité et politique*, p. 323-324)

L'acteur, à trop s'identifier à son personnage, s'expose à ne plus faire qu'un avec lui. C'est contre ce brouillage des frontières que Diderot mettait en garde dans son *Paradoxe sur le comédien*. À force de *faire un rôle*, Lorenzo *s'y fait* (s'y accoutume), au risque de ne plus distinguer le costume de son être propre. Valmont croit se contenter de feindre l'amour alors que ses symptômes sont ceux d'une passion authentique. Arendt, à propos de l'anecdote de la sentinelle, rapportée à la fois dans *Vérité et politique* et *Du mensonge en politique*, analyse la crédibilité accrue dont jouit le trompeur qui se leurre lui-même.

### 2. La perte de soi

> ■ LORENZO. – [...] moi, qui n'ai voulu prendre qu'un masque pareil à leurs visages, et qui ai été aux mauvais lieux avec une résolution inébranlable de rester pur sous mes vêtements souillés, je ne puis ni me retrouver moi-même ni laver mes mains, même avec du sang !
> (*Lorenzaccio*, IV, 5, p. 166)

> ■ Si pour cette fois il est sincère, il peut bien dire qu'il a lui-même fait son malheur.
>
> (*Les Liaisons dangereuses*, lettre CLIV, de Mme de Volanges à Mme de Rosemonde, p. 473)
>
> ■ C'est cet éloignement des réalités qui frappera sans cesse l'esprit du lecteur des documents du Pentagone qui aura la patience d'en achever la lecture.
>
> (*Du mensonge en politique*, p. 33)

Le risque qu'encourt l'acteur trop zélé est, selon le mot de Lorenzo, de ne plus se retrouver lui-même. Le héros de Musset invoque ainsi le mythe de la tunique de Déjanire, qui fait corps avec celui qui l'endosse. Dans *Les Liaisons dangereuses*, Valmont est présenté comme l'artisan de sa propre perte. Arendt montre comment les rédacteurs des documents du Pentagone ne font eux-mêmes plus la part entre le réel et l'imaginaire.

## IV. Autoconviction et tromperie de soi

### A. Peut-on se mentir à soi-même ?

#### 1. Persuader et se persuader

> ■ On peut en conclure que plus un trompeur est convaincant et réussit à convaincre, plus il a de chances de croire lui-même à ses propres mensonges.
>
> (*Du mensonge en politique*, p. 51)
>
> ■ Je ne sortis de ses bras que pour tomber à ses genoux, pour lui jurer un amour éternel ; et, il faut tout avouer, je pensais ce que je disais.
>
> (*Les Liaisons dangereuses*, lettre CXXV, de Valmont à Merteuil, p. 408)
>
> ■ LORENZO. – Je suis vraiment un ruffian, et quand je plaisante sur mes pareils, je me sens sérieux comme la Mort au milieu de ma gaieté.
>
> (*Lorenzaccio*, III, 3, p. 133)

Le trompeur peut se laisser persuader par ses propres discours fallacieux. Une corrélation existe en effet, selon Arendt, entre l'aptitude à convaincre et la propension à être soi-même convaincu. Ainsi Valmont se surprend-il à croire littéralement à ses discours et Lorenzo, pour avoir feint d'être un entremetteur sans scrupules, craint d'en être réellement devenu un.

## 2. S'illusionner

> - Pourquoi la tromperie de soi-même est-elle devenue un outil indispensable dans l'entreprise de la fabrication d'images, et pourquoi devrait-il être pire, pour le monde aussi bien que pour le menteur lui-même, s'il est trompé par ses propres mensonges, que s'il se borne à tromper les autres ?
> (*Vérité et politique*, p. 323)
>
> - Or, est-il vrai, Vicomte, que vous vous faites illusion sur le sentiment qui vous attache à madame de Tourvel ? C'est de l'amour, ou il n'en exista jamais : vous le niez bien de cent façons : mais vous le prouvez de mille.
> (*Les Liaisons dangereuses*, lettre CXXXIV, de Merteuil à Valmont, p. 427)
>
> - LORENZO. – [...] tous les masques tombaient devant mon regard ; l'Humanité souleva sa robe, et me montra, comme à un adepte digne d'elle, sa monstrueuse nudité.
> (*Lorenzaccio*, III, 3, p. 131)

Victime de son propre piège, le dupeur refuse de reconnaître qu'il se leurre lui-même. Arendt interroge l'efficacité et la valeur de l'autoaveuglement. Merteuil raille l'illusion dont se berce Valmont, en opposant le discours qu'il tient et les preuves qu'il donne malgré lui de son amour. Chez Musset, au contraire, Lorenzo a beau être dépossédé de lui-même, il échappe au régime de l'illusion sur soi et se révèle bien plutôt « doué d'une vision extralucide qui lui permet de démasquer les faux-semblants » (Florence Naugrette, « Présentation », p. 17).

## B. Mauvaise foi et scission intérieure

### 1. Dénégation et autosuggestion

> - Je persiste, ma belle amie : non, je ne suis point amoureux ; et ce n'est pas ma faute, si les circonstances me forcent d'en jouer le rôle.
> (*Les Liaisons dangereuses*, lettre CXXXVIII, de Valmont à Merteuil, p. 437)
>
> - [...] les responsables des décisions prises [ont] certainement eu connaissance des rapports des services de renseignements, dont ils devaient, pour ainsi dire, chaque jour écarter la substance de leur pensée.
> (*Du mensonge en politique*, p. 46)
>
> - LORENZO [à Catherine]. – N'as-tu pas été flattée ? un amour qui fait l'envie de tant de femmes ! un titre si beau à conquérir, la maîtresse de... Va-t'en, Catherine, va dire à ma mère que je te suis. Sors d'ici. Laisse-moi !
> (*Lorenzaccio*, IV, 5, p. 165)

Comme l'écrit Sartre dans *L'Être et le Néant*, « le véritable problème de la mauvaise foi vient évidemment de ce que la mauvaise foi est foi ». Le locuteur de mauvaise foi *croit* à ses dénégations, tel Valmont qui persiste à prétendre que son amour n'est qu'un amour de théâtre. Le refoulement de la vérité est, selon Arendt, au cœur de l'attitude des dirigeants politiques. Chez Musset, la scission intérieure de Lorenzo est telle qu'il doit se retenir de jouer les entremetteurs auprès de sa propre tante.

### 2. Dédoublements

> ■ Mais vous, vous qui n'êtes plus vous, vous vous conduisez comme si vous aviez peur de réussir.
> 
> (*Les Liaisons dangereuses*, lettre X, de Merteuil à Valmont, p. 99)
> 
> ■ LORENZO. – Si je suis l'ombre de moi-même, veux-tu donc que je rompe le seul fil qui rattache aujourd'hui mon cœur à quelques fibres de mon cœur d'autrefois !
> 
> (*Lorenzaccio*, III, 3, p. 135)
> 
> ■ [...] l'important est que l'art moderne de la tromperie de soi-même est susceptible de transformer un problème extérieur en question intérieure [...].
> 
> (*Vérité et politique*, p. 326)

Le prix à payer, à force de faire croire, est de ne plus coïncider avec soi-même. Merteuil diagnostique en toute limpidité, dès le début du roman, l'étrangeté de Valmont à lui-même. Chez Musset, qui ne cesse de méditer sur la figure du double (comme dans « La Nuit de décembre » et *Les Caprices de Marianne*), seul le projet d'assassinat permet à Lorenzo de reconquérir – partiellement – son identité passée. La question du dédoublement est chez Arendt posée à l'échelle étatique, lorsqu'elle montre comment un conflit entre nations dégénère en conflit interne à une nation.

### 3. Par-delà vrai et faux

> ■ L'estompement de la ligne de démarcation qui sépare la vérité de fait et l'opinion appartient aux nombreuses formes que le mensonge peut prendre, et dont toutes sont des formes d'action.
> 
> (*Vérité et politique*, p. 318)
> 
> ■ LORENZO. – Sans doute ; ce que vous dites là est parfaitement vrai et parfaitement faux, comme tout au monde.
> 
> (*Lorenzaccio*, II, 2, p. 71)

> ■ Mais que diriez-vous de ce désespoir de M. de Valmont ? D'abord faut-il y croire, ou veut-il seulement tromper tout le monde, et jusqu'à la fin ?
> (*Les Liaisons dangereuses*, lettre CLIV, de Mme de Volanges à Mme de Rosemonde, p. 472-473)

Si elle compromet l'intégrité de l'individu, la prolifération de mensonges met plus largement en péril la distinction entre le vrai et le faux. Arendt montre comment ce brouillage des valeurs force à réviser les catégories apparemment les mieux établies. Lorenzo pousse la provocation jusqu'à postuler une parfaite réversibilité entre la vérité et le mensonge. À la fin des *Liaisons*, la question de la sincérité de Valmont (« faut-il y croire ? ») reste en suspens, le rédacteur soulignant malicieusement en note qu'il n'y a rien qui « pût résoudre ce doute » (p. 473).

## V. Illusion esthétique et prestige de la fiction : l'éloge du « raconteur d'histoire [1] »

### A. Mirages du vraisemblable

#### 1. Le croyable et l'incroyable

> ■ [Le menteur] aura même, en général, la vraisemblance de son côté ; son exposé paraîtra plus logique, pour ainsi dire, puisque l'élément de surprise [...] a providentiellement disparu.
> (*Vérité et politique*, p. 320)
>
> ■ Ce sont ces petits détails qui donnent la vraisemblance, et la vraisemblance rend les mensonges sans conséquence, en ôtant le désir de les vérifier.
> (*Les Liaisons dangereuses*, lettre LXXXIV, de Valmont à Cécile de Volanges, p. 278)
>
> ■ LORENZO. – Cette clef ouvre ma chambre, et dans ma chambre est Alexandre de Médicis, mort de la main que voilà.
> PHILIPPE. – Vraiment ! vraiment ! – cela est incroyable.
> LORENZO. – Crois-le si tu veux. – Tu le sauras par d'autres que par moi.
> (*Lorenzaccio*, V, 2, p. 191)

Dans l'esthétique classique, l'art de faire croire est intimement lié au principe de *vraisemblance* : l'artiste privilégie moins le vrai que l'illusion de vérité. Arendt souligne qu'une des raisons pour lesquelles le mensonge peut

---

1. *Vérité et politique*, p. 334.

l'emporter en vraisemblance est la suppression de la part d'aléa inhérente au réel. Quant à Laclos, il rappelle par l'intermédiaire de Valmont le rôle que jouent les détails les plus ténus pour accroître la vraisemblance. Chez Musset, la vérité passe pour invraisemblable à cause de la réputation de Lorenzo, qui ironise sur l'incrédulité de Philippe en lui retournant sa propre exclamation quelques répliques plus loin : « LORENZO. – Que dirais-tu, si les républicains t'offraient d'être duc à sa place ? PHILIPPE. – Je refuserais, mon ami. LORENZO. – Vraiment ! vraiment ! – cela est incroyable. »

## 2. Rendre plausible

> ■ De plus, une remarque que je m'étonne que vous n'ayez pas faite, c'est qu'il n'y a rien de si difficile en amour, que d'écrire ce qu'on ne sent pas. Je dis écrire d'une façon vraisemblable […]. Relisez votre lettre ; il y règne un ordre qui la décèle à chaque phrase.
> (*Les Liaisons dangereuses*, lettre XXXIII, de Merteuil à Valmont, p. 144)
>
> ■ Le mensonge est souvent plus plausible, plus tentant pour la raison que la réalité, car le menteur possède le grand avantage de savoir d'avance ce que le public souhaite entendre ou s'attend à entendre.
> (*Du mensonge en politique*, p. 16)
>
> ■ LORENZO. – […] il faut que j'aille chez le Strozzi.
> LE DUC. – Quoi ! chez ce vieux fou !
> LORENZO. – Oui, chez ce vieux misérable, chez cet infâme. Il paraît qu'il ne peut se guérir de cette singulière lubie d'ouvrir sa bourse à toutes ces viles créatures qu'on nomme bannis […].
> (*Lorenzaccio*, II, 4, p. 95)

L'art doit, selon Merteuil, se dissimuler lui-même (conformément à l'idéal de négligence simulée, la *sprezzatura*) pour que des sentiments couchés par écrit paraissent aussi vraisemblables qu'une déclaration de vive voix. Dans une autre leçon littéraire qu'elle dispense, Merteuil insiste sur la nécessité de moduler ses propos en fonction du destinataire (« Vous voyez bien que, quand vous écrivez à quelqu'un, c'est pour lui et non pas pour vous : vous devez donc moins chercher à lui dire ce que vous pensez, que ce qui lui plaît davantage », lettre CV, p. 347). Le discours est en effet, selon Arendt d'autant plus plausible qu'il s'adapte aux attentes de l'auditoire, comme lorsque Lorenzo tient les propos que le duc désire entendre.

## B. La transfiguration esthétique

### 1. Sublimation

> ■ LORENZO. – Je me ferais volontiers l'alchimiste de ton alambic ; les larmes des peuples y retombent en perles.
> [...] TEBALDEO. – Je plains les peuples malheureux, mais je crois en effet qu'ils font les grands artistes. Les champs de bataille font pousser les moissons, les terres corrompues engendrent le blé céleste.
> <div align="right">(<i>Lorenzaccio</i>, II, 2, p. 76)</div>
>
> ■ Il est parfaitement vrai que « tous les chagrins peuvent être supportés si on les transforme en histoire ou si l'on raconte une histoire sur eux », selon les mots de Karen Blixen, qui non seulement fut l'une des plus grandes conteuses de notre temps mais savait aussi [...] ce qu'elle faisait.
> <div align="right">(<i>Vérité et politique</i>, p. 333)</div>
>
> ■ J'avouerai ma faiblesse ; mes yeux se sont mouillés de larmes, et j'ai senti en moi un mouvement involontaire, mais délicieux. J'ai été étonné du plaisir qu'on éprouve en faisant le bien ; et je serais tenté de croire que ce que nous appelons les gens vertueux, n'ont pas tant de mérite qu'on se plaît à nous le dire.
> <div align="right">(<i>Les Liaisons dangereuses</i>, de Valmont à Merteuil, lettre XXI, p. 120)</div>

L'un des sommets de l'illusion esthétique est la transfiguration de la souffrance en beauté. Tebaldeo se fait le porte-parole de cette conception idéaliste de l'art, raillée cyniquement par Lorenzo dans la scène où Musset confronte deux avatars du poète. Arendt cite à la fin de *Vérité et politique* une phrase de Karen Blixen qui célèbre la sublimation par le récit. Chez Laclos, Valmont n'est pas sans découvrir une dimension insoupçonnée de son être en se prêtant au jeu de la fiction.

### 2. Jouissance du leurre ?

> ■ LA FEMME. – Regarde donc le joli masque. Ah ! la belle robe ! Hélas ! tout cela coûte très cher, et nous sommes bien pauvres à la maison.
> <div align="right">(<i>Lorenzaccio</i>, I, 2, p. 37)</div>
>
> ■ [...] presque tous les sentiments qu'on y exprime, étant feints ou dissimulés, ne peuvent même exciter qu'un intérêt de curiosité toujours bien au-dessous de celui de sentiment [...].
> <div align="right">(<i>Les Liaisons dangereuses</i>, préface du rédacteur, p. 74)</div>
>
> ■ [...] un bon roman n'est aucunement une simple concoction ni une fiction de pure fantaisie [...].
> <div align="right">(<i>Vérité et politique</i>, p. 334)</div>

Il existe, indépendamment de toute évaluation morale, un plaisir du leurre qui est constitutif du besoin de fiction. Au début de *Lorenzaccio*, le défilé de masques – qui instaure une mise en abyme dans cette pièce où tout est mascarade – suscite l'émerveillement d'une spectatrice. Laclos a beau alléguer qu'un sentiment trompeur suscite moins d'intérêt qu'un sentiment sincère, le lecteur des *Liaisons* tire bel et bien un plaisir ambigu des savantes manipulations orchestrées par les deux libertins. Arendt rappelle quelle vérité supérieure peut être atteinte par l'illusion romanesque et conclut ainsi *Vérité et politique* par un hommage aux pouvoirs de la littérature.

Cet ouvrage a été mis en pages par

Achevé d'imprimer en mai 2023
par Normandie Roto Impression s.a.s.
61250 Lonrai
N° d'impression : 2301159
N° d'édition : 59845-0
Dépôt légal : juin 2023

*Imprimé en France*